技术与创新管理系列教材

知识产权管理

MANAGEMENT OF INTELLECTUAL PROPERTY RIGHTS

王黎萤 刘云 肖延高◎主编
唐恒 詹爱岚 冯薇 刘珊 周洪涛◎副主编

U0361871

清华大学出版社
北 京

内 容 简 介

本书从管理视角审视知识产权的运营之道,旨在将潜在的知识产权优势转化为市场竞争优势。全书共 10 章,首先介绍知识产权及管理的基础知识、内涵与特点;接着从应用角度详细介绍专利管理、商标管理、著作权管理、商业秘密管理、知识产权资本管理等;最后介绍知识产权管理体系的构建。各章均有章节要点、开篇案例、复习思考题,并在章后的案例分析中设计了讨论题,以便拓展学员思路。另外,本书还配备教学课件、在线课程和其他拓展资源,方便师生教与学。

本书可供工商管理、知识产权管理、知识产权法学专业或者相关专业的本科生、硕士生和 MBA 等各类学员作为教材使用,也可作为理工科学生辅修专业的学习用书,对政府、企业、高校、科研机构、专业中介机构从事知识产权管理、科研管理、研究与开发、科技服务、企业管理、市场营销等工作的各类专业人员也是很好的培训用书和参考书籍。

图书在版编目(CIP)数据

知识产权管理/王黎萤,刘云,肖延高主编.—北京:清华大学出版社,2020.5(2024.8重印)
技术与创新管理系列教材
ISBN 978-7-302-52152-5

Ⅰ.①知… Ⅱ.①王… ②刘… ③肖… Ⅲ.①知识产权—管理—教材 Ⅳ.①D913.4

中国版本图书馆 CIP 数据核字(2019)第 010442 号

责任编辑:高晓蔚
封面设计:李伯骥
责任校对:宋玉莲
责任印制:沈 露

出版发行:清华大学出版社
    网 址:https://www.tup.com.cn,https://www.wqxuetang.com
    地 址:北京清华大学学研大厦 A 座   **邮 编:**100084
    社 总 机:010-83470000   **邮 购:**010-62786544
    投稿与读者服务:010-62776969,c-service@tup.tsinghua.edu.cn
    质量反馈:010-62772015,zhiliang@tup.tsinghua.edu.cn
印 装 者:涿州市般润文化传播有限公司
经 销:全国新华书店
开 本:185mm×260mm **印 张:**20.75   **字 数:**438 千字
版 次:2020 年 5 月第 1 版   **印 次:**2024 年 8 月第 5 次印刷
定 价:55.00 元

产品编号:078116-02

技术与创新管理系列教材
编委会

丛书序

技术创新在新时代经济发展中发挥着基础保障的作用,其重要性不言而喻。在全国科技界和产业界的共同努力下,我国的技术创新持续发力,加速赶超跨越,实现了历史性、整体性、格局性的重大变化,重大科研成果竞相涌现,科技实力大幅增强,已成为具有全球影响力的科技大国。党的十九大对科技创新又做出了全面系统部署,其核心是以习近平新时代中国特色社会主义思想为指导,推动科技创新主动引领经济社会发展,构筑核心能力,实现高质量发展。

然而,我国许多产业仍处于全球价值链的中低端,一些关键核心技术受制于人,发达国家在科学前沿和高技术领域仍然占据明显的领先优势,我国支撑产业升级、引领未来发展的科学技术储备亟待加强,适应创新驱动的体制机制亟待建立健全,企业研发动力不足,创新体系整体效能不高,经济发展尚未真正转到依靠技术创新的轨道。

为此,我们必须加快技术创新的步伐,加快实现技术创新对经济增长和社会发展的引领作用。新时代的技术创新必须为提高国家硬实力、软实力以及综合国力作出突出的贡献。

然而,技术创新是一项非线性、复杂、动态、不确定的技术经济行为,需要科学的管理方能生效。加强技术与创新的学科建设以及相应的教材建设就显得极为关键。技术与创新管理学吸收了管理学、经济学、工程学、心理学等有关部分形成其理论基础,又与产业或企业领域的知识整合,形成技术与创新管理的知识体系,它又细分为技术管理、技术创新管理、知识管理、知识产权管理等子领域。

本系列教材由我国从事技术与创新管理的高等院校骨干教师编写,他们怀着不断完善技术与创新管理知识体系的情怀,在积极吸收国外技术与创新管理相关教材的基础上,结合中国技术与创新管理的情境,进行了相关的创造性知识整理,目的是为培养一大批技术与创新管理的理论与实践人才作出必要的贡献。本教材可供高等院校本科生、研究生必修或选修之用。由于时间匆促,请相关师生提出宝贵的修改意见。

清华大学经济管理学院教授

中国技术经济学会技术管理专业委员会理事长

2020 年 3 月

前　言

随着国家知识产权战略工程的推进,知识产权管理已成为激发全社会创新活力、驱动企业市场竞争力提升、支撑新质生产力高质量发展的基本制度保障,是以全面创新推动中国式现代化发展的重要战略工具。中国共产党第二十届中央委员会第三次全体会议指出:"完善产权制度,依法平等长久保护各种所有制经济产权,建立高效的知识产权综合管理体制。完善市场信息披露制度,构建商业秘密保护制度。"因此,知识产权已经成为一个集法律、管理、经营和战略等内容相结合的系统概念,掌握知识产权管理的理论和实务,对相关人员驾驭知识产权来实现创新驱动和可持续发展具有非常重要的实用价值。

世界知识产权组织(WIPO)在 2023 年题为"加强知识产权人才培养,应对数字新浪潮的挑战"的国际会议上呼吁,加强国际合作与人才培养,持续推进国际化高水平知识产权教育。2021 年我国《"十四五"国家知识产权保护和运用规划》强调,加强知识产权运营专业化人才队伍建设和知识产权理论研究,完善知识产权人才分类培训体系,推进知识产权学科建设,支持学位授权自主审核单位依程序设置知识产权一级学科点,要求企业、高等院校和科研院所要建立起知识产权研究管理机制。在国际国内重点强调和持续推进知识产权管理教育和人才培养的大背景下,编写理论和实务相结合的知识产权管理教材就显得十分迫切。为此,本书作为浙江省重点规划教材由浙江省高校重点人文社科基地"标准化与知识产权管理"的教师共同编写,以满足社会需要。

本书在内容、结构和体例方面力求体现以下特色。

第一,从管理视角研究知识产权。本书的鲜明特色是将管理与知识产权紧密结合,从发挥知识产权竞争优势的视角,透析各创新主体推进知识产权管理的策略和方法。本书将国内外著名学者的知识产权管理研究成果和组织创新实践充分结合,有利于相关学员树立知识产权管理意识,引导学员全面理解知识产权的竞争价值,学会通过知识产权管理推进专业领域的创新。

第二,突出知识产权管理的先进性。由于知识产权制度的发展迅猛,知识产权管理也随着形势的发展而出现很多新的特点。本书紧跟时代变化的脚步,突出了新时期知识产权管理产生的新特点,与时俱进地探讨了国家、地方、产业和企业层面的知识产权管理体系的构建和实施,探寻了各层次之间知识产权管理的关系。这些观点不仅是编者在大量科研工作上的理论积淀,同时也是指导知识产权管理实践的重要支撑。

第三,注重实务和应用的特色。本书面对的教学对象主要是应用型人才,因此通过大量的案例分析、方法指导和操作内容介绍,使本书不仅具有理论基础,还具有可操作性。翔实的典型知识产权管理案例,有利于学习者模拟知识产权竞争环境,在分析和讨论案例的同时,逐步加深对知识产权管理的认知和实践。

第四,具有广泛的受益群体。由于知识产权目前已不仅仅是法律问题,更是经济和管理问题的综合体现。因此本书从管理视角切入,可以让更多的不同专业类型的学员深入浅出地理解知识产权与自身所在专业领域的密切关系,并在学习、研究和工作中树立全面、系统和准确地认识知识产权管理作用的理念和意识,可以更为有效地指导创新实践。本书有益于工商管理、知识产权管理专业学生扩大知识和技术基础,有助于管理和实践的有效结合;本书还有益于理工专业学生树立知识产权管理意识,对研发与技术创新的实践具有更为积极的指导作用;同时本书也适合法律专业的学生阅读参考,增强管理类知识的获取和拓宽专业视野。

第五,提供丰富的拓展和教辅资源。在体例编排上,各章均有章节要点、开篇案例及相应复习思考题,并在章后的案例中设计了讨论题,以便拓展学员思路。此外,本书还提供拓展的案例、视频、阅读资料,以及教学课件、复习思考题答案、MOOC 在线课程等丰富的辅助资源,方便师生教与学。

本书由浙江工业大学王黎萤教授主持编写和统稿,第 1 章由中国科学院大学刘云教授和浙江工业大学王黎萤教授共同编写,第 2 章由浙江工业大学王黎萤教授和汤临佳副教授共同编写,第 3 章由浙江工业大学詹爱岚副教授编写,第 4 章由浙江工业大学刘珊副教授编写,第 5 章由电子科技大学冯薇副教授编写,第 6 章由杭州师范大学周洪涛副教授编写,第 7 章由电子科技大学肖延高教授编写,第 8 章由浙江工业大学刘珊讲师和王黎萤教授共同编写,第 9 章由江苏大学唐恒教授编写,第 10 章由浙江工业大学詹爱岚副教授和王黎萤教授共同编写。

本书为国家社科基金重大招标项目“技术标准与知识产权协同推进数字产业创新的机理与路径研究”(19ZDA078)阶段性研究成果。

在此谨向为本书提供优秀素材的专家学者、组织机构和个人表示最诚挚的敬意和谢意! 并对支持本书出版的相关单位和人员表示衷心的谢意! 我们相信在致力于推进知识产权战略管理教育和人才培养的有识之士的精诚协作和不断进取中,创新型国家的建设会更加宏伟壮丽。

由于编者的学识水平所限,本书中缺点、错误在所难免,恩请读者朋友们批评指正。

编　者

2019 年 10 月于杭州

2024 年 7 月修正

目 录

第 1 章

知识产权导论

🎯 本章要点

- 掌握知识产权的内涵
- 掌握知识产权的特征
- 理解知识产权的属性
- 了解知识产权的范围
- 理解知识产权的分类
- 理解知识产权制度的起源与发展

🖋 开篇案例

美国前总统亚伯拉罕·林肯有句经典名言："专利制度是给天才之火浇上利益之油。"那么,知识产权就是浇在智慧火花上的利益之油。在知识经济时代,知识产权作为无形资产在企业总价值中的比重快速增长,其中默克公司占 82%,强生公司占 86%,耐克公司占 86%,微软公司占 95%……以知识产权为核心的无形资产在整个企业资产中所占的比重越大,说明企业的市场活力和生命力越强。

知识产权已经成为企业利润的重要源泉。美国高通公司 80% 以上的收入来自专利转让。德州仪器公司每年仅向韩国三星转让专利的收入就高达 10 多亿美元。IBM 公司的知识产权收益从 1990 年的 3000 万美元增长到目前的 17 亿美元,专利许可、转让费的年增长率约为 25%。美国戴尔公司 4 组专利(包含 40 多个专利)的评估价值为 160 多亿美元。朗讯公司专门组建了一个 266 人的业务单元,对公司的专利资产实行集中管理,每年获得的收益达数亿美元。"可口可乐"品牌的评估价值为 725 亿美元,相当于我国中等发达省份一年的 GDP(国内生产总值)总量。我国"海尔"品牌的评估价值也高达 600 多亿元人民币。我国著名系列商标"999"和"三九"是以 10 亿多元人民币出让的。风靡全球的电影《哈利·波特》到 2004 年为止,已经给制片公司带来的总收入高达 12.49 亿美元,其中相当大的一部分来自其 DVD 的全球销售利润(4.36 亿美元)。顶尖的美国哈佛大学和斯坦福大学,它们通过组建拥有知识产权资产的合资公司等方式进行技术授权,以及出售一部分知识产权资产,获得了巨额的收益。由此可见,无论是在高科技企业领域还是在传统产业领域,企业的核心竞争力都是知识产权,最终都要落实到技术和品牌上来。通过恰当地运用,知识产权可以扩大企业的市场份额,提高利润,帮助企业确定并维护自己的专有市场优势。

1.1　知识产权的概念与特征

1.1.1　知识产权的概念

知识产权(intellectual property)指的"是人们可以就其智力创造的成果所依法享有的专有权利"[①],或"是基于创造性智力成果和工商业标记依法产生的权利的统称"[②]。我国在《民法通则》颁布前曾普遍使用"智力成果权"的概念,但现在"知识产权"已成为约定俗成的译法。尽管知识产权问题已经成为当代经济发展与国际贸易中颇受关注的热点问题,但关于知识产权的概念,国外有关著作、法律或国际公约并未给出一般性的权威定义,而通常以穷举的方式列出其涵盖的范围。上述定义是在我国比较通行的代表性表述。我国现行《知识产权法》中将知识产权定义为:"人们对于自己的智力活动创造的成果和经营管理活动中的标记、信誉依法享有的权利。"

以上这些定义普遍地注重"权利"这个概念,因为知识产权并不是由智力活动直接创造所得,而是通过法律的形式把一部分由智力活动产生的智力成果保护起来,正是这部分由国家主管机构依法确认并赋予其创造者专有权利的智力成果才可以被称为"知识产权"。知识产权不仅仅是一个法律概念,在经济学和管理学研究中,其更多地属于一个历史的、可变的经济管理范畴。从根本上说,知识产权是个人或组织由于创造性工作所依法获取的一定时期的独占权利,是无形的、以这种权利存在并发挥作用的、能够产生收益或价值的经济资源;是在科学、技术、文化、艺术、工商等领域,人们基于自己的智力创造性成果和经营管理活动中的标记、信誉、经验、知识而依法享有的专有权利。[③]

---

① 郑成思.知识产权法教程[M].北京:法律出版社,1993.
② 刘春田.知识产权法[M].北京:中国人民大学出版社,2000.
③ 冯晓青.企业知识产权战略[M].北京:知识产权出版社,2005.

1.1.2　知识产权的特征

知识产权的独特职能和知识资产的特殊性质使得知识产权不同于其他任何资产所有权。具体而言有以下特征。

1. 无形性

"知识产权"一词中的"知识"有其特定的含义,它指人类创造性脑力劳动所取得的"知识形态的商品"。由于这种特殊的商品在物理上不占据空间,从而使得知识产权有别于其他任何财产权而具有"无形性"的特征。这一特征决定了知识产权贸易的标的物只能是知识产权这种无形财产权中的使用权;而在有形商品贸易中,则既存在商品使用权,又存在商品所有权的转移。同时,知识产权的无形性一方面使其很容易脱离知识产权所有人的控制;另一方面又使知识产权所有人在将其知识资产使用权转让后仍可以利用这项智力成果获取利益。以上差异的存在,使得法律上对有关知识产权的保护、知识产权侵权的认定、知识产权贸易的规定要比有形资产复杂得多。

2. 专有性

知识产权作为一种民事权利,其具有专有性,即著作者、发明人、设计人、发现人等权利主体对自己的智力成果享有专有权利。这种专有性具体表现为对法定所属知识资产的独占性和排他性权利,相关法规包括:①任何人未经权利人许可都不得享有或使用其智力成果,否则属于侵犯专利人的专有权;②权利人在法律许可的范围内可通过合适的方式使用自己的智力成果,并获取一定的利益;③同一知识产权只能通过一次性授予来明确其法定权利人,不能通过多次授予而使其他自然人或法人再次获得已授权知识产权的专有权;④同一知识产权不能对同一权利人多次授予专有权;⑤知识产权的专有性并不排除同一知识产权由不同主体共同拥有。

3. 时间性

发明人对知识产权的所有权并非无限期地存在,即知识产权仅在一个法定的期限内受到保护,一旦超过这个期限权利便被终止,这时权利人的智力成果便成为人们可以共享的公共知识或成果。由于各国对知识产权不同对象的保护期限存在差别,因此同一知识产权在不同国家可能获得的保护期限是不同的;同时更先进的技术创新的不断出现使专利技术变得过时,从而使知识产权的实际有效期甚至比法定期限更短。但也有部分例外,例如:虽然各国都对注册商标规定了有效期,但商标所有权人在商标到期后可以申请续展,且法律对续展次数不作限制,这在客观上默认了无限期商标的存在;此外,商业秘密也不受时间的限制。

4. 地域性

因为知识产权不是一种自然衍生的财产权,它的获得和实现必须经过国家法律确认和维护,且任何国家通常都不承认外国知识产权法适用于本国,所以经一国确认和授予的某项知识产权通常只在该国(地区)领域内具有法律效力,而在其他国家(地区)原则上不发生效力。但近年来随着技术和经济的全球化,知识产权的传统地域性特征有了明显改变:知识产权国际保护的合作范围日益扩大,再加上国际性知识产权协议的签订,使得一项知识产权可以通过一定的国际合作方式在多国和多地区获得有效保护。

1.1.3 知识产权的属性

知识产权的属性体现在知识产权本质上是一种无形财产权,是一种特殊的民事权利。集中表现在以下两方面。

首先,知识产权是一种无形财产权。财产权是社会所确认的人们对某种财产或资产所拥有的各种权利的总和,是基于一定的物的存在和使用的人们之间的一种权利关系①。财产权既可以存在于有形财产中,也可以存在于无形财产中。无形财产可以蕴藏在有形财产中,有时其价值远远超过有形财产的价值。知识产权的客体是智力成果,智力成果是一种无形资产,具有使用价值。因此在商品经济条件下知识产权被作为商品进行生产和交换,成为贸易的对象。但知识使用上的非排他性决定市场不能形成产权机制("市场失灵"),而要通过私人产权制度安排解决,知识的私人产权制度安排使知识的属性发生变化,知识从共享品转入私有制从而形成排他性。知识的产权制度使得知识能够在市场流通,从而导致其产业利用更有效率。另外,知识产权的这种无形资产的属性,也是其作为重要资源,促进经济增长的决定因素。特别应当指出的是,既然知识产权是一种资本性资源,其便可在资本化运作中以股权等方式用于资本型投资,也可在资本化运作中以质押、信托等方式用于融资型操作。

其次,知识产权是一种特殊的民事权利。之所以把知识产权归于民事权利,是由于它所反映和调整的社会关系是平等主体的公民、法人之间的财产关系,因而具备了民事权利的最本质的特征。从知识产权的发展可以看出,正是知识产权摆脱特权属性,成为一种私权,使人们意识到自己的智力劳动成果可为自己所享有,可以在法律允许的范围内自行处置,才激发了人们的创新意识,进而促进了知识的不断更新。知识产权制度的确立,完成了无形财产的权利形态从特许之权到法定之权的制度变革,变革的结果使得知识产权嬗变为一种新型的私人财产权。知识产权作为一个权利束,包括了对智能成果的占有权、使用权、转让权与收益权等各方面的权利。但是,知识产权又是一种特殊的财产权,因而它的内容具有不同的实质。知识产权的占有权,在某种意义上来说,实质是不存在的。因为知识产品的无形性,知识产权的权利人不可能像占有传统物权一样占有知识产权,而且这种占有也没有实质意义。所以,知识产权的占有权,实质上是对智能产品

---

① 罗能生.产权的伦理维度[M].北京:人民出版社,2004.

有形载体的复制的控制权。知识产权的使用权,就是对智能成果应用的实施权。知识产权转让即知识产权的处置权,它包括使用权的许可(实施权的转让)、所有权的转让。正是由于知识产权的产权属性,产权的所有者利用这一武器保护自己、限制对手,在限定的时间内进行独占性生产或者销售,获得丰厚的利润。

无论是从知识产权法律制度本身的规定,还是从当今社会经济迅猛发展,国家对知识产权的重视,我们不难发现国家的公权对知识产权制度的介入逐渐深入,并对知识产权制度发展起到了一定的积极促进作用。国家公权对知识产权制度的介入主要体现在立法权、司法权和行政权三个方面。就立法方面而言,近 20 年来,我国的知识产权保护法律制度得到了比较快的发展,对《著作权法》《商标法》《专利法》等几部重要的知识产权法律均做了较大的修改,同时最高人民法院也颁布了《关于审理著作权民事纠纷案件适用法律若干问题的解释》等重要的司法解释。在国际上,我国也加入了一些重要的国际条约或协议,如《与贸易有关的知识产权协定》等。就司法方面而言,我国法院系统已逐步设立了专门的知识产权法庭以加强对知识产权案件的审理工作。知识产权公权化趋势最明显的表现是国家行政权的介入,突出表现为国家对知识产品采取的各项受理、审查、注册等行政行为。国家公权对知识产权制度的介入只是一种逐渐干预的过程,其对知识产权制度的完善起的是一种辅助的作用。

1.2　知识产权的范围与分类

1.2.1　知识产权的范围

知识产权的保护范围有广义和狭义之分。广义的知识产权保护范围包括一切人类智力创作的成果,也就是 1967 年于斯德哥尔摩签署的《关于建立世界知识产权组织的公约》中所划定的范围:①与文学、艺术和科学作品有关的权利;②与表演艺术家的表演、录音制品和广播有关的权利;③与人类创造性活动的一切领域的发明有关的权利;④与科学发现有关的权利;⑤与工业品外观设计有关的权利;⑥与商标、服务标志、商号及其他商业标记有关的权利;⑦与防止不正当竞争有关的权利;⑧其他一切来自工业、科学或文学艺术领域的智力创造活动所产生的权利。

狭义的或传统的知识产权保护范围包括工业产权与版权两部分。按照《保护工业产权巴黎公约》的规定,工业产权保护的对象包括:①发明专利权、实用新型专利权、工业品外观设计专利权;②商标专用权、厂商名称、产地标记、服务标记等。工业产权传统上认为是专利权与商标权。随着时代的发展,又产生了禁止不正当竞争权、高新技术领域的专有权,如集成电路、植物新品种、商业秘密等。在版权保护上,也延伸到了邻接权和不同内容的版权保护,如《计算机软件条例》、信息网络中产生的版权内容等。

1994 年世界贸易组织签订的《与贸易有关的知识产权协议》(TRIPS)中,知识产权保护范围被界定为:①版权与邻接权;②商标权;③地理标识权;④工业品外观设计权;⑤专利权;⑥集成电路布图设计(拓扑图)权;⑦商业秘密。这既不同于广义也不同于狭义的知识产权保护范围,而是从"与贸易有关的"角度作出的划定,更多体现了发达国家的利益诉求。但由于世界贸易组织在世界经济发展中的重要地位,《与贸易有关的知识产权协议》(TRIPS)具有强制性和权威性,是世界贸易组织的成员国都必须遵守和保护的。

1.2.2 知识产权的分类

在我国,知识产权通常可分为两大类:第一类是创造性成果权利,包括专利权、集成电路权、植物新品种权、著作权(版权)、软件权等;第二类是识别性标记权,包括商标权、商号权(厂商名称权)、其他与制止不正当竞争有关的识别性标记权利(如产地名称等)。

1.2.2.1 专利权

1. 专利权的概念

"专利权"是国家知识产权主管部门给予一项发明拥有者一个包含有效期限的许可证明,在法定期限内,这个许可证明保护拥有者的发明不被别人获得、使用或非法出卖,同时也赋予拥有者许可别人获得、使用或者出卖这项发明的权利。专利权赋予其所有者禁止其他人制造、使用、买卖、竞价销售或进口,享有专利保护的发明创造的独占性。不同国家对专利的类型有不同的规定。如《专利合作条约》(PCT)确认的专利是指发明专利和实用新型两类,实用新型和外观设计虽受知识产权法的保护,但却不属于专利。

在我国,专利权的起步较晚,因此包含的内容还不是很全面。现有我国专利法规定的专利权有三种:发明专利权、实用新型权和外观设计权。其中发明专利是对特定技术问题的新的解决方案,包括产品发明(含新物质发明)、方法发明和改进发明(对已有产品、方法的改进方案)。实用新型专利是指对产品的形状、构造或者其结合所提出的适于应用的新的技术方案。外观设计专利是指对产品的形状、图案、色彩或者其结合所做出的富有美感并适于工业应用的新设计。

专利权不仅具有独占性、时间性、地域性,还具有自己的特征。专利权的特征主要体现在:①就时间性而言,专利权的保护期较短(发明 20 年,实用新型和外观设计 10 年,不

拓展资源

得续展)。②就独占性而言,在同一法域内,相同主题的发明创造只能被授予一项专利权。③就法律授予性而言,只有经国务院专利行政部门审批,发明创造才可能取得专利权。作为专利的发明创造必须经专利主管机关依照法定程序审查

确定专利是符合专利法规定的专利条件的发明创造。

2．专利权的主体和客体

专利权的主体主要指发明人或者设计人、专利权人和专利受让人等。发明人或者设计人是指真正做出发明创造的人，即对发明创造的实质性特点独自做出创造性贡献的人。发明人或者设计人的权利继受人包括继承人和受让人。职务发明创造是指在执行本单位的任务，或者主要是利用本单位的物质技术条件所完成的发明创造。非职务发明创造是指除职务发明创造以外的发明创造。职务发明创造申请专利的权利属于发明人或设计人的工作单位。非职务发明创造的专利申请权属于发明人或设计人。获得授权后，发明人或者设计人为专利权人。

专利权的客体是审批为专利的发明创造。我国专利保护的发明创造是指发明、实用新型和外观设计。

（1）发明

发明是专利权的主要客体，也是各国专利法的主要保护对象。从词义上看，发明指科技开发者依据自然规则或法则，运用自己的资金和智力创造出来的新技术方案。我国2001 年公布的《专利法实施细则》规定，专利法所称发明：指对产品、方法或其改进所提出的新的技术方案。根据此项规定可知，发明是一种技术方案。专利法意义上的发明包括产品发明和方法发明。产品发明（包括物质发明）是人们通过研究开发出来的关于各种新产品、新材料、新物质等的技术方案。方法发明是人们为制造产品或解决某个技术课题而研究开发出来的操作方法、制造方法以及工艺流程等技术方案。"改进发明"本身并不是一种独立种类的发明，它么是产品发明，要么是方法发明。

（2）实用新型

实用新型指对产品的形状、构造或其组合所提出的适于实用的新的技术方案。实用新型是针对产品而言的，任何方法都不属于实用新型的范围。实用新型的特征主要为：①作为实用新型对象的产品只能是具有立体形状、构造的产品，而不能是气态、液态的产品，也不能是粉末状、糊状、颗粒状的固态产品；②作为实用新型对象的新设计必须具有实用性，能够在工业上应用；③作为实用新型对象的产品必须是可自由移动的物品，而不能是不可移动的物品。但本来可自由移动的物体后被固定在不能自由移动的物体上，仍可看作实用新型。

（3）外观设计

外观设计指对产品的形状、图案、色彩或它们的结合所作出的富有美感的并适于工业应用的新设计（台湾地区称"新式样"）。外观设计所保护的对象是该设计本身，而不是负载该设计的物品。外观设计的特征主要为：①附载外观设计的产品必须有相对的独立性；②外观设计必须是与独立的具体的产品合为一体的新设计；③附载外观设计的产品必须能够在工业上应用；④外观设计必须能够使人产生美感。

3.专利权的内容

专利权是一种具有财产权属性的独占权以及由其衍生出来的相应处分权。专利权人的义务为缴纳专利年费(也称专利维持费)。专利权人具有如下权利。

(1) 独占实施权,即专利权人对其专利产品或专利方法依法享有的进行制造、使用、许诺销售、销售、进口的专有权利。具体来说,除法律另有规定外,未经专利权人的许可,任何单位和个人都不得实施其专利,即不得为生产经营目的制造、使用、许诺销售、销售、进口其专利产品,或者使用其专利方法以及使用、许诺销售、销售、进口依照该专利方法直接获得的产品;任何单位或者个人不得为生产经营目的制造、销售、进口其外观设计专利产品。

(2) 转让权,即专利权人将其获得的专利所有权转让给他人的权利。专利所有权只能作整体转让,且必须签订书面合同并予以登记。

(3) 实施许可权,即专利权人通过专利实施许可合同的方式,许可他人实施其专利并收取专利使用费的权利。

(4) 放弃权,是专利权人放弃其独占利益的权利。即专利权人在专利权保护期限届满前的任何时候,以书面声明形式或不交年费的方式放弃其专利权的权利。

(5) 标记权,即专利权人享有在专利产品或该产品的包装上、容器上、说明书上、产品广告中标注专利标记和专利号的权利。"专利标记",包括"中国专利""专利"等字样或"ⓟ"符号。

除专利法规定专利权人享有的上述权利外,《担保法》还规定专利权人依法享有将其专利权进行出质的权利。

4.专利权的限制

专利权的限制是指法律规定的对专利人独占实施权的限制,指专利法允许第三人在某些特殊情况下,可以不经专利权人许可而实施其专利,且其实施行为并不构成侵权的一种法律制度。当实施行为人以专利权的限制作为其抗辩理由时,该行为人应当负举证责任。

除专利权的时间限制和地域限制外,专利法对专利权还作了其他的限制性规定,主要为强制许可(非自愿许可)。强制许可即国家专利主管机关根据具体情况,不经专利权人许可,授权符合法定条件的申请人实施发明或实用新型专利的一种法律制度。特征为非自愿性、非独占性、有偿性、非转移性。强制许可包括防止专利权滥用的强制许可;为公共利益目的的强制许可;交叉强制许可。强制许可实施人所获得的实施权,是普通实施权,不具有独占性,不得再许可第三人实施,不得转让此种使用。强制许可实施人应当向专利权人支付合理的使用费。

5.专利权的授权条件

可专利性即一项发明创造获得专利权应当具备的实质性条件,即发明创造本身所具有的本质特征。申请专利的发明或实用新型符合专利法规定的新颖性、创造性和实用性；申请专利的外观设计符合专利法规定的与国内外的外观设计不相同和不相近似，不得与他人先取得的合法权益相冲突的规定。

新颖性是指申请专利的发明或实用新型不属于现有技术，即指在申请日以前没有同样的发明或实用新型，没有在国内外出版物公开发表过、没有在国内公开使用过或以其他方式为公众所知，也没有同样的发明由他人向国务院专利行政部门提出过申请并且记载在申请日以后公布的专利申请文件中。

创造性是发明或实用新型获得专利权的又一实质条件，美国称为"非显而易见性"，也有国家称为先进性或进步性。创造性指同申请日以前已有的技术相比，该发明有突出的实质性特点和显著的进步，该实用新型有实质性特点和进步。具有创造性的发明，包括：①申请专利的发明解决了人们渴望解决但一直没有解决的技术难题；②申请专利的发明克服了技术偏见；③申请专利的发明取得了意想不到的技术效果；④申请专利的发明在商业上获得了成功。

实用性是指该发明或实用新型能够制造或使用，并且能够产生积极的效果。不具有实用性的几种情况为：①申请专利的发明或实用新型不具有再现性；②申请专利的发明或实用新型缺乏技术手段；③申请专利的技术方案违背自然规律，是利用独一无二的自然条件所完成的技术方案；④申请专利的技术方案不能产生积极效果。申请专利的发明或实用新型"能够产生积极的效果"包括社会效果、技术效果和经济效果，其中社会效果即该项发明或实用新型被实施后，不产生对社会的危害，不产生对人类生存、安全、环境的危害，不损害社会公共道德；技术效果，即申请专利的发明或实用新型被实施后有利于促进科学技术的发展；经济效果，即申请专利的发明或实用新型被实施后，能够给发明人或专利人或国家带来良好的经济效益。

外观设计的可专利性的实质条件为：①新颖性，即指申请专利的外观设计与在其申请日以前已经在国内外出版物上公开发表的外观设计不相同或不相近似，与在其申请日以前已在国内公开使用过的外观设计不相同或不相近似；②美观性，即指外观设计被使用在产品上时能使人产生美感，增加产品对消费者的吸引力；③合法性，即申请专利的外观设计"不得与他人在先取得的合法权利相冲突"，而且不得违反法律、社会公德，也不得损害公共利益。

专栏

吉列公司的专利策略

在利用专利获取并保持对市场的掌控方面，鲜有公司能超越吉列，个人消费品公司中更是无一能及。15 年前吉列公司开发感应剃须刀的例子就是一个明证。据吉列公司前任研发副总裁约翰·布什描述,公司开发感应剃须刀时遇到的第一个挑战就是剖析剃须刀的关键性能,即由独立双刀片结构带来更贴面、更舒适的剃须体验,并据此确定需要申请的专利。这一创新产品采用了一种被称为浮角几何学的技术,用精细的弹簧将刀片固定在刀架上,使每个刀片都可以顺着使用者的面部轮廓自由调整角度。工程师们设计出了 7 种不同的刀片固定方法,但工程小组一时难以决定公司应该选用哪种方案。在公司专利律师的帮助下,吉列公司的研发小组对所有 7 种设计进行了全面的专利分析,确定与潜在对手产品相比,每种设计的专利保护方案的优缺点。"最终,"布什说,"我们选中一种竞争对手最难模仿的设计方案。"

这还仅仅是这款剃须刀最终可申请的 22 项发明专利中的第一项。据布什介绍,他们的下一个任务就是,判断产品的哪些特点能最好地向顾客展现这款剃须刀的品牌个性以及性能优势,然后申请专利加以保护。"我们针对刀架、弹簧以及刀片角度等设计要点申请了专利,"布什解释道,"我们的专利申请还覆盖到剃须刀手柄以及其他产品特色,甚至包括了产品的包装盒,这种盒子撕开时的响声和手感都让人体会一种恰到好处的阳刚之美。""最终,"布什说,"我们通过这 22 项专利竖起了一道专利屏障,它们环环相扣,固若金汤,不给对手留下一点仿制的余地。"

资料来源:凯文·瑞维特,戴维·克莱恩.发现知识产权新价值[J].哈佛商业评论,2006,7.

1.2.2.2　商标权

1. 商标权的概念

商标是指商人用以将自己的商品或服务区别于其他商品或服务的标记或标记组合,包括商品商标、服务商标、联合商标、集体商标、防御商标、证明商标、产地标记等。同时,商标可以被用于鉴别产品,或描述产品。我国商标法保护的商标类型包括文字、图形、字母、数字、三维标志和颜色组合,以及上述要素组合的商品商标、服务商标和集体商标、证明商标。商标权的拥有者具有在其产品或服务上使用该商标的唯一权利。商标所有权人以商标来证明商品的来源、材料和制造方法或服务的状况。商标权包含使用权、禁用权、续展权、转让权和许可使用权等。不同国家对商标最初有效期的规定不一致,但都可以不断续展。我国的商标保护期限为 10 年。

2. 商标权的主体和客体

因为不同国家商标权的取得途径不同,所以商标权的主体可能是通过使用商标而取得专有权的人,也可能是通过注册取得专有权的自然人、法人或者其他组织。根据我国《商标法》,商标权的主体应该是有资格申请商标注册的自然人、法人或者其他组织,或者转让注册商标中的受让人。商标权的客体是商标。商标可分为视觉商标和非视觉商标。视觉商标是指用视觉可以感知的商标,包括文字商标、图形商标、立体商标、颜色商标以及各种要素组合的商标;非视觉商标是指无法用视觉感知的商标,包括听觉商标、嗅觉商标、味觉商标和触觉商标等。我国现行《商标法》只保护视觉商标。

3. 商标权的内容

商标权的内容包括使用权和禁止权。使用权是商标权人对其注册商标充分支配和完全使用的权利。禁止权是商标权人禁止他人未经其许可擅自使用注册商标的权利。使用权与禁止权是商标权的两个方面,两者的区别在于效力范围的不同:使用权涉及注册人使用注册商标的问题,即以核准的注册商标和核定使用的商品为限;禁止权涉及的是对抗他人非法使用注册商标的问题,即对在同一种商品或类似商品上使用与其注册商标相同或近似的商标,均享有禁止权。使用权受到两方面限制:①只限于商标主管机关核定使用的商品,而不能用于其他类似商品;②只限于商标主管机关核准注册的文字、图形,而不能超出核准范围使用近似的文字、图形。禁止权效力涉及:①在同一种商品上使用相同的商标;②在同一种商品上使用近似商标;③在类似商品上使用相同的商标;④在类似商品上使用近似商标。

4. 商标注册的条件

商标注册指商标使用人为了取得商标的专用权,将其使用的商标,依照法定的注册条件、原则和程序,向商标局提出注册申请,商标局经过审核,准予注册的法律制度。我国的商标注册是按照自愿注册与强制注册(烟草、人类药品)相结合的原则进行的。

商标注册的申请人是自然人、法人或其他组织。获准注册的商标必须具备的条件为:①商标的构成要素必须具有显著性,便于区别;②申请注册的商标不得使用法律所禁止使用的文字、图形;③使用地理标志作为商标注册的,不得违反商标法的有关规定;④不得复制、模仿或翻译他人的驰名商标;⑤在同种或类似商品上申请注册的商标,不得使用与他人注册商标或初步审定的商标相同或近似的文字、图形或其组合。注册商标被撤销或期满不再续展的,自撤销或注销之日起 1 年内,与该商标相同或者近似的商标注册申请不能被核准。

我国《商标法》规定,申请注册的商标除了必须有合格的主体、适当的商品上或服务中及恰当的标志外,还应当具有合法性、显著性、非功能性及在先性。合法性是指商标不得违反商标法及其他法律。显著性是指该标志使用在具体商品上和服务中时,能够让消费者觉得它应该或实际与商品或服务的特定出处有关。非功能性是指作为立体商标注册的三维标志,不能具有功能性,否则不予以注册。在先性是指申请注册的商标不得与他人在先取得的合法权利相冲突。

 专栏

全球品牌价值排行榜

据国外媒体报道,Millward Brown 2009 年度 BrandZ 全球品牌报告显示,虽然世界商业遭到了全球经济危机的冲击,但是入围排名前 100 的企业品牌价值未受经济危机影响。全球排名前 100 位的品牌价值总额仍然维持在了 2 万亿美元的水平。谷歌蝉联榜首,其次是微软、可口可乐、IBM、麦当劳和苹果,中国移动排名第 7 位。金融、汽车行业损失惨重,如雪佛兰、福特和大众,金融领域有安盛、美国国际集团,还有美林和 Wachovia 等跌出榜单。取代它们的品牌有任天堂和帮宝适。其中最引人注目的是帮宝适,它采取了更高的消费者定位,通过取得全球母亲的信任,很快成为一个强大的品牌,一举跃至第 31 位。任天堂排名第 32 位,任天堂的视频游戏吸引了广泛的消费者。

品牌价值的计算包括一系列数据,不仅仅是对价格或其他功能性的考虑。2009 年最引人注目的是奢侈品,排名前 15 的品牌中,有很多是奢侈品品牌,部分产品还在亚洲地区取得了巨大的成功,比如酩悦香槟、保时捷和轩尼诗。还有一些品牌下滑幅度巨大,比如 Ralph Lauren,价值暴跌 20%。保险和汽车行业受灾最为严重,几乎所有的品牌价值都在下滑。不过仍有少数几家金融机构凭借成功事例避免了悲惨命运,比如中国招商银行。软饮料类产品,比如百事可乐,品牌价值增长了 16%,Diet Pepsi 增长了 12%。Millward Brown 执行副总裁乔安娜·塞登(Joanna Seddon)表示:"用户只会责难企业及其领导者,而不会针对品牌。品牌是维系用户情感的纽带,整体品牌价值是可持续的。"

资料来源:http://hi. baidu. com/%CF%F4%CF%F4ange/blog/item/ba15f4366d811ad4a3cc2b31. html.

1.2.2.3 著作权

1. 著作权的概念

著作权(版权)是指作者或其他著作权人对文学、艺术和科学作品依法享有的专有权利,是法律赋予所有者组织他人对其作品进行复制、销售、演出、展示或改编的权利。著作权是一种保护写出或创造出一个有形或无形的作品的个人的权利。著作权也可以转换为一个组织所拥有的权利,这个组织向作品的创作者支付版权费,从而获得了该作品的所有权。著作权保护的作品包括音乐、文学、艺术、演讲、演出、模型、照片、计算机软件等创造性作品。随着时代的发展,著作权还渗透到各个领域的作品中,包括建筑设计、电脑软件、动画设计等。任何一种作品,只要它是原创或者是通过某一物质媒介表达出来的,都可以获得著作权。著作权赋予所有者对其作品的专有权利,也允许其所有者以此来获得因其作品引起的价值。

2. 著作权的主体和客体

著作权的主体或称著作权人,即依法对文学、艺术和科学作品享有著作权的人,包括自然人、法人和其他组织。在一定条件下,国家也可能成为著作权主体。依据著作权的取得方式可将著作权主体划分为原始主体与继受主体。原始主体是指在作品创作完成后,直接根据法律规定或合同约定,在不存在其他基础性权利的前提下对作品享有著作权的人。一般情况下为作者,特殊情况下作者以外的自然人或组织也可能成为著作权原始主体,如职务作品、委托作品中的雇主、出资人等。继受主体是通过受让、继承、受赠或法律规定的其他方式取得全部或一部分著作权的人。原始主体所享有的著作权的完整性比继受主体的权利表现得充分,因为继受主体绝对不可能享有完整著作权,只能取得著作财产权的部分或全部,而不能取得著作人身权。

著作权的客体是受著作权保护的作品。著作权法所称的作品是指文学、艺术和科学领域内,具有独创性并能以某种有形形式复制的智力创造成果。著作权作品要成为著作权客体须具备以下条件(著作权客体的构成要件):①独创性,亦称原创性,是作品成为著作权客体的首要条件。指由作者独立构思而成的,作品的内容或表现形式完全或基本不同于他人已经发表的作品,即不是抄袭、剽窃、篡改他人的作品。②可复制性。符合著作权保护条件的作品,通常都是能以某种物质复制形式表现的智力创作成果。复制形式包括印刷、绘画、摄影、录制等。单纯的思想或情感本身而不具有文学、艺术等客观表现形式的,不能称为作品,不能成为著作权客体。著作权法规定在文学、艺术和自然科学、社会科学、工程技术等领域内创作的作品,均属著作权法保护范围,具体包括:文字作品;口述作品;音乐、戏剧、曲艺、舞蹈、杂技艺术作品;美术、建筑作品;摄影作品;电影作品和以类似摄制电影的方法创作的作品;工程设计图、产品设计图、地图、示意图等图形作品和模型作品;计算机软件;民间文学艺术作品以及法律、行政法规规定的其他作品。

3. 著作权的内容

著作权包括著作人身权和著作财产权。著作人身权,又称精神权利,指作者对其作品所享有的各种与人身相联系或密不可分而无直接财产内容的权利。著作人身权具体包括发表权、署名权、修改权和保护作品完整权四项。作者终身享有著作人身权,没有时间的限制。作者死后,作者的著作人身权可依法由其继承人、受遗赠人或国家的著作权保护机关予以保护。一般认为,著作人身权不能转让、剥夺或继承。

著作财产权,又称经济权利,指作者及传播者通过某种形式使用作品,从而依法获得经济报酬的权利。著作财产权的内容具体包括复制权、发行权、出租权、展览权、表演权、放映权、广播权、信息网络传播权、摄制权、改编权、翻译权、汇编权,以及应当由著作权人享有的其他权利。

4. 著作权的保护期限

著作权的保护期限,是指著作权受法律保护的时间界限或者说是著作权的有效期限。在著作权的保护期限内,作品的著作权受法律保护;著作权保护期限届满,就丧失著作权,该作品便进入公共领域,不再受法律保护。

我国对著作人身权和著作财产权保护期分别加以规定。著作人身权中的署名权、修改权和保护作品完整权永久受到法律保护。发表权的保护期与著作权中的财产权利的保护期相同。作为作者的公民死亡,法人或非法人单位变更、终止后,其署名权、修改权、保护作品完整权仍受著作权法保护。

著作权的保护期是有限制的,根据著作权主体和作品性质不同,其保护期限有所区别。

(1)作品的作者为公民,其著作权的保护期为作者有生之年加死亡后 50 年。作者死亡后,其保护期从作者死亡后次年的 1 月 1 日开始计算,第 50 年的 12 月 31 日保护期届满。

(2)法人、非法人单位的作品,著作权(署名权除外)由法人或者非法人单位享有的职务作品,其发表、使用权和获得报酬权的保护期为 50 年。但作品自创作完成后 50 年内未发表的,著作权法不再予以保护。

(3)电影、电视、录像作品的发表权、使用权和获得报酬权以及摄影作品著作权的保护期为 50 年,截止于作品首次发表后第 50 年的 12 月 31 日。但作品自创作完成后 50 年内未发表的,其著作权不再受保护。

(4)合作作品发表权、使用权和获得报酬权的保护期为作者终生加死亡后 50 年。但50 年的计算以合作作者中最后死亡的作者的死亡时间为起算点。

(5)作者身份不明的作品,其使用权和获得报酬权的保护期为 50 年,截止于作品首次发表后第 50 年的 12 月 31 日。但作者身份一经确定,则适用著作权法的一般规定。

(6)图书出版单位的专有出版权。合同约定,图书出版者享有专有出版权的期限,不得超过 10 年,合同期满可以续签。

(7)录音、录像作品使用权和获得报酬权的保护期为 50 年,截止于该作品首次出版后第 50 年的 12 月 31 日。

(8)广播、电视节目使用权和获得报酬权的保护期为 50 年,截止于播放后第 50 年的12 月 31 日。

5.邻接权

邻接权亦称作品传播者权,指作品的传播者在传播作品的过程中对其创造性劳动成果依法享有的专有权利。即虽非著作权,却是与著作权相关、相近或相邻的权利。包括出版者权、表演者权、录音录像制作者权以及广播组织播放权。我国称为“与著作权有关的权益”。狭义的邻接权通常包括表演者权、音像制作者权及广播电视组织权三类,但在不同国家的法律中其具体内容又略有不同。广义的邻接权是把一切传播作品的媒介所享有的专有权一律归入其中,或把那些与作者创作的作品尚有一定区别的产品、制品或其他含有“思想的表达形式”而又不能称为“作品”的内容也划入其中。我国采用了广义邻接权的基本内容。

出版者权是指出版者对其出版的作品所享有的一系列权利的统称。出版权是生产、制作作品的复制品并将其提供给公众的行为。出版者权的主体一般包括图书、报纸、期刊等出版单位。出版的作品主要是以文字、线条、代码、图案表示的文字、音乐、戏剧和舞蹈作品,且多以印刷形式复制。出版者权的客体是出版者出版的图书、报纸、期刊及其版式、装帧等,既涉及表达思想和情感的作品本身,又涉及作品的载体。出版者义务包括与著作权人订立出版合同;按期、按质出版作品;重印、再版作品应通知著作权人,并支付报酬。

表演者权是指表演者依法对其表演所享有的权利,前提是著作权人将其作品的表演权许可给表演者行使。表演者权由表演者享有,表演权属于著作权人。根据保护邻接权的《罗马公约》中规定的表演者的范围包括:演员、歌唱家、音乐家、舞蹈家,或以别的方式表演文学或艺术作品的其他人员。表演者权的客体不是表演的节目或作品,而是现场表演本身,即演员的形象、动作、声音等的组合,受保护的是活的表演而不是死的剧本。根据我国著作权法的规定,邻接权保护的表演,涉及音乐、戏剧、曲艺、舞蹈、杂技艺术作品,不属于著作权作品的表演,如马戏、体育项目表演,均不属于著作邻接权保护范围。

录音录像制作者权的主体只有实际制作录音、录像制品并首次将声音或场景录制下来的人才具备。转录他人唱片、录像制品,即使在原基础上进行了删节或在剪辑、放映方面做了技术性调整和改进,只要没有根本超出原制品,转录者就不能享有录音录像制作者权。录音录像制作者权的客体为录音录像制品。非作品的表演,甚至是自然界的声音、景物,都可以录制成音像制品而享有邻接权。

广播组织权是指电台、电视台等广播组织对其编制的广播电视节目依法享有的进行播放的权利。广播组织权的主体是制作并播放广播电视节目的组织。制作节目是相对转播其他广播组织的节目而言的。转播只是对原有节目的简单复制与播放,赋予创造性的余地非常小,故不受邻接权保护。而广播组织使用自编节目制作的广播电视节目,只要自编节目的来源合法,就能够受邻接权保护。我国邻接权主体是那些依法核准的,专门从事广播电视节目的制作并面向其覆盖范围内不特定的公众播发图文、声像信息的单位。企事业单位内部和乡镇地方组织为了宣传需要而设立的广播台、电视台,由于其仅在本单位或本地区内面向特定的对象进行广播宣传,且不具有法人地位,因此不包含在主体范围内。广播组织权的客体仅限于广播、电视节目。所谓广播、电视节目,是指广播电台、电视台制作的通过载有声音、图像的信号传播的节目。

 专栏

《哈利·波特》的法律金钟罩——著作权

全球热卖的《哈利·波特》系列小说里,隐形斗篷是虚拟主人翁哈利·波特来去自如、无往不利的魔法宝物,但在现实世界里,没有著作权法的保护,哈利·波特的魔法也无用武之地。《哈利·波特》的作者乔安娜·罗琳正是运用了著作权法的七记法宝,使著作权法成为《哈利·波特》的法律金钟罩。

罗琳的著作权第一记法宝,是著作人身权中的"姓名表示权"。她的本名是 Joanne Rowling。由于《哈利·波特》是以魔法少年的成长历程为故事主轴,原先锁定的读者群是青少年。取得小说发行权的英国出版商 Bloomsbury 公司深知,青少年会排斥妈妈作者絮叨烦冗的小说。为了方便行销,罗琳接受出版商的建议,从她的祖母 Kathleen Ada Bulgen Rowling 的名字中,取了 Kathleen 组成 Joanne Kathleen Rowling 的笔名,再简称为 J. K. Rowling。这样中性的笔名,既可以隐藏作者是女性的事实,也不会被认为是欺骗读者。罗琳决定了她在作品上使用的笔名后,依法谁也不能更改,或是标上她的本名。

罗琳的著作权第二记法宝,是著作人身权中的"公开发表权"。罗琳依法有权决定她的作品在何时以何种方式对公众发表。《哈利·波特》系列采取全球同步发行,每一集《哈利·波特》上市前,内容都保密到家,所有通路被要求签署保密条款,不准在预定时间前卖出或对外公开内容,在全球读者如饥似渴的焦急等待中,将《哈利·波特》系列推上销售的巅峰。

罗琳的著作权第三记法宝,是著作人身权中的"禁止不当修改权"。罗琳要求所有的翻译本与改编电影,都必须忠于原著,不可以有简省或不同的情节。她甚至参与电影的制作及拍摄,以确保电影内容能够紧扣小说续集的情节发展。甚至是在第七集小说出版以前,她始终没有明白地告诉饰演哈利·波特的童星,他到底会不会丧命。

罗琳的著作权第四记法宝,是著作财产权中的"翻译改作权"。1997 年 6 月 27 日《哈利·波特》第一集《哈利·波特与魔法石》在英国出版后,迄今已有 63 种不同语言的翻译本,在全世界共发行超过 3.25 亿册。

罗琳的著作权第五记法宝,是著作财产权中的"电影改作权"。自从 2001 年 11 月《哈利·波特》第一集《哈利·波特与魔法石》改编电影发行以来,每集都为罗琳带来 7 位数的美元权利金收入,这还不包括因为电影周边商品的授权费用。目前第七集小说在 2010 年已完成改编电影的发行,累积的权利金已经是天价。

罗琳的著作权第六记法宝,是著作财产权中的"禁止真品平行输入权"。以中文翻译而言,罗琳可以分别在中国大陆授权翻译简体字版,和在台湾地区授权翻译繁体字版。著作权法允许著作人作这种市场区隔,如果有人未经授权,从中国大陆将简体字版输入台湾地区,罗琳有权加以禁止。

罗琳的著作权第七记法宝,是著作财产权中的"一般改作权"。很多哈迷等不及续集的发行,干脆自己动手,添油加醋,写起续集。这是侵害罗琳的"一般改作权",是违反了著作权法。

著作权法是罗琳最重要的法宝,她应用自如,有所为,有所不为,发挥到极致,形成《哈利·波特》系列的法律金钟罩,要比小说里的隐形斗篷来得重要得多。

资料来源:章忠信.著作权一本通[M].台北:书泉出版社,2010.

1.2.2.4 其他权利

1. 集成电路布图设计

集成电路指半导体集成电路,即以半导体材料为基片,将至少一个是有源元件的两个以上元件和部分或全部互连线路集成在基片之中或基片之上,以执行某种电子功能的中间产品或最终产品。集成电路布图设计(拓扑图)是附着于各种载体上的电子元件和连接这些元件的连线的有关布局设计。

集成电路布图设计实质上是一种图形设计,但并非工业品外观设计,不适用专利法保护。主要原因为:一是由于布图设计并不取决于集成电路的外观,而决定于集成电路中具有电子功能的每一元件的实际位置;二是布图设计景观需要专家的大量劳动,但设计方案不会有多大的改变,其设计的主旨在于提高集成度。节约材料、降低能耗,因此不具备创造性的专门要求;三是集成电路技术发展迅速,产品更新换代很快,其布图设计不适宜采用耗费时间较多的专利审批程序。此外由于集成电路布图设计是一种三维配置形态的图形设计,也不属于著作权法意义上的图形作品或造型艺术作品。各国大抵采取单行立法,确认布图设计专有权,即给予其他知识产权的保护。美国最先进行立法保护。世界知识产权组织在华盛顿召开的专门会议上通过《关于集成电路的知识产权条约》。我国 2001 年 3 月 18 日通过了《集成电路布图设计保护条例》。

2. 商业秘密和未公开信息

根据 TRIPS 协定,未公开信息是指符合以下三个条件的信息:一是属于秘密,就是说,该信息作为整体或作为其中内容的确切组合,并非通常从事有关该信息工作之领域的人们所普遍了解或容易获得的;二是因其属于秘密而具有商业价值;三是合法控制该信息的人,为保密已经根据有关情况采取了合理措施。

我国反不正当竞争法和相关法律法规规定,商业秘密,是指不为公众所知悉、能为权利人带来经济利益、具有实用性并经权利人采取保密措施的技术信息和经营信息。"不为公众所知悉"是指该信息是不能从公开渠道直接获取的。"能为权利人带来经济利益。具有实用性"是指该信息具有确定的可应用性,能为权利人带来现实的或潜在的经济利益或竞争优势。权利人采取的保密措施包括订立保密协议,建立保密制度及采取其他合理的保密措施。技术信息和经营信息包括设计、程序、产品配方、制作工艺、制作方法、管理诀窍、客户名单、货源情报、产销策略、招投标中的标底及标书内容等信息。权利人是指依法对商业秘密享有所有权或使用权的公民、法人或其他组织。总结起来,商业秘密和未公开信息是为个人或机构对其合法控制的信息防止他人未经其同意以违反商业惯例的方式而获得或者使用提供保护,只要该信息是秘密的并且因为其秘密而具有商业价值。当然,这也需要个人或机构采取合理的措施以保持其秘密性。

3. 地理标志

地理标志是指标示出某商品来源于某成员地域内,或来源于该地域中的某地区或某地方的标识,该商品的特定质量、信誉或其他特征主要归因于该地理来源。地理标志的特征在于,当某商品的特定品质、声誉或者其他特征主要由该地理来源决定时,这一工具为那些能够确认其来源地或制造地为某国或者该国某地区的产品提供保护。当该产品为制造品时,相关产品在该地进行的生产、处理或者制作活动也可能构成区别特征。一般来说,地理标志的最初期限为 10 年,并可不断续展。

4．植物新品种

随着以动物、微生物和植物为主的生物工程的迅速发展,在知识产权领域产生了很大影响,使许多国家制定了一系列新法律或通过判例法,扩大了原有的保护范围,同时相应的新国际公约也随之而产生(《植物新品种保护公约》,1991)。到目前为止,几乎还没有国家对动物新品种提供专利或其他知识产权保护,新技术革命在知识产权领域所提出的问题主要反映在微生物与植物两类上。虽然微生物的新制法或新的微生物制品一般均未作为受保护对象写进专利法中,但不少国家的专利管理部门总是把它们解释为可受保护的对象。如日本的《特许法》本来是将一切生物发明排除在保护之外的,但日本特许厅解释认为分子生物学中的制成品的研制方法,可以同新物质的发明方法相类比,而新物质发明是可以授予专利的。我国专利法实施细则中规定微生物发明在申请专利时如何交存样品的问题,等于承认我国以专利保护微生物发明的事实。当然,为微生物提供专利保护,也会遇到一些难题。难题之一是微生物是会“自我繁殖”的。如果某人获得了微生物专利的许可使用权,而未获得“仿制”该微生物的权利,那被许可人是否构成侵权呢? 1993 年以前,大多数国家还只是以专门法即植物新品种保护法来保护植物新品种的。但是随着遗传工程技术的不断发展,特别是转基因技术的不断发展,发达国家开始给予植物新品种以专利法保护。

5．协议许可中的反竞争行为

一般认为,一些限制竞争的有关知识产权的许可行为可能对创新和贸易产生不利影响,并阻碍技术转让。这些限制性行为可能包括独占返授条款、禁止对有效性提出质疑、强迫性一揽子许可等。TRIPS 鼓励各国进行立法活动以打击协议许可中的这些行为。当然,这一般与各国反垄断法律和控制“垄断行为”的“强制许可”相关。

上述各类知识产权的基本特征的比较见表 1-1,各类知识产权保护范围比较见表 1-2。

表 1-1　各类知识产权的基本特征比较

特征	专利	商标	著作权	集成电路设计	商业秘密	地理标识	植物新品种
保护范围	产品、方法、程序、商业方法、外观设计	区别于商品或服务的标记或符号	创造性作品的表现形式	集成电路	不为公众所知悉的机密信息	商品来源地域的标记	微生物、植物新品种
有效期	20 年、10 年	10 年	50 年	10 年	保守秘密	10 年	20 年、15 年
注册要求	有	有	没有	有	没有	有	有
接受审查	是	是	否	是	否	是	是
维护成本	高	低	低	低	低	低	高、中

表 1-2　各类知识产权保护范围比较

保护范围	专利	商标	著作权	集成电路设计	商业秘密	地理标识	植物新品种
制造品	是				可能		
生产工艺	是				可能		
计算机软件	是		是		可能		
商业方法	是				可能		
品牌名称		是					
产品手册			是				
培训手册			是			是	
半导体芯片	是						
公司标识语		是					
化学合成品	是				可能		
纤维印刷方法	是						
照片			是				
小说			是				
电影剪辑			是				
音乐表演			是				
系列体育活动	是						
网页	是						
域名		可能					
集成电路				是			
地域标记						是	
微生物					可能		是
植物					可能		是

 专栏

开展地理标志产品保护的重要意义

对地理标志的保护是近年来国际知识产权领域的重要议题之一。地理标志保护产品大都是农产品,因此保护地理标志,对于促进农村经济发展、农业结构调整、农民收入增加同样具有重要意义。第一,地理标志将为农产品加工提供一个"地理标志＋龙头企业＋农户"的经营模式,提高农产品市场化组织能力。如"信阳毛尖"地理标志证明商标获得注册后,河南省信阳市工商局指导信阳市茶叶协会对"信阳毛尖"茶叶的质量和生产技术进行规模化管理,大力推进"龙头企业＋茶农＋地理标志"的生产模式,形成产值超千万元的龙头企业 10 余家,从业茶农 20 余万人。第二,地理标志将提高我国农产品的竞争力。如我国第一个受到保护的地理标志产品"绍兴酒",曾经在国际市场 2/3 的份额被产自日本、我国台湾等的"绍兴酒"所挤占。得到保护后,绍兴古越龙山酒厂销往日本的绍兴酒比上年增长 14%,塔牌绍兴酒销量整体翻一番。

女儿红黄酒利税比上年增长 18.07％,东风酒厂出口日本的绍兴酒比上年增长 1 倍以上。第三,地理标志将促进和保障农产品市场秩序。如平遥牛肉在 CCTV 被曝光后,利用地理标志"尚方宝剑",成立牛肉行业商会,召开"平遥牛肉原产地域产品保护"新闻发布会,整顿市场,为自己正名。同时出台《平遥牛肉原产地域产品保护管理办法》,将平遥牛肉各个加工企业的生产执行标准从内容、技术要求、检验方法等方面进行了统一,从选料、腌制、卤煮到包装进行了规范,要求企业获准使用原产地域产品保护标志,加强行业监督、行业自律、行业警示。终于将平遥牛肉拉出了低谷,平遥牛肉获得新生。第四,地理标志将提高农民收入。据国家工商局统计,目前从全国各地反映的情况看,已经获得地理标志注册的农产品收购价格普遍上涨了 15％～20％。如"安溪铁观音"地理标志证明商标获得注册保护后,出口单价比全国茶叶平均价格高出 80％。库尔勒香梨,2004 年销售额近 3 亿元,市场价每箱比非该产地的香梨高出 3～5 元,有近 7000 户农民种植库尔勒香梨,户均收入 3 万元。

资料来源:http://www.sinogi.org/news.asp? newsid＝339&nclassid＝429&nclass＝地标调研.

1.3　知识产权制度的起源与发展

1.3.1　知识产权制度的起源

知识产权是近代科学技术与商品经济发展的产物。一般认为,英国于 1623 年制定了世界上第一部专利法(《垄断法规》),1709 年制定了第一部著作权法(《为鼓励知识创作而授予作者及购买者就其已印刷成册的图书在一定时期之权利法》,即《安娜法令》),法国于 1857 年制定了第一部商标法(《关于以使用原则和不审查原则为内容的制造标记和商标的法律》),被认为是具有近代意义的知识产权制度的开端。这绝非历史的偶然。自17、18 世纪以来,市民阶级在生产领域中开始广泛采用科学技术成果,从而在资本主义市场中产生了一个保障知识财产私有的法律问题。市民阶级要求法律确认对知识财产的私人占有权,使知识产品与一般客体物同样成为自由交换的标的。他们寻求不同于以往财产法的新的法律制度,以作为获取财产权利的新方式:在与商品生产直接有关的科学技术发明领域出现了专利权;在商品交换活动中起着重要作用的商品标记范畴出现了商标权;在文学艺术作品以商品形式进入市场的过程中出现了著作权。这些法律形式最后又被概括为知识产权。[①]

现代美国是知识产权政策的有效运作者。美国建国虽然只有 200 多年的历史,但却是世界上最早建立知识产权制度的国家之一。美国独立后即在 1787 年宪法中规定了版

---

① 吴汉东. 政府公共政策与知识产权制度[J]. 中国版权,2008(1):12-16.

权和专利权条款。根据宪法规定,美国政府于 1790 年颁布了专利法和版权法。但是,美国早期的知识产权政策,深刻地贯彻了实用主义的商业激励机制:对内,保护私人知识财产,以暂时的垄断授权换取科技与文化的发展;对外,以知识产权为政策工具维护国家利益,采取了明显的本国保护主义的做法。两次世界大战以后,随着美国世界强国地位的形成,美国完成了从低水平保护向高水平保护的转变,并力图将知识产权保护的美国标准推行为各国普遍通行的国际标准。2004 年美国政府报告明确地阐明了该国的基本政策立场:"从美国立国基础来看,保护知识产权始终是一项创新的支柱。""一个健康正确的强制性的国内和国际知识产权结构必须被维持。"总的说来,在知识产权领域,美国坚定奉行其国内既定政策并不断将其推行为国际规则,美国是对现代知识产权保护制度影响最大的国家。[①]

1.3.2 知识产权制度的发展

知识产权制度选择的基础是国情。根据国家不同发展阶段的不同发展需求,对知识产权制度做出选择性政策安排,是西方国家的普遍做法。例如,美国自 1790 年制定著作权法后,基于其文化、教育落后于欧洲国家的现实考量,对外国作品长期不予保护,且游离于 1886 年伯尔尼联盟长达 102 年之久,直到 1988 年才宣布加入《伯尔尼公约》;日本在明治维新后于 1885 年公布了《专利法》,但基本实施的也是低水平的专利政策,其在长达 90 年的时间里排除药品及化学物质专利,并为本国企业吸收外国技术提供制度便利。这说明,任何一个国家,在其知识产权制度发展史上,都有一个从"选择保护"到"全部保护",从"弱保护"到"强保护"的过渡期。在国家经济社会发展水平不高的情况下,这种低水平的知识保护的过渡期是非常必要的。不过,随着新的国际贸易体制的形成,知识产权立法呈现出一体化、趋同化的发展态势,作为世界贸易组织成员的发展中国家,已经失去发达国家所经历的缓慢"过渡期"和"准备期"。

西方知识产权制度是政府公共政策的有机组成部分,它既是国内政策,也是对外政策,并以服务国家利益为政策取向。自 20 世纪 80 年代以来美国的知识产权政策作了如下重大调整:在国内建立了促进知识经济发展、科学技术创新的政策体系。美国在其政策体系中,重视知识产权的规制与导向作用。同时,强调知识产权制度与产业政策、科技政策、文化政策的有机整合。20 世纪 90 年代中期以前,美国主要是凭借国内的《综合贸易法》中的"特别 301 条款"和《关税法》中的"337 条款",把给予贸易对手的最惠国待遇与要求对方保护美国的知识产权直接挂钩,对所有不保护、不完全保护、不充分保护知识权的国家进行经济威胁和贸易制裁;在 1994 年《知识产权协定》生效以后,美国更多的是依赖缔约方的国家强制力和世界贸易组织的国际强制力,将缔约方所承诺的高水平的知

[①] 吴汉东. 政府公共政策与知识产权制度[J]. 中国版权,2008(1):12-16.

识产权国际保护与享有无差别的最惠国待遇紧密联系起来。进入后《知识产权协定》时代以来,美国还先后与欧盟、日本、澳大利亚等国进行谈判,以双边自由贸易协议的形式,谋求比《知识产权协定》更高水平的保护。这表明,在国际贸易"知识化"与知识产权"国际化"的条件下,知识产权保护不再是一国内部的法律义务,而是与国际经济、科技、文化交流紧密地联系在一起,从而成为国际贸易体制的基本规则。基于此,一国制定的知识产权政策既要适应国内发展需要,又要遵循国际规则。

在近代社会,知识产权制度是欧美国家促进经济发展,推动科技进步,繁荣文化和教育的政策工具;在当代社会,知识产权制度则成为创新型国家维系技术优势,保护贸易利益,提高国际竞争力的战略决策。进入 21 世纪以来,发达国家在其知识产权政策中竞相确定了符合本国实际和服务国家利益的战略目标。如前所述,美国作为世界上的"科技领先型国家",通过了《知识产权与通核综合改革法案》和以专利制度改革为目标的《21 世纪战略计划》,建立了高水平的知识产权制度,并在知识产权国际事务中强制推行其美国价值标准;在"技术赶超型国家"中,日本制定了"知识产权战略大纲",出台了《知识产权基本法》,"推进实施创造、保护、利用知识产权的政策措施,振兴科学技术,强化国际竞争力";澳大利亚推出了旨在推进本国知识产权战略的"创新行动计划",并在《澳美自由贸易协议》的基础上,于 2005 年进行了新一轮知识产权法的修订;在"引进创新型国家"中,韩国确立了 2015 年成为亚洲地区科研中心、2025 年成为科技领先国家的发展目标,通过修纲变法,保护本国的优势产业和高技术产业,逐渐重视本国知识产权的涉外保护,其立法接近美欧日的基本政策立场。①

1.3.3　知识产权制度的特征

知识产权国际保护制度是当代国际经济、文化、科技贸易领域中的一种法律秩序。国际保护标准在缔约方之间的一体化、国际保护规则从实体到程序的一体化、国际保护体系与国际贸易体制的一体化,反映了当代知识产权制度的基本特征。

知识产权立法的一体化,寓意着知识产权保护的基本原则与标准在全球范围内的普适性。这一现象虽非始自今日,但当代知识产权制度的一体化的潮流有着自己的显著特征。

(1) 鲜明的现代化特征。知识产权制度具有鲜明的现代化特征,立法者总是意图通过法律制度的现代化去推动科学技术的现代化。现代知识产权法保护的网络技术和基因技术,是知识革命中最具有代表性和影响力的时代技术。对以私权形式存在的网络版权和基因专利给予尊重和保护是必要的,这种对知识体系和技术性知识的信任是人们在

---

① 吴汉东. 政府公共政策与知识产权制度[J]. 中国版权,2008(1):12-16.

风险社会中获得和持有本体性安全的基础和保证。[①]

（2）国际法高于国内法。立法一体化的基础是国际法高于国内法。19 世纪下半叶签订的知识产权公约确立了知识产权保护的基本标准，并在强调国民待遇的基础上承认国内法在保护知识产权方面的优先地位。在这一时期，法律的一体化主要表现为国家间法律（国际法）的形成以及国际法与国内法的相互影响。而在当代，《知识产权协定》拟定了新的知识产权保护的国际标准，并以此作为各缔约方国内立法的原则和依据。这一时期法律的一体化，则体现为国内法遵从国际法以及国内法与国内法之间的一致性。

（3）知识产权保护的高标准化。最低保护标准原则的适用，导致立法一体化趋势的出现。这种"最低标准"的实质意义在于各缔约方在保护标准上的一致性，与知识产权保护水平的高低并无绝对的关联性。与知识产权国际保护制度的草创阶段不同，现有的国际公约包括《知识产权协定》以及《因特网条约》等所确定的最低保护标准，体现了权利的高度扩张和权利的高水平保护，更多地顾及和参照了发达国家的要求和做法。换言之，现今的最低标准即一致性标准，绝不是低水平，它在很多方面超越了发展中国家的科技、经济和社会发展的阶段。从国际保护领域来看，知识产权立法的一体化，实质上是由发达国家积极主导、发展中国家被动接受的制度安排。[②]

拓展案例

 复习思考题

1. 简述知识产权的概念和特征。
2. 简述知识产权的分类。
3. 简述专利权、商标权和著作权的主体和客体。
4. 简述知识产权优势的内涵及特征。
5. 讨论知识产权的私权公权化发展趋向的利与弊。
6. 讨论知识产权优势如何与竞争战略整合。

案例分析

海正药业积极构建知识产权优势

浙江海正药业股份有限公司（简称海正药业）始创于 1956 年，作为中国最大的抗生素、抗肿瘤药物生产基地之一，海正已成为中国领先的原料药生产企业。多年来，海正

①　吴汉东. 知识产权的制度风险与法律控制[J]. 法学研究，2012(04)：61-73.
②　吴汉东. 知识产权国际保护制度的变革与发展[J]. 法学研究，2005(03)：126-140.

以知识产权战略为先导,以自主科技创新为前提,坚持对药物研发的重视与投入,不断巩固在研发方面的核心竞争力。截至目前,海正药业已申请专利 143 项,其中专利合作条约(PCT)国际专利申请 9 项;已授权专利 59 项。2010 年海正药业的"阿卡波糖制备工艺"的专利获得了国家知识产权局颁发的"中国专利优秀奖",这也是海正药业获得的首个国家专利优秀奖。海正药业能获此殊荣,与其重视自主研发及实施知识产权战略是密不可分的。海正药业以激励知识产权创造为核心,以积极运用知识产权为目的,以依法保护知识产权为关键,以科学管理知识产权为基础,在综合运用知识产权方面取得长足的优势。

1. 海正药业的创新理念是促进知识产权创造的核心

海正药业的科技创新经历了"花钱买鱼"——购买成果、"借池养鱼"——合作开发、"放水养鱼"——联合攻关,到"筑池养鱼"——自主创新的不同时期,被同行和专家亲切地称为"鱼论"。与此同时也构建了现代生物医药企业发展的创新理念:第一,构建从原料药单一系列向药物研发、原料药与制剂(自主品牌)生产销售的内部垂直发展体系;第二,构建从依靠单品种创利向开发及制造多系列、多产品、梯度组合的产品群组发展体系;第三,构建从单纯仿制向创仿结合、自主创新的发展体系。到 2007 年底,海正药业开发了二类以上新药 16 个,申报了 75 项发明专利,建立了多个自主创新平台,在微生物、天然药物、合成药物、基因工程药物、现代中药、纳米技术、工程技术等关键领域实施自主创新,致力于打造中华民族自主创新品牌。独特的"鱼论"和现代生物制药企业发展的三个创新理念,为中国生物医药企业的自主创新、知识产权创造指明了发展方向。

2. 以工艺专利为主的外围专利是海正药业知识产权运用的法宝

海正药业 2005 年销售收入同比增长 7%,净利润同比下降 43%,这主要由于原料药生产商(不拥有专利药物)之间竞争加剧。为了实现更为稳定及持久的增长,海正药业调整战略——开发更多工艺专利药。因为工艺专利在某种意义上形成药品核心专利的外围专利,保护并延长技术的独占,这可以使海正药业免受价格波动的影响。早期,海正药业的目标是成为一家学名药供应商,主要在专利药品的专利过期后生产其学名药产品。公司当时并未对工艺专利给予足够重视,其所有产品均为非工艺专利产品,因此其产品无法进入那些化合物专利过期但工艺专利仍然有效的市场,而只能在并未注册工艺专利的市场内销售。近几年,后者市场竞争愈演愈烈,海正药业必须通过加强研发向前者市场转移。2006 年,海正药业成功研发出一项工艺专利药,并在 2007 年化合物专利过期之后投入市场。目前公司有 10~20 项工艺专利药品正在研制过程中。

同时,药证注册也是海正药业进入国际市场的通行证。海正药业的认证原料药的出口市场可分为规范市场与非规范市场。规范市场以欧美为代表,其特点是注重专利保护、注重产品质量,产品进入市场必须经过 FDA(美国食品和药物管理局)认证、COS(欧洲药典适用性)认证,价格的因素较为次要。而且一旦产品获得认证并进入规范市场后,销售渠道通常较为稳定,价格相对较高。目前,在所有上市公司中,海正药业获得的产品质量认证最多,有 15 个品种通过美国 FDA 认证,11 个品种获得欧盟 COS 证书,还有部分产品通过了澳大利亚、俄罗斯和韩国等国的认证,此外还有 20 多个品种正在申报之中。其中药品制剂车间通过了欧盟 EDQM(欧洲药品质量管理局)和 TGA(澳大利亚药品管理局)认证,成为国内唯一一家由 WHO(世界卫生组织)指定的全球抗多重耐药性结核病药物的生产企业。

3. 完善的管理体系是海正药业知识产权保护的有力保障

海正药业公司总部设有知识产权部。该部由总经理直接领导。现工作人员共 12人,其中专职人员 7 人,负责整个企业的知识产权战略。目前已经制定了企业的知识产权制度。为激励技术人员研发及员工创新,将每年的 8 月 27 日定为"海正科技日"。届时,将召开全体科技人员大会,评定颁发"科技创新成果奖",表彰"优秀科技人员",举办年度科技成果展览等。因而进一步推动了公司的技术创新,激发了全体员工的创业、创新热情。海正药业还建立了专利评价与保护平台。公司在上海设有专门的办事机构,在国内聘有顾问;在美国、英国、法国、德国等均聘请专业律师事务所为海正服务。海正药业还建立了专门的知识产权服务团队,他们主要任务是积极参与、做好专利检索;加强研究,主动挑战专利;提前介入,及时申报专利;适时应诉,保障不受侵犯。近几年来,海正先后申报了 75 项发明专利,已有 27 项获得授权,去年被浙江省评为"专利示范企业"。

资料来源：http://www.hisunpharm.com/NewsCenter/ 20101122/n48712936.html,编者整理和修改。

[案例解读]

综上所述,面对国内日趋饱和的市场和不断增生的产能扩张,我国生物医药企业面临突围选择,蓝海战略下国际化运作必然摆上企业家的案头,必须依靠建设性的思路才能占领两个市场。海正药业的发展具有印度模式的特征。所谓"印度模式"的企业,基本上都遵循了这样一条成长线路图,即大宗原料药中间体——特色原料药——专利仿制药(不规范市场)——通用名药物(规范市场)——创新药物。海正药业也是从四处找产品到给外贸打工,再到药政注册,直到走向技术领先,每一个发展轨迹都离不开企业发展战略的清晰指导。海正采用的是渐进创新模式,注重以低成本取得实效,逐渐建立自身的技术优势。同时,海正药业采用跟随型的专利战略,将知识产权战略与市场战略紧密结合,从仿制 API(非专利原料药)向 API 工艺专利转移,从一般中间体向 CGMP(现行的药品生产质量管理规范)与新药 Ⅰ、Ⅱ 期临床中间体转移,从原料药一条龙向精烘包、制剂加药政注册转移,加快创新药物与基因工程药物的开发。这些战略选择不仅带给企业远高于特色原料药的毛利率,而且还可实现业务规模的成倍扩张,为海正药业的发展打下坚实的基础。如果海正在今后的发展中能够更好地基于产业环境、知识产权价值和技术创新能力来为企业选择适合的知识产权战略,提高综合运用知识产权的能力,企业的发展定会充满勃勃生机。

[**案例讨论题**]

1．以海正集团为例,说明企业构建知识产权优势的重要性。

2．海正集团的知识产权优势如何与企业发展战略相互整合?

3．谈谈你对提高我国企业知识产权优势的建议。

第 2 章

知识产权管理概述

 本章要点

- 掌握知识产权管理的内涵和特点
- 掌握知识产权管理的分类和体系
- 理解实施知识产权管理的重要性
- 理解知识产权管理的内容
- 理解知识产权管理的原则
- 了解新形势下知识产权管理面临的挑战与机遇

开篇案例

随着"互联网＋"国家战略的实施和推进，移动互联网浪潮席卷而来。传统的经济下，企业通过研发获取知识产权，通过专利垄断地位获取垄断利润，并对其他企业形成进入壁垒，对外部技术也保持一定的谨慎态度，这种传统的封闭式结构一定程度上阻碍了创新。移动互联网开放、共享的特点很好地解决了垄断和创新的矛盾，企业创新模式日益多样化，任何企业进行技术创新所需的知识已不能仅仅局限于企业内部，而是需要跨越组织，以便能够更便捷地获取外部知识和创新资源，开放竞争条件下要求企业的创新模式从封闭转为开放。

在移动互联网时代，知识产权将变得越来越重要，在企业发展中的支撑地位也将进一步加强，因此，有理由相信，移动互联网时代将涌现出一批主管知识产权的首席智财官(CIP)和首席法务官(CLO)。现代知识产权管理能为企业带来三大核心价值，即风险控制、增值经营和竞争超越。例如爱立信通过专利许可每年获利 10 亿美元，是增值经营的成功典范，而苹果通过专利诉讼方式有效打击了 HTC(宏达国际电子股份有限公司)和三星就是排除竞争对手的典型案例。企业要实现上述三大价值，前提是企业领导要正确认识和重视知识产权的价值，并真正将知识产权作为一把手工程来进行体系化建设。

　　企业知识产权管理者要有足够的高度,深刻认识到移动互联网时代知识产权的新特征,做好知识产权管理工作。更多的企业应该解放思想,认清并抓住移动互联网的本质。另一方面,结合所在企业的实际特点调整知识产权管理策略,以适应新经济转变所带来的冲击,以便更好地落实企业知识产权战略,进而为企业经营和发展提供强有力的支撑。

　　资料来源:移动互联网时代的知识产权新特征,http://www.kuaifawu.com/knowledge/16062417.html.

2.1　知识产权管理的内涵与意义

2.1.1　知识产权管理的内涵

　　管理是协调工作活动,使之有效率和有效果的过程,是同别人一起或通过别人使工作活动完成得更有效率和更有效果的过程,也是管理者对管理对象加以计划、组织、协调和控制,使其发展符合组织目标的活动和过程。知识产权管理是指政府、高校、科研机构、企业或者其他组织等主体计划、组织、协调和控制知识产权相关工作,并使其发展符合组织目标的过程,是协调知识产权事务的宏观调控和微观操作活动的总和。[①]

　　知识产权管理包含两个层次,一是政府层次的知识产权管理,主要指制定知识产权相关法律法规,制定相关配套政策,开展知识产权公共服务,提供信息检索、分析、交易平台等;二是企事业层次的知识产权管理,重点是指企业内部知识产权的申请、评价、经营、保护等方面的管理,同时包括高校、科研机构等频发知识创新的事业单位对知识产权的申请、保护、产业化等方面的管理。政府层次的知识产权管理属于宏观层面,通过制定法律和政策为权利人提供保障;企事业层次的知识产权管理属于微观层面,是权利人运用现行制度所采取的创造和运用知识产权的战略和行为。

拓展资源

　　专栏

华为的知识产权战略管理

　　知识产权战略是华为成为世界上领先企业的重要战略。华为年报显示,2015年,

---

①　朱雪忠. 知识产权管理[M]. 北京:高等教育出版社,2010.

华为公司对新技术、新产品和无线通信标准的研发投入达 596 亿元人民币(92 亿美元),占销售额的 15%,已经超过苹果的 85 亿美元研发投入(占销售额的 3.5%)。2006 年以来,华为研发投入累计超过 2400 亿元人民币(约 370 亿美元)。

华为表示,其累计申请了 52550 件国内专利和 30613 件外国专利,专利申请总量位居全球第一。同时,华为在世界范围内设有 16 个全球研发中心,研发人员多达 7.9 万人,占公司总人数的 45%,该比例在科技公司中非常高。

截至 2015 年底,华为累计已授权专利 30924 件,美国授权专利达 5052 件,欧洲各国累计授权专利达 11474 件。

据国家知识产权局最新公布的许可备案登记信息显示,2015 年华为向苹果公司许可专利 769 件,苹果公司向华为许可专利 98 件,这意味着苹果公司将使用更多的华为专利。业内估算苹果去年向华为支付的费用在上亿美元量级。

华为之所以能如此出众,离不开其知识产权战略。为确保企业的持续性创新,华为每年将不少于 10% 的销售收入投入研发,并将研发经费的 10% 投入新技术研究。

其次,在具体执行上,华为的知识产权战略有三大抓手。

一是在核心领域不断积累自主知识产权,并进行全球专利布局,以保持参与市场竞争所必需的知识产权能力。

二是积极参与国际标准的制定,推动自有技术方案纳入标准,积累基本专利。

三是始终以开放的态度学习、遵守和运用国际知识产权规则,按照国际通行的规则,处理知识产权事务。同时,以积极友好的态度,通过协商谈判、产品合作等多种途径解决知识产权问题。

反观其他企业,在核心专利的积累和布局上仍需要做出巨大的努力。在参与国际标准的制定和处理知识产权事务方面,很多企业还面临语言的障碍,很难真正进入标准制定者的游戏圈。

资料来源:走出去智库:华为知识产权战略布局分析,http://opinion.hexun.com/2016-05-28/184111538.html.

2.1.2　知识产权管理的特点

知识产权管理是指国家有关部门为保证知识产权法律制度的贯彻实施,维护知识产权人的合法权益而进行的行政及司法活动,以及知识产权人为使其智力成果发挥最大的经济效益和社会效益而制定各项规章制度、采取相应措施和策略的经营活动。所以它具有与其他战略不同的特点。

1. 合法性

知识产权管理的合法性是指管理主体所从事的知识产权管理活动,不得违反相关法律法规,特别是知识产权法律法规、规章制度的性质。从"法"的位阶来看,知识产权管理的合法性具体包括两方面:一是管理活动必须符合国家法律法规、地方法规和部门规章;

二是管理活动必须符合组织内部的规章制度。从管理要素来看,知识产权管理的合法性包括五个方面:一是管理者的主体资格合法;二是管理对象即相关知识产权合法;三是管理行为合法;四是管理方法合法;五是管理制度合法。

2. 市场性

知识产权管理的市场性是指知识产权管理活动必须遵循市场经济规律;知识产权的转让、许可等交易活动必须符合价值规律;知识产权交易价格由创造该知识产权客体的社会必要劳动时间决定,并受市场供求关系影响的性质。知识产权制度是市场经济的产物,所以知识产权管理活动应当遵循市场经济原则,以市场机制为导向,以市场效益为目标。与法律规律的相对稳定不同,市场是善变的。因此,有效的知识产权管理活动不但可以激励人们创造更多的创新成果,提高创新主体的竞争能力,而且有利于维护较好的市场竞争秩序,同时促进国家采取适度的知识产权保护制度,强化企业、高等院校、科研院所等组织对其知识产权的保护措施。

3. 动态性

知识产权管理的动态性是指知识产权管理活动应该随着市场环境、知识产权法律状态、知识产权制度、组织内部环境及具体管理制度的变化而变化的性质。动态性体现在四个方面:一是知识产权管理的市场性特点,要求企业根据市场情况的变化对其知识产权管理作出相应的调整;二是知识产权管理活动应该随知识产权的法律状态(如有效期限、权利的有效性等)的变化而变化;三是知识产权管理活动应该随国家知识产权制定和政策的调整而变化;四是知识产权管理活动应该随着组织内部环境及规章制度的变化而变化。

4. 国际性

知识产权制度是一种涉及双边或多边条约的国际化制度。不同国家的知识产权管理活动不仅具有一定的相似性,而且具有紧密的相关性。知识产权管理不仅涉及国内法,也涉及国际公约以及相关国家的法律。知识产权交易不仅涉及国内市场,也涉及国际公约以及相关国家的法律。随着经济全球化的深入,知识产权管理国际化趋势越来越明显。

5. 文化性

知识产权管理的文化性,是指知识产权管理蕴含着深厚的文化底蕴,体现着知识产权管理者所具有的文化素养,能促进知识产权文化的建构与形成。知识产权文化是人类在知识产权及相关活动中产生的、影响知识产权事务的精神现象的总和,主要是指人们关于知识产权的认知、态度、信念、价值观以及涉及知识产权的行为方式。

2.1.3　知识产权管理的分类

知识产权管理是一种对知识产权工作的宏观调控和微观操作进行全面系统协调的

活动。由于知识产权工作涉及多个方面和领域,因此所牵涉的工作内容十分庞杂。具体
知识产权管理分类见表 2-1。

表 2-1　知识产权管理的分类

分 类 标 准	知识产权管理内容	分 类 意 义
根据知识产权管理的客体分类	根据知识产权的种类不同,可将知识产权管理分为科技成果的知识产权管理、文化创意产品的知识产权管理、商业标识的知识产权管理和其他知识产权管理。	对于认识知识产权管理具有比较重要的理论意义
根据知识产权管理的主体分类	以知识产权管理者为依据,可将知识产权管理分为知识产权行政管理、企业知识产权管理、科研院所知识产权管理、高新区知识产权管理和知识产权中介机构管理。	对于认识知识产权管理具有比较重要的理论意义
根据知识产权管理的内容分类	知识产权管理可分为法律管理、合同管理、战略管理、风险管理和危机管理五部分工作内容。知识产权法律管理是指国家行政管理机关依据法律法规的规定对知识产权行使管理权限的行为;知识产权合同管理是指管理主体依据合同法的基本规则对知识产权的创造、运用、保护等所实施的管理行为;知识产权战略管理是管理主体对知识产权从战略层面所实施的一系列管理行为,涉及制定战略、实施战略到评价战略的全过程;知识产权风险管理包括对知识产权风险的识别、分析与控制;知识产权危机管理指管理主体面临已发的知识危机进行处理和管理的过程。	为实现知识产权管理的不同目标提供理论指导
根据知识产权设置模式分类	知识产权管理模式因管理主体的不同而呈现不同的特点。以知识产权行政管理为例,可将各国知识产权行政管理机构的设置模式划分为集中式、相对集中式和分散式三种。集中式管理是指将传统的知识产权交由一个部门统一管理的模式,也称"三合一"模式;相对集中式指将几种知识产权由一个部门管理,剩余的知识产权由专门的管理机构管理的管理模式;分散式指将各类知识产权行政管理职能分散到不同的行政部门的管理模式。	对知识产权管理的组织形式和具体实施具有重要的指导意义
根据知识产权管理的范围和目的分类	知识产权管理划分为知识产权工商管理和知识产权公共管理两个板块。知识产权工商管理的管理主体是企事业单位和社会"私"主体,目的是利用知识产权实现私有利益最大化;知识产权公共管理的管理主体是国家知识产权行政管理部门,目的在于制定完善的知识产权法律制度,具有公益性。	对于认识知识产权管理与企事业单位的密切联系,具有理论意义

资料来源:安雪梅. 知识产权管理[M]. 北京:法律出版社,2015.

2.1.4　知识产权管理体系

　　知识产权管理是企事业单位对知识产权进行的全局性和长远性的管理,其具有一定的体系结构,包括知识产权战略、知识产权管理机构、知识产权管理人员和知识产权管理制度四个方面。

　　企业知识产权战略是指企业为了充分维护自己的合法权益,提高市场竞争优势,获得最大的经济效益和社会效益,根据自身的发展状况,运用国家知识产权法律制度和知识产权政策,以有效保护和管理企业知识产权为核心而制定的一系列整体性、长远性的规划和策略。企业知识产权战略根据不同的标准可以划分为不同的种类:按照企业知识产权管理的流程可以将知识产权战略分为知识产权创造战略、知识产权保护战略、知识产权运营战略等;按照知识产权包含的范围可以将知识产权战略分为专利战略、商标战略、著作权战略、商业秘密战略以及其他知识产权战略。

　　企业知识产权管理机构是指企业为了有效地计划、组织和控制其拥有的知识产权资源,实现企业最优经济效益和社会效益而建立的知识产权专门管理机构。企业建立知识产权管理机构,明确知识产权管理机构的工作职能,是企业开展知识产权管理工作的重要前提和保障。企业应该合理确定知识产权管理机构的组织层级和组织结构,以更好地适应企业知识产权发展状况,提高企业知识产权和产品技术的竞争优势。

　　企业知识产权管理人员是对企业内部从事知识产权相关工作的工作人员的统称。由于知识产权是横跨法学、经济学、科学技术和管理学等学科的一种综合性的法权和无形资产,要求企业配备具有复合型知识结构和知识层次的知识产权管理人员。因此,企业应该招纳一批具有复合知识背景、不同专业的知识产权管理人员,不仅要有知识产权专业管理人员,还要有技术专业人员、法务人员、市场营销人员以及工商管理人员等,以满足企业知识产权发展的需要。

　　企业知识产权管理制度是指企业为了规范知识产权管理活动,使企业知识产权管理工作能够顺利开展,所制定的各种关于知识产权的规章制度。企业知识产权管理制度是企业知识产权管理的关键内容,可以有效规范企业的知识产权管理活动。企业应该根据知识产权管理的实际情况制定相应的知识产权管理制度,一般情况下包括知识产权激励制度、知识产权保密制度、知识产权宣传教育和培训制度、知识产权资产评估制度、专利管理制度、商标管理制度等。

 专栏

IBM 知识产权管理体系

　　IT 业巨头 IBM 是全球最大的信息技术和业务解决方案公司,业务遍及 160 多个国家和地区。至 2015 年,IBM 公司连续 23 次位居美国专利排行榜首席。

集中统一的知识产权管理:IBM 设有知识产权管理总部,负责公司所有的知识产权管理事务。知识产权管理总部内设两大部:法务部和专利部。法务部负责相关法律事务,专利部负责专利事务。专利部下设五个技术领域,每个领域由一名专利律师担任专利经理。

IP 总部统一管理:总部管辖世界各地子公司的知识产权管理部门,各子公司的知识产权管理部门除依隶属关系向主管做业务报告外,也受公司知识产权管理总部极强的功能性指导,根据公司知识产权管理总部的统一政策来运作。

发明创造奖励机制:IBM 公司为激励公司员工进行发明创造,设立了累积计分制的奖励方法。即对申请专利的发明人给予计分,1 项专利为 3 点,同时可获 1200 美元奖励;点数累计达 12 点,再加 1200 美元奖励。发明人若是第一次申请即获得专利,即可获首次申请奖,奖金为 1500 美元。此外,公司每年举办一次盛大的科技发明奖颁奖仪式,100 名获奖员工将分享 300 万美元的奖金;IBM 总裁亲自颁奖,在精神和物质上鼓励发明者。仪式后,发明者可以度假 3～4 天,费用全部由公司承担。

资料来源:IBM、日立、西门子这些商业巨头教你知识产权管理的正确姿势,http://www.jiemian.com/article/1136597.html.

2.1.5　知识产权管理的意义

企业是知识产权运用的主体。知识产权管理是企业经营管理活动中的重要环节,知识产权管理部门在企业经营管理中,从整体管理体系的定位,到管理部门的设置、人员的配备及实际职能,都具有重要地位。知识产权管理通过对企业知识的有效利用和共享,激发企业集体的创新和应变能力,以便开发出更多的新产品、新工艺、新技术,使企业拥有更多的知识产权。进入知识经济时代,越来越多的公司开始重视对知识产权的运用,诸如微软、IBM、英特尔等一些商业巨头的相当部分的收入都主要源自知识产权,使得知识产权竞争也越来越激烈。企业研发、生产不断进入更高的水平,其技术资源、品牌资源等逐渐成了该企业抗衡竞争者,阻止新进者的壁垒,是其立足于纷繁复杂的竞争环境的核心竞争力。因此,企业为了在市场竞争中获得并保持优势,获得更多的经济效益,就必须加强对知识产权的管理,以提升其整体管理水平。

有效的知识产权管理对企业具有深远的意义。首先,有效的知识产权管理,不仅有助于增强创新主体的创新意识和知识产权意识以及建立知识产权激励机制,而且有助于借助外部力量进行创新和研发,从而增强创新主体的创新能力;其次,有效的知识产权管理,有助于建立知识产权侵权预防机制和被侵权时的快速反应机制,从而增强创新主体的知识产权保护能力;再次,有效的知识产权管理可以提升创新主体的知识产权运营能力和应对知识产权纠纷及其相关事务的能力;最后,有效的知识产权管理有助于创新主体的各职能部门在知识产权事务中的配合与协调,从而提升创新主体的组织协调能力。

2.2　知识产权管理的内容与原则

2.2.1　知识产权管理的内容

知识产权管理的具体内容与日常的知识产权工作紧密相连,有知识产权的地方就有知识产权管理。知识产权管理的涉及面非常广,从管理对象这个角度,可将知识产权管理分为专利权的管理、商标权的管理、著作权的管理、商业秘密与技术秘密的管理等。

1. 专利权的管理

专利包括发明、实用新型、外观设计。授予专利权的必需条件有:新颖性、创造性、实用性。专利权是技术成果取得知识产权保护的主要形式,企业应以国家颁布的《专利法》为依据,制订本单位专利工作计划、专利战略方案,并做好研究开发过程中的知识产权管理工作。同时企业专利管理部门还要根据《世界知识产权组织公约》《保护工业产权巴黎公约》和《专利合作条约》等的有关规定,考虑到国外申请专利,恰当选择国别和专利类型,及时掌握外国的专利信息。

企业应该明确具体实施步骤,并做好研究开发过程中的知识产权管理工作。专利权的管理大致包括以下三方面。

第一,建立专利决策管理部门及招募专业管理人才。领导层要高度重视和关注企业的专利管理工作。专利管理部门人员的工作具有很强的专业性、技术性和法律性,专利管理部门人员应该具有理工科及法律和经营管理等方面的专业知识。

第二,确定专利保护制度。对于各项研究开发成果,知识产权管理部门应对需要用法律保护的及时申请专利。对于任何侵犯专利的行为,知识产权管理部门应通过各种手段进行法律救济与自我防御,以免技术泄漏。

第三,注重专利申请技巧。首先,企业应该决定是申请专利还是作为商业秘密保护。专利保护并不是唯一的,更不是万能的。在申请专利时,存在不同时间阶段的战略要求。在撰写专利申请文件时,要注意综合运用一些技巧。

2. 商标权的管理

商标凝聚着企业的信誉、文化,顾客的信赖、情感诉求以及对企业及其产品的忠诚等诸多内涵。商标是企业重要的无形资产和竞争优势。商标权是指注册商标权人对其注册商标所享有的专有权。企业应遵循《商标法》,制定本单位的商标管理办法,明确规定本单位商标主管部门应掌握商标信息、制定和实施商标战略。

商标权的管理从以下三个方面进行:第一,重视商标的设计和市场定位。商标的市场定位主要包括商品的使用定位和情感诉求。第二,增强商标使用和宣传策略,延伸商标竞争优势。第三,构筑完善的商标防御体系。

3. 著作权的管理

著作权的保护主要是指对科技文献著作权和计算机软件的保护。著作权人依法享有的权利包括发表权、署名权、修改权、复制权、发行权、出租权、信息网络传播权、翻译权等权利。

在企业知识产权管理制度中,著作权的管理主要涉及科学技术论文,工程设计、产品设计图纸及其说明,计算机软件等作品的管理。企业应根据国家颁布的《著作权法》和《计算机软件保护条例》,制定相关的管理办法。对于科学技术论文的发表,应遵循不影响正常的科研工作、不损害单位的技术权益、不违反有关保密规定的原则。对于凡属由本单位知识产权管理部门确定的不予公开的技术信息和资料,不得以科研论文的形式发表或披露;有关职务技术成果的科研论文的写作,应由单位或课题小组统一安排,对于属职务作品的科研作品的使用方式应由本单位著作权管理部门决定,并做好职务作品的登记工作。对于工程设计、产品设计图纸及其说明,属于职务作品的,设计者应向本单位著作权管理部门及时汇报,并由该部门统一到著作权登记机关进行著作权登记。对计算机软件,首先要求本单位软件开发者具有版权意识,建立本单位软件版权登记制度并及时向软件著作权登记机关进行软件著作权登记。应建立本单位软件管理制度,定期检查单位的计算机系统,禁止未经允许的下载或复制活动,及时对本单位的软件作品加注著作权标记,并及时纠正非法复制、非法使用他人软件的行为。

4. 商业秘密的管理

商业秘密是企业实现科技进步的重要资源,应遵循我国现行的相关法律,如《反不正当竞争法》等建立严格的切实可行的商业秘密保护制度、制定和实施商业秘密战略。商业秘密最重要而有效的保护方式是自我保护,因此企业知识产权战略管理制度中应建立相应的保护制度,主要是应及时建立相应的商业秘密的特殊的保密和使用制度。首先,应建立详尽描述商业秘密的文件档案,以免造成其实质内容的流失;其次,应编制商业秘密的密级,对高密级的文件资料应建立严格的管理制度;最后,凡对外发布信息、发表论文及参加展览、博览会和研讨会,应对待公开的信息及资料由知识产权战略管理部门进行审查,确认为未涉及本单位商业秘密的,方可对外公开,同时还应建立对外业务谈判和接待参观人员及与外单位合作研究与开发过程中的商业秘密保护制度。

2.2.2　知识产权管理的原则

进行知识产权管理应遵循如下原则。

(1) 管理效益原则。管理效益原则是指知识产权管理活动必须遵循管理收益大于管理成本的原则。知识产权是一种无形资产,其收益有时可能非常丰厚,有时可能为负数。如畅销产品的核心专利技术、驰名商标,其收益极为丰厚,但是像已过时、没有实际价值的专利技术,还要缴纳维持费使得该专利技术成为负资产。所以,管理者必须遵循管理效益原则,根据知识产权资产的特点,进行科学的管理,为创新主体带来合理的收益。

(2)依法管理原则。依法管理原则是指知识产权管理必须依据相关法律进行合法管理。这里的合法管理应该包括两个方面的含义。首先,知识产权管理和其他管理一样,要遵守国家的法律法规,如民法、经济法、商法、刑法等,不得违法管理。其次,知识产权管理必须遵守知识产权本身的相关法律法规。知识产权管理和其他管理最大的区别在于其管理对象——知识产权本身涉及大量的法律法规,如专利法及其实施细则、著作权法及其实施条例等。如果管理不当,可能会使知识产权的价值减少,甚至消失。如发明在申请专利之前的不当公开就有可能因为丧失新颖性而失去获得专利的资格。因此,依法管理原则对知识产权管理具有非常重要的意义,关系到知识产权价值的大小甚至有无。

(3)系统管理原则。系统管理原则是指对知识产权进行系统化的分类、分层管理的规则。随着经济全球化的深入和知识经济的发展,以及我国国家知识产权战略的实施,创新主体的知识产权的储量不断增加。为了提高管理效率,对不同类型的知识产权,如商标、专利、著作权、商业秘密、植物新品种等,必须进行分类管理。同时对不同层次的知识产权,如核心专利、外围专利等,进行分层管理。

(4)遵循价值规律原则。知识产权的运营是平等主体的法律行为。知识产权的充分运用是市场经济的产物。知识产权管理活动必须符合市场经济的基本规律,充分利用知识产权制度与市场经济运行机制,根据价值规律制定管理制度,规范知识产权的转让、许可、质押等市场行为,在保障知识产权主体合法权益的前提下,获得更多的经济收益。

(5)功能管理原则。功能管理原则是指知识产权管理必须遵循保护知识产权、促进科学技术进步和文化传播的原则。专利管理必须有利于保护专利权人的合法权益,鼓励发明创造,推动发明创造的应用,提高创新能力,促进科学技术进步与经济社会发展。著作权管理必须有利于保护文学、艺术和科学作品作者的著作权,以及与著作权有关的权益,鼓励有益于作品的创作和传播,促进文化和科学事业的发展与繁荣。商标管理应该有利于保护商标专用权,促进生产、经营者保证商品和服务质量,维护商标信誉,以保障消费者和生产、经营者的利益,促进社会主义市场经济的发展。

 专栏

中国企业的知识产权快速发展之路

5000余家企业通过专利实现质押融资总额达1533亿元,年均增长58%;120项专利金奖项目新增销售额6221亿元,新增利润1317亿元;上万家企业贯彻实施企业知识产权管理标准,超千家企业进入知识产权优势示范企业行列;全国知识产权服务机构数量达到 3.6 万家,知识产权服务业年营业收入突破 800 亿元……自 2012 年以来,我国企业知识产权工作实现了"加速跑",是我国知识产权事业高速发展的真实写照之一。

今天,知识产权已经被绝大多数中国企业所高度重视。广大中国企业不仅学会了尊重他人的知识产权,更开始努力建设、健全自己的知识产权体系。然而,仅仅在 20 多年前,我们的企业对于知识产权还多是"门外汉",不仅缺少足够的重视,有的甚至连基本的了解都还没有形成。在这 20 多年中,中国企业的知识产权建设工作走过了一条怎样的道路? 这条路的未来,又将通向何方?

5 年来,我国的企业知识产权工作已经取得了喜人的发展成绩。2016 年,我国专利密集型产业增加值占国内生产总值的比重达到 12.4%,各类重点产业知识产权运营基金首期募集资金达 42.8 亿元,知识产权贯标企业达到 1.8 万家,涌现出一大批知识产权示范企业和优势企业,我国的知识产权强企建设工作架构基本形成。

"华为公司向美国苹果公司许可专利 769 件,已经从苹果公司收取数目可观的专利许可费,开中国企业先河。"2016 年,有关中国华为技术有限公司(下称"华为公司")的这则新闻一度"刷爆"了朋友圈。

无独有偶,像华为公司这样,以质量为基础,不断提升自身知识产权实力,进而实现"走出去"参与全球竞争的中国企业,近年来不在少数。党的十八大以来,在国家一系列政策措施的推动下,我国企业已初步搭建起自身的知识产权管理和运营架构,在全球竞争中彰显了中国制造、自主创新的实力。

2012 年以来,通过提升知识产权创造和运用能力,完善知识产权管理制度,中国企业的核心竞争力得到了有效提升,也为经济社会发展作出了更大贡献。记者了解到,今年,除继续推进已有的知识产权示范企业、贯标、运营等工作外,我国还将扎实推进知识产权强市建设,并出台强企建设实施方案,培育一批知识产权优势企业,并通过实施企业运营类专利导航项目,提升企业竞争力。伴随着越来越多中国企业提升知识产权实力、成功"走出去",知识产权助力企业发展的作用日益凸显。我们有理由相信,凭借知识产权优势走向世界舞台的中国企业会越来越多,会有更多的中国企业挺立在国际产业竞争的潮头。

资料来源:党的十八大以来我国企业知识产权工作发展综述,http://www.sipo.gov.cn/ztzl/zxhd/sbdylzscqsyfzcj/dlfjdwn/201708/t20170823_1317993.html.

2.3　新形势下知识产权管理面临的挑战与机遇

随着科技的迅猛发展和知识经济时代的到来,世界各国及组织机构之间的竞争愈演愈烈,各组织机构为了获取竞争优势,都在致力于打造和培育自身的核心竞争力。创新是培育核心竞争力、获取竞争优势的重要源泉,企业实施知识产权战略的目的就是促进自主创新成果的产出和保护,协调自主创新成果的扩散,将丰富的技术创新潜力转化为知识产权资源优势和市场竞争优势。因此,企业在转型升级和结构调整的进程中,通过知识产权战略的有效运用来提升企业竞争力具有十分重要的现实意义。然而,随着全球化进程的加剧,企业在开放式创新的背景下,也逐步由块状的企业集中向产业集聚的高端竞争形态发展,在企业转型升级和结构调整的过程中,知识产权战略的推进也面临着很多的新挑战、新问题。企业如何根据市场环境和企业发展特点构建知识产权战略,成为当前创新主体必须重视的关键问题。面对知识经济条件下企业的经营活动出现的新特点和新趋势,企业必须准确地把握知识产权战略的实质,在掌握知识产权运用规律的基础上,与企业其他经营管理手段协同发展,逐步提升企业竞争力。

2.3.1 开放式创新下的知识产权管理的新内容

随着经济一体化及知识全球化的不断深入,企业仅仅依赖内部资源来获得竞争优势已日趋困难,在企业内部竞争资源可能流失以及外部资源大量产生的情况下,开放式创新显得尤为重要,基于外部创新资源投入的开放式创新对于企业和社会的发展都具有重要的推动作用。近年来,在美国为首的发达国家中,越来越多的学者广泛研究并提倡开放式创新。在学术界,最早提出开放式创新概念的是哈佛商学院技术管理中心主任亨利·切斯布鲁教授,他在其学术专著《开放式创新——进行技术创新并从中赢利的新规则》中提出:过去封闭的创新认为成功的创新需要控制,创新被大多数组织区分为各个复杂的过程。研究过程被认为是成本中心,开发是利润中心,如果做出了一项发明,而开发部门不能将其转化为可销售的产品,那么这些发明就会被冷落或被"束之高阁"。[①] 开放式创新是一种与封闭式创新相反的模式:开放式创新意味着好的技术解决方案可以从企业外部也可以从企业内部获取,开放式创新策略对来自内部和外部的创新理念同等对待,以期以最小的成本、最短的时间,将创新呈献在消费者面前。如图 2-1 所示,开放式创新模式把外部资源和外部市场化渠道的作用上升到和内部资源以及内部市场化渠道同样重要的地位。目前国际许多大企业正在实施开放式技术创新战略,引入开放式创新,整合创新资源,成为企业抢占市场机会的一个关键。

在这种趋势和背景下,我国企业也逐步理解了开放式创新的价值,开始关注企业内部科技资源与外部丰富的创新资源的相互结合。例如企业与高校、科研机构,或相关企业的合作更为频繁和紧密,用户参与的创新也开始逐渐被企业的经营管理者接受。在

---

① Chesbrough H,Vanhaverbeke W,West J. Open Innovation:Researching a New Paradigm[M]. Oxford: Oxford University Press,2006.

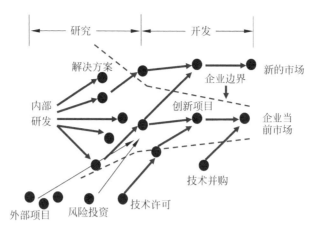

图 2-1 开放式创新的机理[①]

合作创新中,知识产权的归属和运用成为创新过程中各利益相关者必须考虑的重要内容,这就要求知识产权战略的运用必须综合考虑创新方式带来的影响,进而采用新的应用策略和方法,在保证企业技术创新核心竞争力的同时,为企业赢得更大的发展空间和机会。

随着技术不断向综合化方向发展,知识的专业化程度越来越高,技术的复杂性大大增加。即使那些拥有非常多的技术资源的大企业,也只能发展一些有限范围的核心竞争力[②]。因此,密切监视和跟踪外部技术的发展动态,及时、经济地购买技术,充分利用企业外部的知识产权,以填补企业某些方面的技术空缺,是提高技术创新成功率的又一种有效途径。在开放式创新背景下,企业如何利用知识产权战略获得更多的知识资源,并通过知识资源的布局来构建竞争优势,已经成为知识产权战略的重要内容。

此外,对于技术能力强的企业,如果已经成功地研发出不适合于本企业当前经营业务的技术,则可以通过出售知识产权获取专利许可费,从他人使用本企业的技术资产中获益,还可以扩大企业自身技术的影响力,提升公司的知名度。通过知识产权出售,可以促进知识和技术的创造并有效转移,驱动行业科学技术水平的发展。由此可见,在开放式创新的进程中,如何协调各利益相关者的资源和价值,尤其是知识产权的优势资源的整合,成为知识产权战略的新特点和新内容。这对知识产权战略的推进提出了更高的要求。知识产权战略不仅要与企业的技术创新战略相互协同发展,还要与企业的市场创新战略相互协同和发展。只有这样,知识产权战略的推进才可以成为企业把控竞争优势的操纵杆,对推动企业的可持续发展起到重要作用。

① Chesbrough H. Open innovation, the new imperative for creating and profiting from technology[M]. Boston: Harvard business school press, 2003: 183.

② Tether B. Who co-operates for innovation, and why: an empirical analysis[J]. Research Policy, 2002, 31(6): 947-967.

特斯拉：开源与企业创新联盟

特斯拉的成功被业界归为互联网思维的成功,而马斯克的开放专利之举,也正是体现了互联网"自由、平等、开放、分享"的精神,但他真的就是活雷锋吗?

特斯拉开源所有专利的目的就在于——让更多的人或企业,在一个较低门槛上,就可以站在巨人的肩膀上,投入世界电动汽车发展和普及的浪潮。开放专利表面上看,是让竞争对手占了便宜,然而此举却无形中提高了特斯拉技术的普适性,使得它在未来标准制定中抢占了有利的地位。

因此,隐藏在背后的效应便是,倘若特斯拉专利开源一旦达到一定规模,其技术盟友成长到一定体量之时,他们不得不兼容特斯拉的充电标准。显然,如果特斯拉建立了一个以特斯拉技术为支持的产业联盟,那么相信超级电池工厂的富余产能将会被特斯拉的盟友所消化,这时特斯拉不仅是一个电动汽车的制造者,更是上游核心电池资源的掌控者。

因此,特斯拉欢迎其他汽车商进入电动汽车行业,是想形成一个"电动汽车的矩阵",而不再单打独斗。这样一来,整体的电动汽车行业就会有更大的势能,在市场培育、政策突破、技术积累、电动汽车产业链的形成等方面,就会形成群体的生态效应,增大电动汽车体量。

所以,特斯拉需要盟友,而不是敌人。此前特斯拉开放专利,也是出于这一目的。特迷们认为,特斯拉有望组建类似 Open Handset Alliance 的联盟机构,当初 Google、三星等公司就是靠这个联盟从苹果嘴里掏出大部分披萨的。

正如马斯克所说,电动汽车要想成功,需要汽车行业之外、其他很多领域的技术。这种整合、创新的能力,特斯拉比其他任何传统汽车制造商更擅长。特斯拉是个很好的例子,告诉我们通过开放与合作的形式,可以获得一个产业生态圈的发展,可以建立企业技术创新联盟,从而带动整个电动汽车行业的创新。

资料来源:"技术众筹"——浅谈开放式创新.http://www.sohu.com/a/119074080_466951.

2.3.2 产业创新趋势下的知识产权管理面临的新问题

在经济全球化的背景下,区域可持续发展的核心动力是产业创新。产业创新的目标是促进产业结构升级,增强产业竞争力。产业创新有赖于相关产业的知识产权积累和集成区域内外知识产权资源的能力。因此,产业创新需要知识产权制度的激励和保护,需要将知识产权战略嵌入产业自主创新的整个过程,需要实现知识产权战略和产业技术的融合。

随着产业集群的出现,产业创新逐渐成为企业在产业集聚中健康发展的主导思想。产业创新就是企业突破既定的已结构化的产业约束,以产业先见或产业洞察力构想未来产业轮廓以及通过培养核心能力来使构想的产业成为现实的过程。[①] 产业创新是一个系统的概念,包括技术创新、产品创新、流程创新、管理创新(含组织创新)和市场创新。相关实证研究指出较强的专门性研发(R&D)投入,利用专利获得保护和获取与对手讨价的能力,尽早构思或识别有潜力的市场,资源可获得性,组织内的良好合作,与外部学术界和顾客良好的沟通能力,来自政府方面的帮助等[②][③]是影响产业创新的关键因素。因此,产业创新中涉及知识产权的协同可进一步归纳为以下三个主要方面:一是与知识产权创造活动相关的人力、资金、基础设施等资源,被作为创新或科技活动的投入加以讨论;二是专利、版权(主要是发表论文)被作为创新或科技活动的成果加以研究;三是作为科技或创新活动的制度保障的知识产权保护,作为科技或创新活动的一部分,体现在产业制度的建设中。由此可见,产业创新有赖于相关产业的知识产权积累和集成区域内外知识产权资源的能力,知识产权创造、运用、管理和保护相关的因素被分散在产业的科学技术、创新活动等不同方面,只有整合和协同知识产权战略与其他经营战略的有机结合,才能促进产业创新的良性发展。

由于产业集群的知识和技术的外溢效应,导致产业内的"搭便车"现象严重,企业涉及的标准、发明专利、软件版权、各类商标、集成电路布图设计专有权等各类国内国际知识产权纠纷逐年增加。尽管知识产权制度可以对经济增长发挥重要和积极的影响,但由于受到人力资源和技术水平的限制,我国企业的创新能力普遍低下,企业间的低成本模仿行为盛行。有学者对亚洲国家的研究发现,这些国家的许多消费品生产商,例如软饮料、食品加工和服装业都受到商标侵权行为的严重伤害,低质量的仿制品破坏了合法企业的信誉,使得其改进质量和商誉的投资付诸东流,阻碍了企业的发展和壮大;与此相似的是软件业也苦于盗版的流行,不得不将市场局限于不易被复制的应用软件领域,从而使全行业停滞在小规模、低成本的低水平竞争之中。[④] 在产业集聚的发展模式下,如果漠视知识产权保护,会对企业发展和经济增长带来破坏性的影响,甚至会将企业技术进步扼杀于初级阶段。企业如果在本国市场上缺乏相应的知识产权战略的运用和保护,就必将导致产业资源配置发生扭曲、企业竞争能力下降、对新发明的激励减弱,进而延缓产业创新的发展。因此在产业创新的过程中应当通过适当的知识产权保护促进市场深化,避免过度竞争,激励本国企业的创新和成长,实现经济的持续增长。

由此可见,累积和提升区域产业的知识产权创造、管理、利用和保护能力不仅是产业发展的外在要求,更是产业创新的内在需求。推进知识产权战略的实施必须考虑产业创

---

①　Freeman Chris,Lus Soete. The Economic of Industrial Innovation (Third Edition)[M]. London:Pinter, 1997.

②　Langrish J,Gibbons M P,Jevons F. Wealth from Knowledge[M]. London:Macmillan,1972.

③　Rothwell R. Successful Industrial Innovation:Critical Factors for the 1990s'[M]. //Dodgson M,Rothwell R Eds. The Handbook of Industrial Innovation. Cheltenham:Elgar,1994.

④　Maskus Keith E. Evidence on Intellectual Property Rights and Economic Development:A Broder Policy Perspective for China[R]. NBR Working Paper,1998.

新的大环境,与企业技术创新战略、市场创新战略协同发展,才能不断增强企业市场拓展能力和产业控制能力,实现效益最大化。

 专栏

我国 IC 产业发展中的知识产权联盟

知识产权积累不足、企业支付的专利许可费不断升高、遇到专利诉讼常常孤军奋战、在对外专利谈判中缺乏和国外企业平起平坐的底气……近年来,我国集成电路企业一边为产业的高速发展而欣喜,一边为接踵而至的知识产权问题而忧心。

正是在这一背景下,中国集成电路知识产权联盟应运而生。该联盟的成立,有利于促进联盟成员资源共享,提升集成电路产业的整体抗风险能力,通过组织和代表联盟成员参与国际对话,进而参与集成电路产业国际技术标准制定。

联盟成立之后,将在三个方面集中发力:一是加强风险管理,建立集成电路产业知识产权风险防御体系,为集成电路在全球拓展市场提供保障;二是进行资产管理,推动集成电路产业链上下游形成以企业为主体、以科研院所为补充的知识产权创新和管理体系;三是进行资产运营,即在把握风险并储备和布局优质知识产权的基础上,加强知识产权资产运营,推动知识产权提质增效,提高我国集成电路产业的溢价。

中国集成电路知识产权联盟创始成员有 52 家,覆盖了集成电路设计、制造、封装、测试、相关装备和材料等产业链上下游企业、科研院所以及相关软件开发、系统集成、互联网等企事业单位、社会团体组织。

中国科学院微电子研究所是联盟创始成员之一。目前,中国科学院正在加大力度推进和开展集成电路专利许可、转让等专利运营工作,中国集成电路知识产权联盟的成立有助于密切中国科学院与产业界联系,为开展专利运营提供更加便利的条件,同时也为联盟企业间搭建了技术交流、学习与合作的平台,为更好地应对知识产权侵权风险夯实基础。

资料来源:集成电路产业:团结就是力量. http://www.3-dao.com.cn/News_jichengdianlu_855498/.

2.3.3　企业国际化进程中的知识产权管理面临的新要求

在传统产业向现代产业转型的过程中,企业的自主创新不仅承受着来自产业内部的知识产权压力,还承受着来自产业外部的国际竞争的知识产权压力。在开放经济条件下,TRIPS 协议的实施和国际知识产权保护的加强意味着企业在国际市场上的竞争难度将进一步加剧。技术领先企业在市场上的垄断权力将进一步加强,而其他跟进或仿制企业则难以收获知识产权保护带来的收益,甚至降低了发展速度。

随着国际技术转移和技术扩散向国内加速渗透,国内技术创新及其市场变革呈现出国际化的趋势。国外跨国企业出于战略考虑,以知识产权为利剑,在我国设置了一道道知识产权的"封锁线"和"地雷阵",严重制约了我国产业技术的生存和发展。同时,在国际市场上,随着外国对我国企业的产品关税和数量限制等传统贸易壁垒大幅度降低,它们转而利用其占优势的知识产权作为技术壁垒阻挡我国产品和服务的出口。知识产权日益成为国外跨国企业争夺我国国内外市场份额、遏制我国企业参与竞争的重要战略。

由于发达国家企业在知识产权战略的运用方面起步较早,企业的市场竞争优势在知识产权的保护下发挥得淋漓尽致。例如,美国、日本和欧盟等先后制定和实施的知识产权战略,将知识产权的创造、保护和利用置于产业的基础地位,旨在提升国家和产业竞争力。在政府的支持下,这些发达国家的企业通过研究开发不断扩大其科技优势,并把这种优势尽可能地以"知识产权"的形式加以巩固,把科技优势提升为知识产权优势,并将市场的垄断权力进一步加强。企业在国际竞争中由于知识产权保护所带来的经济损失主要体现在以下两个方面:首先,法律的完善和执行力度的加强将扩大知识产权保护在本地企业所在市场的有效覆盖面,使许多原本免费使用的国外技术置于知识产权保护的范围内。技术使用者不得不支付专利许可费用,这会造成本地企业的生产成本上升,从而导致国内供给曲线的上移以及市场均衡价格的上升。其次,对已受保护的专利技术而言,加强知识产权保护会提高专利的价值。由于本地企业是潜在的模仿者,因此国外发明者会针对本地模仿成本的大小,选择一个专利许可费率,恰好使本地企业放弃模仿而选择技术许可。而 TRIPs 的实施将导致本地企业模仿成本上升和模仿率减少,这使国外发明者能索取更高的专利许可费用,从而让专利权人得到更多的国际租金转移。例如我国企业从 2002 年起就遭遇了 DVD、打火机、彩电等一系列涉外知识产权纠纷,而 2003 年初又连续发生了美国思科起诉深圳华为、日本丰田将吉利告上法庭的专利侵权诉讼。这些事件使得我国企业在经济上和战略上频频遭受损失。外国企业凭借其拥有的自主知识产权的高新技术及其产品对我国企业和经济发展构成了巨大挑战。知识产权竞争正成为国家之间产业竞争的重要形式。

此外,在以知识经济和信息网络发展为主题的今天,技术标准正逐渐成为经济全球化竞争的重要手段,在"技术专利化——专利标准化——标准垄断化"的全球技术许可战略中,谁掌握了标准的制定权,谁的技术成为主导标准,谁就掌握了市场的主动权。技术标准的基础是技术,技术创新正是技术发展的重要因素,因此技术创新推动技术标准的发展,技术标准也直接或间接地推动技术创新。技术标准又包含了专有技术,利用知识产权的垄断性和技术的标准化最终实现在技术和产品上的竞争优势。由此可见,技术创新是促进企业发展的根本,知识产权制度是技术创新的激励制度,技术标准更需要创新技术的依托。因此,企业作为技术创新的主体,在提高自身的竞争力的过程中,必须关注技术标准战略、知识产权战略与技术创新的协同发展。[①]　与此同时,现代服务的振兴还带

---

① Wang Liying, Chen Jin. A Research on Coordinated Development Relationship of Technical Standard Strategy, Intellectual Property Strategy, and Technical Innovation. IEEM, 2007.9.148-153. EI 收录。

来了服务标准化的盛行,而作为知识和信息的服务标准同样存在著作权等知识产权法律权益。将知识产权战略与服务标准有效结合,对于推动现代服务业健康有序地发展具有举足轻重的意义,因此,在产业发展的大背景下,知识产权战略与标准战略的结合是企业未来发展的大方向。

在全球化的背景下,知识产权的竞争已成为国际经济竞争的核心。企业的知识产权战略的推进和实施已经成为能否克服短期技术困境、促进企业转型升级的关键策略和手段。而企业国际化的发展趋势,也对知识产权战略的推进提出新的要求。一方面,企业要通过知识产权战略的实施积极应对知识产权贸易壁垒,通过知识产权战略、技术创新战略和技术标准战略的协同发展,构筑企业的知识产权竞争优势;另一方面,企业还要利用知识产权战略来推进知识产权贸易,通过知识产权购买、许可、转让等多种形式获取和整合知识产权优势,实现企业在国际竞争市场上的优势地位。

 专栏

我国生物医药行业迅速发展

近年来,国家产业政策越来越支持战略性新兴产业,其中生物医药领域里的抗体药物产业迅速发展。但抗体药物具有开发门槛高、进入风险大、研发周期长的特点,且同时需要面临跨国公司所设置的专利障碍。对于国内抗体药物企业来说,要想在激烈的竞争中占有一定的市场份额,必须规避或攻破竞争对手的专利网,形成自身的知识产权保护体系。

鉴于此,上海中信国健股份有限公司(以下简称"中信国健")经过多年的艰辛努力,成功突破了欧美发达国家对生产单抗药物所设置的技术壁垒,建立了具有自主知识产权的单抗体药物开发平台。

中信国健迄今已向国家知识产权局递交了 100 多件不授权公众意见,避免了国外公司利用这些专利在中国进行"跑马圈地",降低了行业专利侵权风险,同时也降低了新药研发成本。单抗药物所设置的技术壁垒,建立了具有自主知识产权的单抗体药物开发平台。

此外,中信国健对影响抗体行业发展的多个重要专利提起了无效宣告,在一定层面上降低了企业乃至整个抗体行业的侵权风险。至今,中信国健已进行 25 次无效宣告和无效后行政诉讼,为我国抗体产业发展扫清了专利障碍。

资料来源:中国制药网.http://www.zyzhan.com/news/detail/54412.html.

2.3.4　移动互联时代的知识产权管理新趋势

进入移动互联时代,信息传播方式、交易模式、智力成果使用方式等都发生了重大的变革,对知识产权的地域性、价值周期造成了冲击,同时使得知识产权问题变得更为复杂。

第一,知识产权地域性淡化。知识产权受国家界限限制,具有地域性,除本国加入的国际条约另有规定外,企业在某个国家获得的权利效力通常不及于其他国家。移动互联时代打破包括地域在内的一切界限。依托于覆盖全球的互联网,信息能在顷刻间传播至世界各地,企业得以更为便捷、高效地在全球范围内开展商业活动。当前,支付宝在超过190 个国家和地区提供支付及相关服务,亚马逊 AWS 为全球超过 100 万家企业提供云计算服务,各种电子商务平台实现了商品和服务的全球交换。知识产权随之在全球范围内传播,地域性逐渐淡化。

第二,知识产权转化为经济收益的周期缩短。知识产权保护具有期限性,在保护期限内,权利人享有专有权,其他任何人未经权利人许可均不得实施其知识产权,从而确保权利人能够有充足的时间通过实施其知识产权回收成本,创造收益。移动互联时代,互联网平台扩张了企业推广商品和服务的地域边界,丰富了企业经营模式,企业推广的准确度也有所提高,基于此,企业将智力成果转化为经济收益的周期缩短。

第三,知识产权问题复杂化。移动互联时代,知识产权不必依附于有形物质载体而存在,传播途径增加、传播速度变快、表现形式和利用方式更为丰富,与之相对应,知识产权侵权形式也更为多样,如侵权人通过微信等社交媒体销售侵权产品、通过网络直播平台播送电影等,对侵权行为的监测愈加困难,知识产权的实施愈加脱离权利人的控制[①]。

国外最先一批开始着力于开展知识产权管理的企业,如亚马逊,其凭借一项称为"1-click"的专利技术,开创了一种新的商业模式,这种商业模式运用到市场之后获得了巨大的成功,因此专利技术成了亚马逊公司的一棵摇钱树。近年来,我国互联网产业日益崛起,尤其国内互联网大企业知识产权管理工作也不断取得突破。如腾讯公司非常重视知识产权管理工作,为新产品开发建立了一套涵盖域名、商标、版权、专利等的全方位的知识产权保护与管理办法,还开发了专门的专利电子平台来简化公司内部的专利管理流程。但总体而言中国知识产权管理起步较晚,与西方发达国家相比差距较大。在移动互联浪潮下,更加凸显我国企业知识产权管理意识薄弱,没有充分利用知识产权的价值。因此我国企业更应该在招纳人才时通过甄选、培训、考核等方面加强员工的知识产权的意识,提高员工创造积极性,并且要逐渐开展知识产权信息管理工作,外加学习西方国家一些卓越的企业先进的知识产权管理经验,从而进一步提升企业知识产权管理水平。

另一方面,创新创业活动活跃,新商业模式也层出不穷,创新创意成果丰硕。但是创新创意主体对其成果的知识产权保护与管理的情况却不乐观。很多创新创业主体缺乏

---

① 程芳,王广巍,等."互联网＋"时代的企业知识产权管理和挑战［EB/OL］. http://www.zhonglun.com/Content/2017/10-30/1807415846.html,2017-10-30.

知识产权保护与管理意识,同时面临信息不透明、资源固化、流程复杂、创新创意主体获得保护成本高等困难。移动互联时代为知识产权服务业转型升级创造了历史机遇,作为能够为企事业单位提供知识产权服务的电商可充分利用互联网基础条件,汇聚、整合知识产权服务资源,有效解决传统服务过程中信息不对称、权利人无法控制等问题,使原来"点对点"的服务模式框架转变为互联网下的"点对面"的网络服务模式,从而提升知识产权服务质量。

 专栏

腾讯知识产权管理体系

腾讯公司正式发布《腾讯知识产权保护白皮书》(以下简称《白皮书》),首次全方位、公开展示QQ、QQ空间、微信、腾讯视频、应用宝、腾讯微云六大产品对涉及第三方的著作权、商标权、专利权等知识产权合法权益的保护状况,首次披露了腾讯在知识产权保护技术上的创新和知识产权保护体系。

一、著作权和商标权成为侵权投诉热门

《白皮书》选取了QQ、QQ空间、微信、腾讯视频、应用宝、腾讯微云六款"明星产品",首次对涉及第三方的知识产权合法权益保护状况进行披露。据相关数据分析,权利人被他人侵犯著作权和商标权是互联网平台上最主要的知识产权侵权行为。

二、100多项专利创新打击违法行为

内容产业发展中,版权成为核心竞争力,但随着互联网技术的发展,侵权行为愈加复杂,侵权技术更为多样,侵权成本低、侵权发现难、侵权传播快等特点给知识产权保护带来诸多难题。腾讯开展了一系列探索性知识产权保护技术开发与研究,取得大批保护技术创新成果,并申请专利100余项。这些创新性保护技术涉及内容检测、数字指纹、仿冒APP及恶意网站识别等多个方面,已逐步应用于相关产品。比如,腾讯视频研究并尝试对平台上的视频内容进行智能化管理,涉及视频内容的提取、校验、检测等多项技术,这使得腾讯视频平台版权内容管理和保护更加高效。

三、未来将持续加大研发对抗侵权

此外,腾讯开始在创新性保护技术和各项知识产权制度法规方面进行融合,探索互联网+知识产权保护的法律服务,其中包括微信电子化知识产权侵权投诉系统、腾讯视频版权内容智能化管理、应用宝设置的"一键反馈"投诉功能等。

以微信为例,微信建立了全电子化知识产权侵权投诉系统,并与公众账号原创声明功能、微信品牌维权平台,形成三大知识产权保护策略。依托于全电子化知识产权侵权投诉系统,微信高效处理了大量与知识产权相关的投诉。

资料来源:腾讯致力知识产权保护体系,发布《知识产权保护白皮书》. http://www.donews.com/news/detail/4/2950770.html.

复习思考题

1．简述知识产权战略的内涵和特点。

2．根据不同分类标准，说明企业适用的知识产权管理类型。

3．举例说明实施知识产权管理的意义。

4．论述企业知识产权管理的内容及原则。

5．举例说明新形势下知识产权管理面临的挑战与机遇。

拓展案例

 案例分析

格力：知识产权战略管理与维护

一、整体概况

珠海格力电器股份有限公司是目前全球最大的集研发、生产、销售、服务于一体的专业化空调企业。格力空调是中国空调行业唯一的"世界名牌"产品，自主品牌远销全球100 多个国家和地区。自 2005 年起，格力空调产销量连续 9 年位居全球第一。

公司知识产权管理团队成立于 2007 年，发展至今已有成员近 50 人，其中 27 人已获得专利代理人资格。该团队负责格力的知识产权申请、维护、维权和运营等工作，至今已累计申请专利超过 14000 余件，专利无效及诉讼 50 余次，其中胜诉率高达近 90%。根据国家专利局专利检索平台数据显示，珠海格力电器股份有限公司成为首家专利申请量突破万件的专业化空调企业。

二、管理成效

1. 建立一套卓越的知识产权人才培养体系

格力知识产权管理团队结合中国专利现状，建立了一套卓越的知识产权人才培养体系。近 3 年，团队累计开发知识产权相关课程 68 项，在公司内外累计举办培训 500余场。累计为格力培养专家、兼职知识产权人才 265 名，其中专职专利管理员获得专利代理人资质的占比高达 57%。目前格力电器在职的具有专利代理资格证的专职人员为 27 人。

格力知识产权管理团队的每一位专利管理员都是拥有很高技术水平的复合型人才，在企业研发方面提供有力的支持。

2. 建立完善的知识产权管理体系

格力知识产权管理团队结合公司所在行业的实际情况，制定了格力电器知识产权战略标准、格力电器知识产权管理办法、格力电器专利管理办法、格力电器商标管理办法等40 余项各级知识产权管理办法,其中部分规定辐射至格力电器的上下游企业。

例如,格力电器"供应商知识产权管理办法"的出台,要求近千家上下游企业对 1000 多种物料进行了专利控制,累计排除 245 项物料侵权风险,在为格力产品研发销售保驾护航的同时,也降低了行业的整体知识产权风险,获得各级好评。

3. 搭建功能强大、具有格力特色的知识产权管理平台及专利应用平台

格力知识产权管理团队搭建的"格力电器专利应用平台"主要包括"格力电器专利情报检索系统""情报二次加工系统""专利信息分析系统""技术趋势预测系统"及"专利信息利用系统"共 5 个子模块。上述 5 个子平台有序连接,决策者或技术人员只需登录该平台,输入或者直接点击产品相关部件即可从零部件所有专利、解决问题、取得效果等多方面以多种方式"智能式"利用专利。

截至目前,该平台已累计向技术人员提供专利信息 3 万多条,二次加工专利 1.3 万多件,以此为基础完成专利分析 13 项,规划产品 37 个,申请专利 2300 件,完成侵权分析及规避设计 389 项。经内部调查,该平台平均缩短公司研发周期 1/10,2012—2013 年节约各类研发投入近 3000 万元。

三、知识产权维权成果

1. 成功无效 30 余项专利,扫清公司产品的研发及销售障碍

为避免公司被竞争对手专利骚扰,影响公司正常的研发经营秩序,格力知识产权团队对阻碍我司产品上市的专利主动出击,扫清拦路障碍。2013—2014 年成功无效包括"分体式冷热水机组"等专利 30 余项专利,避免被专利恶意起诉。

2. 针对竞争对手恶意侵权行为主动出击,合法维护自身权益

针对竞争对手恶意侵权行为,格力知识产权团队主动出击,合法维护自身权益。2008 年,公司通过市场监测发现竞争对手推出涉嫌侵犯格力"控制空调器按照自定义曲线运行的方法"发明专利的产品。格力立即就其侵权行为向法院提起诉讼,经三年的多轮诉讼,最终法院判决美的公司侵权事实成立,立即停止侵权行为,公开道歉并赔偿损失200 万元。

格力"控制空调器按照自定义曲线运行的方法"发明专利权诉讼案件被评为"全国八大知识产权保护典型案例""2011 年中国法院知识产权司法保护十大案件"。

3. 建立了中国家电行业内第一家迅速有效的反侵权网络

为严厉打击商标侵权行为,格力知识产权团队在中国家电行业内建立了第一家反侵权网络:一是与主要经销商或代理商建立良好的关系,相互配合;二是根据有关国家法律,争取当地政府部门及海关的配合;三是委托多家打假维权公司协助进行侵权调查及维权打假。自 2013 年 1 月到 2014 年 12 月,格力的打假维权队伍已经在河南、江苏、浙江等地的百余个城市进行了近 200 次的专项打击行动,摧毁制假、售假窝点近 680 个。此外,格力知识产权团队在 2013 年还向香港法院提出诉讼,一举撤销了如"香港格力电器有限公司""广东格力空调有限公司"等依靠傍名牌来获取非法利益的 10 多家皮包公司。

四、主要获奖情况

珠海格力电器股份有限公司先后获得国家首批知识产权示范单位、广东省知识产权示范单位、广东省知识产权优势企业等荣誉称号,并分别在第十届、十二届、十三届、十四届、十五届、十六届中国专利奖评比中获得国家知识产权局授予的中国专利优秀奖,同时在第十四届中国专利奖评比中一举获得外观设计金奖,是空调行业唯一一家连续 5 届获得中国专利奖的企业,其获奖总数及发明专利获奖数均位居行业第一。

资料来源:中国知识产权 http://www.dooland.com/magazine/article_569969.html.

[案例解读]

事实证明,在全球化竞争中,唯有创新才是制胜的利器。在企业创新中,如何对其创新成果——知识产权进行保护也就成了一个重要议题。2017 年 4 月 24 日,在世界知识产权日来临前夕,最高人民法院发布《中国知识产权司法保护纲要(2016—2020)》,其中提出知识产权司法保护发展要达到的 8 个目标,并就此提出 15 项重点措施。这 8 个目标包括:建立协调开放的知识产权司法保护政策体系、建立明确统一的知识产权裁判标准规则体系、建立均衡发展的知识产权法院体系、建立布局合理的知识产权案件管辖制度体系、建立符合知识产权案件特点的证据规则体系、建立科学合理的知识产权损害赔偿制度体系、建设高素质的知识产权法官队伍、建立知识产权国际司法交流合作长效机制。可以说,对于很多专注于科技创新的企业来说,此次出台的《中国知识产权司法保护纲要(2016—2020)》绝对是一大利好。全国人大代表、格力电器董事长董明珠就曾多次针对"知识产权保护"问题提出建议案,她表示,"当前是中国经济改革与转型的关键时期,经济转型能否成功,关键在于企业的创新能力,而对知识产权的保护是激励企业积极创新的关键"。在 2016 年全国两会上,董明珠再次提出加大对知识产权侵权行为处罚力度,她认为,"专利侵权案件的审理周期太长,一个官司打下来,三四年都很正常。家电产品的更新周期短,即使赢了官司,也输了市场,严重挫伤了企业创新的积极性"。对于专利侵权,她给出了自己心目中的赔偿额度上限——300 万元。"美国的侵权赔偿额度,动辄上亿美元,而国内 2008 年以来的专利权侵权案件,平均赔偿额只有 8 万元。收益远远大于风险,很多企业直接抄袭,并以此为荣。"尽管知识产权保护或许还存在一些不足之处,但不可否认,中国企业的科技创新能力在日益增强,其品牌知名度、接受度也越来越高,中国科技创新正展现出越来越多的魅力,呈现越来越丰硕的成果。相信未来知识产权保护之路定会更加顺畅,也相信凭借科技创新征服世界的格力定会在全球科技创新竞争中站稳脚跟,让世界爱上中国造。

[案例讨论题]

1. 结合案例分析格力公司的知识产权战略管理的特点及作用。

2. 讨论我国实施知识产权战略管理面临的挑战和机遇,应该如何应对知识产权侵权行为。

第 3 章

专 利 管 理

本章要点

- 掌握专利制度的作用
- 掌握专利制度的特征
- 了解授予发明专利权的实质性条件
- 了解专利权利的内容及限制
- 了解研发中的专利管理及专利申请策略
- 了解专利权的实施许可及转让
- 了解专利侵权救济途径
- 了解专利布局及专利挖掘

开篇案例

施耐德公司收购不成专利诉讼施压，全球和解优化竞争环境

　　正泰集团是我国输配电行业的龙头企业和工业电器行业产销量最大的企业之一。施耐德公司则是输配电、自动化与工控行业领域的"世界500强"企业。为开拓中国市场，施耐德公司于1994年、1998年和2004年先后三次向正泰集团提出收购其80%、51%和50%的股份，均遭拒绝。

　　与系列收购案相伴生的是，自1994年始施耐德先后在多个国家向正泰集团提起20余起专利侵权诉讼。官司每打到一处，正泰集团的产品均面临在当地被禁售的局面。即便时有胜诉，正泰集团也因高额诉讼成本导致元气大伤。面对愈演愈烈的跨国诉讼，在第24次被诉之后，正泰集团改守为攻，于2006年8月对施耐德在中国的关联企业提起专利侵权诉讼，索赔3.3亿元。历经一审、二审，历时3年的诉讼最终以正泰集团获得1.575亿元赔偿金，及双方达成全球和解协议收场，结束了长达15年的缠斗。①

---

　　① 田力普.中国企业海外知识产权纠纷典型案例启示录[M]. 北京：知识产权出版社，2010.

3.1　专利权概述

3.1.1　专利制度概述

专利制度最初是以"钦赐特权"的形式出现在欧洲大陆。一般认为,专利制度起源于十二三世纪的西欧国家[①]。"专利制度为天才之火添加了利益之油"(The patent system added the fuel of interests to the fire of genius),这句镌刻在美国专利商标局门前石碑上的美国第十六任总统林肯的名言,形象地揭示了专利制度建立的目的与宗旨。几百年来,世界专利制度经历了从无到有,从简到繁,从国内法到国际公约的发展历程,已经并继续为全球工业发展起到重大推动作用。

1. 专利制度的作用

专利制度具有如下作用。

(1)鼓励发明创造。发明创造的产生有赖于发明人投入相应的人力、物力、财力,只有授予其专有权并给予有效的保护,才能让发明人基于这种保护在法定的期限内获得利润回报的预期和可能性。这种预期回报的实现不仅能收回前期投入,还能为进一步将该技术投入生产或持续的发明创造活动提供资金支撑。由此起到刺激创新、鼓励发明创造的作用。

(2)促进技术开发与应用。专利制度通过专利维持费阶段性递增、强制许可等制度性安排,鼓励权利人将其获得的专利技术积极投入实际应用。

(3)推动社会发展与进步。技术公开是专利制度创立伊始便确定下来的一项基本原则,也是申请人获得专利权必须付出的代价。这种体现在专利文献中的技术公开有两个层面的作用:其一,对于全社会来说,可以通过这种公开及时了解技术发展程度,掌握他人技术保护范围,避免侵权;其二,对于同技术领域的技术开发人员来说,可以通过已公开的专利文献及时了解现有技术条件,进而在此基础上开展研发活动,避免重复开发与投资。

2. 专利制度的特征

专利制度作为知识产权制度体系中的一个重要组成部分,除了具有知识产权制度所具有的一般特征外,还具有一些有别于其他类别知识产权的典型特征。

(1)专利权的获得需经法定的申请与审批程序。依申请、依审查原则是专利权产生的基本原则。既有别于自动产生原则下的著作权,更有别于有形财产上的物权。就物权而言,权利人对该物的权利受到国际私法原则的保护,无论该物辗转于何时、何地,权利

[①]　汤宗舜.专利法教程[M].北京:法律出版社,2003:7.

人均可以对其主张权利。此外,各国专利法律制度均将在专利申请中充分公开其发明创造,作为审查和授予专利权的基本条件。

(2)专利权的授予与实施具有更强的专有性。专利权的专有性包含有排他性和独占性两个层面的含义。专利权的排他性是指,同一项发明创造,不允许有两个或两个以上同一属性的专利权并存。这一点体现在我国专利法第九条中。两个以上的申请人分别就同样的发明创造申请专利的,专利权授予最先申请的人。专利权的独占性是指,专利权一经授予即为权利人所独占,未经权利人许可或没有法律规定,任何人不得使用该专利技术。

(3)专利权的效力具有更突出的地域性和时间性。尽管知识产权普遍呈现出地域性和时间性的特征,但是对于《伯尔尼公约》成员国来说,自动产生原则和国民待遇原则使得著作权的地域性和时间性特征受到很大程度的削弱。[①]

3.1.2　专利权的主体与客体

1. 专利权的主体

专利申请人就其发明、实用新型或者外观设计向国家知识产权局提出专利申请,经专利审查部门依照法律规定的程序进行审查,并确定其符合专利条件后,授予其相应的专利权,从而成为专利权人,即专利权的主体。专利权的主体,可以是自然人或法人。

(1)发明人或者设计人的概念及其特征

发明人或者设计人,是指对发明创造的实质性特点作出创造性贡献的人。其中发明人是指发明或者实用新型的完成人,设计人是指外观设计的完成人。理解发明人或者设计人的概念,须注意以下特征:①发明人或设计人为自然人,单位或集体(例如课题组)均不能成为该主体,且不适用民法中民事主体资格的限制性规定;②发明人或设计人就其创造性贡献享有表明身份的权利,即署名权,也有不公开身份的权利;③发明人或设计人就其创造性贡献表明身份时须使用真实姓名,不得使用笔名或假名。

(2)职务发明与非职务发明

① 职务发明创造的权利主体

职务发明创造,是指执行本单位的任务或者主要是利用本单位的物质技术条件所完成的发明创造。这里所称的"单位",包含法人和其他组织。对于职务发明创造,申请专利的权利属于单位。申请人是单位的,应当使用工商注册登记的单位正式全称。

② 非职务发明创造的权利主体

非职务发明创造的发明人又称独立发明人或自由发明人,是指那些非因职务行为,自行选择发明创造主题,自行提供技术和物质条件支撑,自行承担相应法律后果的一类

---

① 王迁. 知识产权法教程[M]. 第 2 版. 北京:中国人民大学出版社,2009:291.

发明创造或者技术完成人。非职务发明创造的发明人就其完成的发明创造或者设计享有专利申请权。

专栏

典 型 案 例

2003 年 7 月,正在攻读研究生的甲某经朋友介绍,到乙节能材料公司实习,并参加当时该公司正在开发的一种新型建筑节能保温材料研制工作。因表现出色,乙公司于 2004 年 9 月正式聘用了研究生毕业的甲某,并让其担任研发部门的项目经理,专门从事包括保温砂浆在内的建筑保温材料开发工作。2006 年 1 月,甲某向公司提交辞职报告后离职。2006 年 10 月,甲某以个人名义向国家知识产权局提交了一项有关外墙保温的专利申请。该申请于 2008 年 4 月被公开。乙公司得知后以侵犯职务发明专利为由将甲某诉至法院,要求判令该外墙保温技术的专利申请权归乙公司所有。

2. 专利保护的客体

世界知识产权组织(WIPO)出版的经典教材将"发明"界定为:"人脑的一种思维活动,是利用自然规律解决生产、科研、实验中各种问题的技术解决方案。"专利保护的客体是记载在专利文件中的已被公开并由权利要求的内容所限定的发明创造。它是专利权人的权利和义务所指向之物。[①] 专利所保护的发明创造一般应符合以下三个特征:①必须是关于并符合自然规律;②必须是对自然规律的利用;③必须是在利用自然规律的基础上做出新的创造性技术构思。

发明创造是在发现的基础上对所发现的自然规律加以利用,进而以解决某个特定技术问题为目标所提出的新的创造性构思。而这个新的创造性技术构思即为专利法保护的客体。根据我国《专利法》,可以取得专利保护的发明创造包括发明、实用新型和外观设计三种。

(1) 发明

我国《专利法》第 2 条第 1 款规定:"发明,是指对产品、方法或者其改进所提出的新的技术方案。"根据该发明的定义,发明主要分为产品发明和方法发明两大类。[②]

① 产品发明。产品发明涉及一切有形的物体发明,涉及各种新产品、新材料、新物质等的技术方案。根据类型的不同,产品发明又可以细分为:物品发明,即为各种制成品和用品的发明,如各类日用品;物质发明,即涉及产品物质结构的发明,如各类化学物质、药

---

① 文凯希. 专利法教程[M]. 北京:知识产权出版社,2003:27.
② 也有学者将发明分为产品发明、方法发明和改进发明。但是,从实施角度来看,改进发明也最终可以纳入产品发明或者方法发明的范畴。

品等；材料发明，即涉及产品的材质结构的发明，如各种保温材料、阻燃材料、记忆合金等。①

② 方法发明。方法发明是指为制造产品或解决某个技术问题而做出的操作方法、制造方法以及工艺流程等的技术方案。方法发明主要表现为：行为或者动作，且行为或动作之间存在一定的顺序关系。一般通过一系列的步骤或行为来表述其发明。② 例如汉字输入方法、通信方法、无铅汽油的提炼方法等。

（2）实用新型

依据我国《专利法》第 2 条第 2 款，"实用新型是指对产品的形状、构造或其结合所提出的适于实用的新的技术方案"。理解实用新型应注意两点：第一，实用新型专利只保护"产品"。这里的"产品"应当是经过产业方法制造，且占据一定空间的实体。第二，实用新型保护的产品应具有确定的空间形态。任何无确定形状的物质，如液态、气态、粉末状物质，或以摆放、堆积等方法获得的非确定的形状作为产品的形状特征的均不受实用新型专利保护。

（3）外观设计

我国《专利法》第 2 条第 3 款规定，"外观设计是指对产品的形状、图案或者其结合以及色彩与形状、图案的结合所作出的富有美感并适于工业应用的新设计"。因此，外观设计依托于产品，保护的是形状与色彩、图案或与后两者的结合。平面印刷品的图案、色彩及其二者的组合所作出的主要起到标识性作用的设计不属于专利保护的范围，不授予专利权。③

3.1.3 授予专利权的条件

1. 发明和实用新型专利的授予条件

《专利法》第 22 条第 1 款规定："授予专利权的发明和实用新型，应当具备新颖性、创造性和实用性。"

（1）新颖性

新颖性（novelty）强调一个"新"字。《专利法》第 22 条第 2 款规定："新颖性，是指该发明或者实用新型不属于现有技术；也没有任何单位或者个人就同样的发明或者实用新型在申请日以前向国务院专利行政部门提出过申请，并记载在申请日以后公布的专利申请文件或者公告的专利文件中。"由此可知，发明和实用新型的新颖性判断的技术范围包括两部分：①现有技术；②未公开的在先专利申请技术，即抵触申请。判断新颖性的抵触申请与专利申请中的抵触申请内涵是不相同的，且不含申请日当日的申请。而且，抵

---

① 汤宗舜.专利法教程[M].北京：法律出版社，2006：41-42.

② [美]P.D.罗森堡.专利法基础[M].郑成思，译.北京：对外贸易出版社，1982：66.

③ 《专利法》第 25 条第 6 款。

触申请既包括国内申请,也包括进入中国国家阶段的国际申请。

判断新颖性离不开现有技术范围的判断。界定现有技术范围,需要从时间和地域两个角度加以考虑。从时间的角度来看,申请日是判断现有技术,即一项发明或实用新型是否具有新颖性的时间界限,且不包含申请日当日。享有优先权的,则判断新颖性时的现有技术的时间界限是优先权日。从地域的角度来看,要求所提交专利申请的发明创造的技术内容在申请日前,未曾在任何地方(无论是国内,还是国外)以任何形式(无论是书面、口头描述,或是其他方式的使用)被公开或披露。

(2)创造性

创造性(creativity)强调的是发明创造的“难”。美国专利法将创造性表述为非显而易见性(non-obviousness)。德国和英国专利法,以及欧洲专利公约将创造性表述为发明步骤(inventive step)。我国《专利法》第 22 条第 3 款规定:“创造性是指与现有技术相比,该发明具有突出的实质性特点和显著的进步,该实用新型具有实质性特点和进步。”可见,发明和实用新型专利申请在新颖性判断标准上是一样的,但创造性的判断标准是不同的。对于发明而言,要求与现有技术相比具有突出的实质性特点和显著的进步;对于实用新型而言,则要求与现有技术相比具有实质性特点和进步。而且,与现有技术相比,这种实质性特点和进步对于本领域的技术人员而言不是显而易见的。

(3)实用性

实用性是指该发明或实用新型能够在产业上制造或使用,能解决技术问题,并能产生积极和有益的效果。

2. 外观设计专利的授予条件

(1)新颖性

《专利法》第 23 条第 1 款规定:“授予专利权的外观设计,应当不属于现有设计;也没有任何单位或者个人就同样的外观设计在申请日以前向国务院专利行政部门提出过申请,并记载在申请日以后公告的专利文件中。”可见,外观设计专利申请的新颖性判断涉及现有设计和抵触申请两个部分。现有设计,是指申请日以前在国内外为公众所知的设计。需要注意的是,这里的抵触申请包括本人或他人的专利申请。

(2)独创性

《专利法》第 23 条第 2、3 款规定:“授予专利权的外观设计与现有设计或者现有设计特征的组合相比,应当具有明显区别。授予专利权的外观设计不得与他人在申请日以前已经取得的合法权利相冲突。”合法权利,是指依照中华人民共和国法律享有并且在涉案专利申请日仍然有效的权利或者权益。包括商标权、著作权、企业名称权(包括商号权)、肖像权以及知名商品特有包装或者装潢使用权等。

外观设计专利申请的独创性判断涉及与现有外观设计、现有外观设计特征的组合、他人在先合法权利三部分内容的比对。此外,在外观设计的相同或者相似性判断时应当站在一般消费者的视角,考察所比对的外观设计之间所存在的区别对于产品的整体视觉效果是否存在显著影响,而不能局限于局部的细微差别。①

3.1.4　专利权的内容和限制

1. 专利权的内容

(1) 发明和实用新型专利权的内容

《专利法》第 11 条第 1 款规定:"发明和实用新型专利权被授予后,任何单位或者个人未经专利权人许可,都不得实施其专利,即不得为生产经营目的制造、使用、许诺销售、销售、进口其专利产品,或者使用其专利方法以及使用、许诺销售、销售、进口依照该专利方法直接获得的产品。"

① 制造权。制造,是指实施专利权利要求书中所记载的技术方案的行为。专利权人有为生产经营目的制造专利产品的权利。在权利保护期间内,他人只要是以生产经营为目的未经许可实施了制造行为,无论所采取的制造方法或者手段与权利要求记载的是否一致,无论制造出的产品数量是多少,无论所制造出的产品是否销售,均构成对制造权的侵犯。

② 使用权。专利权人有为生产经营目的使用专利产品的权利。未经许可,以生产经营目的使用他人专利产品的行为构成专利侵权。

③ 销售权。销售,是指专利产品的所有权从卖方有偿转移到买方的行为。专利权人有为生产经营目的销售专利产品的权利。

④ 许诺销售权。许诺销售,是指以做广告、在商店橱窗中陈列或者在展销会上展出等方式作出销售专利产品的意思表示。许诺销售权的设置目的是使专利权人在商业交易实际发生前及时制止侵权、防止侵权产品的传播、防止专利权人因侵权而蒙受损失的发生与扩大。

⑤ 进口权。进口,是指专利产品或者依照专利方法直接制得的产品在空间上从境外越过边界运进境内。专利权人有为生产经营目的进口专利产品的权利。专利权人凭借进口权可以在海关将未经许可的专利产品挡在国门外,避免专利产品进入国内销售渠道后专利权人只能依据销售权或许诺销售权来追责。

(2) 外观设计专利权的内容

《专利法》第 11 条第 2 款规定:"外观设计专利权被授予后,任何单位或者个人未经专利权人许可,都不得实施其专利,即不得为生产经营目的制造、许诺销售、销售、进口其外观设计专利产品。"因此,被授予专利权的外观设计专利享有的权利包括:制造权、许诺销售权、销售权、进口权。有别于发明和实用新型专利的是,外观设计专利不享有使用权。

---

① 王迁. 专利法教程[M]. 北京:中国人民大学出版社,2009:342-343.

2．专利权的限制

（1）不视为侵犯专利权的行为

《专利法》第 69 条规定了不视为侵犯专利权的 5 种例外情形。

① 专利权人的权利耗尽。专利产品或者依照专利方法直接获得的产品,由专利权人或者经其许可的单位、个人售出后,使用、许诺销售、销售、进口该产品的。

② 享有先用权。先用权制度的设置,是为了对同样对发明创造作出创造性贡献,但未提交专利申请的发明人的权益给予有限保护。具体是指,在专利申请日前已经制造相同产品、使用相同方法或者已经作好制造、使用的必要准备,并且仅在原有范围内继续制造、使用的。

③ 临时过境。临时通过中国领陆、领水、领空的外国运输工具,依照其所属国同中国签订的协议或者共同参加的国际条约,或者依照互惠原则,为运输工具自身需要而在其装置和设备中使用有关专利的。

④ 科研实验使用。专为科学研究和实验而使用有关专利的。

⑤ Bolar 例外。Bolar 例外是指为提供行政审批所需要的信息,制造、使用、进口专利药品或者专利医疗器械的,以及专门为其制造、进口专利药品或者专利医疗器械的情形。Bolar 例外规则最初源于 1983 年美国的 Roche 公司诉 Bolar 公司药品专利侵权纠纷案,目的是克服药品和医疗器械上市审批许可制度在专利保护期限届满后对仿制药品和医疗器械上市带来的延迟,因为它有违社会公共利益。

（2）强制许可

强制许可（compulsory licensing）是指在特定情况下,专利行政部门不经专利权人的同意,直接许可具备实施条件的单位或者个人实施其专利。[①] 强制许可制度是防止专利权利滥用、保护社会公众利益的重要手段。专利强制许可具有三个特点：非自愿性、许可性质为普通许可、被许可人须支付专利使用费。

《专利法》第 49 条至第 53 条规定了七种强制许可的情形。

第一,未实施或未充分实施专利的强制许可。自专利权被授予之日起满三年,且自提出专利申请之日起满四年,专利权人无正当理由未实施或者未充分实施其专利的,国务院专利行政部门根据具备实施条件的单位或个人的申请,给予实施该专利的强制许可。

第二,因被认定为垄断行为的强制许可。专利权人行使专利权的行为被依法认定为垄断行为,为消除或者减少该行为对竞争产生的不利影响,根据具备实施条件的单位或者个人的申请,而给予实施该专利的强制许可。是否构成垄断行为,由反垄断执法机构根据《反垄断法》进行认定。

第三,因国家出现紧急状态或者非常情况需要的强制许可。"紧急状态"是指战争或

---

① 吕淑萍.知识产权法学［M］.北京：北京大学出版社,2007：216.

危及国家安全的紧急状态。"非常情况"是指出现自然灾害或诸如 SARS、霍乱等大规模流行疫情的非常情况。《涉及公共健康问题的专利实施强制许可办法》(2005 年)明确规定,传染病在我国的出现、流行导致公共健康危机的,属于《专利法》第 49 条所述的"国家紧急状态"。[①]

第四,因公共利益的目的需要的强制许可。"公共利益的目的"是指为了国民经济发展、环境污染治理、公共卫生维护、国民健康保障等具有较高公益性项目的目的,如果一项专利技术的实施对其中的任一公益项目产生重大影响,都可能导致强制许可。在我国预防或者控制传染病的出现、流行,以及治疗传染病,属于公共利益目的的行为。[②]

第五,因公共健康目的需要的专利药品制造与出口的强制许可。专利药品,是指解决公共健康问题所需的医药领域中的任何专利产品或者依照专利方法直接获得的产品,包括取得专利权的制造该产品所需的活性成分以及使用该产品所需的诊断用品。[③] 该种情形的强制许可适用的条件有:①以公共健康为目的;②仅限于对专利药品的制造与出口,强制许可的实施应当主要为了供应进口国国内市场;③进口实施强制许可药品的国家或地区,应符合我国参加的有关国际公约的规定。

第六,因公共利益需要,制止半导体技术垄断行为的强制许可。该种情形涉及对半导体技术专利权人滥用权利的行为依法被认定为垄断,且存在公共利益需要时的限制性规定。

第七,因实施依存专利的强制许可。一项取得专利权的发明或者实用新型,与以前已经取得专利权的发明或者实用新型技术相比,具有显著经济意义或重大技术进步,其实施又有赖于前一专利的实施的,国务院专利行政部门根据后一专利权人的申请,给予实施前一专利的强制许可。在依照相关条件给予实施强制许可的情形下,国务院专利行政部门根据前一专利权人的申请,也可以给予实施后一专利的强制许可,即构成交叉强制许可。

(3)指定许可

指定许可是我国专利制度中的一项特有的制度。《专利法》第 14 条关于专利实施的"指定许可"的规定,包含六个层面的含义:①可"指定许可"的专利仅限于发明;②可作为指定许可实施的主体,原则上仅限于国有企业事业单位;③批准指定许可的理由指向的是对国家或者公共利益具有重大意义;④指定许可的决定权,由国务院有关主管部门和省、自治区、直辖市人民政府在报经国务院批准后行使;⑤指定许可的实施范围,仅限于在批准推广应用的范围内,

拓展资源
V3-1

---

① 《涉及公共健康问题的专利实施强制许可办法》(2005 年)第 3 条第 2 款。
② 《涉及公共健康问题的专利实施强制许可办法》(2005 年)第 3 条第 1 款。
③ 《专利法实施细则》(2010 年)第 73 条第 2 款。

由指定实施的单位实施；⑥指定许可实施单位应当按照国家规定向专利权人支付使用费。

3.2　专利开发与获取

3.2.1　研究开发中的专利管理

结合我国国家标准《企业知识产权管理规范》(GB/T 29490—2013)及企业研发实践，可将企业研究开发过程分为四个阶段：产品立项、产品研发、产品成型、产品销售，每一个阶段都离不开细致的专利管理工作。企业研发中的专利管理工作可概括为四个"先行"：产品立项，专利评议先行；产品研发，专利检索先行；产品成型，专利申请先行；产品销售，专利保护先行。

1.产品立项，专利评议先行

企业产品经营如果要做到适销对路，在市场竞争中立于不败之地，首先需要在做好市场调研的基础上，结合专利情报开展专利评议。立项是产品研发项目实施过程中最重要的基础性环节。因此，专利评议成了企业研发中专利管理的重要基础性工作。从知识产权管理的全局来看，立项前的评议应为更全面的知识产权评议。本节主要围绕专利管理加以叙述。

项目立项是整个科技项目实施过程中一个重要的基础性环节。项目立项过程中的主要工作是对拟立项项目提出一个框架性的总体设想，并从宏观上论述该项目设立的必要性和可行性，以及项目实施过程中可能出现的各种风险情况。从而避免项目立项的盲目性，也为后续的项目研究打下基础。

(1) 专利评议的目的

好的开始是成功的一半。专利评议作为立项环节中十分重要的一环，可以为产品立项提供研发方向、竞争对手状态、方案规划等辅助决策信息。继而在此基础上为后续的进一步产品研发提供产品规划的技术细节、技术方案设计等技术辅助信息，帮助确定项目的必要性和可行性；同时，通过专利检索分析，规避侵权风险，实现项目在立项阶段的专利风险预警。

(2) 专利评议的内容

一般而言，在产品立项阶段的专利评议内容主要涉及以下三个方面。

第一，拟立项产品技术的各种重要信息。在产品项目立项阶段，企业一方面需要通过科学严谨的市场调研分析细分市场的需求，掌握产品国内外相关市场的过去、现在及未来发展态势，判断项目产品的市场、技术生命周期；另一方面，还需要广泛而深入地开展文献检索分析，包括专利文献和非专利文献，以提高研发创新的起点，避免低水平的重复研究。

第二,专利布局及竞争态势分析。通过对专利文献中的申请人、发明人及其所申请专利的相关领域等相关信息的分析,不仅可以获知产品相关领域的主要竞争对手、潜在竞争对手,以及其所拥有的核心技术及其在各阶段核心技术的发展变化,而且可以掌握相关专利的发明人,以便于制定本单位的人力资源战略、专利战略,使自己立于不败之地。根据主要竞争对手的专利布局来研究这些竞争对手的专利活动及意图,了解这些企业在相关技术领域的研究重点以及他们所持有的关键技术。

以海尔公司为例,在冰箱产品开发立项前,结合市场调查和专利信息的专利分析评议得知:日本的冰箱发展方向是多功能化,美国的冰箱发展方向是左右开门大容量化,欧洲的冰箱发展方向为大冷冻节能化。最终,海尔将自己的冰箱发展方向确定为:变频、高智能、居室化和医用专门化。这样不但规避了国外竞争对手带来的专利风险,而且也领导了冰箱发展的潮流,使自己快速地成为世界一流的冰箱生产企业。因此,利用主要竞争对手的研发趋势和动态来寻找自己的突破口,确定项目和产品的最终研发方向,也是在立项阶段通过有效运用专利信息分析能够取得的有益效果。[①]

第三,侵权风险及规避方案分析。运用专利情报分析方法,包括专利地图、引文分析、专利挖掘等方法,通过专利文献信息的技术面分析,可以为产品立项提供研发方向、竞争对手状态、方案规划等辅助决策信息,可以为项目提供技术细节、技术方案设计、规避侵权等辅助信息。

根据拟立项项目的具体技术方案进行专利文献检索,并与拟立项项目进行技术特征对比,分析是否存在专利侵权风险,考虑是否能够规避有风险的竞争性专利,或者考虑通过其他途径获取该技术,以避免侵犯他人的专利权。可以通过专利检索与分析来识别和规避专利侵权风险,实现项目在立项阶段的知识产权风险预警。

此外,还可以制定企业专利战略,并将专利战略融入研发计划;寻找委托开发的对象或研发合作伙伴。

2. 产品研发,专利检索先行

在确定初步项目方案及路线后,针对其中的技术难点问题,可以再进一步有针对性地在相关领域的专利文献中开展检索,寻找能够借鉴和参考的技术方案。通过利用专利文献及其中隐藏的大量专利信息,使得企业研发可以站在巨人的肩膀上,从比较高的起点去开展研发工作,避免走不必要的弯路,减少研发精力和成本的投入。由此,产品研发中的专利检索分析作用在于:①专利预测与规划;②竞争对手专利技术监控;③侵权风险评估及规避。对同领域内的主要竞争对手应当建立定期的专利权监控制度,了解竞争对手申请专利的最新动向,评估这些专利申请或专利权与自身产品或技术的关联度,同时根据竞争对手的诉讼习惯,调整自身的研发方向和产品推广方案。如果竞争对手的专

---

① 李宇华. 浅谈项目立项中的知识产权分析评议[J]. 中国发明与专利,2016(5):57-58.

利涉及自身的关键产品,则应进行侵权风险的评估。根据对研究开发活动中的专利进行的监控,适时调整研究开发策略和内容,避免或降低专利侵权风险。

3. 产品成型,专利申请先行

企业运用法律手段保护发明创造的前提是获取专利权。企业研究的发明创造一旦完成,研究开发的产品一旦成型,企业首先要想到的就是申请专利加以保护。企业申请专利保护其发明创造的根本目的在于获取市场竞争优势,继而取得经济收益。一般来说,企业申请专利保护的目的主要有:

(1) 垄断产品相关市场。市场实践表明,专利的独占性可以给企业带来核心竞争力。因此,只有及时申请专利,使研发成果受到法律保护,才能防止他人随意使用和模仿,起到占据市场、垄断市场的作用,更有利于参与经济竞争。

(2) 阻碍竞争对手,吸引合作伙伴。兰德公司发布的《中国专利和创新报告》显示,近20%的专利申请是以阻碍竞争对手为目的,且突出体现在医药、电子等行业。其一,为竞争对手的技术发展设置障碍;其二,防止竞争对手绕过自身专利。

专利申请被公司看作市场竞争的重要手段,大公司通过申请专利布局打造核心技术优势,这种优势可以使企业始终处于产业链的上端,保持战略领先地位;而小公司申请专利更多是为了获得与大公司对等的合作关系。对于一些公司,尤其是小型技术型公司而言,专利申请布局是其吸引和与大型企业谈合作的"资本"。大量的专利技术能够限制对手研发进程,同时促进企业之间的谈判,而大公司之间会对互补的专利技术进行合作整合。因此,专利在市场竞争环境下扮演着多重角色,它既可以是矛,又可以是盾;既可以用来竞争,也可以促进合作。

(3) 增强防御能力及谈判砝码。专利权的垄断性使得企业运用专利,进可攻、退可守,使自身始终立于优势地位。

在专利申请中,企业应当尤其注意实用新型专利的作用。实用新型对技术方案创造性的要求不高,申请成本低,授权快,较难被无效,极为适合处于研发资源劣势的企业用于申请那些"小创新"。跨国大公司对这些"小创新"的重视往往不够,仅申请一些基础专利,为后续他人申请从属专利留有很大的空间。中小企业应当注意利用这些空间,申请从属专利以扩充企业的专利筹码,在面临专利诉讼时争取和解甚至交叉许可、转被告为原告的可能。

4. 产品销售,专利保护先行

专利权是一种垄断性的权利,是权利人对特定的发明创造在一定期限内依法享有的独占实施权。未经权利人许可,在保护期限内任何人都不得擅自实施其专利技术。申请专利是企业保护自己的合法权益不受侵犯、垄断市场的行之有效的方法。

关于专利保护的重要性,从深圳朗科与安徽万燕两家公司截然不同的命运可见一斑。朗科与万燕,前者是在 1999 年研发出全球第一款 USB 闪存盘,并成功启动了全球闪存行业的"优盘之父",后者是 1992 年世界第一台 VCD 的制造者;前者开拓了中国企业向国际巨头收取专利费的先河,后者在黯然退场之后被尊崇为"革命先烈",引起一个叫"万燕悖论"的理论讨论。两家企业发展的故事都无法绕开一个东西:专利权。

3.2.2 专利申请管理及策略

专利权是一种获取市场竞争优势的手段。对于企业而言,产品研发一经完成,将面临一系列的战略决策,需要回答与专利申请相关的五个"W"加一个"H"组成的一系列战略问题:是否申请专利(whether)? 为何申请专利(why)? 申请何种专利(what)? 何处申请专利(where)? 何时申请专利(when)? 专利申请保护范围多大(how)?

1. 是否申请专利

产品研发一旦完成,企业面临的第一个决策是是否申请专利对所开发的技术加以保护。即需要考虑是以专利权,还是以技术秘密(又称 know-how),抑或是主动公开技术方案,来确保企业利益的最大化。

(1) 专利保护与技术秘密保护的区别

专利保护和技术秘密保护同属于知识产权范畴,也都可能为权利人带来巨额收益,但二者之间存在着一定的差别,各有利弊,详见表 3-1。[①]

表 3-1 专利保护和技术秘密保护的比较

	专 利 保 护	技 术 秘 密 保 护
权利主体	一项发明创造只能被授予一项专利,其权利由专利权人享有	一项技术秘密可以由多个主体享有,互不影响
取得条件	新颖性、创造性、实用性,且充分公开	秘密性、保密性、价值性
取得程序	需申请,经审查批准后获得,需缴纳专利年费维持其权利的存续	不需要申请审批,依赖企业自发的保密行为
保护期限	自申请日起,发明专利 20 年,实用新型和外观设计 10 年	以其保密状态的存续期间为准,只要严守秘密、不被新技术所取代,其保护期限在理论上是无限的
保护地域	获得专利授权的国家或地区	无地域限制
法律依据	《专利法》等	《反不正当竞争法》《合同法》等
费用	申请费、审查费、年费等	企业采取保密措施所需费用

---

① 渠佩佩. 技术秘密保护 OR 专利保护? http://www.jiemian.com/article/1376733.html.

续表

	专 利 保 护	技术秘密保护
保护范围	范围小,仅限于满足《专利法》等规定的技术方案	范围大,一切未被公众知悉、能带来经济利益的技术信息
权利丧失	低风险,仅在期限届满、未缴纳年费、主动放弃、被宣告无效等情况下丧失权利	高风险,一旦丧失秘密性,权利即终止,包括权利人意外泄露、他人非法泄露、反向破译或研发获得后公开等
维权成本	成本较低、维权相对容易	成本高、举证难、维权较为困难

（2）技术保护模式的选择

考虑到专利保护的局限性,在申请专利前,企业必须对发明创造的水平、应用前景及企业的其他经营战略等进行综合分析、评价,从而决定一项发明是否适合申请专利,以何种模式保护技术为佳。通常可以从以下三个维度加以考虑。

① 发明创造自身技术特点。需要考虑被复制或获取的难易程度、属于改进还是开拓型发明创造、属于产品还是方法发明创造等。一般而言,不易被复制,或通过简单推理实验、反向工程等手段获得的技术方案可优先考虑技术秘密保护。改进型发明创造一般适于专利保护;开拓型技术,尤其是生物医药领域的开拓性成果,则可考虑"技术秘密＋专利"相结合的保护模式。方法发明创造宜采用技术秘密保护或技术秘密与专利相结合的保护模式。

② 产业特点。需要考虑维权难易程度、所处行业的创新力。一般而言,行业技术更新快、创新力强,更宜于专利保护。

③ 其他战略性考虑。需要考虑避免公开暴露战略意图、延长技术保密的时间、公开技术。使竞争对手专利无效等。

2. 为何申请专利

对于研发成果,当决定需要申请专利以后,企业需进一步明确为何申请专利。不同的专利申请目的,需要企业在专利申请过程中作出不同的策略性安排。一般专利申请目的包括:①以自用为目的;②以技术许可、转让为目的;③以防御竞争对手为目的;④以削弱竞争对手优势为目的;⑤以干扰竞争对手视线为目的。

3. 申请何种专利

我国《专利法》将专利分为发明、实用新型和外观设计。三种不同类型的专利在保护对象、审查标准、保护期限和强度上各有不同。因此,企业在选择专利申请类型时,要结合发明创造的内容及不同专利类型的授权条件来综合考虑。甚至可以考虑发明与实用新型、实用新型与外观设计相结合的专利申请保护模式。对于方法发明创造而言,则仅能申请发明专利。

4. 何处申请专利

众所周知,专利保护具有地域性特征。一个国家根据其本国法律批准的专利权只在受该国法律管辖的地域范围内有效。为了扩大专利技术的保护范围,申请人就必须到外国去申请专利。因此,企业在提交专利申请前需明确专利申请目的,甚至将企业市场战略,尤其是国际化战略综合考虑进去。

当涉及跨多国专利申请时,可采取专利合作条约(Patent Cooperation Treaty,PCT)途径,以简化申请手续、完善申请文件、推迟决策时间,确保准确的资金投入。根据相关费用的统计数字,通过 PCT 专利申请 5 个以上的国家专利的成本要低于通过传统的《巴黎公约》途径。申请的国家越多,相应投入的成本就越少。申请人可以根据技术分布情况,选择适合的国家,达成有效的专利布局。

5．何时申请专利

申请时机之所以是企业专利申请的决策事项之一,是因为世界上绝大多数国家在专利确权上都遵循先申请原则,即同样的发明创造授予最先提交专利申请的主体。因此,企业研发一旦完成,应及时提交专利申请,否则会被竞争对手捷足先登,使自己进退两难,研发投入可能付诸东流。

提交专利申请并非越早越好,需要结合产业技术发展现状、技术生命周期,以及市场竞争格局来综合决策。

一般来说,确定提交专利申请的时机需考虑以下两个因素:其一,技术方案自身的成熟与完善性,否则会影响专利权的获得,以及专利权利保护的范围。其二,产业发展现状及技术生命周期(technology cycle time,TCT)。技术生命周期分析是专利定量分析中最常用的方法之一。通过分析专利技术所处的发展阶段,预测技术发展方向。它针对的研究对象可以是某件专利文献所代表技术的生命周期,也可以是某一技术领域整体技术生命周期。通过对申请或授权的专利数量与时间序列的关系、专利申请企业数与时间序列的关系等的分析研究,发现专利技术在理论上遵循技术导入期、技术发展期、技术成熟期和技术淘汰期四个阶段周期性变化。一个企业所开发完成的新技术如果离技术导入期尚远的话,则过早获得专利权就意味着专利保护期限的白白浪费。

6．专利申请保护范围多大

首先,确定是将研发成果全部,还是部分申请专利。有时为防止他人利用专利说明书公开的技术内容进行仿冒,仅对技术的基本轮廓申请权利保护,而将技术核心内容或影响产品质量的关键技术作为技术秘密保留起来不予申请。

其次,确定是提交单件申请,还是系列申请。这需要综合考虑相关配套技术的作用如何发挥。通常易于保密的技术可不申请专利,对竞争影响力较小的技术可不申请专利。

再次,明确属于基本技术申请,还是外围技术申请。某一技术领域的基本技术或核心技术对企业的发展和竞争地位起决定性作用。因此,一般来说,这类技术应当申请专利。外围技术是对基本技术的局部改进或为实施技术所需要的配套技术。取得外围技术专利权有利于与基本技术专利形成交叉许可的局面,使不掌握基本专利的企业也能取得部分主动权。因此,申请与不申请外围专利、申请哪些外围专利也是一项重要的决策。若企业既掌握基本技术,又掌握外围技术,则要对全部申请或部分申请做出选择。

最后,明确属于在用型技术,还是储备型技术申请。企业常常不仅要对在用技术,即近期内将实施的技术申请专利,而且要对近期不拟采用,甚至将来是否采用也不明朗的技术,即储备性技术申请专利,以备将来拓展技术和市场领域、产品更新换代之用。企业需要对在用技术、储备技术是否申请专利以及申请什么内容做出决策。[①]

3.2.3　专利信息检索与应用

狭义的专利信息一般是指专利文献。广义的专利信息,除了专利文献,还包括其他专利活动过程中所产生的相关信息,如专利诉讼、专利许可、专利转让等信息。

专利文献是专利制度产生的特有信息资源,是技术信息的重要载体,囊括了全球90%以上的最新技术情报。专利文献中蕴藏着丰富的技术、法律和商业信息。专利文献具备内容新颖、广泛、可靠、描述详细,格式统一规范,信息公开等特点。

在专利信息检索的基础上,对专利信息通过科学的加工、整理分析,进行深度挖掘与缜密剖析,使之转化成具有较高技术与商业价值的可利用信息。

如何把专利文献资源中蕴藏的价值转变成推动科技、经济发展的动力,是充分发挥专利制度的作用,也是专利文献传播和利用的根本目的。据世界知识产权组织估算,如果能够有效地利用专利信息,可使企业研发工作平均缩短技术研发周期 60%,节约科研经费 40%。

1. 专利信息检索利用的意义

专利文献检索分析应用贯穿于企业研发及其市场化的始终,其意义主要体现在以下几个方面。

(1) 产品项目立项前,通过专利文献检索分析可了解项目所在领域的宏观专利情况,与市场调研工作相辅相成,掌握市场主要竞争对手的专利情况、专利布局状况,从而为立项决策提供依据。避免重复开发,节省研发成本。

(2) 在产品研发过程中,专利文献检索分析有助于研发人员开拓思路,追踪竞争技术趋势,提前发现现有专利陷阱,适时调整研究开发策略和内容,尽早作专利回避和创新设计,避免或降低知识产权侵权风险。

(3) 产品研发完成后,专利文献检索分析有助于科学、精准地做出专利申请的相关决策,实现成果利益最大化。具体涉及评估技术专利性、评估专利申请地域和时机、规划专

---

① 刘晓芸. 进攻性专利战略:企业的专利申请战略[J]. 江苏科技信息,2004(10):22-25.

利申请公开的程度、规划权利要求范围等。

（4）产品上市，尤其是走向国际市场前，做好专利文献检索分析可以较好地规避侵权风险，做好市场预案。

（5）专利许可、转让时，专利文献检索分析有助于确认专利法律状态、评估专利技术价值、评价合作伙伴。

（6）寻求研发合作伙伴或引进技术人才时，专利文献检索分析有助于锁定目标人才，了解其技术"朋友圈"。

2. 专利信息检索资源

（1）公共的专利检索资源

公共的专利检索文献资源主要由各国最高专利行政管理机构或组织官方途径提供。常用的各国专利检索途径有：

中国国家知识产权局

http://www.pss-system.gov.cn/

美国专利商标局

http://patft.uspto.gov/

日本专利特许厅

https://www.j-platpat.inpit.go.jp/web/all/top/BTmTopEnglishPage（英文）

欧洲专利局

https://worldwide.espacenet.com 或 http://ep.espacenet.com/

世界知识产权组织

https://patentscope.wipo.int/search/en/search.jsf

（2）商业性的专利检索资源

① 国外商业性专利数据库

• 德温特全球专利创新索引（Derwent Innovation Index，DII）

DII 是文摘索引型数据库，基于 Web of science 平台，由德温特世界专利索引（Derwent World Patents Index，DWPI）和专利引文索引（Patents Citation Index，PCI）两部分组成，可提供 1963 年以来的专利文献摘要及专利引证信息。

• Orbit 专利数据库

Orbit 是世界最早的专利数据库之一，由科思特尔（QUESTEL）公司开发。Orbit 包含四大数据库：以发明为基础的同族专利库 Fampat、以发明为基础的国别专利库 PlusPat、以发明为基础的全文专利库 Fulltext、外观设计国别专利库。Orbit 不仅提供法律状态、引证等专利信息，还通过 OIPBI 分析平台对检索结果加以分析并可视化呈现。

• PATSTAT 专利统计数据库

PATSTAT 是由欧洲专利局创建的面向统计决策的专利数据库。PATSTAT 由源数据(raw data)、法律事件数据(legal event data)、专利登记信息数据(EP register data)，以及在线数据库(online extension)四部分构成，收录了全球 100 多个国家或组织的专利信息，内容涵盖专利题录、引文以及专利家族链接。

欧洲专利局(EPO)于 2016 年推出了基于 Web 界面的可视化 PATSTAT 专利分析平台。

- Innography 专利检索分析平台

Innography 是 Dialog 的专利信息检索和分析平台。该平台提供 70 多个国家的专利、法律状态、同族专利信息，美国联邦法院电子备案系统(PACER)的专利诉讼数据，以及邓白氏及美国证券交易委员会的专利权人财务数据。该平台除提供常见专利指标分析外，还可综合专利、诉讼、商业等信息形成结构化分析，并可视化图表呈现。

- INPADOC 专利数据库

INPADOC 以提供专利家族和专利法律状态信息为主，由欧洲专利局负责运作。PATSTAT 法律事件数据主要来源于 INPADOC 数据库。

② 国内商业性专利数据库

随着信息技术的发展，国家创新驱动的需要，以及专利数据面向社会开放，国内商业性的专利数据库和检索分析工具大量涌现。其中，有代表性的有：知识产权出版社的 CNIPR、保定大为的 Innojoy、江苏佰腾的 Soopat、北京合享汇智的 IncoPat、江苏智慧芽的 PatSnap、北京东方灵顿的 Lindenpat、北京彼速的"专利之星"等。

此外，上海、广东、福建、四川等部分省市建立了地方专利服务平台，可提供专利检索分析服务。

③ 国内外常用专利信息分析工具

专利信息分析离不开高效分析工具的支持。而专利信息分析方法、分析工具的合理使用是决定信息分析水平、效率以及信息分析质量和效益的重要因素。

随着信息技术的飞速发展，文本挖掘、信息可视化已被广泛地应用于专利分析领域。国内外大量的专利分析工具应运而生。

专利信息分析方法通常分为定性分析、定量分析和定量定性综合分析。目前，信息分析工具可实现的方法归纳起来主要包括基本统计分析、共现分析、聚类分析和引证分析四大类。

国外常用的专利分析工具有：Derwent Analytics、Thomson Data Analyzer、VantagePoint、Aureka、PatentLab、STN AnaVist 等。

上述国内商业性的专利数据库很多都具备基础性的专利分析功能模块，更为深入、个性化的专利分析则需要另行购买。

3．专利文献分析与应用

(1) 专利文献检索的步骤

一般的专利文献检索主要包括以下步骤：

第一,分析检索主题,选择数据库。尽量选用可靠的数据库,充分了解数据库的数据范围、功能、缺陷。

第二,分析概念,确定基本检索要素。基本检索要素是体现技术方案的基本构思的可检索要素,一般主要根据发明主题名称、区别性技术特征来确定。

第三,确定检索式及检索策略。在设定检索关键字的基础上,综合利用各检索字段及语法、通配符等设定检索式及检索策略。

第四,上机试检索,并根据检索结果优化检索策略。

第五,检索并下载专利数据。

第六,筛选专利。

第七,整理、统计书目资料,进行管理面分析和引证分析。

第八,收集、整理、解析专利说明书、权利要求等技术信息,进行技术面分析或权利要求分析。

第九,综合上述分析,形成专利分析报告。

(2) 基于专利地图的专利分析

根据专利信息服务目的的不同,可将专利分析主要分为:①管理面专利分析。通常包括:历年专利趋势分析、各国专利占比分析、各国专利动向趋势分析、主要竞争公司综合对比分析、公司专利件数技术差异分析、公司专利区域申请策略分析、发明人专利件数分布分析等。②技术面专利分析。通常包括:IPC分类分析、技术生命周期分析、专利技术功效矩阵分析、专利技术分布分析、专利技术领域累计分析等。③专利引证分析。通常包括:引证排名、引证矩阵、引证树、基于聚类分析的引证网络等。④专利权利要求分析。通常包括:专利范围构成要件分析、专利范围要点分析、专利家族分析、重要专利引证分析等。

专利地图(patent map)是专利信息分析结果的可视化表达,具有直观生动、简洁明了等特点。专利地图在专利情报系统中处于承上启下的重要地位。承上是指将检索到的专利信息,经过整理、加工、综合和归纳,以专利地图的形式展示,供专利情报分析之用。启下是指通过对专利地图的对比、分析和研究,可作出预测和判断,从而得到可利用的水平、动态、发展趋势等情报,为制定各类战略、目标等服务。[①]

根据专利分析侧重点的不同,专利地图大致可分为三类:专利技术地图、专利管理地图、专利权利地图。专利地图作为专利分析的可视化结果,对指导专利挖掘、制定专利战略、谋划专利布局具有先天优势和重要作用。基于专利地图的专利分析及其用途详见表3-2。[②]

---

① 肖沪卫,顾震宇. 专利地图——方法与应用[M]. 上海:上海交通大学出版社,2011.
② 马天旗. 专利挖掘[M]. 北京:知识产权出版社,2016:46-47.

表 3-2　专利地图分析及其用途

分　　类	服 务 对 象	常 见 专 利 地 图 种 类	用　　　途
专利技术地图	研发人员	专利技术功效矩阵图 专利技术生命周期 专利引证分析	(1) 确定技术研发方向及研发空间 (2) 了解核心技术
专利管理地图	管理人员	历年专利件数趋势图 申请人专利件数分布图 专利申请国别地域分布图 发明人专利件数分布图	(1) 识别竞争对手及特点 (2) 获悉技术发展趋势及动向预测
专利权利地图	知识产权人员	专利法律状态解析图 专利权利要求分析图 同族专利图	(1) 明确专利保护范围,了解侵权可能性 (2) 评估自身技术的可专利性

3.3　专利权的实施许可和转让

3.3.1　专利权的实施许可

专利权的实施许可也称专利许可证贸易,是指专利权人(称"许可方")通过签订合同的方式,授权许可他人(称"被许可方")在一定期限、一定地区,以一定方式实施其所拥有的专利技术,并按照约定收取专利使用费。订立专利实施许可合同的方式既可以是口头的,也可以是书面的。专利实施许可并不发生专利权利主体的转移,且具有技术推广应用的作用。专利权人与他人订立的专利实施许可合同,应当自合同生效之日起三个月内向国务院专利行政部门备案。[①]

专利权的实施许可,《专利法》是其法律根源,《合同法》是主要法律依据,同时会受到《反垄断法》的规制。"利益平衡"是专利许可的原则、手段和目标。

1. 专利实施许可合同的类型

根据实施主体的不同,专利实施许可合同主要可以分为以下四种类型:

(1) 独占实施许可合同,是指被许可人在合同范围内对专利技术享有独占的实施权。许可人不得在许可合同规定的期限和范围内自己实施,也不得再将该专利技术许可给任何第三方。由于独占实施许可合同中被许可人所享有的独占实施地位,可能导致许可人(即专利权人)疏于关注市场中的侵权行为,进而可能怠于维权。为此,独占实施许可合同下被许可人享有诉权,可以自己的名义提起诉讼。

(2) 排他实施许可合同,是指被许可人在合同规定的地域范围、期限或方式内享有使

---

① 参见 2010 年《专利法实施细则》第 14 条。

用许可人的专利技术实施权。许可人不得在已经许可受让人实施专利的范围内,就同一专利与第三方订立专利实施许可合同。但是,许可人保留自己在该范围内实施专利的权利。因此,排他实施许可合同是合同双方共同实施专利的协议。当事人订立的排他实施许可合同,并不影响国家根据《专利法》第14条的规定指定许可。排他实施许可合同下,被许可人就他人的侵犯专利权的行为一般需与许可人共同提起侵权诉讼。除非被许可人有证据证明许可人怠于行使诉权的。

(3)普通实施许可合同,是指许可人允许被许可人在合同规定的范围内使用其专利技术,同时保留自己实施和允许任何第三方在约定的范围内实施其专利技术的权利。普通实施许可合同是最常见的专利实施许可方式。

(4)交叉实施许可合同,是指合同当事双方许可对方在合同规定的地域范围、期限或方式内享有实施所指定的专利技术的合同。

2.专利许可合同的主要内容

一般专利许可实施合同的内容主要包括以下几项:

(1)许可实施专利的基本信息。包括专利的名称、专利号、有效期限等。

(2)专利许可实施合同的类型及实施范围条件。为了明确界定合同双方的权利义务,避免理解歧义引发纠纷,合同中除了写明专利实施许可合同类型之外,最好进一步详细说明许可实施其专利权的地域、期限、方式等范围条件。

(3)许可实施专利的权利瑕疵担保,即约定许可实施专利在发生无效、终止或者受第三人限制(如已转让、在先独占许可、权利质押等)等情形下的处理方法。

(4)技术情报资料清单,一般包括说明书、附图以及技术领域一般专业技术人员能够实施该专利所必须掌握的相关技术资料。

(5)价款及支付方式。

(6)违约金或损失赔偿额的计算方法。

(7)争议的解决办法。在发生争议时,当事人如愿意将其提交双方信任的仲裁机构仲裁的,应在合同中明确仲裁机构。该条款具有排除司法管辖的效力。

除了以上基本条款之外,许可双方还可就相关实施条件进一步加以约定。

3.3.2 专利权的转让

专利权的转让,是指专利权利人通过签订转让合同的方式,将其所享有的专利权利转让给他人。专利权利转让包括专利申请权的转让和专利权的转让。专利转让会导致专利权利主体的变更,从而使权利从原权利人转移到新权利人。中国单位或者个人向外国人、外国企业或者外国其他组织转让专利申请权或者专利权的,应当依照有关法律、行政法规的规定办理手续。

拓展资源

转让专利申请权或者专利权的,当事人应当订立书面合同,并向国务院专利行政部门登记,由国务院专利行政部门予以公告。专利申请权或者专利权的转让自登记之日起生效。

3.3.3　专利池与技术标准

1. 技术标准概述

(1) 技术标准的定义

我国国家标准 GB/T 2000.1—2002《标准化工作指南第 1 部分:标准化和相关活动的通用词汇》将"标准"定义为:"为了在一定范围内获得最佳秩序,经协商一致制定并由公认机构批准,共同使用和重复使用的一种规范性文件。"标准所追求的获得"最佳秩序",使得标准具有促进社会福利的公共属性。

国际标准化组织(International Standardization Organization,ISO)将技术标准定义为:"一种或一系列具有一定强制性要求或指导性功能,内容含有细节性技术要求和有关技术方案的文件,其目的是让相关产品或服务达到一定的安全或市场准入的要求。"欧洲委员会则将技术标准定义为"一种与产品或服务相关并得到大多数生产商和用户承认的技术规范"。尽管各方定义的表述不尽相同,但从技术标准的本质来看,技术标准是指对生产、服务领域中需要协调统一的技术事项所做的统一规定,具有统一性、公共性、公开性等特征。

技术标准与技术发展密切相关,着重解决技术统一性或生产过程之间的衔接配合问题,以提高劳动生产率。[①]

(2) 技术标准的种类

按照标准的法律地位的不同,技术标准可分为:由官方标准化组织或政府授权的标准化组织制定的法定标准(de jure standard)、由具有垄断地位的极少数企业制定的事实标准(de facto standard)。法定技术标准是政府标准化组织或政府授权的标准化组织建立的标准,它具有以下特点:①作为技术标准的方案并不一定是技术上的最优;②技术标准的采用具有路径依赖性的特点;③由于用户的转换成本作用,技术标准往往被锁定。[②] 事实技术标准是单个企业或者具有垄断地位的极少数企业建立的标准,它的出现是新经济时代的一个重要特点。事实标准实质上是企业标准利用市场优势或有目的标准化工作逐渐发展为行业标准和国际标准的。例如美国微软公司的 Windows 操作系统和思科公司的"私有协议"。

---

① 李春田,房庆,王平. 标准化概论[M]. 第 6 版. 北京:中国人民大学出版社,2014.
② 谢伟. 政府管理和信息产业的技术标准[J]. 软科学,2000(4):24-25.

此外,按照制定标准的宗旨划分,技术标准可分为:为社会公众服务的"公共"标准。为制定标准的组织服务的"自有"标准。按照制定标准的主体划分,技术标准可分为:国际标准、区域标准、国家标准、行业标准、地方标准、企业标准。按照标准实施的约束力划分,技术标准可分为:强制性技术标准、推荐性技术标准。

2. 技术标准、专利技术及专利池

（1）技术标准与专利技术的结合

传统意义上,技术标准和专利权之间是互相排斥的。技术标准追求的是普遍适用性,侧重行业推广应用,具有公共属性;而专利权属于私权,强调的是垄断和授权许可实施。早期的标准化组织都尽可能避免将专利技术纳入技术标准中。然而,随着科学技术和知识产权制度的发展,以及知识经济、信息经济以及全球化时代的到来,经济、贸易的发展,竞争越来越多地演变为对知识的垄断。

在科技进步和经济发展的推动下,越来越多专利技术被融合到技术标准中,即专利技术标准化。技术标准与专利技术的结合,对于标准实施者而言,可以提供更高技术水平或质量的产品或服务;对于专利权人而言,可以获得更多的专利实施回报。

从国际经济贸易的视角来看,技术标准与专利技术的结合,使得技术标准成了 WTO 规则允许范围内的一种新兴的非关税壁垒措施、是全球一体化环境下国家实力和企业能力的体现。也因此,"技术专利化——专利标准化——标准许可化"成了全球技术标准竞争的基本战略路线。

标准与专利的结合,需要解决四个方面的问题:①专利的信息披露问题;②专利信息的公布与标识问题;③专利权的承诺许可问题;④专利权转移的问题。[①]

（2）技术标准专利的许可与反垄断规制

技术标准与专利技术的结合,使得专利的垄断性被技术标准强化了,标准专利权人凭借技术标准的公共产品属性,放大其垄断效应,从而引发专利权人限制竞争、抑制新技术扩散等潜在风险。

当专利权人在行使专利权超出法定范围,与反垄断法通过保护竞争所要实现的社会整体目标(实质公平和社会整体效率)相冲突时,反垄断法应当优先适用,以对专利权的行使行为加以必要的限制。[②]

为了协调具有公共属性的技术标准与具有私有属性的专利权之间的冲突,平衡专利权人和技术标准实施者的利益,规制引导知识产权人行使标准所涉及的知识产权的行为,标准化组织纷纷制定知识产权政策,不仅要求标准参与者及时向标准化组织披露其所拥有或者实际控制的专利,而且要求其声明承诺以公平(fair)、合理(reasonable)和无

---

① 王益谊,朱翔华,等. 标准设计专利的处置规则——《国家标准涉及专利的管理规定(暂行)》和相关标准实施指南[M]. 北京:中国标准出版社,2014:6-7.

② 张平,马骁. 标准化与知识产权战略[M]. 北京:知识产权出版社,2005:94.

歧视(non-discriminatory)的条件许可所有标准实施者利用其专利。从而逐渐形成了一套知识产权许可规则,简称 FRAND 原则。也有学者认为公平、合理从内涵上并无实质性的差异,所以亦称该原则为合理、无歧视(reasonable and non-discriminatory,RAND)原则。

公平,是指专利权人不能在相关市场上利用专利许可限制竞争;合理,是指专利许可费或者许可费率应该合理;无歧视,则要求专利权人对每个条件相似的被许可人采取相同的许可基准。遵循 FRAND 原则并不意味着阻止他人使用专利,它所鼓励的是向所有市场新进入者开放专利,同时保障专利持有人获得公平的回报,从而进一步开展新技术的研发。

标准必要专利(standards-essential patents,SEP),一般是指在实施技术标准时所不可避免地会使用到的专利权。国际电信联盟(ITU)将标准必要专利定义为,"任何可能完全或部分覆盖标准草案的专利或专利申请"。美国电器及电子工程师学会(IEEE)将其解释为,实施某项标准草案的标准条款(无论是强制性的还是可选择性的)一定会使用到的专利权利要求。欧洲电信标准协会(ETSI)的知识产权政策中表述为,"标准必要专利是被纳入某一标准的知识产权,从而使得执行该标准则不可避免地形成对该专利权的侵权"。

对于与标准必要专利相关行为的反垄断规制,我国《反垄断法》第 55 条将"经营者滥用知识产权,排除、限制竞争的行为"纳入其规制范围。对此,国家工商总局于 2015 年发布实施《关于禁止滥用知识产权排除、限制竞争行为的规定》(简称《规定》),其中第 3 条进一步明确了滥用知识产权排除、限制竞争的两类典型的垄断行为:其一,达成垄断协议;其二,滥用市场支配地位。在认定构成滥用市场支配地位的拒绝许可行为时,《规定》还要求满足"必需设施"要件,具体为:①在相关市场上不能被合理替代,为其他经营者参与相关市场的竞争所必需;②拒绝许可将会导致相关市场上的竞争或者创新受到不利影响,损害消费者利益或者公共利益;③许可对自身不会造成不合理的损害。

《规定》还对拒绝许可知识产权、限定交易、搭售、附加不合理限制条件、差别待遇等实践中较为常见的几种具体滥用行为作了禁止性规定。

(3) 技术标准下的专利联盟

"以公开换垄断"的专利制度与以"开放、普及"为宗旨的标准制度之间存在的价值冲突,成为阻碍标准技术产业发展的困局。为了打破困局,专利联盟应运而生。专利联盟在交叉许可和一站式打包许可上的优势恰好解决了专利技术标准化所带来的阻抑效应问题。

专利联盟,又称专利联营或专利池(patent pool),是指两个或两个以上的专利权人相互间交叉许可或共同向第三方许可其专利的联营性协议安排。专利池通常由某一产业领域内多家共同掌握核心专利技术的厂商通过协议结成。专利池具有消除障碍壁垒、加强技术互补、降低交易成本、减少专利纠纷的积极作用,但同时也易导致竞争厂商之间的共谋垄断。①

各厂商为了使其参与的技术标准能迅速赢得市场以便在标准竞争中胜出或者在新一代标准出现之前争取更多的获利空间,结成专利联盟。技术标准的推广应用必将面临大规模的专利许可问题,而这需要借助专利联盟来完成。典型代表有:基于 DVD 数字光盘标准的 DVD 3C、DVD 6C 两个联盟;基于 MPEG 音视频压缩标准的 MPEG-2、MPEG-4 两个专利联盟等。

专利联盟日益成为技术标准实施的平台,其组建与运作往往与技术标准的形成与实施相伴相生。专利联盟的形成源于标准竞争、标准化组织的协调,以及专利权人之间的协作。在技术标准化的背景下,技术竞争往往表现为技术标准之间的竞争。在技术标准日益国际化的形势下,谁赢得了技术标准就意味着谁将控制国际市场。在标准竞争中,真正的竞争参与者是技术标准背后的专利权人。通过专利控制标准,达到控制市场的目的。

针对技术标准下的专利联盟,《规定》对专利联盟、标准中的专利权行使行为可能构成垄断行为的情形作出了具体规定。其中,对利用专利联盟实施垄断协议予以禁止,对具有市场支配地位的专利联盟管理组织滥用市场支配地位的行为作出了列举性规定;对标准制定和实施中,具有市场支配地位的经营者可能构成的垄断行为作出了规定。

 专栏

戴尔公司的 VL_Bus 标准案——违反信息披露义务

1992 年,视频电子标准协会(Video Electronic Standards Association,VESA)通过了一项涉及计算机中央处理器(CPU)和外部设备之间信息传输的标准,即 VL-Bus 标准。在标准制定会议上,根据协会要求包括戴尔公司在内的各方表决代表均对自己持有的与该标准有关的知识产权状况进行了书面声明,确认不享有与 VL-Bus 标准有关的任何专利权。

然而,在标准得到广泛实施的 8 个月后,戴尔公司突然向实施该标准的电脑制造商主张专利侵权,依据是其在 1991 年 7 月获得授权的一项美国专利。1995 年,这些电脑制造商向美国联邦贸易委员会(FTC)的反垄断仲裁庭提出仲裁请求,指出戴尔公司故意不向 VESA 披露其关于 VL-Bus 标准的专利权的行为。1996 年 6 月,戴尔公司和 FTC 达成和解裁决(consent decree)。FTC 认定戴尔公司未遵守 VESA 知识产权政策中关于专利信息披露的义务,在误导 VESA 将其专利纳入 VL-Bus 标准后又主张专利权的行为构成专利权滥用,否决了戴尔公司的专利使用费的权利主张。

---

① 詹映. 专利池管理与诉讼[M]. 北京:知识产权出版社,2013.

专栏

华为诉 IDC 案——违反合理无歧视原则

原告华为公司是无线通信设备的制造商,被告美国交互数字公司(IDC)在无线通信技术领域拥有 2G、3G、4G 标准的大量必要专利。双方都是欧洲电信标准学会(ETSI)成员,均明确承诺将自己的标准必要专利以 RAND 原则许可给其他成员使用。双方从 2008 年 11 月就标准必要专利的许可问题开展了多轮谈判,要求华为从 2009 年到 2016 年间按照销售量确定支付许可费率为 2%,且要求华为给予其全部专利的免费许可。在久谈无果的情况下,为给华为施压,IDC 于 2011 年 7 月同时在美国 ITC 提请对华为进行 337 调查,在特拉华法院提起专利侵权诉讼。

2011 年 12 月,中国华为公司先后以滥用无线通信标准必要专利的市场支配地位、标准必要专利许可费率不合理为由,将 IDC 诉讼至深圳市中级人民法院,请求法院判令其停止垄断行为,确定许可费率,并索赔 2000 万元[①]。2013 年 10 月 28 日,广东省高级人民法院先后对该系列案做出终审判决,判定 IDC 行为构成垄断,确定了专利许可费率,并支持了华为的索赔请求[②]。该案是中国首起针对知识产权滥用,尤其是标准必要专利引发的反垄断诉讼,以及提起相关反垄断调查的案件[③]。

该关联案的争议焦点集中在以下五个方面:①RAND 原则的适用范围;②相关市场的界定;③市场支配地位的界定;④滥用市场支配地位行为的认定;⑤专利许可费率问题。

通过审理,法院认定:在标准技术条件下,每一个标准的必要专利许可市场均是唯一和不可替代的。案件中,被告 IDC 对其所拥有全球 3G 标准必要专利具有不可替代性,符合我国《反垄断法》关于相关市场的界定。这种不可替代性,使得 IDC 具备阻碍或影响其他经营者进入市场的能力。而不进行任何实质性生产,以专利许可为经营模式,使得 IDC 拥有了控制华为使用其 3G 标准必要专利的价格、数量及其他交易条件的能力,具有本案相关市场支配地位。

IDC 公司给华为公司的许可费率是三星公司的近 10 倍,苹果公司的近百倍,且还要求免费实施华为的全部专利,构成过高定价和歧视定价的行为,明显违反 RAND 的行为。

---

① (2011)深中法知民初字第 857 号;(2011)深中法知民初字第 859 号。
② (2013)粤高法民三终字第 306 号;(2013)粤高法民三终字第 305 号。
③ 2013 年 5 月,华为公司向国家发改委举报 IDC 滥用市场支配地位,对华为等通信设备制造企业收取歧视性高价的专利许可费,请求启动反垄断调查。

3.4　专利的保护

3.4.1　专利的侵权救济

2008 年《专利法》第 60 条规定："未经专利权人许可,实施其专利,即侵犯其专利权,引起纠纷的,由当事人协商解决;不愿协商或者协商不成的,专利权人或者利害关系人可以向人民法院起诉,也可以请求管理专利工作的部门处理。"由此,专利侵权的救济主要有三种,即协商解决、司法救济、行政救济。其中,司法救济途径又包括民事救济、刑事救济两种。

(1) 协商解决。协商是所有民事纠纷中最常用,也是常常列为首选的救济途径。在协商不成,或者当事人一方拒绝协商解决时,可选择其他途径。

(2) 民事司法救济。专利权人或者利害关系人有证据证明专利权受到侵犯的,可以向人民法院提起诉讼。必要时还可向人民法院申请采取临时措施,即专利权人或者利害关系人有证据证明他人正在实施或者即将实施侵犯专利权的行为,如不及时制止将会使其合法权益受到难以弥补的损害的,可以在起诉前向人民法院申请采取责令停止有关行为的措施。受理一审专利纠纷的人民法院只能是省会所在地和最高人民法院指定的中级人民法院。

(3) 刑事司法救济。《专利法》第 63 条规定,假冒专利构成犯罪的,依法追究刑事责任。《刑法》第 216 条:假冒他人专利,情节严重的,处三年以下有期徒刑或者拘役,并处或者单处罚金。最高人民法院、最高人民检察院《关于办理侵犯知识产权刑事案件具体应用法律若干问题的解释》第 4 条规定,假冒他人专利,具有下列情形之一的,属于刑法第二百一十六条规定的"情节严重",应当以假冒专利罪判处三年以下有期徒刑或者拘役,并处或者单处罚金:

① 非法经营数额在二十万元以上或者违法所得数额在十万元以上的;

② 给专利权人造成直接经济损失五十万元以上的;

③ 假冒两项以上他人专利,非法经营数额在十万元以上或者违法所得数额在五万元以上的;

④ 其他情节严重的情形。

需要注意的是,刑事司法救济途径的选择并不排除民事救济。因此,对触犯刑事法律的专利犯罪行为,在追究了侵权人的刑事责任之外,权利人还可以追究其民事责任。

(4) 行政救济。未经专利权人许可实施其专利,即侵犯了其专利权。专利权人或者利害关系人可以请求管理专利工作的部门处理。进行处理的管理专利工作的部门应当事人的请求,可以就侵犯专利权的赔偿数额进行调解。

　　管理专利工作的部门,是指由省、自治区、直辖市人民政府以及专利管理工作量大又有实际处理能力的设区的市人民政府设立的管理专利工作的部门。

　　除《专利法》第 60 条的规定外,管理专利工作的部门应当事人请求,可以对下列专利纠纷进行调解:①专利申请权和专利权归属纠纷;②发明人、设计人资格纠纷;③职务发明创造的发明人、设计人的奖励和报酬纠纷;④在发明专利申请公布后专利权授予前使用发明而未支付适当费用的纠纷;⑤其他专利纠纷。

　　对于管理专利工作的部门的处理结果,当事人不服的,可以自收到处理通知之日起15 日内,以作出行政决定的专利管理工作部门为被告,向人民法院提起行政起诉。侵权人期满不起诉又不停止侵权行为的,管理专利工作的部门可以申请人民法院强制执行。进行处理的管理专利工作的部门应当事人的请求,可以就侵犯专利权的赔偿数额进行调解;调解不成的,当事人可以向人民法院提起民事诉讼。

3.4.2　专利的行政保护

1. 专利行政保护概述

　　专利行政保护是指国务院专利行政部门及地方专利工作部门依据法律规定,运用法定职权,通过法定程序,采用行政手段对专利权的确认、管理、争议解决及侵权纠纷查处等方面实施的法律保护。[①]

　　专利行政保护的行政执法范围主要包括:专利侵权纠纷的行政处理、专利纠纷的行政调解、专利违法行为的行政查处等。与司法保护相比,专利行政保护具有主动灵活、及时有效、手段多样等特点。专利行政保护拓宽了专利权人的救济途径,是我国专利保护制度体系的重要组成部分。专利行政保护制度在加强专利保护、打击专利侵权、调处专利纠纷等方面能起到积极的作用。

　　需要注意的是,行政机关的专利行政保护可以对专利权实施的事前、事中、事后提供全面的法律救济,而不仅仅局限于专利权遭受侵害之后才依申请或职权进行救济。

2. 司法救济与行政救济途径的区别

　　通常,专利权一旦遭受侵害,权利人就面临救济途径的选择。在选择救济途径之前,权利人应先了解两种救济途径间的差异。概括而言,司法保护与行政保护之间的区别主要体现在以下五个方面:

　　(1)性质不同。行政保护虽然也可以通过权利人申请而启动,但它更多是一种基于行政职权而主动采取的措施;司法保护一般则是由权利人根据诉讼法的规定向司法机关寻求法律救济而启动的保护,遵循"不告不理"的原则。

　　(2)效率不同。行政处理具有主动性的优势,简便、快捷、高效;而法院则实行"不告

---

　　① 崔显芳. 我国专利行政保护制度研究[D]. 济南:山东大学硕士学位论文,2013:2.

不理"，当事人必须做好充分的诉前准备，否则将会面临证据不足的尴尬。行政保护更讲求效率，措施比较直接、迅速、有力，程序也相对简单；司法保护追求的目标是公正与效率的统一，程序完善，但诉讼周期相对较长。专利司法保护存在举证难、周期长和赔偿低、效果差等突出问题，专利诉讼面临"赢了官司，输了市场""赢了官司，赔了钱"等不正常现象。

（3）措施不同。专利行政保护的措施主要包括责令停止侵权、查封、扣押等行政强制措施，罚款、没收违法所得等行政处罚，以及对赔偿数额的行政调解等。司法保护则包括专利权的民事救济、行政救济和刑事救济，使侵权、违法主体承担民事责任、行政责任或刑事责任。民事责任的形式包括停止侵权、消除影响、赔礼道歉、赔偿损失等，行政责任的形式包括撤销、变更具体行政行为和履行法定职责等，刑事责任的形式包括拘役、有期徒刑、罚金等。

（4）裁决效力不同。行政救济中，专利管理机关在处理专利侵权时，虽然有权责令侵权人停止侵权行为，并赔偿损失，但这种处理并非终局的，只要当事人中专利权人或被控侵权人有任何一方不服的，均可在收到专利行政处理决定之日起三个月内向人民法院起诉。只有当双方当事人对专利局的处理决定表示接受或者在规定的起诉期间内没有到法院起诉，该处理决定才算具有法律效力；法院对专利侵权的判决是终局的，其他任何机关不能改变这种判决。

（5）后续救济机会不同。如果权利人经过行政救济后仍不满足，还可寻求司法保护，即专利纠纷的行政处理不排除寻求司法的后续救济机会。权利人也可以直接寻求司法保护，但是司法保护是终局的救济途径，不允许权利人因为对司法救济不满意，反过来再寻求行政保护。

3. 专利行政保护选择的策略

企业应当根据自身和案件具体情况来选择适合自己的救济途径，某些情况下还可以考虑不同途径组合利用。通常来说，若专利纠纷双方熟识，在未能达成协商一致意见的情况下，可申请专利行政机关介入调解；若企业以获得专利侵权赔偿为目的，则主要还是寻求司法救济；若案情简单，想快速制止侵权行为保护市场不被侵权，则行政救济是较佳选择；在某些情况下，若关键证据已锁定但难以取得，可提供相关信息，通过行政救济途径，请求专利管理部门主动收集证据材料，再考虑是否提起专利侵权诉讼。

3.4.3　专利涉诉的侵权抗辩

在司法程序中，请求和抗辩是诉讼的两大主题。请求是"矛"，抗辩是"盾"。"矛"与"盾"对抗，胜者胜诉。在给予专利权人一定范围垄断权利的同时，《专利法》及相关法律还设置了例外制度，限制专利权人的权力行使，赋予社会公众和其他竞争者以自由，使权利人和社会公众之间取得平衡，以更好地发挥专利制度的激励创新，促进科学进步和社会发展的作用。这些例外和限制就是"盾",在侵犯专利权诉讼中体现为被告的抗辩。[①]

　　司法实践中所谓的抗辩,是指诉讼中被告主张原告诉讼请求不成立或不完全成立,从而免除或减轻其民事责任的一种防御性手段。具体有以下几种形式。

　　(1)非生产经营目的抗辩。非生产经营目的抗辩是依据《专利法》第 11 条所规定的侵权行为构成要件而提起的抗辩。北京市高级人民法院制定的《专利侵权判定指南》第 118 条规定:"任何单位或个人非生产经营目的的制造、使用、进口专利产品的,不构成侵犯专利权。"此外,非生产经营目的的抗辩适用的主体包括单位和个人;非生产经营目的的抗辩适用制造、使用、进口专利产品的行为,不适用销售和许诺销售行为。单位主张非生产经营目的免责抗辩,应仅限于纯粹为公共服务、公益事业和慈善事业等,且不能从中直接或间接获得任何经济利益。[②]

　　(2)现有技术抗辩。现有技术抗辩也叫公知技术抗辩,是指在专利侵权纠纷中,被控侵权人有证据证明其实施的技术或者设计属于现有技术或者现有设计的,不构成侵犯专利权。

　　(3)不视为侵权的抗辩。实施的行为属于《专利法》第 69 条规定的情形,具体包括以下五种情形:①权利用尽抗辩。专利产品或者依照专利方法直接获得的产品,由专利权人或者经其许可的单位、个人售出后,使用、许诺销售、销售、进口该产品的,不构成侵权。②先用权抗辩。在专利申请日前已经制造相同产品、使用相同方法或者已经做好制造、使用的必要准备,并且仅在原有范围内继续制造、使用的,不构成侵权。③临时过境抗辩。临时通过中国领陆、领水、领空的外国运输工具,依照其所属国同中国签订的协议或共同参加的国际条约,或者依照互惠原则,为运输工具自身需要而在其装置和设备中使用有关专利的,不构成侵权。④科学实验目的的抗辩。专为科学研究和实验而使用有关专利的,不构成侵权。⑤医药行政审批抗辩。为提供行政审批所需要的信息,制造、使用、进口专利药品或者专利医疗器械的,以及专门为其制造、进口专利药品或者专利医疗器械的,不构成侵权。

　　(4)禁止后悔原则抗辩。禁止反悔原则是指,申请人在与专利局或专利复审委员会之间往来的文件中已经确认为已有技术的内容,或明确表示放弃请求保护的技术内容,在以后指控他人侵权时不得反悔。如果专利权人反悔,将已经认可不属于其权利要求保护的技术内容扩大解释为属于其专利保护的内容,将得不到法院支持。

　　(5)专利无效抗辩。权利存在是侵权诉讼的前提。由于实用新型与外观设计专利授权均不作实质审查,发明专利授予中的实质审查基于检索资料和审查员自身知识的局限性也难以保证没有错漏,专利无效成为专利侵权诉讼中最常用的抗辩事由。

　　(6)诉讼时效抗辩。侵犯专利权的诉讼时效为 2 年,自专利权人或者利害关系人得知或者应当得知侵权行为之日起计算。被告可以专利权人行使权利超过诉讼时效为由

[①]　北京市第一中级人民法院. 侵犯专利权抗辩事由[M]. 北京:知识产权出版社,2011.

[②]　祝建军. 专利纠纷中"非生产经营目的"免责抗辩成立的条件[N]. 人民法院报,2014-07-23.

提起抗辩。被告基于连续并正在实施的专利侵权行为已超过诉讼时效进行抗辩的,法院可根据原告的请求判令被控侵权人停止侵权,但侵权损害赔偿数额应当自原告向人民法院起诉之日起向前推算 2 年计算。

此外,司法实践中还有专利权懈怠或滥用抗辩、善意侵权抗辩、合同抗辩等。

3.4.4 专利纠纷的和解

通过诉讼或行政处理的方式解决专利侵权纠纷往往耗时耗资,这些纠纷解决机制也在一定程度上浪费了紧缺的司法资源和行政资源。专利诉讼有时也会对企业,尤其是对大型跨国企业的商业信誉带来比较大的影响,因此当事人也希望能够在诉讼解决的方式之外找到一种比较公平、合理和花费更省的纠纷解决替代方式。在知识产权保护水平较高的欧美等西方国家,有统计资料显示 80% 的专利侵权案件是通过和解谈判方式解决的。

专利争议一旦发生,当事双方各执己见,进入诉讼阶段更是剑拔弩张,各有诉求。但是,面对瞬息万变的市场,对企业而言,"时间就是金钱,效率就是生命"。既要追求诉讼效果,更要考虑诉讼效率。因此,面对专利纠纷,首先是和解的必要性,其次是和解的方法。前者是原则性问题,后者则是技术性问题。

选择以和平的方式解决专利争议的原因主要在于:

(1)商业竞争中,专利诉讼只是一个市场策略,目的在于以尽可能小的代价,获得尽可能多的利益。然而,专利争议一旦走上法庭,无论是对于原告,还是被告,胜算都可能难以预料,双方都存在败诉的风险。借侵权诉讼施压强迫我国企业接受专利许可,而这又是以巨额许可使用费为代价的。

(2)诉讼成本高昂。在国际竞争中,一些跨国企业经常通过在世界各地多个法院提起诉讼,或者利用专利制度上的一些规则拖延诉讼,企图利用高额的诉讼费和律师费拖垮我国企业,这往往让我国实力有限的中小型企业吃不消。

(3)诉讼周期冗长、程序复杂,一定程度上会影响企业正常的生产经营。

因此,当事双方能够以和平的方式解决专利争议,依赖的是通过谈判在彼此之间寻求利益的平衡点,达到双赢的效果。

 专栏

典 型 案 例

2002 年 9 月 16 日,深圳朗科公司起诉华旗等闪存盘厂商侵犯其"用于数据处理系统的快闪电子式外存储方法及其装置"的专利权。2004 年 6 月 1 日,深圳中院一审判决华旗等厂商赔偿朗科 100 万元人民币,并停止销售闪存盘产品。华旗不服一审判决,提起专利权无效。在此后的 2 年内,双方又经历了二审拉锯战。这场沸沸扬扬达 4 年之久的"中国 IT 知识产权第一案",最终于 2006 年 7 月达成和解。

3.5　专利布局与专利挖掘

3.5.1　专利布局及策略

1. 专利布局概述

专利布局是指企业综合利用产业、市场和法律等信息,从时间、地域、技术和产品等维度对专利进行有机结合,构建严密高效的专利保护网,最终形成对企业有利格局的专利组合。专利布局是专利战略思想的体现和延伸,是为达到特定战略目标而有意识、有目的的专利组合过程。专利布局的总体目的是构建符合企业自身需求的专利组合,从而获得特定领域的专利竞争优势,为企业自身发展战略和商业模式形成强有力的支撑。

(1) 专利布局的类型

根据技术来源以及战略动机的不同,可将专利布局大致归纳为三类:围绕企业自身的技术创新活动和成果开展的保护型专利布局、针对竞争对手的技术创新活动和成果开展的进攻型专利布局、面向未来技术更新和市场竞争的储备型专利布局。[①]

根据专利的视角和组合形态的不同,可将专利布局分为:基于专利的技术组合形态的专利创造布局、基于专利的权利组合形态的专利保护布局、基于专利的资产组合形态的专利资产布局、基于外部营收组合的专利应用布局。[②]

(2) 专利布局的原则及事项

专利布局服务于企业的发展战略,以维护、巩固和提高企业的竞争力。部署专利布局,首当其冲的是对企业的技术和产品进行全球范围内的专利检索和分析,了解技术发展状况和竞争对手的专利情报,确定自己的技术和产品在该领域所处的客观位置,与现有技术的相近度和差异性。此外,企业的专利布局还需注意两个方面:其一,围绕企业的发展规划确定专利布局总体方向和目标;其二,了解企业的产品或技术在本地和相关地域市场中的详细状况、市场的竞争环境和发展方向、竞争对手的市场状况等信息,来确定各产品、技术以及不同地域的专利布局的策略和防御对象。

专利布局应遵循八大基本原则:目的性、前瞻性、实效性、针对性、匹配性、价值性、体系性、策略性。[③]

企业进行专利布局通常主要涉及知识产权管理部门、技术研发部门、市场部门和公司管理层。其中,知识产权管理部门在整个专利布局过程中起着重要的主导和推动作用。

---

① 何春晖. 专利布局的策略[N]. 经济日报,2014-08-02.

② 王加莹. 专利布局和标准运营——全球化环境下企业的创新突围之道[M]. 北京:知识产权出版社,2014:57.

③ 马天旗. 专利布局[M]. 北京:知识产权出版社,2016:2-7.

2. 专利布局策略

（1）专利网布局策略

专利网是指以根据主导技术申请的基本专利为核心,各种应用改进型的外围专利纵横交错所形成的对某一产品领域的保护网。专利网扩大了对本企业产品和市场的保护范围,使竞争对手在这一领域丧失活动空间,从而避免了竞争对手在同一产品及类似产品中对自己的直接威胁。采用这种布局,往往需要进行充分的专利挖掘,从而获得大量的专利,将实现技术目标的所有技术解决方案全部申请专利,形成牢固的专利网,从而阻止竞争者进入。一旦竞争者进入,还可以通过专利诉讼等方式将其赶出自己的保护区。

 专栏

典 型 案 例

连接器是电子设备中常用,价格不高但利润不菲的小部件。针对这个价格仅约 2 美元的连接器,富士康公司投入大量的人力与财力,进行深入持续的研发与挖掘,并先后申请了 8000 余项专利,在连接器这一核心产品和技术领域构建起密不透风的专利防护网。

（2）外围专利网布局策略

外围专利网布局策略又称为"木桩篱笆策略",是指围绕竞争对手的基础或核心专利,申请多个应用型专利,以阻碍竞争对手专利的商业化应用,迫使对手接受专利交叉授权。这种专利布局策略因需要大量的专利申请作支撑,因此往往为具有一定规模的企业所采用。日本企业尤为擅长外围专利网布局策略,其 LED（发光二极管）产业为典型代表。

 专栏

典 型 案 例

国内某公司曾开发出具有自主知识产权的,且能替代国际巨头同类产品的高性能芳砜纶纤维。该国内公司就技术申请了基础专利。但是,国外竞争对手公司根据跟踪的技术情报,针对该纤维的下游产品抢先研发并申请了十几件外围专利进行包绕。这些外围专利的内容均从该纤维的基础原料出发,与下游厂商常用的材料混合,形成阻燃、过滤、绝缘等材料,使得下游厂家权衡了侵权风险和成本后纷纷去购买该国外公司的类似产品。[①]

---

① 现实版的专利围剿——专利价值的重新认知[EB/OL]. 优智博知识产权网,2013-10-24.

（3）专利与产品组合布局策略

专利与产品组合布局策略是指专利权人许可他人使用本企业的专利时，要求他人必须同时购买自己的专利产品，借以扩大本企业的产品销售量，提高企业竞争地位的策略。此策略主要适用于核心技术比较强，研发能力比较强，且在对方购买专利时处于优势地位，被购买的专利价值对于被购买者拥有更大的价值。

专栏

典 型 案 例

美国高通公司在通信领域，有着长期的创新积累，专利数量已经达到 13 万多件，并且在 CDMA（码分多地）相关技术标准中拥有大量标准必要专利（standard essential patent，SEP）。凭借自身在 CDMA 相关技术标准上所拥有的领先地位和绝对优势，高通公司独创性地推行"专利＋芯片/软件销售"这一捆绑授权模式搭售芯片和软件。

（4）"声东击西"专利布局策略

"声东击西"策略的动机是不想让竞争对手锁定自己的技术研发重点，目的是干扰竞争对手的注意力。

"声东击西"策略的常见做法有：①在主要产品技术以外的领域申请一个或系列专利，误导竞争对手，使竞争者难以洞悉己方真正的技术发展方向，达到声东击西的目的。②有些专利选择提前公开，有些专利不提前公开，而提前公开的发明，却迟迟不提出实质性审查请求，让竞争对手无法分辨自己的研发方向。这种策略在大公司研究和经营战略方面时有所见。

上述几种专利布局策略并未囊括所有类型，且各种基本布局策略之间可以进行各种组合或变形，从而形成功能更强大的专利组合布局。优秀的专利布局应该具备两个功能：其一，防护自身的专利权或非专利技术不受侵犯；其二，成为攻击竞争对手的武器。

3.5.2　专利挖掘

1. 专利挖掘概述

专利挖掘（patent mining）是指对研发过程中所取得的成果进行技术和法律层面的剖析和甄选，进而从最合理的权利保护角度确定用以申请专利的技术创新点和技术方案的过程。简而言之，专利挖掘是指根据特定需求产生的创新点而形成专利申请的过程。

专利挖掘的价值在于：①避免研发成果出现专利保护的漏洞，帮助形成对技术成果进行保护的全面、充分、有效的专利组合；②将专利保护的范围延伸到所有具有专利申请价值的技术点上，并将其权利要求保护范围最大化，进而站在专利整体布局的高度将专利布局的思维落实成具体的具有战略意义的严密的专利网;③是应对竞争对手核心专利、增加有价值专利资源储备继而提高企业自身专利风险语境和应对能力的关键技术手段。[①]

专利挖掘过程中应当既考虑到技术创新点本身,又考虑到技术创新点在产业链、技术链上的地位、作用和价值和技术的上下游,才能真正做到"见树又见林"。对于专利挖掘所形成的多个创新技术点,应在确认其功能、层次定位的基础上采取不同申请策略和维护管理策略。

专利挖掘遵循的基本原则有:①聚焦于现有技术的差异点;②同步或紧跟产品研发进度;③追求研发成果的价值最大化,力求"多、快、好、省"。专利挖掘过程中涉及的基础性工作主要包括:基于专利检索的现有技术分析、目标产品分解比对、专利布局。

2. 专利挖掘与专利布局的区别与联系

(1)专利挖掘与专利布局的区别

专利挖掘与专利布局的最大差别在于工作重心不同。专利挖掘不仅仅是技术人员(或发明人)凭借其朴素的意识自发地提出专利申请,而是专利人员和技术人员主动发现、挖掘出更多的可以或适合申请专利的技术点;其主要针对专利的产生过程,更多体现为从法律和技术的双重视角挖掘可专利点。

专利布局则是通过合理、有目的的设计和规划,构建系统化的、有组织的、更强大、更具有竞争力的专利组合;其强调的是支撑和服务于商业竞争需要和商业竞争布局的专利部署,是专利组合的构建。

(2)专利挖掘与专利布局的联系

专利挖掘与专利布局又紧密联系,二者互为表里,相辅相成。在进行专利挖掘时需要带有专利布局的思维。在专利挖掘过程中,除了要基于专利制度从技术和法律的角度多加考虑外,还要融合企业的经营战略。例如,为应对未来专利诉讼的风险而针对性地挖掘防御性专利。有时,还需要根据专利挖掘的实际结果,重新调整专利布局的规划。在制定专利布局策略时,往往需要考虑自身的技术实力和专利挖掘能力;在进行专利挖掘时,需要根据已经制定的专利布局策略把握专利挖掘的方向和重心。

3. 专利挖掘的类型及主要工具

(1)专利挖掘的类型

专利挖掘的主要类型如下。

① 基于自主研发的专利挖掘。主要包括:基于研发产品的专利挖掘、围绕创新点的专利挖掘、面向技术改进的专利挖掘、面向技术标准构建的专利挖掘。

② 基于现有技术的专利挖掘。主要包括:完善组合型专利挖掘、规避设计型专利挖

---

① 马天旗. 专利挖掘[M]. 北京:知识产权出版社,2016.

掘、包绕竞争对手型专利挖掘。

（2）专利挖掘的主要工具

专利挖掘的主要工具如下。

① 专利地图。专利分析对专利布局和挖掘起到重要的支撑作用。专利地图作为专利情报分析的可视化结果，对指导专利挖掘具有先天优势和重要意义。通过专利地图可以了解技术趋势、技术分支、技术关系等状况，有助于确定挖掘方向、启发挖掘思路、激发新的创意、规避专利侵权、提高研发技术的质量，从而发现新的技术领域和技术手段，也可以发现在技术相对密集的领域的技术发展机会点，以及可以对现有技术进行改进的领域，最终促进创新活动，推进技术研发并转化成相应专利成果。[①]

专利挖掘的主体是研发人员，专利技术地图在专利挖掘中应用广泛。专利技术功效矩阵图和专利技术生命周期图是专利挖掘中常用的专利技术地图。其中，专利技术功效矩阵图可以作为技术创新的入口，在专利挖掘实际操作中，应当考虑技术密集区、稀疏区、空白区不同的特点选择不同的挖掘策略，各个区域在专利技术功效矩阵图上的表现形式、区域特点以及相应的专利挖掘策略如表 3-3 所示。[②]

表 3-3　基于技术功效矩阵图的专利挖掘策略

	表 现 形 式	区 域 特 点	相应的专利挖掘策略
技术密集区	气泡面积较大	技术相对比较成熟，技术雷区多，技术创新或改进较困难	寻找适当的研究空间，并在已有专利的基础上采取规避设计，形成新的技术方案
技术稀疏区	气泡面积较小	技术处于发展阶段，专利数量比较少。相比技术密集区，该区域较为安全	（1）改进已有专利，寻求进一步的研发空间 （2）积极创新，从实现该区域目标功效出发，设计新的技术方案，尽早在该区域形成主导之势
技术空白区	气泡面积非常小或无	研发空间较大，但是需要投入的研发成本以及遇到技术瓶颈的可能性也相对较大	（1）大胆地尝试利用或改进该区域的相关技术，以实现相关功效 （2）研发前要仔细分析其实现的可能性、技术瓶颈及市场前景等实际问题

此外，为了评估所挖掘的技术的专利性，或者对专利做深度挖掘，也常常用到专利权利地图，例如专利范围构成要件图、权利范围矩阵分析图、权利要求矩阵功效分析图等。

② 基于 TRIZ 理论。TRIZ 理论是一种发明问题解决理论（Theory of Inventive Problem Solving）[③]，在欧美国家也可缩写为 TIPS。TRIZ 理论是发明创造、解决技术难

---

① 王兴旺，等.国内外专利地图技术应用比较研究[J].情报杂志，2007(8)：113.

② 马天旗.专利挖掘[M].北京：知识产权出版社，2016：48.

③ TRIZ 理论是由苏联发明家阿利赫舒列尔（G. S. Altshuller）于 1946 年创立的，Altshuller 也因此被尊称为 TRIZ 之父。TRIZ 由俄语名称的英译 Teoriya Resheniya Izobreatatelskikh Zadatch 缩写而成。

题遵循的科学方法和法则。现代 TRIZ 理论是一套包括创新思维与问题分析方法、技术系统进化法则、技术矛盾解决原理、技术矛盾矩阵、创新问题标准解法、发明问题解决算法（ARIZ）、40 条发明原理、39 个通用工程参数等在内的理论体系。

专利挖掘本质上是一种技术创新活动，其核心在于如何在现有技术中发现新的技术问题并加以解决，最终获得新的技术创新点。TRIZ 理论是专利挖掘的重要工具之一，其强大作用在于为人们创造性地发现和解决问题提供了一套系统的理论和方法工具。

专利挖掘时，TRIZ 理论的 40 条发明原理可以给出丰富的实施方式的启示，有助于发明人从产品研发中单一实施方式中挖掘出多个实施方式，对发明构思提供更为全面的保护。[①] TRIZ 理论的技术矛盾矩阵能较好地帮助解决设计过程中发明原理选择的问题，继而提出技术构想。

专利地图与 TRIZ 理论都是专利挖掘的重要工具，但是二者在专利挖掘应用中的侧重点又各有不同。专利地图侧重从宏观角度挖掘现有专利技术信息，指明技术发展趋势；TRIZ 理论侧重从微观角度在对技术难题进行系统分析的基础上进行创新，针对不同的矛盾类型采用不同的解决工具。二者作为技术创新的有效工具，在创新实践中可以互为补充，相互结合起来运用，从而大大提高专利挖掘的效率。

③ 创新技法。创新技法就是创造学家根据创新思维的发展规律而总结出来的一些原理、技巧和方法。创造技法就是人们根据创造原理解决发明创造问题的创意，是促使发明创造活动完成的具体方法和实施技巧。它是创造原理融会贯通以及具体运用的结果。创新技法一般遵循的法则有：迁移、组合、分离、还原。

具体到创新实践中，创新技法主要包括：建立在发散思维的基础上的移植法、侧向法；运用集中思维创造出来的发明创造的方法，包括强制联想法、相关树法；通过归纳总结出来的缺点列举、希望列举等各种列举法；运用类比思维的联想类比法、等价变换法；运用分析思维的形态分析法、功能抽象分析法、网络分析法、系统合成分析法等技法；把多个因素组合起来的性能组合法、现象组合法等。[②] 除了上述专利挖掘工具或方法外，还有头脑风暴等方法。

3.5.3　企业专利布局与专利挖掘的制度管理

对于企业而言，专利布局与专利挖掘是一项系统工程，需要企业在专利管理工作中付出深入、持久的努力，构建起完整、有效的制度体系支撑。其中，合理的发明奖励制度、高效的内部审查机制、科学的内部专利评级制度都是企业专布局与专利挖掘数量与质量的制度保障。

---

① 　马天旗. 专利挖掘[M]. 北京：知识产权出版社，2016：32-33.
② 　曹成伟，刘荆洪，贺亚茹. 技能型人才创造品格与素质培养[M]. 海口：南海出版公司，2009.

1. 合理的发明奖励制度

企业研发管理绩效中通常有两种驱动方式：一种是压力驱动；另一种是激励驱动。尽管都能起到驱动作用，但是两者产生的技术成果和专利质量却可能有质的差异。只有激发起了发明人创新的热情，让其很热情很主动地去想，这样的专利挖掘才能事半功倍，创新的点子才能源源不断。问渠哪得清如许，为有源头活水来。发明人的创新的热情，就是那源源不断的活水。

发明奖励制度可贯穿研发工作的过程以及专利申请审批流程，一般包括提案奖、申请奖、授权奖、实施奖。

提案奖，是指研发人员提出一些技术提案，其中有一些是值得和适合申请专利的，也会有一些不值得或者不适合申请专利，不论最终是否申请专利，只要公司认为有价值的提案，都可以发提案奖。这个奖是鼓励性质，金额在几百元即可。

申请奖，是指研发人员的提案，公司认为有必要申请专利的，当专利申请完成后，公司给予发明人奖励。

授权奖，是指专利被授权之后，公司给予发明人奖励。因为专利达到法律规定的授权条件之后才能被授权，一旦被授权则可以证明这个专利有一定的技术价值，也获得了国家授予的独占的法律权利，所以授权奖的金额应该比申请奖要高；而发明的审查比实用新型、外观设计更加严格，授权标准更高，所以发明专利权的奖励金额也应该比实用新型专利、外观设计专利的金额要高。

实施奖，就是指授权的专利被付诸实施后，无论是自行实施，还是许可或转让给他人实施，都为企业带来了经济效益，企业应该给予发明人一定额度的奖励。考虑到能够实施的专利技术为企业带来的经济贡献，实施奖一般比授权奖更高。

企业发明奖励制度通常应包含科学合理的审查程序、奖励标准、奖励支付等具体机制保障。

专栏

典 型 案 例

IBM 公司为激励公司员工进行发明创造，设立了累积计分制的奖励方法，即对申请专利的发明人给予计分，1 项专利为 3 点，同时可获 1200 美元奖励；点数累计达 12点，再加 1200 美元奖励。发明人若是第一次申请即获得专利，即可获首次申请奖，奖金为 1500 美元。此外，公司每年举办一次盛大的科技发明奖颁奖仪式，100 名获奖员工将分享 300 万美元的奖金；IBM 总裁亲自颁奖，在精神和物质上鼓励发明者。仪式后，发明者可以度假 3～4 天，费用全部由公司承担。①

---

① 跨国企业（IBM、日立、西门子）知识产权管理经验分享［EB/OL］. http://www.sohu.com/a/135775756_747770.

2. 高效的内部审查机制

企业内部审查机制的运行主要围绕以下三大与专利相关的决策事项：①一个专利提案是否要申请专利；②一项专利权是否要放弃维持；③一项专利权是否进行对外许可或转让。

对企业而言，一套高效的内部审查机制可以起到以下几个层面的作用：①过滤功能，即把一些不具有专利价值的专利申请提案过滤掉。②导向功能，即内部审查机制既能有效贯彻公司专利政策，又能指引公司未来技术发展方向、专利布局重点。这些对研发部门和知识产权管理部门而言，是一种重要的导向，影响专利挖掘和专利布局的方向。③激励功能，即通过公司内部专家的客观评审，给予发明人及时的肯定，能提高发明人的积极性，同时也对整个研发团队起到一定的积极影响。

企业内部审查机制的建立，应注意评审专家结构的合理性、评审程序的效率性。评审专家应基本囊括企业内部技术研发、技术或经营战略、知识产权方面的专业人士，管理层级和专业能力要能够支撑审查决策。最好是能够吸收公司的决策层参与进来，管理层级越高，对推动专利挖掘和布局越有利，最好是熟悉公司运营策略的技术高管。只有在熟悉公司的运营策略的前提下，他才能审查某一个技术创新是否符合公司的运营策略或技术发展策略，才能够发挥专利挖掘与布局的导向作用。[①]

3. 科学的内部专利评级制度

内部专利评级制度是一个工具性的制度。一套科学合理，且较好地结合了企业的技术发展战略和运营战略的专利等级标准及制度，会对企业的专利挖掘和专利布局产生积极的、导向性的影响。

企业一般都有自己的发展策略，甚至在不同的阶段有不同的发展策略。专利的重要性只有结合企业的技术发展战略和运营战略才能有效判断。不同的技术方案需要不同的专利申请、维持和使用策略，需要投入不同的精力和成本进行管理。如果不分等级标准，必然会使某些重要的专利得不到有效的经营管理，且盲目增加管理成本。

企业通过内部专利评级制度，依据重要程度对专利进行评级，并根据专利等级对其进行战略性的管理，甚至可根据等级标准在某些重要的技术领域进行专利提案的重点挖掘。

专利评级的目的在于根据专利价值实施专利分级管理和运营。从风险管理的角度看，专利的价值区分也能够让专利管理者准确识别技术的市场前景和专利的经济价值，避免企业把不该许可、转让的核心技术授权给他人，或者把具有较高价值的专利，以不合理的低价许可或转让给他人。

此外，设立内部专利评级制度能对内部评审所带来的主观因素影响起到一定的规避作用。

---

① 房平木. 企业专利挖掘与专利布局[EB/OL]. http://bbs.mysipo.com/thread-83371-1-1.html.

专栏

日立公司的内部专利评级制度

　　日立公司是一家全球 500 强的日本企业。作为企业商业战略的重要支撑,日立公司较早建立起了一套筛选战略性发明的专利评级制度。日立公司的专利申请分为 A 到 E 的五个等级。A 级战略性专利(strategic patent),是指那些基础的、必要的,处于前沿领域的,原则上在将来的技术和产品上不容易被规避的技术发明。这些发明会被给予最高优先级别的申请程序,准备更为周详的申请文件,优先启动执行海外申请的审查等。日立公司还进一步将 A 级战略性专利划分为黄金、白银、青铜三个细分等级。

　　除了 A 级战略性专利外,依次还有:比较重要的 B 级基础专利(basic patent);具有相对竞争优势的 C 级一般专利(regular patent);具有一定市场前景且有一定规避难度的 D 级公共专利(public patent);容易被规避且与现有技术差别不大的 E 级推迟申请专利(deferred patent applications)。

　　凭借建立在专利评级制度上的科学高效的专利资产管理机制,日立公司不仅改进优化了公司的专利资产,而且也获得了丰厚的专利回报。①

 复习思考题

　　1. 发明和实用新型专利保护的客体有何不同?

　　2. 发明、实用新型、外观设计专利权人各享有哪些权利?

　　3. 发明或实用新型专利申请在进行新颖性和创新性判断时,要比对的技术范围有哪些不同?

　　4. 主要利用本单位物质技术条件所完成的发明创造是否可以约定权利归属?

　　5. 专利实施许可合同的类型及其特点是什么?

　　6. 专利侵权抗辩的理由有哪些?

　　7. 专利布局策略有哪些?

　　8. 企业专利挖掘与专利布局中应建立哪些管理制度?

拓展案例

---

　　①　李瑞丰.从日立公司专利管理看专利分级[EB/OL]. http://www.sohu.com/a/162472336_740044,2017-08-05.

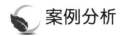 **案例分析**

简单的口罩不简单的专利管理：3M 公司的专利管理

2020 年伊始，一场突如其来的疫情让口罩成了最热门的"年货"。众多口罩中第一个就是 3M 公司的爆款产品 N95 防颗粒口罩。3M 公司生产的口罩，更是一"罩"难求，3M 公司也因此彻底走入大众视野。

3M 公司全称为明尼苏达矿务及制造业公司（Minnesota Mining and Manufacturing），创建于 1902 年，从开采矿砂和制造砂纸开始，逐步成长为涵盖工业、化工、电子、电气、通信、交通、汽车、航空、医疗、安全、建筑、文教办公、商业及家庭消费品等各个领域拥有 6 万多种产品的世界 500 强企业。3M 公司涉足 63 个行业，在全球 70 多个国家拥有分公司或实验室。

通过生产砂纸，3M 公司积攒了第一桶金，但他们并不满足。那个年代，美国最火热的产业是汽车制造业，3M 公司早早成立了一家实验室，经常派遣研究员去汽车厂实验新品，顺便收集厂商的需求。光是砂纸，3M 公司就为汽车厂商做了好多种，其中一种世界上首张防水研磨砂纸 Wetordry™ 在 3M 诞生并注册专利，这种防水砂纸，可以在水中使用，极大减少了空气粉尘对汽车饰面的摩擦，3M 公司在业内一炮而红。在蹲守汽车厂的过程中，3M 公司的研究员还发现了汽车上漆时很难覆盖零件，回公司报备之后，他们便全身心投入这个问题的研究，最终发明了胶带。然而，3M 没有停止创新的步伐，陆续发明了世界上第一款透明胶带、哑光胶带、医用防过敏胶带，甚至是第一款便利贴，并为它们申请了专利。直到今天，与胶相关的产品线仍是 3M 公司的利润支柱之一。

3M 公司发明的第一款款口罩是在 1967 年，用于车间防尘，这也是全世界首款用于防尘的口罩。带呼吸阀的 N95 颗粒物防护口罩是 3M 公司的核心产品，也是爆款产品。3M 公司在 2002 年 5 月 1 日在中国申请了名称为"呼吸阀"的发明专利（参见图 3-1），该专利有 23 个同族专利，分布在美国、英国、日本等世界主要国家。

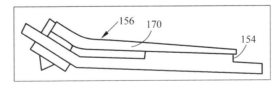

图 3-1　3M 公司口罩发明专利附图

结构这么简单的一个产品，在全世界 23 个国家或地区进行专利布局。不仅如此，3M 公司围绕这种口罩进行的专利布局还包括：核心部件呼吸阀发明专利申请，口罩外观，带呼吸阀的口罩实用新型专利，甚至可调节松紧带、鼻夹、可折叠结构、与脸部贴合紧密结构等部件或结构,这还不包括材料或工艺的专利布局。不仅如此,3M 公司很多专利在中国、美国、韩国、欧洲标注有许可、转让、无效或诉讼,也就是说,3M 公司对专利的运用非常熟练,申请专利后还充分发挥了专利的各种功能。

[案例解读]

3M 公司在专利挖掘、专利申请、专利布局方面等堪称企业专利管理典范。纵观 3M 公司的百年传奇历史,这家公司就像一台"挖掘机",对每一项产品进行充分的挖掘、改进、申请专利,最后成为这个领域的头号精英。面对市场竞争,专利的价值是通过有目的的战略布局和强有力的专利组合,构建起专利壁垒来实现。孤立的专利往往可能给竞争者的绕道设计留下空间。3M 公司依靠"捕捉新创意的火花,将其转化为成千上万种极富创意的新产品"的创新文化,把员工创意变成几十万个专利,用几十万个专利在世界各地编制出层层防护网做保障来开拓市场,才能靠一个口罩在中国年赚 300 亿元,列于世界 500 强之列。3M 公司在小产品上的专利布局策略值得国内中小企业学习。中小企业因为资金技术实力有限,品牌溢价很小,所以必须依靠专利保护来实现对市场的垄断,才能取得市场竞争的优势。

资料来源:

[1] 周善明,李曦,乔文龙,谢辉. 从 3M 公司口罩专利布局思考我国企业的创新与发展[J]. 中国发明与专利,2020(2):26-34.

[2] 专利老兵. 谈口罩不得不说的 3M 公司及其专利布局. https://mp. weixin. qq. com/s/kASsNsLyqpMy1XGwLZ3BBw.

[3] 阳光惠远和你聊知识产权. 挖矿起家,十万专利,百年历史,3M 不仅仅是一家口罩厂. https://zhuanlan. zhihu. com/p/107896072.

[案例讨论题]

1. 3M 公司的专利挖掘有哪些值得借鉴之处?

2. 结合 3M 公司的 N95 防护口罩专利情况讨论:企业专利申请应注意哪些方面?

3. 何为专利布局? 结合案例,谈谈 3M 公司的战略性专利布局有哪些值得借鉴之处?

第 4 章

商 标 管 理

本章要点

- 掌握企业商标管理工作中的主要内容
- 理解商标设计、获取、注册过程中策略的制定和实施
- 理解商标使用、许可和转让策略
- 理解驰名商标的特殊保护
- 理解商标运用策略

开篇案例

商标，作为整合而成的企业的综合品质而非这些标识符号本身，是一种不同于发明创造、作品等单元性智力成果的结构性智力成果。企业员工的非智力活动在工业化社会中都是相同的，无法使其所属企业在市场上被识别。商标权的客体是由各种标识符号承载的特定企业骨干乃至全体员工甚至几代员工的各种零散智力活动综合形成的。

商标绝不像有些人认为的那样，与马路上的单行线标志一样，仅仅是一种指示性标识。它是企业经营管理创新、资金投向创新、质量控制创新、广告宣传创新、经销策略创新等的综合反映与体现。即使作为某种标志，商标也至少是指示消费者去购买乃至反复购买某个或某些企业产品的标志。世界知识产权组织认为：正如专利保护与版权保护的作用是促进与激励发明及创造，商标保护的作用是促进与激励企业保持和提高企业的信誉。信誉对企业来讲是通过商标反映的；而信誉是企业的生命。

企业商标战略，是企业今天在国际国内竞争中应对竞争对手的知识产权战略和策略的重要部分。

资料来源：郑成思. 序一. //郭修申. 企业商标战略[M]. 北京：人民出版社，2006.

4.1　商标和商标权

专利隐患也许要过三五年才会显现,而商标隐患却转眼一瞬间。作为企业商誉载体及品牌法律化的体现,商标与品牌密切关联的意识已经深入人心。由于事关品牌形象、企业商誉,越来越多的企业将其视作核心资产,其受到重视的程度往往不亚于专利。商标权作为优化企业资源配置、维护市场竞争秩序的重要法律机制之一,其战略地位尤为突出。提升商标管理能力、实施商标战略是增强企业市场竞争能力的重要战略之一。本章从商标的概念、设计、功能和价值,到商标权的获得、使用、商业化利用和商标战略,围绕企业商标管理活动涉及的方方面面进行阐述。

4.1.1　商标概述

1. 商标的含义和特征

商标(trademark)是一种重要的商业性标识,是商品生产者或经营者、服务提供者所使用的,用以区别自己与他人生产、经营的同类或类似商品或服务的识别性标志。商标的构成主要包括文字、图形、字母、数字、三维标志、颜色组合以及声音。

《与贸易有关的知识产权协议》(Agreement on Trade-Related Aspects of Intellectual Property Rights,TRIPS)第 15 条第 1 款规定,"任何能够将一个企业的商品和服务与另一企业的商品和服务区别开来的标志或标志组合,均应能够构成商标。此种标志,尤其是包含有个人姓名的词、字母、数字、图形要素和色彩组合以及诸如此类的标志组合,应有资格注册为商标。若标志没有固有的能够区别有关商品及服务的特征,则各成员方可将其通过使用而得到的独特性作为或给予注册的依据。各成员方可要求标志在视觉上是可以感知的,以此作为注册的一项条件。"我国商标法规定[①],"任何能够将自然人、法人或者其他组织的商品与他人的商品区别开的标志,包括文字、图形、字母、数字、三维标志、颜色组合和声音等,以及上述要素的组合,均可以作为商标申请注册。"

商标作为一种具有指代功能的标志,具有以下特征:

(1)商标是商业活动中使用的标识。商标是工商业活动中用于指示商品或服务的标志。脱离了商品和服务,任何标志都不是商标。在社会生活的各个领域中,人们为不同的目的而使用的各种不同的标识,如国徽、路标、检验标识、荣誉标识、服务星级标识等,均不属于商标的范畴。

(2)商标是区分商品或者服务来源的标识。商标是经营者使用的标识,目的在于区分商品或者服务的来源。如果使用目的不是区分商品或服务的来源,则不属于商标。

---

① 《中华人民共和国商标法》(2013 年 8 月 30 日第三次修正),第 8 条。

（3）商标应具有显著性。商标的显著性是商标获得注册的基本条件，其要求同类或类似的商品或服务上的商标应有明显的区分，以便相关公众，如消费者在选购商品或服务时可以清晰地区分不同的商品或服务提供者，不至于产生混淆。换而言之，显著性是商标区分目的的必然要求。

2. 商标的功能

商标是商品生产与交换发展到一定程度的产物，从烙印在牲口上的作为所有权象征的标记、工匠在器具上留下的作为商品来源和质量保证的记号，到现代社会作为商品生产者或经营者创立商品信誉、开拓市场的重要工具，商标的发展经历了一个漫长的过程，商标的功能也在不断地扩展。

（1）标示来源

商标最原始最基本的功能在于标示同类或类似商品或服务的不同来源。不同生产经营或服务提供者使用不同的商标，便于消费者区分同类商品的不同来源。商标成为商标权人将自己的商品与他人的商品区分开来的重要途径，与此同时，商标的使用也大大降低了消费者搜索商品或服务的成本。

（2）保证品质

商标是商品质量的可靠指示器。同一商标标示着所代表的商品或服务具有稳定的、一贯的质量和品质。通过识别商标，消费者可以将过去获得的商品和服务使用体验运用于选择新的商品和服务，从而采购到符合自己预期质量的商品或服务。

（3）广告宣传

商标标志通常简洁明快、便于识别，是进行广告宣传的便利工具。商标是商誉的表征，消费者通过使用商品或服务，对其质量建立信任，将其商标口口相传，通过消费者之间的介绍广为人知。商家在广告宣传中突出使用商标，使消费者对商标产生好感并识别记忆，从而激发消费者购买欲，推动商品销售。通过不断地在广告宣传中使用商标，提升商品知名度，促使消费者反复消费同一品牌的商品或服务。

（4）彰显个性、传播企业文化

商标还可以具有独立于商品或服务的属于商标本身的价值，彰显商标本身的个性和文化。如英国劳斯莱斯公司通过长期的经营和宣传，将其商标塑造成为财富、名誉与优雅的身份象征，以至于当其 1998 年 3 月被德国公司收购时，英国报刊将其形容为"英国人把骄傲卖给了德国人"，可见该商标在彰显产品个性和传播企业文化中的价值，其上所承载的品牌的影响力有时甚至超出商品本身的价值。

3. 商标的类型

根据是否登记注册，可以将商标划分为注册商标和未注册商标。经商标局核准注册的商标为注册商标。注册商标和未注册商标都可以使用，一般而言，未注册商标的使用不得对抗注册商标，未注册商标一旦被他人注册便会被禁止使用。但是，2013 年商标法修订后确立了商标先用权制度①,即在商标注册人申请注册商标之前,未注册商标的在先使用人已经在同一种商品或者类似商品上先于商标注册人使用与注册商标相同或者近似并有一定影响的商标,在此种情况下,未注册商标的在先使用人有继续使用该商标的权利,注册商标专用权人无权禁止该未注册商标的在先使用人在原使用范围内继续使用该商标,但可以要求未注册商标使用人附加适当区别标识。

在我国,注册商标的类型主要包括商品商标、服务商标和集体商标、证明商标②。集体商标,是指以团体、协会或者其他组织名义注册,供该组织成员在商事活动中使用,以表明使用者在该组织中的成员资格的标志。证明商标,是指由对某种商品或者服务具有监督能力的组织所控制,而由该组织以外的单位或者个人使用于其商品或者服务,用以证明该商品或者服务的原产地、原料、制造方法、质量或者其他特定品质的标志。

4.1.2 商标权概述

1. 商标权的概念和性质

商标权是商标专用权的简称,是指商标主管机关依法授予商标所有人对其注册商标享有国家法律保护的专有权。商标注册人拥有依法支配其注册商标并禁止他人侵害的权利,包括商标注册人对其注册商标的排他使用权、收益权、处分权、续展权和禁止他人侵害的权利。

商标权属于知识产权中识别性标志一类,和创造性成果相比,保护商标专用权对于权利人而言其利益不在于闪现天才之火的发明创造或凝结心智的文献艺术创作,而是与工商业活动密切相关的商品经营者的市场利益和消费者权益。随着商标在经营中的使用,经营者对于商标的投资逐步增加,商标权的财产属性逐渐放大。商标权本身成为一种独立的财产,成为交易的对象。作为一种无形资产,商标权所具有的经济价值往往会远大于商品本身的价值。例如,"可口可乐""IBM"等商标的价值高达数百亿美元。

2. 商标法律制度的产生和发展

权利是法律所保护的一种利益,商标权作为一种私权受到法律的承认与保护始于资本主义时期,源于资本主义生产关系和商品经济一定程度的发展。

(1) 封建特许权时期

在商品经济初始发展时期,商标虽在某种程度上基本具备了标示商品来源和质量的识别功能,但在很长一段历史时期商标保护问题反映的仅仅是国家行政管理或行会控制的需要。我国与商标保护有关的最早记载《唐律疏议》中的"物勒工名,以考其诚,功有不

---

① 《中华人民共和国商标法》(2013 年 8 月 30 日第三次修正)第 59 条第 3 款:"商标注册人申请商标注册前,他人已经在同一种商品或者类似商品上先于商标注册人使用与注册商标相同或者近似并有一定影响的商标的,注册商标专用权人无权禁止该使用人在原使用范围内继续使用该商标,但可以要求其附加适当区别标识。"

② 《中华人民共和国商标法》(2013 年 8 月 30 日第三次修正),第 3 条。

当,必行其罪"的规定就体现了这种需要,它是国家强制管理中方便追究生产者制造的物品瑕疵责任的要求。而西方最早的"商标保护"记载可以追溯至 1266 年英国颁布的《面包师强制标志法》和 1300 年英国颁布的一道法令,规定由金匠加工的全部金子,不仅要印上制造者的印记,而且要印上政府规定的证明金子纯度的符号,若有违反则可能获罪。从这些规定来看,虽然当时规定有"商标"的使用及其违反规定的法律后果,但这种使用是"法定义务",目的在于监督和管理经营者的伪造冒充、弄虚作假行为,其目的在于保证行会对某一行业的控制权,完全属于封建特权性质。

（2）商标制度的形成时期

1803 年,法国颁布《关于工厂制造场和作坊的法律》,这是商标保护的早期法律,但并不是专门的商标法律;被公认为世界上第一部现代意义的商标法是 1857 年法国颁布的《关于以使用原则和不审查原则为内容的制造标记和商标的法律》,标志着商标法的成熟。之后,英国于 1862 年,美国于 1870 年,德国于 1874 年,日本于 1875 年相继颁布了商标法。到目前为止,世界上绝大多数国家都制定有商标法,商标法律制度已经成为世界各国普遍认同的工业产权制度。

（3）商标权的国际保护时期

随着国际贸易的发展,商标权的保护走向国际化。1883 年缔结的《保护工业产权巴黎公约》中对商标权的国际保护做出了规定,开启了商标国际保护期。之后相继缔结的国际条约包括 1891 年《商标国际注册马德里协定》、1957 年《国际注册用商品与服务国际分类尼斯协定》、1966 年《保护原产地名称及国际注册里斯本协定》、1973 年《商标注册条约》《建立商标图形国际分类维也纳协定》、1994 年《与贸易有关的知识产权协定》,这些国际条约就商标权的保护及其相关问题建立了一系列的规则与制度,也为各国内国际法律的制定提供了很好的样本。

（4）我国商标法律制度概述

我国法律制度的现代化可以追溯到清末修律运动,商标法也不例外。第一部商标法是 1904 年清政府制定的《商标注册试办章程》,该法实行注册原则和申请在先原则,注册有效期为 20 年。1923 年,北洋政府据此重新制定了《商标法》;1930 年,国民党政府据此修订公布了新《商标法》。

中华人民共和国成立后,第一部商标法规《商标注册暂行条例》于 1950 年颁布实施,1963 年,国务院颁布了《商标管理条例》,实行全面注册原则;1983 年 3 月 1 日,《中华人民共和国商标法》颁布。

① 商标法的第一次修改。商标法的第一次修正案于 1993 年 7 月 1 日起施行,其修正的内容主要包括:增加了对服务商标的保护;对地名商标做了进一步的限定;增加了商标注册审查的补正程序;增加了商标被许可人的义务;加强包括提高了商标犯罪的刑事责任、加强行政执法等商标保护措施等。

② 商标法的第二次修改。第二次修正案于 2001 年 12 月 1 日起施行,是应加入

WTO 的需要而作的修正。其修正内容主要包括：扩大了商标权的主体,明确个人可以申请商标注册；扩大了商标的构成要素；扩大了商标权的客体,将集体商标、地理标志、证明商标纳入商标法调整范围；明确商标注册条件,区分绝对和相对禁止注册理由；增加了司法审查程序；进一步加强了对商标权的保护力度,增加了罚没措施,在民事赔偿上明确了当事人可以要求赔偿合理支出等。

③ 商标法的第三次修改。第三次修正于 2013 年 8 月 30 日完成,自 2014 年 5 月 1 日起施行。主要修改内容包括：一是为了方便申请注册商标,增加了可注册商标的标志,明确可以采取"一标多类"的申请方式,增加商标局要求申请人对申请进行说明或者修正制度,完善了商标异议制度；二是为了维护公平竞争的市场秩序,完善了驰名商标保护制度,加强对未注册商标的保护,对将他人商标注册为企业名称通过反不正当竞争法进行规制,促进注册商标使用；三是为了加强注册商标专用权保护,增加侵犯注册商标专用权行为种类,引进惩罚性赔偿制度,提高法定赔偿额,建立减轻权利人举证责任制度；四是为了规范商标代理活动,规定了商标代理执业规范,加强行业自律,并明确了相关违法行为的法律责任。

④ 商标法的第四次修改。第四次修改于 2019 年 4 月 23 日完成,2019 年 11 月 1 日起正式施行。主要修改内容包括：一是明确注册商标须以使用为目的,对不以使用为目的的恶意商标注册申请行为,在申请时、初步审定公告后 3 个月内、已经注册等各阶段都设定了遏制措施,并规定了对恶意申请和恶意诉讼的处罚措施。二是加大对商标侵权的惩罚力度,将法定赔偿额的上限提升至 500 万元,并将惩罚性赔偿额提升至最高 5 倍,显著提高违法成本,充分发挥法律威慑作用。三是强化对侵权材料工具的销毁。规定除特殊情况外,应权利人请求,人民法院应责令销毁假冒注册商标的商品和主要用于制造假冒注册商标的商品的材料、工具,责令禁止前述材料、工具进入商业渠道,且不予补偿。

4.2　商标的设计与商标权的获取

4.2.1　商标的设计

商标设计是指商标创意的体现和表达,是用文字或艺术手段将商标构思具体化、成果化。

创新主体在商标的设计、选择方面,首先应考虑到合法性。

第一,根据我国现行商标法的规定,申请商标注册的标志,可以用任何能够将自然人、法人或者其他组织的商品与他人的商品区别开的文字、图形、字母、数字、三维标志、颜色组合和声音等,以及上述要素的组合。

第二,商标应当具备显著性。商标在设计时,应使其与同类或类似的商品或服务上的商标有明显的区分,尽量避免低识别性的商标,如缺乏个性的商标或过于繁复的商标,这些商标一般不具有显著性,很难给消费者留下深刻印象,建立声誉也相对较为困难。显著性是指商标所具有的标示企业商品或服务出处并使之区别于其他企业之商品或服务的属性。商标的显著特征可以通过两种途径获得:一是标志本身固有的显著性特征;二是通过使用获得显著特征。企业或其他创新主体在选择和设计商标时,可以通过一些特殊的设计来实现其显著性。例如埃克森美孚石油的商标,就是对常规的英文单词的字母组合及书写位置进行改变,从而具备了显著性(见图 4-1);又如腾讯公司的商标"微信",就是通过广泛的宣传、使用,让消费者将其与商标所代表的即时通信产品联系起来,从而具备了显著性。

图 4-1　埃克森美孚商标　　　　　　图 4-2　Intel 商标

第三,商标不得与他人在先取得的合法权利相冲突。他人在先取得的合法权利包括他人在先取得的商标权、外观设计专利权、著作权、企业名称权、肖像权、姓名权等。因此,商标设计和选择时,应避开与他人商标、外观设计、受著作权保护的作品、肖像和姓名等相同或相近似的标识。

第四,不要使用商标法禁止使用或禁止注册的标记。《商标法》中对于禁止作为商标使用和禁止作为商标的标志进行了规定,例如第十条(禁止作为商标使用的标志),第十一、十二条(禁止作为商标注册的标志),第十三、十五和十六条(禁止注册并禁止使用的商标),在商标的设计和选择时不要违反。

商标的设计非常具有专业性,除了合法性以外,商标的设计过程中还蕴含着创新主体的很多战略思想。对于企业而言,正如美国营销专家里斯特劳斯在《定位》一书中所说:"在定位时代,你能做的唯一重要的营销决策就是如何给产品起名字。名字是信息和人脑之间的第一个接触点。品牌名称和它的定位一样重要,也许比定位还重要。"因此,商标的选择与设计应具有策略性。商标应当服务于商品或服务的功能和用途,应当从消费者的心理出发,与品牌的建立策略结合为一体,不但要望图生义,还要简单明了、易记易沟通,有利于企业开拓市场并有效宣传企业形象。例如,Intel 公司打破了上游零件供应厂商不易在消费者市场打响品牌的神话,设计了"Intel Inside ®"的标志(见图 4-2)。让消费者认同购买内建 Intel 处理器的计算机就是与其他的计算机是不一样的价值感。所以商标的设计,不单只是一个标志而已,而是整个品牌经营策略中的一部分。

　　第五,商标的设计应尽量使商标名称与企业的字号一致。采取商标名称同企业字号一致的品牌命名策略,其基础条件是企业的字号应满足上述商标设计的合法性和策略性考虑。商标名称与字号一致,是国际上普遍采用的惯例,其最大的优势是可以使消费者对产品和企业印象深刻,企业对品牌进行广告宣传的同时也能够树立公司形象,起到一举两得的作用。将企业字号注册为商标,可将原先企业名称专有使用权在特定登记范围的保护,扩大到商标专用权所能享受的全国范围的保护。

 专栏

Legend 联想改名 Lenovo

　　联想的换标,浮出水面的不过是冰山一角,其背后是联想集团的转型。这家历经了 27 年风雨的 IT 公司,从"Legend"到"Lenovo"的品牌转换和推广,所经历的过程纷繁复杂。重新包装的联想,终于找到一个"有品位、稳重、关爱、具有战略眼光"的中年男人的感觉。

　　一、联想陷入品牌困局

　　1984 年 11 月 1 日,20 万元,11 人开启了"联想"的梦想,当时的名称为"中国科学院技术研究所新技术发展公司"。1985 年,随着第一款具有联想功能的汉卡产品"联想式汉卡"的推出,"联想"品牌也由此诞生。1988 年香港联想开业,采用英文名称"Legend"(传奇),"联想"第一次成为公司的名称。

　　联想叫"Legend"(传奇)的时候,完全没考虑到"国际化"的问题。公司发展到现在,"国际化"已经成为联想两代人的梦想,换标的代价必然要付出。联想"国际化品牌"的解释是:3~5 年内,联想销售额中的 25%~30% 要来自海外市场。要实现这一目标,联想首先需要排除的是品牌障碍。"Legend"在海外市场被注册得太多,"Legend"这个名字在欧洲几乎被所有国家都注册了,注册范围涵盖了计算机、食品、汽车等各个领域。联想要想在国外发展就一定要有一个能受到法律保护、能合法销售产品的商标。

　　二、由"传奇"走向"创新"

　　联想在计划向国际化发展时发现标识"Legend"成为向海外扩张的绊脚石。最终联想标识落在了自己创造的单词——"Lenovo"上。Lenovo 由 Le 和 novo 组成——"le"取自原先的"Legend",承继"传奇"之意;"novo"是一个拉丁词根,代表"新意",整个单词寓意为"创新的联想"。打江山时需要缔造"传奇",想基业长青则需要不断"创新"。在品牌标识更迭的过程中,联想将"Legend"更名为"Lenovo",成为进军国际的第一步,象征着联想从"传奇"走向"创新"的里程。伴随"Lenovo"的推广,公司又提出主打口号"只要你想"。

联想品牌标识的更迭让人联想到"日本索尼"的更名。20 世纪 50 年代末期,日本"东京通讯工业公司"创始人盛田昭夫平认为,原来的公司名称外国人不容易念,决定将其改名为"Sony",同时希望改变日本产品在国际品质低劣的形象。

回头再看品牌标识,会觉得它并不简单。离开业务和产品的支持,离开全体员工点点滴滴的努力,品牌什么都无法代表。品牌是标识加信誉,绝不是简单的标识。联想消费 IT 群组市场部经理杨洁做出如此判断:"大家想到麦当劳的时候想到的是快乐,全家分享,而不是想到一个汉堡包和一个标识。如何在业务中承接公司的品牌战略至关重要。"

资料来源:筱蕾. Legend 联想改名 Lenovo[N]. 中华合作时报,2011-04-19.

4.2.2　商标权的获取

1. 商标权的原始取得

商标权的获取,即商标专用权的取得,分为原始取得和继受取得。原始取得又称直接取得,即商标权的取得是最初的,是商标权的第一次产生。商标权的原始取得,并非基于他人既存的权利,又不以他人的意志为根据。当今,世界各国对商标权的原始取得大体上遵循三种不同的原则。

(1) 商标权基于使用原则取得

使用取得,是指基于商标的实际使用取得商标权。在商业活动中已经使用的商标即使不注册,也能取得权利。使用取得模式属于英美普通法传统。根据这种模式,商标权的产生源于对商标的实际使用,只有当附着了商标的商品投放市场,商标获得标示和区分产品来源的功能的时候,商标权才会产生。

1879 年,美国最高法院在"联邦政府诉斯蒂芬"一案中指出,商标权的取得必须通过并且只能通过在先使用才能获得。虽然美国引入了注册制度,但"在先使用"仍然是申请注册的先决条件。1988 年,美国商标法做出修改,允许申请人基于"意图使用"而申请商标。要求申请注册的商标必须意图在美国使用,申请人在提出申请时,提交真实使用商标的声明,并说明将要在何种产品或服务上使用有关的商标。但申请人只有在最长 36 个月的期限内真实使用并向商标局提交真实使用的证明后才有可能获得商标注册。

(2) 商标权基于注册原则取得

注册取得是指商标权取得必须经过注册。注册商标受法律保护,未经注册的商标,一般得不到法律的保护。由于经济的发展,市场的扩大,商标使用的事实越来越难以查证,相同或近似标志的混同也就难以避免。通过注册进行公示,是证明权利最安全、简便的措施。

我国是采用注册取得商标权的国家,商标注册工作必须由国家商标主管部门统一审核批准注册。根据我国商标法的规定,国务院工商行政管理部门商标局主管全国商标注册和管理的工作。①

（3）商标权基于混合原则取得

混合原则是使用原则和注册原则的折中使用,即不注册使用与注册使用并行,两种途径都可以获得商标权。按照混合原则,商标的使用或者注册均能产生商标专用权,这对商标的使用人与注册人都是有利的。但是也不排除在同一商标上产生了两个权利人,即商标注册人与商标使用人。在这种情况下,法律首先确认商标注册人取得商标专用权,同时允许首先使用该商标但未办理注册手续的继续使用。不过商标首先使用人的这种权利受到限制,仅限于其自己使用,限于在原贸易活动范围内使用,或者只能将业务连同商标一起转让,而不能像商标注册人那样可以单独转让商标所有权。

2. 传来取得

传来取得亦称继受取得,是指商标权人取得之商标权是基于他人已存在之权利而产生的,而非最初直接取得的。这种取得也称为商标权的相对发生。传来取得一是商标权的转让,即根据转让合同,受让人有偿或无偿取得出让人之商标权;二是转移,即商标权因转让以外的其他事由发生的转移,包括继承人根据继承程序继承被继承人的商标权和法人因兼并、合并、破产等原因发生的商标权转移。

依据我国《商标法》的规定,商标权的原始取得,应按照商标注册程序办理。商标权的传来取得也须依照转让注册商标或转移注册商标的程序办理,方能取得商标专用权。

 专栏

"微信"商标行政诉讼案件

【案情速递】

2015 年 3 月 11 日,北京知识产权法院开庭审理了第 8840949 号"微信"商标异议复审案,法院当庭宣判驳回原告的诉讼请求,维持商评字〔2014〕第 67139 号关于第 8840949 号"微信"商标异议复审裁定。即第 8840949 号"微信"商标不予核准注册。

【原告观点】

原告创博亚太科技(山东)有限公司诉称,2010 年 11 月 12 日,原告公司向商标局申请注册"微信"商标,并于 2011 年 8 月 27 日通过初步审定,指定使用在第 38 类信息传送、电话业务等服务上。在法定异议期内,张某河(本案第三人)针对"微信"商标提出异议。商标局经审理,认为"微信"是腾讯公司推出的一款手机聊天软件,原告在第 38 类信息传送、电话业务等服务上申请注册"微信"商标容易使消费者产生误认,并导

---

① 《中华人民共和国商标法》(2013 年 8 月 30 日第三次修正),第 2 条第 1 款。

致不良的社会影响,故裁定不予核准注册。原告不服上述裁定,向被告商评委提出异议复审申请。商评委经审理,认定"微信"商标已构成 2013 年《商标法》第十条第一款第(八)项所禁止的情形,故裁定不予核准注册。

原告认为,"微信"商标本身不存在对社会公共利益和公共秩序产生消极、负面影响,故诉至法院,请求撤销商评委作出的裁定。首先,根据我们诉求中的三点内容,根据我们出示的证据,我们在 2010 年商标注册前后就已经研发了创博的微信系统,并且和山东联通合作这个项目。我们可以看一下被诉裁定的情况,《商标法》第十条第一款第(八)项这一条款的立法本意要根据商标的本身是否具有不良影响,而不是根据商标的使用来判断不良影响。我们看一下被诉裁文的第三页中,被告已经歪曲解释《商标法》第十条第一款第(八)项的理解,对于这样一个简单的商标申请的案件,因为牵扯到一个比较有影响的企业就曲解法律条文,在我们倡导依法治国的今天,被告没有秉公执法,且被告没有考虑任何我们的微信系统的使用证据。

申请在先原则,作为商标法基本原则之一,不能因为一个案件而改变商标法的本意,这样会导致商标秩序的混乱。被告为了保护案外人的利益,以在后的证据来裁定本案的商标,这样违反法律规定。我们可以看一下被告和第三人的答辩状中,其都承认可以以决定日作为时间基点,被告对商标原则的篡改,导致商标秩序损害,损害的是广大公众的利益。本案的被告和第三人连最基本的申请在先的原则都违背,完全是藐视法律本身的存在。再补充一点,按照被告和第三人的说法,被告所说的公共利益,也是腾讯公司在违法的前提下进行推广的。无论其使用的广泛程度,但是都不能违反商标法的基本原则。

【被告观点】

首先,对于原告说的 2010 年已经研发微信软件,但是根据在案的证据来看,虽然可以证明已经研发了微信商标,但是并没有证据证明已经推广,且不是使用的微信商标。其次,考虑商标是否构成不良影响。在案证据中,腾讯公司的使用用户已经达到4 亿多用户,我们认为已经构成了公共利益和公共秩序,如果本案的被异议商标核准注册,会给 4 亿的用户带来不便,且被异议商标的微信用户和腾讯公司的微信用户产生混淆。综合考虑相关的公共利益和公共秩序才做出裁定,并不是因为腾讯是大公司就作出裁定。

【第三人观点】

第三人提请合议庭关注两个问题:第一个问题是关于商标法适用的价值取向。第三人认为,商标法适用的终极目标是实体问题的解决和公平正义的实现,商标司法应更多关注个案的差异性,裁判的结果应该是最大限度地实现良好的法律效果和社会效果。包括商标法在内的民事法律,在法律适用讲求更大的弹性,法律有规定的,依照法律;法律没有规定的,依照习惯;没有习惯的,依照法理。民法在法律适用上,允许类推。而相对来说,刑法讲究罪刑法定,法无明文规定不为罪,法无明文规定不处罚。刑法条文的解读,必须严丝合缝并具有稳定性,不允许弹性解读,不允许类推。商标法法律适用的原则和方法与刑事司法显然具有鲜明的不同,商标法司法应该以裁判结果为导向,裁判的结果应该首先维护公共利益和公共秩序,公共利益或者公共秩序具有优位性;其次应该有利于实体问题的解决和实现个案的公平正义。为此目的,甚至应该改变、突破常规性的审判思路。涉及《商标法》第十条第一款第(八)项"其他不良影响"条款的法律适用,司法解释和司法政策,的确有从严把握的倾向;但是,本案的实际情况是,除了"其他不良影响"条款,没有其他救济途径可以阻止被异议商标的注册,而被异议商标一旦获得注册,将会对社会公共利益和公共秩序造成负面的、消极的影响,而且这种不良影响的严重性是不可估量的。因此,本案需要改变常规性审判思路,更加弹性、更加灵活地掌握《商标法》第十条第一款第(八)项的法律适用问题。

第二个问题是核准被异议商标"微信"注册是否公平,如何衡量和取舍商标申请人原告创博公司和以第三人张新河为代表的广大社会公众两方面的利益。如核准被异议商标注册,将会产生两个层面的不良影响:第一,给微信用户群体以及微信公共服务平台的受众群体带来极大不便乃至损失,不利于社会经济秩序的稳定,从而给经济秩序和社会管理秩序带来消极的、负面的影响;第二,"微信"已经成为公众熟知的即时通信工具的名称,公众对"微信"的技术特征、产品性能、服务模式等特点已经有了一个明确的认识,社会公众一看到"微信"就能马上和前述特点联系起来,原告将"微信"指定使用在第 38 类"信息传送、电话业务"等服务项目上,就会导致"微信"商标所包含、展示的信息与指定服务产生"错位",也就是实质性差异,容易使消费者对创博公司提供的"微信"服务的性质和内容产生误认,从而可能对社会公共利益和公共秩序产生消极、负面的影响。

微信已经被普通公众和法院、政府、银行等普遍使用,已经深入到社会政治、经济、文化等各个层面。微信全方位地影响着至少 8 亿用户的生活方式和生活习惯。

综上,在商标申请人和社会公众两方利益存在矛盾和冲突的情况下,应该本着公共利益优先、兼顾公平的原则进行衡量和取舍。首先,公共利益或者公共秩序具有优位性,维护公共利益和公共秩序是选定裁判思路的首要考量因素。其次,从公平角度出发,"微信"商标对社会生活的各个方面都有广泛、深远的影响,商业价值无法估量,但这个商业价值并不是原告创造的,原告只不过是提了一个商标申请,将"微信"商标授予原告不符合"付出与收获对等"的公平原则;更重要的是,广大公众的利益、消费者的权益远远大于只申请、未使用的商标申请人原告创博公司的利益,让原告以微小代价攫取影响 8 亿中国人的"微信"商标,更有失公平原则。

【裁判要旨】

本案进行口头宣判,判决内容以判决书为准。合议庭经评议认为:先申请原则是商标注册的一般原则,但同时,商标注册核准与否还应当考虑公共利益,当商标申请人的利益与公共利益发生冲突时,应当结合具体案情,作出合理的利益平衡。同时还要尊重市场的客观实际。本案中,虽然诉争商标申请在先,但现有证据无法证明诉争商标已经持续、大量投入商业使用,并形成一定数量的消费群体。然而,"微信"作为腾讯公司的即时通信服务应用程序,在 2013 年 7 月就已拥有 4 亿用户,且有多地政府机关、银行、学校推出微信公共服务,广大用户已经将"微信"与腾讯公司的上述服务密切联系起来。如果核准诉争商标注册,将会给广大微信用户的工作和生活带来不便甚至损失,即对公共利益产生消极、负面的影响。因此,诉争商标属于《商标法》第十条第一款第(八)项所指的有其他不良影响的标志,不应予以核准注册。因此,原告的诉讼请求缺乏事实与法律依据,本院不予支持。依照《中华人民共和国行政诉讼法》第五十四条第(一)项之规定,本院判决如下:维持被告国家工商行政管理总局商标评审委员会于二〇一四年十月二十二日作出的商评字〔2014〕第 67139 号关于第 8840949 号"微信"商标异议复审裁定。案件受理费一百元,由原告负担(已交纳)。审判长陈锦川,审判员姜庶伟,审判员周丽婷,二零一五年三月十一日。法官助理陈志兴,书记员刘海璇。

资料来源:刘东海."微信"商标行政诉讼案件评析[EB/OL].北大法律信息网,http://article.chinalawinfo.com/ArticleFullText.aspx? ArticleId=89748.

4.2.3 商标的注册管理

1. 商标注册

商标注册是指商标申请人为了取得商标专用权,将其正在使用或准备使用的商业标识按照法定的注册条件和程序向商标注册主管机关提出注册申请,经该机关依法审核准予注册的各项法律行为的总称。世界上绝大多数国家在商标确权问题上采取"注册在先"的原则,即在相同或类似商品或服务上,只有先提出商标注册申请的人才能享有注册商标专用权。

我国现行的是商标自愿注册为主,强制注册为辅的商标注册制度。除了烟草制品要求强制注册商标以外,其他类型的商品均适用自愿注册原则。因此,商标使用人是否申请商标注册由自己决定,只要自己不提出商标注册申请,无论事实上商标已经使用了多久,也不能成为注册商标,因而也就不能受到商标专用权的保护。

2. 商标的恶意抢注

依法注册商标,是在世界上绝大多数"注册在先"国家取得商标专用权的唯一途径,我国也不例外。正是由于商标的这一特性,使得商标恶意抢注,成为近年来屡禁不止的不正之风。例如,唯冠公司先于苹果公司注册了"iPad"的商标,以至于苹果公司不得不用高价回购;聪明的占宝生抢先一步注册"TESLA"商标,以至于特斯拉延迟一年多进入中国市场,不得不与占宝生达成和解交易,数额估计超千万元;童话大王郑渊洁所塑造的童话人物包括皮皮鲁、鲁西西等被恶意抢注了 218 件商标。恶意抢注商标,是指以获利等为目的的、用不正当手段抢先注册他人在该领域或相关领域已经使用并有一定影响的商标的行为。

我国商标法并未赋予未注册商标使用人任何排他性的权利。未注册商标使用人无权阻止他人在同一种商品、服务或类似商品、服务上使用或先申请注册该商标。有些经营者商标权利意识淡薄，为使用的未注册商标做了大量的广告投入却未申请注册商标，或晚于他人在同一种或类似商品或服务上申请商标注册，结果被他人抢先申请商标注册。抢注人通过高价转让抢注商标、提起商标侵权诉讼要求高额赔偿、使用抢注商标即搭便车等方式获利，极大地扰乱了商标申请和使用秩序，给诚信经营者造成了不必要的成本和障碍。为了维护公平竞争的市场秩序，遏制恶意抢注，中国 2013 年商标法修改时在总则部分中增加了"申请注册和使用商标，应当遵循诚实信用原则"[①]，明确要求"申请商标注册不得损害他人现有的在先权利，也不得以不正当手段抢先注册他人已经使用并有一定影响的商标"[②]。

 专栏

"好想你"商标权纠纷启示

"好想你"商标权纠纷发生在"好想你"与"真的好想你"两个近似商标持有人之间。"好想你"是河南省新郑奥星实业有限公司（下称"奥星公司"）的商标；"真的好想你"是郑州市帅龙红枣食品有限公司（下称"帅龙公司"）的商标。

2003 年，奥星公司将"好想你"向国家工商总局提出商标注册申请，而帅龙公司早已抢占先机，针对第 29 类腌制蔬菜、干枣、山楂片等商品申请了"真的好想你"商标，并获得授权。自 2002 年 7 月"真的好想你"商标公告期开始，奥星公司就不断向商标评审委员会（下称"商评委"）提出争议和撤销异议。帅龙公司也不断对奥星公司提出的"好想你"系列多个商标提出异议，使"好想你"商标始终得不到授权。双方关于商标注册的"拉锯战"就此拉开序幕。奥星公司以帅龙公司"真的好想你"商标与本企业"好想你"商标近似，是对奥星公司"好想你"商标的恶意模仿和剽窃为由，向商评委申请撤销帅龙公司恶意注册的"真的好想你"商标。

商评委经审查认为，帅龙公司在第 29 类腌制蔬菜、干枣、山楂片产品上注册"真的好想你"商标的行为已构成《商标法》第 31 条所指的抢注，故裁定撤销了帅龙公司在第 29 类腌制蔬菜、干枣、山楂片产品上注册的"真的好想你"商标，并对其他非类似商品商标进行了保留。

但双方对此裁定都不满意，分别向北京市一中院提起行政诉讼，请求法院撤销商评委的裁定。奥星公司认为恶意注册应全类撤销，帅龙公司认为应全类保留。一审法院认为，"真的好想你"商标在核定使用的所有商品类别上的注册均应予以撤销，并

[①]《中华人民共和国商标法》(2013 年 8 月 30 日第三次修正)第 7 条。
[②]《中华人民共和国商标法》(2013 年 8 月 30 日第三次修正)第 32 条。

判决撤销商评委的裁定书,重新作出裁定。帅龙公司不服一审判决,向北京市高院提出了上诉。2007 年 6 月 20 日北京高院判决驳回上诉,维持原判。最后,在河南高院和最高法院的共同调解下,2009 年 12 月 1 日,争议双方达成最终协议:帅龙公司将其所拥有的"真的好想你""好想你"等商标注册申请权转让给奥星公司,后者向前者付款 800 万元人民币并保证不使用、不转让"真的好想你"商标,两公司之间所有争议于调解生效之日起全部撤回。

资料来源:马海霞.企业商标权保护策略研究——对"好想你"商标权案的反思[J].财会月刊,2012.

3. 商标的注册策略

(1) 及时申请注册已经使用的商标

面对商标恶意抢注之风,最有效的应对方法是及早进行商标注册。在商标被抢注后,即使寻求撤销或其他救济手段,也具有很大的不确定性,因此,尽早进行商标注册是遏制恶意抢注行为的最基本也是最有效的手段。企业应根据商品即将投放的市场和相关领域,仔细研究、确定注册的商标类别;除了对选定的标识申请商标注册,对于与选定标识类似的标识,也应该注册联合商标,从而对商标和品牌施以有针对性的、全面的保护。

(2) 适当在多种类别上注册商标

各国商标法一般都规定,商标权人有权禁止他人在相同或类似商品或服务上使用相同或近似的商标,但无权禁止他人在不相同或不相类似的商品或服务上使用相同或近似的商标。因此,如果他人在不相同或不相类似的商品或服务上使用同样的注册商标,会导致消费者的误会,以为出自同一生产或经营者。全类注册是同一商标在全部商品和服务类别上注册,是彻底避免他人抢注商标最有效的方法。但是,全类注册相对费用较高,企业可以根据自身实力采取多类注册的方法,在企业产品的相关类别以及可能涉及的类别上注册多个相同的商标,也能有效防止商标抢注。

(3) 适时注册联合商标

联合商标是指某一个商标所有者,在相同的商品上注册几个近似的商标,或在同一类别的不同商品上注册几个相同或近似的商标,这些相互近似的商标称为联合商标。这些商标中首先注册的或者主要使用的为主商标,其余的则为联合商标。例如,著名的"娃哈哈"商标所有人,在对"娃哈哈"商标进行注册后,又申请了"哈娃娃""哈哈娃"等商标作为联合商标。联合商标策略的使用能够有效防范"傍名牌""搭便车"的现象,防止他人注册类似的商标造成消费者误认混淆。在使用联合商标时,需要注意以下几点。首先,联合商标应与正商标在音、形、义上相近似。其次,联合商标注册不是为了使用,而是形成对主商标的防护。再次,联合商标可以分别获得注册,但其中每一个商标都不得单独转让,而必须整个联合商标一同转让,联合商标使用许可也如此。最后,联合商标中每一个商标都具有相对独立性,其中一个商标被撤销或被终止,不影响其他商标的效力。

（4）适时申请国际商标注册

企业要树立国际品牌,首先应当及时进行商标的国际注册,防止被国外公司抢注而遭遇知识产权壁垒甚至失去该国的市场。近年来我国的老字号品牌屡屡在国外被抢注,在加拿大竟然有一家"加拿大中华老字号商标股份有限公司",在当地抢注了"桂发祥十八街""冠生园""六必居"等多个中华老字号商标。天津桂发祥麻花饮食集团公司接到消息后,马上委托天津市一家商标事务所,聘请加拿大合作伙伴针对加拿大公司的恶意抢注,在公告期间向加拿大当地法院提出异议。由于桂发祥反应迅速,在商标还在公告期内就提出反诉,而且资料组织充分,经过 3 个月的时间终于打赢了官司,拿回了自己的商标,因此在加拿大的销售没有受到太大影响。

因此,企业如果已经在中国注册或者提交了商标注册申请,应当依据《商标国际注册马德里协定》和《马德里议定书》,选择本企业商品出口量大、品种多的国家或地区进行国际注册。此外,企业还要针对不同国家或地区选择不同的注册方式:对于像日本、意大利等实行商标注册在先的国家,应首先进行注册申请;对于美国、加拿大、澳大利亚等实行使用在先的国家和地区,应当首先将商标标识实际使用到拟定出口的商品或服务上,同时注意收集销售合同、产品广告宣传材料、发票等使用证据。

目前商标国际注册主要有两种形式,即通过马德里商标国际注册或向某一国家单独申请商标注册。商标注册申请人可以向世界知识产权组织国际局提出马德里国际商标注册申请,同时指定向部分或全部成员国提出领土延伸保护。马德里体系是针对全球商标注册和管理的解决方案,既方便又划算。只需提交一份申请,缴纳一组费用,便可在多达 116 个国家[①]申请保护。通过一个集中化的系统,就可变更、续展或扩展全球商标。此外,商标注册申请人可以按巴黎公约或双边协议或对等原则,单独向某一国家提出商标注册申请。商标逐一国家注册制度主要适用于不属于马德里体系的国家以及属于马德里体系国家但并未通过向马德里体系提出的商标注册申请。世界绝大部分国家都确立了各自的商标法律制度,对商标注册审查制度都进行了规定,包括设立申请、审查、公告、异议、注册等法定程序,有的国家还设有商标撤销程序。商标注册申请人向这些国家申请商标注册,应首先检索该国商标注册程序及实质要求,按照该国的商标注册制度进行。

拓展资源

 专栏

"嘀嘀"商标侵权案终于结案！索赔 8020 万！

两年前,细心一点的"打车族"发现:自己手机中的"嘀嘀打车"软件,不知怎么变成

_____

[①]　截至 2017 年 12 月 16 日的统计数据。资料来源:世界知识产权组织网页. http://www.wipo.int/madrid/zh/.

了"滴滴打车"。殊不知,这一字之差,背后暗藏着一起总额为8020万元的天价索赔案。

记者近日从杭州中院了解到,这起广受社会关注,同时也是杭州中院有史以来受理标的额最高的商标侵权案已尘埃落定,经过调解,原告妙影公司和北京小桔公司达成了一揽子商标转让协议,妙影公司撤回了对这个案子以及另一个相关商标侵权案的起诉。

当初很多人熟悉的一句广告词——"嘀嘀一下,美好出行"的发布者,是北京小桔公司。这家公司原本用的一款打车APP软件叫"嘀嘀打车",用了两年不到,才又改名为"滴滴打车"。

大家刚刚叫惯了,为啥要改名?原来,北京小桔公司遇到了麻烦:"嘀嘀打车"火了以后,他们才发现,宁波妙影公司早在2012年5月21日,就获得了国家工商总局商标局批准核发的商标"嘀嘀",核定使用类别包括计算机程序(可下载软件),之后又把使用权转让给了自家"兄弟"杭州妙影公司。

更麻烦的是,杭州妙影公司和北京小桔公司还是"同行":早在2011年8月,杭州妙影公司就推出了一款叫"嘀嘀出行"的下载软件,后来还有"嘀嘀导航""嘀嘀地图""嘀嘀打车"等,主要在杭州地区推广。

2014年5月,北京小桔公司把"嘀嘀打车"改名为"滴滴打车",是因为就在当月,宁波、杭州两家妙影公司到法院把他们给告了。起诉书中提出的主要诉求是:北京小桔公司停止侵权,在中国知识产权报、钱江晚报、中央电视台经济频道等全国主流媒体上刊登声明消除影响,并赔偿损失8000万元,承担20万元律师费等。

经过约一年时间,这起案子于2015年5月在杭州中院开庭。在庭上,原告、被告的说法都不一样。庭审进行了整整一天,当时没有当庭宣判。

因为诉讼标的额和社会影响都很大,杭州中院的法官专门去请教了省内知识产权领域的专家、学者。结果,专家、学者们的说法也不一致。

杭州市中院办案法官说,这起案子,从事实认定、侵权行为表现形式、商标使用方式以及在"互联网+"时代利用手机移动应用程序背景下对商品和服务的划分等方面的认定上,都对法院审理提出了新的挑战,确实是前所未有。

"妙影公司在商标权转让后可免于讼累,专注于自身业务的转型和拓展;小桔公司在获得商标权转让后,可避免其在创立之初的决策失误所造成的损失,杜绝了后患。"杭州中院的办案法官说,这个案件能调解解决,毫无疑问是一个"双赢"的结果,但这也给新创业的互联网企业提了一个醒:千万不能忽视知识产权保护。

资料来源:黄宏."嘀嘀"被冒用,索赔八千万[N].浙江日报,2016-05-30.

4.3　商标的使用、许可和转让

商标的生命在于使用,只有通过不断地使用,商标才会显现出价值,并为商标注册人带来经济利益。从世界范围来看,不论是实行使用原则的国家,还是主张注册原则的国家,都在商标法中规定商标注册后必须使用。按照我国《商标法》的规定,对注册商标的使用既是商标权人的权利也是其义务。如果注册商标长期搁置不用,注册商标本身的作用无法体现,还会对他人在同类商品上申请注册相同或相似的商标造成困难。

4.3.1　商标的使用及维护

我国《商标法》规定,本法所称商标的使用,是指将商标用于商品、商品包装或者容器以及商品交易文书上,或者将商标用于广告宣传、展览以及其他商业活动中,用于识别商品来源的行为[①]。最高人民法院在 2010 年 4 月 20 日印发的《关于审理商标授权确权行政案件若干问题的意见》中指出:"商标权人自行使用、许可他人使用以及其他不违背商标权人意志的使用,均可认定属于实际使用的行为。"由此可见,商标使用既可以是商标权人的自行使用,也可以是商标权人以外的第三人被许可使用。使用商标,不管是直接使用于商品,还是以促销为目的使用在商品广告、商业文书中,都应遵守法律法规,正确使用商标。

使用注册商标时,应注意以下几点。

(1) 使用注册商标时应当加注注册标志

根据我国《商标法实施细则》的规定,使用注册商标应当标明"注册商标"字样或者在商标的右上角或者右下角标明注册标记®或"注"字加圈。在商品上不便标明的,应当在商品包装或者说明书以及其他附着物上标明。该规定的目的,是规范商标注册人注册标记使用行为,不能因标记的不规范使用,使他人对商标注册内容产生误解。标明注册标记,有利于防止侵权行为,当发生侵权时,容易证明侵权人的主观意图,还可以防止商标变为商品通用名称。

(2) 不得自行改变注册商标的标志,不得自行更改注册商标的注册人名称、地址或者其他注册事项

注册商标的使用严格限制在核准注册的标志和核定使用的商品或服务上,商标注册人不得自行作出改变。根据我国《商标法》第 56 条的规定,注册商标的专用权,以核准注册的商标和核定使用的商品为限。商标标志是消费者识别商品、选择商品的手段,使用注册商标,应以核准注册的商标为准,不得擅自改变。如果商标标志改变了,就会直接影响消费者对商品的识别和选择。根据最高人民法院《关于审理商标授权确权行政案件若干问题的意见》,实际使用的商标与核准注册的商标虽有细微差别,但未改变其显著特征的,可以视为注册商标的使用。但如果改变注册商标的标志造成原注册商标显著性的丧失,会导致原注册商标商标权的丧失,依据我国商标法的规定,要取得改变后的商标标志的商标权,需要重新提出商标注册申请。自行改变注册商标的,由工商行政管理部门责

---

① 《中华人民共和国商标法》(2013 年 8 月 30 日第三次修正),第 48 条。

令商标注册人限期改正,拒不改正的,报请商标局撤销其注册商标。如果改变后的商标标志与他人已经注册的商标相同或者近似,则使用这类改变后的商标标志还有承担商标侵权责任的可能。

注册商标还应在其核定使用的商品上规范使用。实践中有人将在某一类商品或服务上获得核准注册的商标使用在别的类别的商品或服务上。超出注册商标核定使用范围,在没有注册的其他种类的商品或服务上使用,实际上构成了冒充注册商标。冒充注册商标是指使用并未获得注册的商标时标明"注册商标"或者注册标记的行为。如果恰好在其没有注册的其他种类的商品或服务上有他人在先注册了相同或类似的商标,则还有侵犯他人商标权的可能。

此外,如果注册商标注册人的名义、地址或其他注册事项发生改变,应当及时办理变更申请。

(3) 不得连续三年停止使用注册商标

商标所有人对注册商标享有专有的使用权和禁止他人非法使用的排他权。但是,如果商标所有人将注册商标长期搁置不用,则不仅使法律授予的权利虚置,商标价值无从实现,而且阻碍了他人使用商标,影响正常的竞争。我国《商标法》和《商标法实施条例》规定,注册商标成为其核定使用的商品的通用名称或者没有正当理由连续三年不使用的,任何单位或者个人可以向商标局申请撤销该注册商标[①];商标局受理后应当通知商标注册人,限其自收到通知之日起 2 个月内提交该商标在撤销申请提出前使用的证据材料或者说明不使用的正当理由;期满未提供使用的证据材料或者证据材料无效并没有正当理由的,由商标局撤销其注册商标。[②]

(4) 防止商标显著特征的退化

商标的显著性是商标的基本属性。《商标法》规定,缺乏显著特征的标志不得作为商标注册[③]。商标的显著性并不是一成不变的,缺乏内在显著性的商标通过长期连续的使用可以获得显著性;但具有显著特征的商标经过不当使用也会导致显著性退化甚至完全丧失,最终会使一个原为有效注册或使用的商标转变为通用名称,从而进入公有领域,不再为注册人专有或专用。我国《商标法》第 49 条第 2 款规定,"注册商标成为其核定使用的商品的通用名称,任何单位或者个人可以向商标局申请撤销该注册商标"。

商标所有人的不恰当使用会造成商标显著性的退化,最终导致其商标变为商品通用名称。为防止商标显著性的退化,要注意区分产品名称和商标,避免将商标作为产品名称使用。历史上,商标变为商品通用名称的例子很多,如 Jeep、阿司匹林(aspirin)、尼龙(nilon)、凡士林(vaseline)等。为了防止商标淡化成通用名称,企业在使用商标时要注意,一个商标就是一个形容词,不能作为名词来使用,每个标记都应采用商标加产品或服

---

① 《中华人民共和国商标法》(2013 年 8 月 30 日第三次修正),第 49 条第 2 款。
② 《中华人民共和国商标法实施条例》(2014 年 5 月 1 日起施行),第 66 条。
③ 《中华人民共和国商标法》(2013 年 8 月 30 日第三次修正),第 11 条第 3 款。

务名称的格式表示。另外,要防止商标显著性的退化,还要突出标注商标,帮助消费者形成商标观念。例如以特别大小的字号突出商标和注册标记,或者在包装或说明书上出现商标时,使用脚注特别强调商标。脚注始终应为完整句子,一般出现在材料末页或包装上。

 专栏

“优盘”商标撤销案

深圳市朗科科技股份有限公司(以下简称“朗科”)于 1999 年 8 月 23 日在第 9 类“计算磁盘,计算机存储器,计算机,盘(有磁性的),软盘,光盘,计算机周边设备,读出器(数据处理设备),磁盘驱动器(电脑),数据处理设备”申请注册“优盘”商标并于 2001 年 1 月 21 日获得注册,商标专用权期限为 2001 年 1 月 21 日至 2011 年 1 月 20 日。

2002 年 10 月 18 日,北京华旗资讯数码科技有限公司(以下简称“华旗”)对朗科拥有的第 1509740 号“优盘”商标以争议商标属于通用名称为理由向国家工商行政管理总局商标评审委员会(以下简称“商评委”)提出撤销申请。

商评委根据提交的证据认为,从文字构成、含义上看,本案争议商标缺乏商标应有的显著特征。朗科在其企业法人营业执照的“经营范围”中一直把“优盘”列为其所经营的一项商品名称,写的经营范围是“电脑软硬件、多媒体产品、网络及系统集成、USB 快闪电子盘(优盘)的技术开发及购销;信息咨询”;在其商品介绍中写着“优盘,新一代存储盘”“朗科优盘,取代光驱软驱”“时尚优盘、价格心动、追求时尚、一马当先”等。商评委认为虽然朗科在部分“优盘”文字后面标注了注册标志,但从整体效果来看,社会公众更容易将“优盘”认读为一种新型计算机移动存储设备的商品名称。而且,众多同行业经营者以及消费者已经比较普遍地将“优盘”作为一种新型的计算机移动存储器的商品通用名称加以使用。因此,2004 年 10 月 13 日,商评委作出裁决,认定争议商标已成为其指定使用商品——计算机存储器的通用名称,争议商标“优盘”应予撤销。

2004 年 11 月 16 日,朗科向北京市第一中级人民法院对商评委提起行政诉讼。

2006 年 2 月,法院判决由商评委就“优盘”商标争议一案进行重新审理。

2010 年 3 月 15 日,商评委再次作出裁决,继续认定“优盘”商标为商品通用名称,予以撤销注册。

2010 年 4 月 26 日,朗科公司就本案再次向北京市第一中级人民法院提起行政诉讼。

最终,鉴于北京花旗资讯数码科技有限公司于 2011 年 7 月 11 日撤回对公司注册的“优盘”商标的申请,商评委 2010 年 3 月 15 日做出的撤销“优盘”商标的裁定作废。

此后,也有他人以注册不当为由向商评委申请撤销"优盘"商标的注册,但证据表明,朗科公司自发现"优盘"商标存在退化成通用名称的可能性以来,逐步在日常的经营活动中对该商标的使用与宣传进行了全面规范,这种规范要求不仅针对企业内部,而且在对外的联络文件、新闻通稿、广告软文等方面均对"优盘"商标及其使用商品的规范名称进行了严格的区分。除此之外,朗科公司还针对市面上存在的不规范使用"优盘"商标的情况采取了各种反退化措施,甚至将部分经过警告仍未能规范使用的行为诉诸法律。可以说,在经历了商标注册成功初期的混乱之后,目前"优盘"商标已经基本回归其注册商标之本质,该商标是具有强显著性以及区分功能的。这种观点,最后在商评委的裁定维持中得以印证,朗科公司保住了"优盘"注册商标,经续展,目前该商标有效期延续至 2021 年 1 月 20 日。

资料来源:曹中强主编.中国商标报告[M].2005 年第 1 卷(总第 5 卷).北京:中信出版社,2006:153-160;柯凌峰.知名商标被同行淡化、优盘商标案风云再起.精英知识产权集团 http://mp. weixin. qq. com/s/hB4c7UGLbINs5XyZZ8BocQ。

4.3.2　商标的许可和转让

1. 注册商标的许可使用

注册商标的许可使用,是指商标权人通过签订使用许可合同,许可他人使用其注册商标的行为。在使用许可关系中,商标权人为许可人,获得注册商标使用权的人为被许可人。许可他人使用其注册商标,被许可人只取得了注册商标的使用权,注册商标的所有权仍归属于商标权人。注册商标的使用许可,是商标无形资产运作的最基本形式。商标权人将其注册商标许可他人使用,收取许可费,让商标无形资产产生经济效益,使商标所有人对其所有的注册商标享有的收益权得以实现。

(1) 注册商标使用许可的形式

最高人民法院公布的《关于审理商标民事纠纷案件适用法律若干问题的解释》[①]第 3 条规定,商标使用许可包括独占使用许可、排他使用许可、普通使用许可三种形式。

独占使用许可,是指商标注册人在约定的期间、地域和以约定的方式,将该注册商标仅许可一个被许可人使用,商标注册人依约定不得使用该注册商标。在商标权的独占使用许可中,被许可人的独占使用权具有与商标权相似的效力,但不享有商标权中的处分权。在发生注册商标专用权被侵害的情形时,独占使用许可合同的被许可人可以向人民法院提起诉讼。

---

① 最高人民法院《关于审理商标民事纠纷案件适用法律若干问题的解释》,2002 年 10 月 12 日公布,2002 年 10 月 16 日起实施。

排他使用许可,是指商标注册人在约定的期间、地域和以约定的方式,将该注册商标仅许可一个被许可人使用,商标注册人依约定可以使用该注册商标但不得另行许可他人使用该注册商标。在排他许可中,被许可人虽然取得了注册商标的使用权,但许可人仍然保留使用该注册商标的权利,所以只是排除了第三人对注册商标的使用。在发生注册商标专用权被侵害的情形时,排他使用许可合同的被许可人可以和商标注册人共同起诉,也可以在商标注册人不起诉的情况下,自行提起诉讼。

普通使用许可,是指商标注册人在约定的期间、地域和以约定的方式,许可他人使用其注册商标,并可自行使用该注册商标和许可他人使用其注册商标。在普通许可中,被许可人虽然取得了注册商标的使用权,但许可人不但保留了自己使用其注册商标的权利,而且还保留了同时许可他人使用该注册商标的权利。在发生注册商标专用权被侵害的情形时,普通使用许可合同的被许可人经商标注册人明确授权,可以提起诉讼。

上述三种许可的情况在实践中大量存在,因三种许可的方式所涉及的权利和义务内容有所差别,当事人在订立商标使用许可合同时,应当对许可的种类、期限、地域和方式等做出具体的约定,避免日后合同履行过程中出现纠纷。

(2) 注册商标权使用许可合同的内容

商标权人许可他人使用其注册商标,应当签订书面合同,合同内容应包括:

① 双方当事人的名称、地址和法定代表人的姓名。被许可人的主体资格要符合商标法的规定,即必须是依法成立的企业、事业单位、社会团体、个人工商户、个人合伙以及符合商标法规定的外国人或者外国企业。

② 许可使用的商标及其注册证号。

③ 许可使用的商品及服务范围。

④ 许可使用的期限。

⑤ 许可使用商标的标识提供方式。

⑥ 许可人对被许可人使用其注册商标的商品质量进行监督的条款。

⑦ 在使用许可人注册商标的商品上标明被许可人的名称和商品产地的条款。

⑧ 商标许可使用费的计算方法和付费方式。

⑨ 违约责任。

⑩ 合同发生纠纷后的解决方法。

发生纠纷后的解决方法,包括协商、调解、仲裁、诉讼等方式,双方当事人在合同中可进行选择。

⑪ 许可使用的商标被侵权后的处理方式。

⑫ 商标注册人允许被许可人许可第三方使用的内容。

商标注册人通过被许可人许可第三方使用其注册商标的,合同中应当含有允许被许可人许可第三方使用的内容或者出具相应的授权书。

⑬ 其他事项。

（3）商标使用许可合同的备案

我国《商标法》第43条第3款规定,许可他人使用其注册商标的,许可人应当将其商标使用许可报商标局备案,由商标局公告。商标使用许可未经备案不得对抗善意第三人。实施备案制度的目的在于方便国家商标局对全国商标许可情况进行管理,商标局通过公告向社会公布商标许可合同的备案情况,使其他企业了解该商标使用的情况,从而更好地维护正常的公平竞争的社会秩序。

但在实际生活中,还存在着一些与商标使用许可合同不备案的情形,一旦发生纠纷,对方当事人往往以许可使用合同未经备案主张合同无效。针对这种情况。《最高人民法院关于审理商标民事纠纷案件适用法律若干问题的解释》第十九条第一款规定:"商标使用许可合同未经备案的,不影响该许可合同的效力,但当事人另有约定的除外。"由此可见,人民法院在办理这类案件时,不因商标许可合同未办理备案手续而确认合同无效,但当事人在合同中有约定的,应当按照约定来处理。

商标使用许可合同的备案手续,对一些与商标权人进行交易的善意第三人来讲,意义重大。因为通过商标许可使用合同的备案,他人可以了解该商标许可的情况,从而保障交易安全。对此,《最高人民法院关于审理商标民事纠纷案件适用法律若干问题的解释》第十九条第二款规定:"商标使用许可合同未在商标局备案的,不得对抗善意第三人。"所谓善意第三人,是指该商标许可使用合同当事人以外的第三人,与商标权人就涉及该商标进行交易,对该商标使用许可未备案不知情的人,如在先的商标许可使用合同的当事人约定为独占使用许可,但没有备案,在后订立的商标许可使用合同的被许可人对前一个合同并不知情,属于善意第三人,在这种情况下,在先的被许可人不得因自己是独占被许可人而请求确认在后的被许可人的合同无效。立法的目的在于保护善意第三人的合法利益。

商标使用许可合同备案的具体程序是:许可人和被许可人应当自使用合同签订之日起3个月内,将许可合同副本送交其所在地工商行政管理机关存查,许可人应当将许可合同副本报送商标局备案,许可人办理商标使用许可合同备案手续时可以自行到商标局的商标注册大厅办理或者委托国家认可的商标代理机构办理,许可人是外国人或者外国企业的,应当委托国家工商行政管理局指定的商标代理组织代理。商标使用许可合同备案书件齐备,符合《商标法》及《商标法实施细则》有关规定的,商标局将予以备案,以邮寄的方式将备案通知书发给申请人或其代理人,并集中刊登在每月第2期《商标公告》上,主要刊登内容为:商标注册号、商标、许可人与被许可人名义、许可使用商品、许可使用期限等。对于不符合备案要求的,商标局将予以退回并说明理由。许可人应当自收到退回备案材料之日起一个月内,按照商标局指定的内容补正再报送备案。[①]

---

① 詹爱岚.知识产权法学[M].厦门:厦门大学出版社,2011.

2．注册商标转让

商标权的转让，是指商标权人依照法定程序，将其注册商标转让给他人的行为。转让注册商标是注册商标的主体发生变更，转让后的商标所有人不再是原注册人。在转让关系中，商标权人为转让人，接收商标权的另一方为受让人。注册商标的转让权是商标权的一项重要内容，它是商标所有人行使处分权的具体体现。商标所有人把闲置的、不常用的注册商标依法转让出去，不仅使受让人取得了商标专用权，有利于商标资源的充分利用，而且通过转让的方式将商标这一无形资产转化为有形货币，使商标所有人收到实实在在的经济效益。

（1）商标权转让的原则

商标是一种无形财产，与有形财产一样，在法律允许的范围内可根据商标权人的意志自由转让。但商标权的转让关系到商品的来源和出处，涉及企业的信誉和声誉，不同国家和地区对商标权的转让的原则不尽相同，归纳起来，主要有两种方式：连同转让原则和自由转让原则。

① 连同转让原则

所谓连同转让原则，是指商标注册人在转让注册商标时必须连同使用该注册商标的企业或者与注册商标有关的业务和生产要素一并转让，而不能只转让注册商标。

采用这种原则的国家主要是美国等少数国家。实行连同转让原则的国家认为，商标的本质功能是区别商品的来源，是一种识别标志，所以商标不仅不能与其所依附的商品分离，还与使用该商标的企业及企业的生产要素密切相连。当注册商标与所属的企业分离时，会引起消费者的误认，因此转让注册商标时必须连同使用该注册商标的企业一并转让。

② 自由转让原则

所谓自由转让原则，是注册商标人既可以把注册商标连同企业一起转让，也可以将注册商标与企业分离，单独转让其注册商标。

目前大多数国家的商标法采用自由转让原则，商标权作为一种无形财产权，可以脱离企业经营而单独转让给其他企业。许多国家的商标法同时规定，商标权人将注册商标与其企业经营分开转让以转让行为不得造成欺骗性后果或造成公众对不同来源的商品的混淆为前提，受让人应当保证使用该注册商标的商品质量。我国商标法也采用自由转让原则，其中第三十九条规定：“转让注册商标的，转让人和受让人应当签订转让协议，并共同向商标局提出申请。受让人应当保证使用该注册商标的商品质量。”

（2）商标转让的程序

各国商标法都规定，注册商标的转让，必须按照法律规定的程序进行，其转让行为才能产生法律效力。我国《商标法》规定[①]，转让注册商标的，转让人和受让人应当签订转让

---

① 《中华人民共和国商标法》（2013 年 8 月 30 日第三次修正）第 42 条。

协议,并共同向商标局提出申请。受让人应当保证使用该注册商标的商品质量。转让注册商标的,商标注册人对其在同一种商品上注册的近似的商标,或者在类似商品上注册的相同或者近似的商标,应当一并转让。对容易导致混淆或者有其他不良影响的转让,商标局不予核准,书面通知申请人并说明理由。转让注册商标经核准后,予以公告。受让人自公告之日起享有商标专用权。《商标法实施细则》进一步规定,转让注册商标的,转让人和受让人应当向商标局提交转让注册商标申请书。转让注册商标申请手续应当由转让人和受让人共同办理。商标局核准转让注册商标申请的,发给受让人相应证明,并予以公告。此外,商标转让受让人为外国人或者外国企业的,应当在申请书中指定中国境内接收人负责接收商标局、商标评审委员会后继商标业务的法律文件。商标局、商标评审委员会后继商标业务的法律文件向中国境内接收人送达。

3．商标权转让的限制

商标权转让的限制如下。

(1) 转让注册商标时,商标注册人对其在同一种或者类似商品上注册的相同或者近似的商标,应当一并转让。没有一并转让的,由商标局通知其限期改正;期满未改正的,视为放弃转让该注册商标的申请,商标局应当书面通知申请人。上述规定是因为,商标注册人对其在同一种或者类似商品上注册的相同或者近似的商标如果不一并转让,有可能会出现相同或者近似的商标在相同或类似商品上有两个人在使用,这样势必会造成不同来源产品的混淆,从而不能实现商标的区别功能。

(2) 已经许可他人使用的商标不得随意转让。商标注册人已经许可他人使用的商标,在许可期内如果将其商标权转让给他人,必须征得被许可人的同意。转让注册核准以后,被许可人仍与受让人保持使用许可关系;如果被许可人不同意转让,就应该先解除许可使用合同,再办理转让注册。总之,不得因转让商标而损害在先被许可使用人的利益。除商标使用许可合同另有约定的除外,注册商标的转让不影响转让前已经生效的商标使用许可合同的效力。

(3) 共同所有的商标,任何一个共有人或部分共有人不得私自转让。任何一个共有人或部分共有人在未经其他所有共有人的同意之前不得擅自私下转让商标,否则,转让无效。

(4) 不得自行转让注册商标。自行转让注册商标的,由工商行政管理部门责令商标注册人限期改正;拒不改正的,报请商标局撤销其注册商标。

专栏

苹果、唯冠 iPad 商标之争的背后博弈

　　2012 年 7 月 2 日,据广东省高级人民法院公布,苹果公司与深圳唯冠就 iPad 商标案达成和解,苹果公司向深圳唯冠公司支付 6000 万美元。至此,轰轰烈烈的唯冠诉苹果侵权 ipad 商标一案以和解告终。

唯冠、苹果 iPad 商标之争始末

2000 年，唯冠研发出来一款互联网个人接入设备（internet personal access device），简称 iPad，基于这个产品，唯冠在全球诸多国家和地区注册了 iPad 商标。这款具有触摸屏操作功能的个人电脑，在那个时代，也可说是领全球电子创新风气之先。

2009 年 3 月，唯冠公司收到唯冠英国子公司消息，一个自称"乔纳森·哈格里夫斯"（Jonathan Hargreaves）的人向唯冠英国子公司发出邮件，要求收购唯冠所持有的 iPad 商标。理由是，其所在公司名为"IP 申请发展有限公司"（IP Application Development Ltd.，下称 IP 公司），其简称 iPadL，同 iPad 很相似。IP 公司的胃口很大，意在收购唯冠在 31 个国家和地区全部共 10 个 iPad 商标（其中欧盟 25 国为一个，中国大陆注册有两个），其出价却很吝啬。当唯冠表示 3 万英镑太少时，乔纳森在邮件中表示，实在谈不拢将会提请诉讼撤销这些商标。

在乔纳森发出第一封邮件后的两周内，唯冠已经判定购买商标的实际人是苹果。

唯冠并不是保护商标权的生手。早在 4 年前，当苹果向欧盟商标局提出 iPad 商标申请时，唯冠就曾以"此商标之组成文字及读音与 iPad 构成近似"为由，主动发起过狙击。

4 个月间，双方来来往往共发送了 80 多封邮件。待 3.5 万英镑打入子公司唯冠电子有限公司（下称台湾唯冠）账户后，2009 年底，唯冠法务部处长麦世宏奉命回到台北，代表台湾唯冠在 IP 公司起草的整体转让协议及相关商标注册资料上签了字。

1 个月后，苹果在美国举行了 iPad 产品发布会。2010 年 4 月，IP 公司将从唯冠手中取得的全部 iPod 商标权益悉数转让给了苹果。

区区 3 万多英镑就卖掉了全部 iPad 商标，唯冠是怎么想的？曾经的签约人麦世宏说："之所以转让，是因为双方曾在几年前在欧洲交过手。"

据了解，在那次涉及 iPad 与 iPod 的交锋中，苹果也曾威胁将以"商标 5 年未使用"为由申请撤销 iPod 商标。当时唯冠评估胜算不大，于是主动退出了争斗。此次 IP 公司再度发出威胁，唯冠恰好陷入了财务危机，内忧外患，只有放手。

不过，IP 公司并未料到，一个藏在转让协议中的"地雷"，会在签约现场数位己方律师的眼皮底下深埋下来。

2010 年 2 月，苹果突然发现无法在中国国家商标局办理两个 iPad 商标转让手续，因为转让协议的签约方台湾唯冠并非商标所有者，它们属于深圳唯冠。

花了钱商标却没到手，苹果万万没想到发生了这种情况。它马上同深圳唯冠联系，要求补签协议。

"苹果派出律师来找我谈，我说现在没有 1000 万美元不成。他们听了很惊讶。"杨荣山说，"情况变了。"

苹果决定诉诸司法。在向深圳唯冠发出律师信要求过户 iPad 商标遭到拒绝后，2010 年 5 月，苹果将唯冠、台湾唯冠、深圳唯冠和杨荣山等一并告到香港高等法院；同月，又向深圳中级人民法院状告深圳唯冠，并同时申请查封 iPad 商标。

　　深圳唯冠代理律师谢湘辉分析,苹果分两地提起诉讼是有策略的一套组合拳。香港诉讼是苹果布局的重点,一方面源自 iPad 商标转让协议中曾有"出现纠纷排他性适应香港法律"的约定,另一方面也因为香港法律属英美法系,苹果代理律师感到有胜诉把握。而通过在深圳中院的诉讼,苹果意图人为将 iPad 商标置于一个权属争议的处境中,以打开市场操作空间。

　　市场不等人。距美国上市已过数月,iPad 平板电脑也已分别登陆日本和中国香港,却不得不徘徊在中国内地这个巨大市场的门口。2010 年 9 月 17 日,在未得到 iPad 内地商标权的前提下,苹果 iPad 强行登陆内地市场。

　　2011 年 3 月,深圳唯冠律师团发动了反击。他们向北京市西城区工商局提出商标侵权投诉。6 月 5 日,西城区工商局向苹果北京西单直营店发出了金额高达 2.48 亿元人民币的处罚告知书。

　　人们对此案的关注,随着苹果产品一浪接一浪的热销而节节高升。众多法律界、知识产权界、商界人士开始将其作为研究中国商标权争议的典型案件。

　　在法律上,本案有 3 个纠结点:其一,IP 公司到底是同谁签的协议? 其二,台湾唯冠是否有权处置深圳唯冠手中的两个 iPad 商标? 其三,在中国大陆,怎样才算是在转让中真正获取了商标权?

　　谢湘辉说,看 IP 公司提供的商标转让协议,明确写明是台湾唯冠向 IP 公司转让商标,而且深圳唯冠也从未授权麦世宏签署商标转让协议,所以深圳唯冠与此协议无关。

　　至于台湾唯冠和深圳唯冠的关系,谢打了个比喻:"两家公司同为唯冠子公司,就像两兄弟。那么在现代社会中,当哥哥的能不能在没有授权的情况下,把弟弟的财产给卖掉呢? 显然是不行的。"

　　依据《中华人民共和国商标法》,商标权转让需转让人和受让人共同到商标局办理申请,申请被商标局核准、公告之后,才算真正完成。"这同房产转让是一个道理。只有买卖双方共同到房产局办完过户手续,房子才真正到手。"

　　似乎是极浅显的道理。中央财经大学法学院知识产权授课教师、美国律师斯坦·艾布拉姆斯(Stan Abrams)说,如果苹果律师们连与之签署协议的公司是否有权卖这两个商标都弄不清楚,那么真是要承担玩忽职守的责任了。

　　2011 年 11 月,深圳中院作出一审判决,驳回了苹果将两个中国大陆 iPad 商标判归其所有的诉讼请求。深圳唯冠烧起了更猛烈的维权烈火,接连向深圳、惠州、上海三地法院提起侵权诉讼,要求国美、顺电、苹果贸易公司等停止销售 iPad 系列平板电脑,立即销毁侵权产品标识和包装。其后,全国多地工商部门开始对 iPad 经销商进行查处,一些电子商务网站也将 iPad 下架,并暂停销售。深圳唯冠还向海关提出申请,请求查处新 iPad 的进入。

　　签约双方根本无资格买卖的两个中国大陆 iPad 商标,却被当作附件塞进了转让协议,而且双方都签署了。这个看似低级的错误,直接导致苹果陷入了产品已公开亮相,才发现商标竟还握在别人手中的难堪境地。

　　2012 年 1 月 5 日,苹果将案件上诉到广东省高级人民法院。2 月 29 日,二审开庭。高院倾向于调解。苹果和唯冠其实也一直保持着私下的沟通。"台上吵得凶,正是为了台下谈得拢。"一位知情人说到此处,不禁轻轻笑出声来。

　　3 月末,苹果 CEO 蒂姆·库克低调访华。最终,这场纠缠了两年多的商标权诉讼以 6000 万美元的全额落下帷幕,成为我国有史以来赔偿金额最大的一宗商标维权案,双方在香港的诉讼也就此画上句号。

　　资料来源:綦伟.苹果唯冠 iPad 商标之争的背后博弈[N].深圳特区报,2012-08-15。http://www.newhua.com/2012/0815/172725.shtml.本书编者进行了整理。

4.3.3　商标权的其他商业利用

1. 商标权投资

　　知识经济时代,商标权这一无形资产作为投资手段日益引起人们的重视。根据我国《公司法》[①]的规定,股东可以用货币出资,也可以用实物、知识产权、土地使用权等可以用货币估价并可以依法转让的非货币财产作价出资;对作为出资的非货币财产应当评估作价,核实财产,不得高估或者低估作价。另外,《公司法》第三次修订后取消了对货币出资比例的限制,因此,理论上股东可以全部用知识产权出资。实践中,考虑到公司运营需要一定的货币支撑,因此极少出现公司全部为知识产权出资的情形。

　　商标权出资行为的法律性质,本质上是以商标权作为对价来换取出资人在公司的股权,因此,其出资的商标权的财产权利必须转移给公司。以注册商标所有权出资的,要依《商标法》及《商标法实施条例》的规定办理商标权转让手续。我国《公司法》第二十八条、第八十三条都有规定,以非货币财产出资的,应当依法办理其财产权的转移手续。

2. 商标权质押

　　商标权质押是近年来发展较为迅速的一种融资方式。商标权质押属于权利质押,是指债务人或者第三人以可以转让的商标专用权作为债权的担保,债务人到期不履行债务时,债权人有权依照法律规定将该商标专用权折价或者以拍卖、变卖该商标专用权所得的价款优先受偿。上述的债务人或者第三人为出质人,债权人为质权人。

　　根据我国《担保法》的规定,依法可以转让的商标专用权,专利权、著作权中的财产权属于可以质押的权利。[②] 以依法可以转让的商标专用权出质的,出质人与质权人应当订

---

①　《中华人民共和国公司法》(2013 年 12 月 28 日第三次修正),第 27 条。

②　《中华人民共和国担保法》,第 75 条。

立书面合同并向其管理部门办理出质登记。质押合同自登记之日起生效。[①] 商标专用权出质后,出质人不得转让或者许可他人使用,但经出质人与质权人协商同意的可以转让或者许可他人使用。出质人所得的转让费、许可费应当向质权人提前清偿所担保的债权或者向与质权人约定的第三人提存。[②]

商标专用权质押登记机关是国家工商行政管理局。国家工商行政管理局商标局具体办理商标专用权质押登记。根据国家工商行政管理局《企业动产抵押物登记管理办法》第十八条的规定,以依法可以转让的商标专用权出质,出质人和质权人应当于订立书面协议之日起 20 日内,向国家工商行政管理局办理出质登记,质押合同自登记之日起生效。

专栏

"东钱湖"商标作质押成功贷款 2 亿元

昨天下午,宁波东钱湖投资开发有限公司以"东钱湖"商标作为质押,与浙江稠州商业银行宁波分行签约了 2 亿元的贷款合同。"没想到一个 LOGO 这么值钱,能贷到这么多钱!"在签约仪式会上,东钱湖投资开发公司总经理李光良感慨地说。东钱湖市场监管分局有关负责人赴北京帮助企业办理质押合同备案时,国家商标总局有关人士表示,在全国以单个商标作为质押贷款达到 2 亿元的为数不多,"可以说这笔贷款金额排在全国前茅"。

"东钱湖"商标是 2003 年 3 月注册的一个全类注册商标。经过 12 年来的培育发展,该商标已取得了全部 45 类商标的注册证书,目前已有 29 家区内外企业在 32 类商品、1000 万个商品上使用,是浙江省著名商标。前不久,经权威性评估机构评估,"东钱湖"商标的价值达到 52.3 亿元。

"贷款给东钱湖投资开发有限公司,前后谈判大概经历了半年时间,作为一项金融创新的尝试,我们是多方考察与调研之后做出的决定。"浙江稠州商业银行有关负责人郑郭翔告诉记者,除了专业机构对商标品牌价值的评估之外,银行对企业的日常经营情况与管理运营有严密的考察。

"近年来,东钱湖旅游发展的态势强劲,政府支持力度也比较大。东钱湖投资开发公司作为政府决策的项目落实单位,经营稳健,成立年限也比较长,企业信用度良好。经过多轮磋商与考察之后,银行方面决定做一次尝试。"郑郭翔说。

"东钱湖商标质押并不是结束,或许将成为新的开始。"采访中,郑郭翔向记者透露,目前稠州银行正在与诸多市场监管部门接触,寻求与其他需要商标质押企业的合作。

---

① 《中华人民共和国担保法》,第 79 条。
② 《中华人民共和国担保法》,第 80 条。

在浙江,小微企业是经济社会发展的生力军、就业的容纳器,是"大众创业、万众创新"的重要力量。不久前,浙江省工商局与中国人民银行杭州中心支行联合开展"商标质押百亿融资行动",支持企业运用商标专用权质押贷款,帮助企业解决融资方面遇到的困难。

浙江省工商局商标处相关负责人表示,这一举措的推出,对部分轻资产或缺乏不动产担保品但拥有优势品牌商标、前景良好的企业,将是极大的利好。

资料来源:周雁,龚正和."东钱湖"商标作质押成功贷款 2 亿元[N].东南商报,2015-05-23.

4.4　驰名商标的管理

4.4.1　驰名商标的概念和认定

1. 驰名商标的概念

驰名商标,是商标法律中的一个专有名词,是一个国际通用的法律概念。最早源于《巴黎公约》,其英文名称是"well-known trademark"或者"well-known mark"。1994 年世界贸易组织在《与贸易有关的知识产权协议》(TRIPS)中发展了对驰名商标的保护,从商品商标扩大到服务商标,从相同、类似产品延伸到不相同、不类似的产品。2014 年 7 月3 日国家工商行政管理总局公布了《驰名商标认定和保护规定》,规定"驰名商标是在中国为相关公众所熟知的商标。相关公众包括与使用商标所标示的某类商品或者服务有关的消费者,生产前述商品或者提供服务的其他经营者以及经销渠道中所涉及的销售者和相关人员等"。[①] 因此,驰名商标通常是拥有相当规模、市场占有率高、产品销售范围很广,以及商标使用时间长,企业知名度及信誉得到公众认可的商标。驰名商标实质上是一种商标特别保护方法,是对一般商标保护的一种补充。认定是前提,保护是目的,认定是保护的必经法律程序。

2. 驰名商标的认定

我国加入《巴黎公约》后即开始了驰名商标的保护历程,1987 年 8 月国家商标局在商标异议程序中认定的美国必胜客国际有限公司的"PizzaHut"商标及屋顶图形(见图 4-3)为我国认定的第一件驰名商标,而中国人自己的第一件驰名商标的认定则是 1989 年 11 月18 日正式认定的"同仁堂"商标(见图 4-4)。1996 年国家工商行政管理局制定并颁布了《驰名商标认定和管理暂行规定》,开始了对驰名商标的定期的批量认定,驰名商标的数量逐渐增多。为了与 TRIPS 协定和修改后的《商标法》相衔接,经过《商标法》(2013 年)、《商标法实施条例》(2014 年)的修订,2014 年国家工商行政管理总局重新制定颁布了《驰

---

① 《驰名商标认定和保护规定》(2014 年 7 月 3 日国家工商行政管理总局令第 66 号公布),第 2 条。

名商标认定和保护规定》,我国驰名商标的认定和保护制度更趋完善。

图 4-3 "PizzaHut"商标

图 4-4 "同仁堂"商标

驰名商标认定遵循个案认定、被动保护的原则①。我国对驰名商标的认定实行个案认定和被动认定。所谓个案认定,是指驰名商标的认定并不是像评选"中国最具价值的品牌"那样面向大范围的商家进行普遍的集中的评选认定,而是针对当事人维权中的申请而做出认定,这种认定的结果往往会直接影响到该案件的裁决结果。所谓被动保护,是指认定机构并不主动行使职权来认定驰名商标,而是在具体的个案中依当事人的申请或请求来认定驰名商标并给予特殊保护,这与民事诉讼"不告不理"的原则相一致,即认定程序是依当事人的申请或请求而启动的,否则,认定机构无权主动认定。由此看来,认定驰名商标仅仅是一种为处理争议、审理案件需要而衍生出来的"副产品",其依附于个案而存在。因此,驰名商标的认定仅具有个案效力,并没有普遍效力。为了杜绝很多商家在做广告时将"中国驰名商标"作为一大卖点大肆吹嘘,根据新修订的《商标法》,从2014 年 5 月 1 日起,禁止生产、经营者将"驰名商标"字样用于商品、商品包装或者容器上,或者用于广告宣传、展览以及其他商业活动中,如有违反,则会被处以不少于 10 万元的罚款。

我国驰名商标目前实行行政认定和司法认定并存的认定主体双轨制。

驰名商标的行政认定指的是由国家工商行政管理总局商标局、商标评审委员会根据当事人请求和审查、处理案件的需要,在商标注册审查、商标争议处理和工商行政管理部门查处商标违法案件过程中对商标驰名与否作出的认定。②

驰名商标的司法认定指的是在商标侵权案件审理过程中,当事人主张扩大商标权保护范围的,法院依据当事人的请求,对涉讼商标是否驰名作出的认定。

驰名商标应具备两个条件:一是在中国被相关公众广为知晓;二是享有较高声誉。

我国《商标法》规定,认定驰名商标应当考虑下列因素:①相关公众对该商标的知晓程度;②该商标使用的持续时间;③该商标的任何宣传工作的持续时间、程度和地理范围;④该商标作为驰名商标受保护的记录;⑤该商标驰名的其他因素。

---

① 《驰名商标认定和保护规定》(2014 年 7 月 3 日国家工商行政管理总局令第 66 号公布),第 4 条。
② 《驰名商标认定和保护规定》(2014 年 7 月 3 日国家工商行政管理总局令第 66 号公布),第 3 条。

根据《驰名商标认定和保护规定》[①]，以下证据材料可以提交申请认定驰名商标：

① 证明相关公众对该商标知晓程度的材料。

② 证明该商标使用持续时间的材料，如该商标使用、注册的历史和范围的材料。该商标为未注册商标的，应当提供证明其使用持续时间不少于五年的材料。该商标为注册商标的，应当提供证明其注册时间不少于三年或者持续使用时间不少于五年的材料。

③ 证明该商标的任何宣传工作的持续时间、程度和地理范围的材料，如近三年广告宣传和促销活动的方式、地域范围、宣传媒体的种类以及广告投放量等材料。

④ 证明该商标曾在中国或者其他国家和地区作为驰名商标受保护的材料。

⑤ 证明该商标驰名的其他证据材料，如使用该商标的主要商品在近三年的销售收入、市场占有率、净利润、纳税额、销售区域等材料。

在认定实践中，通常会将上述因素综合考虑，才能对商标的驰名与否进行准确的认定。

4.4.2　驰名商标的保护

由于驰名商标所蕴含的巨大商业价值，更易吸引侵权者的目光，因此，对驰名商标给予比一般商标更广泛的特殊保护。我国对驰名商标的保护主要表现在下面几个方面。

（1）对未注册驰名商标给予和注册商标同等的保护

一些驰名商标虽未在中国注册，但其真正拥有者是长期使用并为培养该商标声誉付出努力的经营者，当驰名商标被他人抢先注册或使用时，必然对该驰名商标及其拥有者的正当权益造成损害。因而有必要对商标注册作出例外规定，即根据具体情况商标权也可因其驰名而取得。《商标法》规定，就相同或者类似商品申请注册的商标是复制、模仿或者翻译他人未在中国注册的驰名商标，容易导致混淆的，不予注册并禁止使用。[②] 这一禁行范围与注册商标一致，即提供的是同类或类似商品或服务上的禁止他人注册或使用的权利，为商标权的获得提供了除了注册之外的第二条途径。

（2）放宽驰名商标注册显著性的要求

如果一个驰名商标原本缺乏显著性，但由于长期广泛使用而广而周知，一般应给予注册。如微信，虽然这两个字本身表示的是微小的信息，但经过长期使用，为相关公众所熟知，已经具备识别性，也被予以注册。

（3）对注册驰名商标给予跨类保护

对驰名商标的保护不仅仅局限于相同或者类似商品，就不相同或者不相类似的商品申请注册的商标是复制、模仿或者翻译他人已经在中国注册的驰名商标，误导公众，致使

---

① 《驰名商标认定和保护规定》(2014 年 7 月 3 日国家工商行政管理总局令第 66 号公布)，第 9 条。

② 《中华人民共和国商标法》(2013 年 8 月 30 日第三次修正)第 13 条第 2 款。

该驰名商标注册人的利益可能受到损害的,也不予注册并禁止使用,赋予了驰名商标比较广泛的排他性权利,实现了驰名商标的跨类保护。

(4) 对恶意注册驰名商标的行为请求撤销不受时间限制

对已经注册的商标,自商标注册之日起五年内,商标所有人或者利害关系人可以请示商标评审委员会裁定撤销该注册商标。[①] 对恶意注册的,驰名商标所有人不受五年的时间限制。这意味着只要驰名商标权人能证明对方的恶意,随时可以请求撤销该注册,即使对方经过多年努力已经有了自己的市场影响力。

专栏

"王致和"成就中华老字号海外维权第一胜诉案

当地时间 4 月 23 日上午,位于德国慕尼黑的巴伐利亚州高等法院,宣布了对德国欧凯公司恶意抢注中国百年老字号"王致和"商标一案的二审裁决,基本维持一审裁决,王致和方面胜诉。法庭要求欧凯公司必须停止在德国使用"王致和"商标和标识,并撤销它在德国商标局抢注的"王致和"商标。

五分钟宣判

按照法院的日程安排,"王致和"一案当天上午 9 时宣判。8 点多,本报记者来到距离慕尼黑中央火车站不远的高等法院,简单安全检查后,记者来到 6 号法庭,看到法庭内和走廊上空无一人。不过,在门口通告栏里,"王致和"一案名列其中。

9 时 10 分许,身着法官服的三名法官步入法庭,全体起立。法庭没有进行原告、被告之间的告诉与辩护,只有主审法官策尔雷恩宣读一份长为 6 页的裁决书。

记者注意到,本案的原告北京王致和食品集团未派人员到场,王致和的德国代理律师沃尔夫冈·菲梭维特克飞速地在笔记本上记录法官宣读的裁决要点,而被告欧凯公司不仅公司本身没派人出席,连律师也没来。策尔雷恩宣读完毕,律师和媒体退场,记者看了一下表,整个宣读历时大约 5 分钟。

两年多的官司

与慕尼黑法院里短短的 5 分钟相比,"王致和"商标侵权案从立案到二审裁决,已经历时了两年多。

2005 年,中华老字号"王致和"商标在德国被一家名为"欧凯"的公司抢注。2006 年,试图开拓欧洲市场的王致和食品集团发现自己拥有的"王致和"商标和使用了几百年的标识被抢注,决定通过诉讼追讨商标权。2007 年 1 月 26 日,慕尼黑地方法院正式受理了"王致和商标侵权"案。这是中华老字号第一次走出国门进行商标诉讼维权。同年 11 月 14 日,一审判决王致和集团在该案中胜诉。

---

① 《中华人民共和国商标法》(2013 年 8 月 30 日第三次修正)第 45 条。

中国加入世界贸易组织以后,在知识产权保护方面大家都依据几乎共同的游戏规则。和中国法律类似,德国的商标法也规定,注册商标不准侵犯他人的在先权利,这也是"王致和"在此案中一审、二审均胜诉的关键所在。

值得一提的是,本报记者在拿到的二审裁决书上看到,法官特意将"王致和"商标和欧凯注册使用的伪王致和商标印刷在裁决书第 3 页、第 4 页上,说明两者的相似度。

据菲梭维特克律师介绍,"王致和"商标在中国几乎妇孺皆知,但在德国,无论是法官还是一般人都很少知道这是一个驰名商标。因此,在"王致和"商标侵权案中,菲梭维特克就必须向法庭提出证据,证明"王致和"是著名商标,其标识头像并非欧凯公司所主张的只是一个"通用的古代中国士兵"。

一审判决后,欧凯公司提出上诉,"王致和"方面提出了更多有力证据。菲梭维特克说,欧凯公司在二审过程中曾提出,让王致和集团出钱买回"王致和"商标注册权。他说:"王致和集团明确拒绝这一无理要求。欧凯公司想用偷来的东西换钱,我们坚决不答应。"

只是冰山一角

"王致和"商标侵权案是中国企业的知识产权在海外被侵犯的典型案例。"王致和"二审胜诉为中国企业海外维权发出积极信号,鼓舞了士气,唤醒更多正走向国际化的中国企业增强商标意识和维权意识,善于利用国际游戏规则和所在地法律维护自己的合法权益。

但"王致和"案只是冰山一角。国家工商管理总局提供的数据显示,从 20 世纪 80 年代到现在,总共发生了 2000 多起中国出口商品的商标在海外被抢注的案例,同时每年造成无形资产的损失达到 10 亿元人民币。

英国《金融时报》今年 4 月 22 日在头版就报道称,有两个人在加拿大抢注了 60 家知名中国企业的商标,惊呼"中国企业正成为海外商标侵权的受害者"。

曾几何时,国外媒体叫嚣国外企业在中国市场的知识产权被侵犯,知识产权对话成为中美和中欧贸易对话的重要组成部分,一些国外企业纷纷到中国法院提出知识产权诉讼。如今,越来越多的中国企业跨出国门,涉足欧美、非洲、中东等海外市场,伴随而来的是,不少中国企业的商标被境外企业或个人抢注,其合法权益被侵犯。中国企业海外商标管理任重而道远。

资料来源:吴黎明.国际先驱导报,2009-04-27.

4.5　商标战略

4.5.1　商标战略的概念

商标权作为优化企业资源配置、维护市场竞争秩序的重要法律机制之一,在创新主体经济发展中的战略地位尤为突出,实施商标战略成为增强创新主体综合能力的重要战略选择之一。商标可以作为企业的一种非技术性竞争资源,商标战略也是企业运用商标制度提供的法律保护,在非技术性因素竞争和市场竞争中谋求最大经济利益,并保持自己非技术性竞争能力优势的整体性战略观念与谋略战术的集成总和体。[①] 由此可见,创新主体实施商标战略,可以运用商标制度提供的保护手段,达到树立企业形象、促成产品或服务占领市场的总体性谋划,为企业带来巨大的经济利益。

4.5.2 商标战略的制定与实施

1. 商标战略的制定原则

企业在制定商标战略时,首先要明确商标战略制定的基本原则。

(1) 系统原则。企业商标战略是企业知识产权战略的一部分,也是企业经营战略的一部分,因此企业商标战略的制定要从企业的经营战略、知识产权战略的总体目标和规划出发进行制定。企业实施商标战略的目的是为企业成员提供共同的商标经营理念,促进企业商标文化建设,指导包括商标权在内的企业资源合理配置,促进企业商标战略与企业经营战略的协同发展。

(2) 可行原则。创新主体制定商标战略一定要从企业的实际竞争环境出发,制定切实可行的商标战略,商标战略的目标不能过高或过低。

(3) 创新原则。商标战略要求决策者要能够认清环境变化的基本趋势,从中发现机遇,把握商标工作发展的主动权。现代企业竞争观点认为,从商品或服务的市场定位、商标的设计运用、商标价值的增值,每一个环节都存在着创新的机会。一种新的商标设计、一种新的商标使用方式带来的效益丝毫不亚于企业推出一种新产品。

(4) 连续原则。商标战略目标的实现和相应资源的积累,需要企业通过连续持久的投入,必须保持连续性,除非环境因素发生了重大变化,不能轻易打断和改变,否则会打断商标战略的实施过程,付出巨大的代价。

2. 商标战略制定的基本步骤

企业制定商标战略的基本前提是依据企业的经营发展战略的大方向。具体制定的步骤如下。

首先,需要明确商标战略的使命和目标。企业商标战略目标是企业所处内外环境状况、企业商标战略意图和企业使命相结合的产物。企业商标战略的使命应体现以下几个方面:指导商标战略目标确定;为企业成员提供共同的商标经营理念,促进企业商标文化建设;指导包括商标权在内的企业资源合理配置;调动企业员工实施商标战略的积极性;与企业其他经营发展战略紧密协同。

其次,需要做好商标战略的事前准备工作,包括确定组成人员和筹措必要资金,为商

---

① 何敏.企业知识产权保护与管理实务[M].北京:法律出版社,2002.

标战略的制定实施提供物质基础。

再次,企业需要明确具体的商标战略实施目标。为确定企业商标战略实施目标,企业需要对商标运用的现状进行综合分析,具体分析内容包括企业产品销售市场及产品市场竞争力、企业资源配置状况、企业研究开发新产品的能力和现状、企业商标工作和商标管理状况、企业市场发展前景等。同时,企业在制定商标战略过程中通过对商标情报信息的掌握,可以了解竞争对手商标战略意图,从而为自己制定科学的商标战略提供决策依据。例如,与自己产品相同或类似的产品的国内外竞争对手商标使用情况;国内外竞争对手商标注册申请和商标注册情况;国内外竞争对手商标的法律状况,如变更、失效、续展等信息;本企业拟开展商标国际经营国家或地区的商标立法动态等。

最后,企业商标战略方案的选择。企业确定商标战略目标以后,在市场调查、商标调查以及综合分析论证的基础上,就可以根据商标战略目标所确定的方向,拟定商标战略方案,然后从中选出最佳的方案。企业商标战略制定的内容包括:在获取以及实施商标权战略方面,企业可以制定商标设计、选择、注册、使用、许可使用、转让、宣传战略;在商标权的保护战略方面,可以制定商标保护战略;在商标运营方面,可以制定争创驰名商标战略、商标国际经营策略;在商标作为企业资产对外投资时,可以制定商标评估投资战略;新的网络环境下,企业还可以制定网络环境下商标保护战略等。

3. 商标战略的实施

商标战略的实施不是机械地将商标战略内容逐一地分解为每年、每季度、每个部门和每个人的工作任务,而是在企业商标日常管理过程中融入商标战略所要求的各项任务。商标战略的实施需要转化为一系列具体的战术行为,即商标策略,包括商标设计、注册、宣传、使用、维护以及商标管理等内容。

企业成功实施商标战略需要做好以下几个方面的工作:

一是要制定适合企业自身的商标战略,这是成功实施商标战略的前提和基础。二是要设立专门商标工作机构并充分发挥其管理职能。三是要建立完善的商标管理制度。四是要塑造有利于战略实施的企业商标文化。五是要获取有助于商标战略实施的人力资源。六是要动态调整和运用商标战略。企业在实施商标战略过程中还要做到积极反馈商标战略的实施情况,定期完善和修订商标战略的实施方案,始终保证商标战略与企业经营战略紧密协同,真正提升企业的市场竞争力。

4.5.3　商标战略的运用策略[①]

策略性地运用商标,是商标战略中的核心。简单地说,就是一个企业的产品,是其所有的产品都使用一件商标,还是不同种类的产品使用不同的商标,或是在不同种类的产

---

① 郭修申.企业商标战略[M].北京:人民出版社,2006。

品上既使用主商标,也使用副商标,或是通过其他的商标运用方式来帮助企业发展。

1. 单一商标策略

单一商标策略指一个企业所生产的所有产品都使用一件商标的情形。在世界知名品牌中,大部分的企业均使用了单一商标策略,如 LV、GUCCI、耐克、可口可乐、松下等。佳能公司实施单一商标策略,其生产的办公设备、个人用品、工业设备等全线产品,均使用"Canon"商标。

采用单一商标策略的好处主要是:所有产品共用一件商标,可以大大节省传播费用,对一件商标的宣传同时可以惠泽所有产品;有利于新产品的推出,如果商标已经具有一定的市场地位,新产品的推出无须过多宣传便会得到消费者的信任;众多产品一同出现在货架上,可以彰显品牌形象。

单一商标策略也并非"放之天下而皆准",它适用于各产品或业务单元之间能产生协同效应而不适合于那些毫无关联的领域。如三菱在汽车上使用"三菱",在银行上也使用"三菱"就绝非长策。无法共享核心定位和基本品牌识别的产品也不适合于此种策略。"999"根本无法在药品和啤酒上达成定位和基本识别的一致,所以必然导致失败。"活力28",既生产洗衣粉,又生产纯净水,但这样的纯净水大多数消费者是不敢喝的,因为总会感觉有洗衣粉的味道。另外采用单一商标策略的明显不足之处是,即品牌下某一产品出现问题,极有可能产生连锁反应,株连九族。因此,单一商标覆盖的产品不宜太多。

实施单一商标策略,企业必须具备两个条件:其商标必须在市场上已经获得一定信誉;使用商标的各种产品要具有相同的水平,否则会因某产品质量不佳而影响商标形象。

2. 多商标策略

多商标策略是指一个企业对所生产的不同产品,分别使用不同商标的情形。随着消费需求的多元化,一个消费群体分离成不同偏好的几个群体,单一商标策略往往不能迎合消费偏好的多元化,且容易造成商标个性不明显及商标形象混乱,而多商标策略正好能解决这一问题。

宝洁(P&G)是实施多商标策略的杰出代表。作为一家国际性综合洗涤品生产经营公司,它的产品种类多,横跨了清洁用品、食品、纸制品、药品等多种行业。从生产之初宝洁就采用多商标策略,比如在中国市场上,香皂用的是"舒肤佳",牙膏用的是"佳洁士",卫生巾用的是"护舒宝",仅洗发精就有"飘柔""潘婷""海飞丝"等品牌。正是这种战略使得宝洁成为如今世界当之无愧的"品牌大户",并且其独特的品牌经理制被后来者奉为实施"一品多牌"战略的制胜法宝。

采用多商标策略的理论依据是绝大部分消费者对特定品牌的忠诚度是有限的,往往不同程度地受到其他品牌的影响;新品牌的产生能给制造商内部机构带来刺激和效率,品牌负责部门彼此竞争,以求进步;每一品牌定位于不同的利益和需求,有助于最大限度地形成品牌的差异化和个性化,吸引不同的追随者;区分同一制造商生产的不同档次、质量或类型的产品,以吸引不同的消费层次,塑造不同的商标形象。

采用多商标策略的好处是:有助于企业全面占领一个大市场,扩大市场覆盖面。一个大市场是由许多具有不同期望和需求的消费者群组成的,根据若干消费者群的各自特点相应推出不同品牌的产品,有利于实现总体市场占有率最大化。

多商标策略的最大缺点是,推出一种产品就要创建一个品牌,需要花费巨大的促销费用,只适合于产品市场规模大的情形。据西方学者的研究,西方企业创立一个新品牌平均需花费 5000 万美元,我国一些企业为创名牌仅电视广告费就要花数亿元。因此,实力不强的企业根本无力承受;另外,它要求更高的品牌组织与管理能力,多元化品牌使得企业的供应链管理、分销管理、推广管理都产生了巨大的压力。

3. 主副商标策略

主副商标策略,是以一个成功品牌作为主品牌,涵盖企业的系列产品,同时又给不同产品起一个生动活泼、富有魅力的名字作为副品牌,以突出产品的个性形象。选择"单一商标"还是"多商标"策略,此时企业手握的是一把双刃剑,无论选择哪种策略都有利有弊,而引入副商标是摆脱这种两难境地的最有效办法。

海尔是实施主副商标策略的典范。海尔集团以海尔作为主商标,来涵盖企业所生产制造的系列产品,同时又给不同产品起一个生动活泼、富有魅力的名字作为副商标,以主商标展示系列产品社会影响力,而以副商标凸显各个产品不同的个性形象,这被越来越多的国际著名企业视为现代经营的妙招。

在冰箱上,海尔相继推出了"海尔—小王子""海尔—双王子""海尔—大王子""海尔—帅王子""海尔—金王子"等;在空调上,海尔先后推出了"海尔—小超人"变频空调、"海尔—小状元"健康空调、"海尔—小英才"窗机等;在洗衣机上,海尔推出了"海尔—神童""海尔—小小神童""海尔—即时洗"等;海尔还推出了"海尔—探路者"彩电、"海尔—小海象"热水器、"海尔—小公主"暖风机、"海尔—孔雀公主"暖被机、"海尔—水晶公主"空气清新机、"海尔—小梦露"美容加湿器等。

采取主副商标策略的价值在于运用副商标的功能,使企业在进行细分市场之后,生产多种类别的产品。副商标在既利用主商标的市场知名度、市场信誉,又避开同行业经营者的追随和竞争,大力推动副商标产品的销售方面具有以下功能:

(1)"同中求异"功能。商标就像人的姓名一样,"主商标"就是"姓","副商标"就像是"名",有姓有名更容易把产品区分开来。比如海尔,家电品种繁多,所有家电都称"海尔",不便于消费者区分,给人印象模糊。对同一商品,用"副品牌"将规格、品位、档次、功能等区分开来,如海尔冰箱选用"小王子""帅王子""画王子""小小王子"等。

(2)凸显商品"个性之美"功能。"主商标"往往难以充分展现每个产品大类的个性,"副商标"正好弥补这一不足。如"画王佳影"形象地表达了"松下—画王"彩电的"显像管采用革命性技术、画面逼真自然、色彩鲜艳"等优点。

(3)预留未来发展"新空间"功能。"主商标"形象在竞争中往往不便做大的变动,"副商标"可随时间、地点和产品的特征不同而作出相应的变动,为统一的"主商标"不断推出新产品留下了空间和余地。

(4)避免"株连风险"功能。在单一商标策略中,依挂在同一商标下的多种产品中只要有一种产品在市场经营中出现问题,就极有可能影响到其他产品的信誉,而副商标策略中宣传的重点是副商标的产品,而主商标放在宣传的次要地位。这样,一旦副商标产品在经营中出现质量、服务或其他问题影响该品牌经营时,不至于对企业其他副商标造成很大的损害,对企业品牌的损害也可以降到最低,从而保证企业免受更大的损失。同样,一旦企业的主商标出现危机,副商标受到的损害也可有效降低。

 专栏

海尔的商标战略

海尔集团的前身是"青岛电冰箱总厂"。1985年引进德国"利勃海尔"公司先进技术和设备生产出亚洲第一代"四星级"电冰箱,产品商标定名为"琴岛—利勃海尔",当时从冰箱装饰考虑,设计了象征中德儿童的吉祥物"海尔图形"(海尔兄弟);"琴岛—利勃海尔"和"海尔兄弟图形"成为企业第一代识别标志。这些识别标志经广告广泛宣传,使海尔商标初步深入人心,为企业发展起到了积极作用。到20世纪80年代末90年代初,"琴岛—利勃海尔"冰箱在中国已是家喻户晓,成为优质产品的代名词。

随着产品的畅销,出口量的不断增加,使用"琴岛—利勃海尔"商标这一识别标志的弊端开始显现:企业标志与合作方近似,不利拓展国际市场;商标"琴岛—利勃海尔"与企业名称"青岛电冰箱总厂"不统一,不利于识别;等等。到1991年企业名称确定改为"青岛琴岛海尔集团公司",产品商标也同时改为"琴岛海尔",实现企业名称与产品商标的统一。中英文组合标志"琴岛海尔","海尔蓝"为企业专用颜色,形成了集团标志的雏形。这是海尔的第二代识别标志。由于这些标志具有业感、科技感不强等弱点,伴随着海尔企业的迅速发展,多元化、国际化的趋势更加明显,原有的企业识别标志已不能适应企业发展的步伐,迫切需要更为超前的企业识别标志和品牌定位。1993年,经过深入的调查研究,产生了第三代海尔企业识别标志。企业名称改为"海尔集团",英文"Haler"成为主识别文字标志,集商标标志、企业字号于一体,传递信息更加简洁、稳重、大气,更具国际化。海尔对商标的使用也进行了精心的规划与管理,首先将集团品牌划分为三个层次:企业品牌(产品总商标)、营销品牌(产品营销商标)、产品品牌(产品类别名称)。为了塑造家电品牌的长远考虑,各类别家电产品要统一使用"Haier海尔"总商标,即上述的产品总商标。

结合各产品的特点,确定产品主题词,以这一主题词为重心,根据品种、型号,扩充演绎出一系列营销商标,即产品品牌和营销品牌。例如,冰箱的"王子"系列就分为"小王子""小小王子""大王子""双王子""冰王子""雪王子"。在洗衣机产品使用"神童"系列商标等,与总商标同时在产品上使用,最大限度地发挥了"Haier 海尔"总商标的名牌效应,降低了品牌扩张的传播成本,同时也避免了品牌连带风险。在激烈的市场竞争中,任何一种新商标的宣传推广都是既艰巨又投入巨大的工作。在广告策划中,以已在市场得到认可的"Haier 海尔"商标统领所有产品,在连贯、一致的品牌形象下展示产品的独特个性,不但降低了传播成本,而且对集团总商标的商誉也是不断地积累。经过多年的市场传播,海尔建立起了国际化大集团的企业形象。

资料来源:朱雪忠.知识产权管理[M].北京:高等教育出版社,2009.

 复习思考题

1. 简述企业商标管理工作中的主要内容。
2. 举例说明商标设计、获取、注册过程中的策略。
3. 举例说明商标许可和转让的不同。
4. 简述驰名商标的特殊保护,举例说明商标的注册策略。
5. 简述商标的运用策略。

拓展案例

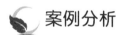 **案例分析**

中国商标第一案:"加多宝"与"王老吉"的世纪之战

"怕上火,喝王老吉!""怕上火,喝加多宝!"相似的广告词,一度成为广药集团与加多宝母公司鸿道集团争夺"王老吉"商标的冲突外现。作为中国凉茶"领导者",加多宝和王老吉在国内具有不可撼动的地位,但在双方 2010 年开战之前,许多消费者对这两者间"剪不断,理还乱"的商标授权关系知之甚少。到底是什么引起了这场中国最大商标案?双方在数十场诉讼、仲裁的博弈过程中又有何得失?这些问题的背后包含着大量的商标管理智慧!

[**案件背景**]

1997 年,广药集团("王老吉"商标持有人)与鸿道集团(加多宝集团公司母公司)签署商标许可合同,约定香港鸿道集团享有"王老吉"商标使用权,使用时限至 2010 年 5 月 2日。2001—2003 年期间,加多宝公司通过一定不正当手段将商标许可期限续签到 2020年,但后被法院判定协议无效。2010 年前,加多宝公司通过一系列有效的营销手段迅速提升品牌商誉,巅峰时期更是超越可口可乐在国内的销量,坐上了罐装饮料的国内头把交椅。然而在 2010 年原始商标许可合同到期后,广药集团在北京宣布"王老吉"商标估值超 1080 亿元人民币,此举立即引起加多宝方面不满,公司随后出面澄清该商标与广药集团不存在隶属关系,也将双方的矛盾就此公开。[①]

[案件始末]

1995 年,活动于粤港两地的东莞籍贸易批发商陈鸿道,与王健仪进行了接触,并获得红罐装王老吉凉茶的配方,但由于王健仪仅拥有香港及海外的商标所有权,欲在内地经营王老吉凉茶饮料的陈鸿道,便转而与广州羊城药业寻求合作。

1997 年,广药集团资产重组,成立广州药业股份有限公司,赴港上市。在此次重组中,王老吉进入了广州药业。同年 2 月,广药与香港鸿道集团签订了"王老吉商标许可使用合同"。而在拿到配方和商标使用权后,陈鸿道开始以加多宝集团为平台,在内地投资红罐王老吉凉茶业务。

2000 年,广药集团和鸿道集团再次签订商标使用许可合同,许可时间为 2000 年至 2010 年 5 月。2002 年至 2003 年,鸿道又与广药分别补签了《"王老吉"商标许可补充协议》和《关于"王老吉"商标使用许可合同的补充协议》,将商标使用期限延至 2020 年。

2008 年,广药集团与鸿道集团交涉,广药称王老吉商标事件为国有资产事件,涉嫌国有资产流失,但双方交涉未果。同年 8 月,广药向鸿道发出律师函,称李益民签署的两个补充协议无效。

2010 年 11 月,广药启动王老吉商标评估程序,经北京名牌资产评估有限公司评估,其品牌价值为 1080.16 亿元,成为中国目前第一品牌。

2011 年 4 月,广药向中国国际经济贸易仲裁委员会提出仲裁申请,并提供相应资料,广药集团认为 2002 年至 2003 年,鸿道与广药分别补签的《"王老吉"商标许可补充协议》和《关于"王老吉"商标使用许可合同的补充协议》是当时任广药总经理的李益民收取了鸿道数百万的贿赂后,才签署了将租赁期限延长到 2020 年的授权书。李益民东窗事发后,广药集团认为上述补充协议无效,商标租赁期限已于 2010 年 5 月 2 日到期。李益民案在 2005 年 7 月由广州市中级人民法院做出一审判决,法院认定其收受贿款人民币20.9 万元、港币 329 万元、美元 2.5 万元,对其判处无期徒刑,剥夺政治权利终身。

2011 年 5 月,王老吉商标案立案。9 月开庭,后因鸿道集团一直未应诉,开庭推迟至2011 年 12 月 29 日,但未出结果。

2012 年 2 月 10 日,重启仲裁;但仲裁委考虑到王老吉商标价值,建议调解,并将仲裁延至 5 月 10 日,而因鸿道集团提出的调解条件是以补充合同有效为前提,广药无法接受,调解失败。

---

① 资料来源:刘松涛."王老吉"PK"加多宝"(连载一)——一场以品牌为基本作战单位的消费者心智认知争夺战[J].企业研究,2012-07-05.

2012 年 5 月 11 日,仲裁结果:广药集团与加多宝母公司(集团)有限公司签订的两份商标续约补充协议无效;鸿道集团停止使用王老吉商标。

2012 年 5 月 17 日,北京市中级人民法院就加多宝申请撤销仲裁结果立案。2012 年 6 月 21 日上午,北京市第一中级人民法院开庭审理加多宝申请"撤销仲裁委对王老吉商标案判决"一案,焦点就在于广药集团原副董事长兼总经理李益民在 2001 年 8 月至 2003 年 6 月期间,分三次收受香港鸿道集团董事长陈鸿道 300 万港元及其后果。在李益民三次受贿后,双方企业于 2002 年 11 月和 2003 年 6 月分别签署协议,最终将王老吉商标租期延长至 2020 年。

2012 年 7 月 13 日,北京市第一中级人民法院驳回鸿道集团"撤销仲裁裁决的申请",让王老吉品牌纠纷案尘埃落定。

终裁结果一度给"王老吉"商标案画上了句号。然而一波未平,一波又起。在几年诉讼对抗后,广药集团再出重击。2016 年 6 月,广药集团以加多宝公司侵害"王老吉"注册商标为由索赔 29.9 亿元,中国知产领域最大侵权索赔案在广东省高院开庭。2012 年至此,经过十余场的诉讼,广药集团已累计向加多宝公司提出近 50 亿元索赔,且几乎获得全胜。

[案例解读]

商标权是商标所有人对其商标的使用享有的支配权。随着商标在经济发展中的作用日益重要,在市场竞争中地位的日益提高,商标已成为企业生存发展的基础,成为企业的灵魂。商标作为企业重要的无形财产,信誉的载体,不仅能为企业带来可观的经济效益,同时也为企业可持续发展,创造强势品牌奠定基础。因此,企业应加强商标管理,重视保护自己所享有的商标权。企业注册的商标除了可以自己使用外,还可通过转让、许可、继承、投资等方式来实现其价值。广药集团正是将自己注册申请的"王老吉"商标授权许可香港鸿道集团使用来实现其价值。但是,在签订商标许可使用合同时,许可方和被许可方都应从长远考虑商标的价值,注意保护自己的商业利益。

商标的许可权:商标属于财产权,商标权人可以许可他人使用,从中获得利益回报。以合同的形式确定。商标法规定:一般是商标权人通过签订许可使用转让合同的方式,许可他人使用其注册商标。

商标侵权是指未经许可,使用他人商标或使用与他人相似的商标,可能使消费者在商品或服务的来源上产生混淆的行为。诸如未经许可,复制、假冒、模仿他人的商标都是侵权行为。"王老吉"商标的被许可使用方加多宝公司的红罐王老吉销售收入已达到 160 亿～180 亿元,按照国际惯例,商标使用费应是销售额的 2%～5%。以红罐王老吉年销售 160 亿元来计,商标使用费按其销售额的 2%来计算,加多宝公司应至少向广药集团交纳商标使用费 3.2 亿元。然而,2000 年至 2011 年,商标使用费年租金仅有 400 多万元,即使延续到 2020 年,也只有 500 多万元。而相比广药集团租给其他合作伙伴如广粮集团等的商标使用费,则是销售额的 2.3%～3%,即便是广药集团下属的合资公司王老吉药业,每年都要按销售额的 2.1% 缴纳商标使用费。因此,可以说广药集团在"王老吉"商标使用许可费用上受到了巨大的损失。作为商标权使用许可的被许可方,也应考虑最大程度地维护自己所获得的商标使用权的利益。除了应考虑约定合理的许可期限和许可费用外,还应考虑如何对合同到期许可方收回商标使用权进行约定。和中国式所有蹩脚的合作一样,加多宝和广药的合作也是江湖式进入,法律式退出。

资料来源:王老吉与加多宝商标之争分析. https://wenku. baidu. com/view/edf9ce70c8d376eeafaa315c. html.

[案例讨论题]

1. 什么是商标许可权?商标许可中有哪些注意事项?

2. 结合案例谈谈加多宝如何通过商标诉讼战略提高自身品牌知名度和市场占有率。

3. 试分析加多宝和王老吉在这场商标大战中各自的得失。

第 5 章

著作权管理

本章要点

- 了解著作权制度的起源和发展
- 了解软件著作权的管理
- 理解著作权的权利内容、取得与利用
- 掌握作品的构成要件
- 掌握著作权的权利限制与保护
- 掌握网络环境下著作权的管理

 开篇案例

Q 先生和 Y 女士系著名作家。2006 年,P 未经两人授权,擅自将他们的私人信函、诗文、墨迹、照片等,连同其他内容存在失实之处的报道,编成《Q 先生的生活纪实》一书,并授权甲出版社出版发行。

2007 年初,Q 先生和 Y 女士写信给甲出版社,要求其立即停止出版该书,并采取其他补救措施妥善处理此事。但是,甲出版社以已经取得了 P 的授权,不需要再取得其他人的授权为由,对 Q 先生和 Y 女士的要求不予认可。无奈之下,Q 先生和 Y 女士向国家版权局投诉,称甲出版社未经其授权而出版这些作品,严重侵犯了其著作权,要求予以查处。

国家版权局经过调查核实,认定甲出版社未经 Q 先生和 Y 女士许可擅自出版《Q 先生的生活纪实》一书,是侵犯了著作权人的发表权、保护作品完整权、复制权、发行权等多项著作权权利,遂依法责令甲出版社停止发行该书,处以罚款1万元,没收《Q 先生的生活纪实》的全部库存书并予以销毁,追回已付给 P 的稿费且予以没收等处罚。

问题:

1. 国家版权局责令甲出版社承担的是什么责任?

2. 甲出版社如果要合法出版涉案作品,应当如何操作?

5.1 著作权概述

5.1.1 著作权制度概述

著作权法律制度起源于科学技术、文化教育和商品经济发达较早的欧洲,当今世界绝大多数国家都建立了著作权法律制度。以下本书将从国外和国内两个方面介绍著作权法律制度的历史沿革。

5.1.1.1 国外著作权法的历史沿革

在世界范围内,著作权法律制度的产生发展,大致经历了两个历史时期。

1. 特许出版权时期

16世纪中后期,以英国为代表的欧洲社会正在经历着第一次工业革命带来的社会物质财富的快速增长,以及与之相伴随的资本主义思想的快速传播、自然科学的不断发展和进步。在这种社会背景下,人们的精神世界从宗教的禁锢下解放出来,思想逐渐活跃,对于知识和书籍的渴望和要求日趋强烈。当时中国的造纸术和印刷术也已经传播到欧洲,这些因素在很大程度上促进了印刷业的快速发展。

由于印刷商之间竞争激烈,为防止盗印书籍等不正当竞争行为,一些印刷商不断要求政府给予他们保护,以维护自己的经济利益。这种状况发展到最终以缴纳特许出版权费用作为交换条件,由英国女王给部分出版商授予特许出版权,使他们垄断对相应作品的出版发行权。16世纪中叶,英国出现了印刷公会,该公会的成员能够获得皇室颁发的特许出版权。

这一阶段的主要特征是,印刷商出于获得更高利润的目的,通过借助皇室的力量来获得一种垄断性的特权,这种特权的受益者是印刷商,或者称为出版商。特许出版完全是一种垄断商业交易的行为。特许出版权并不是真正的著作权,它是一种封建政府或君主授予的出版特权,是一种公权力,它与保护作者的利益没有关系。但是特许出版却引发了后来社会对于作者利益的关注和保护,因此人们都普遍地把这一特权时期作为著作权制度诞生的前奏。

2. 现代著作权保护时期

每一部作品的产生都是作者智力劳动的结晶。17世纪的英国思想家洛克在他的《论政府》中明确提出,每个人天生都是自由的,他的劳动成果就是他生命的一部分,都天经地义地归他自己所有,任何人都没有权利进行掠夺。随着资产阶级革命的胜利,资产阶级取代封建统治者登上政治舞台,"天赋人权""人人生而平等"等进步思想在社会上广泛传播,并为广大民众所接受。在这种社会背景下,英国爆发了反对廉价掠夺作者利益的运动,在社会各方的压力下,女王不得不终止了授予特权的活动,英国议会被迫于 1709 年通过了世界上第一部以保护作者合法权益为目的的法律,这部法律的名称是《为鼓励知识创作而授予作者及购买者就其已印刷成册的图书在一定时期内之权利法》,也称为《安娜法令》。

从保护出版商享有的特有出版权转变为保护作者享有的著作权,这是一场根本性的转变。这种转变不仅仅是权利的名称发生了变化,最深刻的转变在于两种权利的本质不同,保护的出发点和最终的目的都完全不同。前者是保护出版商借助出版发行作品来赚取更多的经济利润,后者则是保护作者基于自己创作完成的作品来得到社会的认可并获得其应得的报酬。从此,保护作者权利的思想就诞生了。无论从社会公平正义的角度,还是从促进社会文明和发展的角度来说,著作权法律制度的诞生都体现了社会的文明和进步。

18 世纪末,欧洲大陆各国也相继建立了著作权保护制度。其中,又以 1793 年法国制定的《著作权法》最具代表性。与英国不同,欧洲大陆各国的著作权法更多地接受了资产阶级启蒙思想家的人权观念。他们认为,作品不同于其他商品,它首先是作者人格和精神的反映。因此,著作权制度更注重保护作者的人身权利,财产权则次之。

随着国际经济、政治、文化的发展,著作权交易的扩大,仅通过国内法保护著作权已经不能有效保护作者的利益。于是出现了国家间保护著作权的双边条约,并发展为建立统一的多边著作权保护体系。1886 年诞生了保护著作权的第一部国际公约——《保护文学艺术作品伯尔尼公约》(简称《伯尔尼公约》),这部公约为在世界范围内保护文学艺术和科学领域内的作品奠定了法律基础,它的基本内容直到今天仍然是世界各国保护著作权的最高纲领。1952 年在日内瓦通过了另一个著作权公约——《世界版权公约》。1993 年通过的《与贸易有关的知识产权协议》,更进一步增强了各国著作权制度的协调与统一,强化了国家间对著作权的保护。

拓展资源

5.1.1.2 我国著作权制度的历史沿革

我国著作权制度初建于清朝末年。1910 年,清政府颁布了我国历史上第一部著作权法——《大清著作权律》,这部法律分 5 章,共 55 条,条文简约,内容完备。其立法取向反映了对大陆法系与英美法系著作权法的一些基本原则兼收并蓄的立场,同时保护作者的财产权和人身权。虽然次年清政府被推翻,但《大清著作权律》仍不失为一部成功的法律,它奠定了我国著作权法的基础,在我国著作权立法历史上产生了深远的影响。[①] 1915年,北洋军阀控制下的民国政府另行颁布了一部《著作权法》,其中除了把登记机关从民政部改为内务部,并在"著作物"中增加了"讲义""演述"等项之外,完全与《大清著作权

---

① 刘春田.知识产权法[M].第 5 版.北京:中国人民大学出版社,2014:43.

律》相同。1928 年,当时执政的国民党政府颁布了一部《著作权法》,并颁布了它的实施细则。该法在 1944 年、1949 年做过修订。1963 年,国民党政府在台湾省又颁布了一部《著作权法》。这两部法的基本内容,仍未超出《大清著作权律》的范围。

新中国成立以后,著作权法律制度建设未得到应有的重视。国家只是先后制定和实施了一些有关著作权保护的决议和规定,如 1950 年全国第一次出版工作会议发布的《关于改进和发展出版工作的决议》提出出版业应尊重著作权及出版权,不得有翻版、抄袭、篡改等行为。1953 年出版总署发布《关于纠正任意翻印图书现象的规定》,指出一切机关团体不得擅自翻印出版社出版的图书图片以尊重版权。当时对著作权的认识与现在截然不同,著作权并没有被作为一项民事权利得到法律的正式承认和保护。[①] 改革开放以后,随着对外交流的增多以及适应经济建设的需要,1986 年 4 月 12 日,由全国人民代表大会第四次会议通过的《中华人民共和国民法通则》第一次在法律中明确规定了"公民、法人享有著作权(版权),依法有署名、发表、出版、获得报酬等权利","公民、法人的著作权(版权)受到剽窃、篡改、假冒等侵害的,有权要求停止侵害,消除影响,赔偿损失"。《民法通则》为我国著作权立法奠定了坚实的基础。1990 年 9 月 7 日,《中华人民共和国著作权法》经第七届全国人大常委会第十五次会议审议通过,并于 1991 年 6 月 1 日正式实施,同年 6 月 3 日又颁布了《中华人民共和国著作权法实施条例》。随着著作权国际交流的扩大,我国于 1992 年决定参加《伯尔尼公约》和《世界版权公约》,这两个公约分别于 1992 年 10 月 15 日和 1992 年 10 月 30 日对我国生效。随着社会经济文化的迅速发展,社会生活与国际交往对著作权法提出了新的要求。2001 年 10 月 27 日,第九届全国人大常委会第 24 次会议通过了《关于修改著作权法的决定》,完成了我国著作权法的第一次修订。

5.1.2　著作权的主体和客体

5.1.2.1　著作权的主体

1. 著作权主体的含义

著作权的主体又称为著作权人,是指按照法律规定,享有著作权的人。一般来讲,著作权首先属于作者。所以著作权的原始主体为作者。但并非只有作者才能享有著作权,其他人可以通过受让、继承、受赠等方式取得全部或一部分著作权,称之为继受主体。

如果完整地享有著作财产权和著作人身权,则为完整的著作权主体。如果只享有其中部分权利的,则为部分的著作权主体。一般来讲,作者是完整的著作权主体,但他可以转让部分著作权甚至卖断著作财产权后只享有人身权而成为部分的著作权主体。非作者可以通过继受取得来获得部分著作权,但一般应该是不完整的著作权,因为多数国家

---

① 　刘春田.知识产权法[M].第 5 版.北京:中国人民大学出版社,2014:43.

规定,著作人身权不能转让。

　　根据《著作权法》第 11 条第 1 款的规定,创作作品的公民是作者。何为创作? 应该限定于直接参与创作的人,即借助语言、文字、色彩、线条等进行创作,反映自己的个性、思想观念和特点的人。那些为他人创作进行组织工作,提供咨询意见、物质条件或者从事其他辅助工作,甚至专业指导的人,都不能称为作者。只有自然人才能是事实上的作者。但在特定情况下,法律可以把某些单位视为作者。比如《著作权法》第 11 条第 2 款规定:"法人或者其他组织主持,代表法人或者其他组织意志创作,并由法人或其他组织承担责任的作品,法人或其他组织视为作者。"为了避免争议,《著作权法》第 11 条第 3 款规定:"如无相反证明,在作品上署名的公民、法人或者非法人单位为作者。"换言之,如果主张作品上署名的人不是作者,必须举证证明。

　　2. 特殊作品的著作权主体

　　(1) 合作作品的著作权人

　　两人以上合作创作的作品为合作作品。《著作权法》第 13 条第 1 款规定:"两人以上合作创作的作品,著作权由合作作者共同享有。没有参加创作的人,不能成为合作作者。"

　　多数国家的著作权法理论认为,只有那种每个作者的创作成果都有机地联系在一起,无法将单个作者的成果从作品整体中分割出来的作品,才是合作作品。如甲乙二人合作创作一幅国画,二人经共同构思以后,由甲完成整体布局和线条的勾画,乙则着彩涂墨、画龙点睛,最后完成画的创作。这样,一张国画中凝聚着两个人的创作成果,既使二人的创作风格同时得以体现,又让二者和谐地熔为一炉,浑然一体。两位作者各自创作的成果你中有我,我中有你,无法分割开来单独使用。我国著作权法对合作作品的认定要求相对较低,把合作作品分为可以分割使用和不可分割使用的两种类型。如甲乙两位词曲作者共同创作一首电影歌曲,由于二人合作成功,词和曲结合得完美和谐,二者相得益彰。而词和曲又可以分割开来,各自作为一首诗和一支曲调来使用。此种属于可分割使用的合作作品。

　　根据《著作权法》第 13 条规定,合作作品的作者为共同著作权人。合作作品可分割使用的,对各自创作部分可单独享有著作权。如歌剧的脚本和乐曲,歌曲的词和曲。但是该权利的行使方式不得构成对合作作品整体著作权的侵害。有的国家的著作权法将这种可以分割使用的作品排除在合作作品之外。

　　《著作权法实施条例》第 9 条规定:"合作作品不可以分割使用的,其著作权由各合作作者共同享有,通过协商一致行使;不能协商一致,又无正当理由的,任何一方不得阻止他方行使除转让以外的其他权利,但是所得收益应当合理分配给所有合作作者。"在不可以分割使用的情形,由于作品不可以分割使用的天然属性,决定了各合作作者的命运被更加紧密地联系在一起。如果无实施条例第 9 条的规定,那么就会因为合作作者不能达成一致而使作品的使用陷入停滞的状态。

（2）职务作品的著作权人

职务作品是指公民为完成法人或其他组织工作任务所创作的作品。由于作者与单位存在劳动人事关系，创作作品是其工作任务，而单位为此已经支付了工资薪金，根据权利义务一致的原则，这类作品的权利归属应不同于公民个人作品，也不同于法人或其他组织委托他人创作的作品。

在认定职务作品时需要注意以下几个要件：第一，作者和单位存在劳动或者雇佣关系；第二，创作作品属于作者的职责范围；第三，作品基本上依作者个人意志创作，否则会属于单位作品。不能认为凡是国家公职人员创作的作品都是职务作品；另外也不能将职务作品等同于单位作品。单位作品指的是由单位作为作者的作品。根据《著作权法》第11条的规定，所谓单位作品，是指由法人或者其他组织主持，代表法人或者其他组织意志创作，并由法人或其他组织承担责任的作品，法人或其他组织视为作者。

一般情况下，职务作品的著作权由作者享有，单位在其业务范围内有优先使用权。《著作权法》第16条规定："此类作品完成两年以内，未经单位同意，作者不得许可第三人以与单位使用的相同方式使用该作品。"以下情况的职务作品，作者仅享有署名权，著作权的其他权利由单位享有，单位可以给予作者奖励：第一，主要是利用法人或其他组织的物质技术条件创作，并由法人或其他组织承担责任的工程设计图、产品设计图、地图、计算机软件等职务作品；这里的"物质技术条件"是指该单位为公民完成创作专门提供的资金、设备或者资料。第二，法律、行政法规规定或者合同约定著作权由法人或者其他组织享有的职务作品。

（3）委托作品的著作权人

委托作品是指委托人向作者支付约定的报酬，由作者按照其意志和具体要求而创作的作品。如单位悬赏征集的厂标、厂徽、厂歌以及为他人撰写的回忆录等。

委托作品不同于职务作品。前者是根据具体的委托合同创作；后者是基于法律规定或者劳动人事关系、雇佣关系创作作品。根据《著作权法》第17条规定：受委托创作的作品，著作权的归属由委托人和受托人通过合同约定。合同未作明确约定或者没有订立合同的，著作权属于受托人。受托人即是创作人、作者。此项规定更加倾向于保护作者的利益。

 专栏

武汉永凝建材有限公司著作权纠纷一案

武汉永凝建材有限公司（以下简称"永凝公司"）2002年注册成立的企业法人，为宣传公司业绩和形象，委托魏斌对其承接的"武汉长江二桥"施工项目进行拍照，获得《武汉长江二桥》等摄影作品。根据与魏斌的约定，该摄影作品归属于永凝公司。之后，原告将该作品用于公司宣传画册。2009 年 8 月,永凝公司获取署名为被告的宣传画册一份,其中使用了其享有著作权的上述作品。湖北筑金防水工程有限公司(以下简称"筑金公司")在未经原告授权使用的情况下,将永凝公司的工程示例照片用于营利性商业宣传,给其公司造成重大损害,而且至今筑金公司的侵权状态仍在持续中。所以永凝公司于 2009 年 10 月 15 日向湖北高级人民法院起诉。而筑金公司辩称该摄影作品由长江日报的魏斌拍摄,永凝公司并没有证据证明其享有摄影作品的著作权,同时声称其使用的照片由其隶属总代理公司海口筑金建材有限公司合法提供,根据全国代理商之间合作关系和合作常规,代理商代理同一产品时,相关资源合作各方都可共享、使用,因此即使使用了原告摄影照片,也不构成侵权。

本案涉及委托作品的著作权归属问题。摄影作品《武汉长江二桥》由案外人魏斌拍摄。根据魏斌提交的收款收条,魏斌系受原告委托拍摄该照片,而且双方对所拍摄的摄影照片的著作权归属约定由永凝公司享有。而被告没有证据证明,在其企业宣传画册封面中所使用的该幅图片已经得到原告的许可。故被告使用该图片的行为构成侵权。

资料来源:http://china.findlaw.cn/chanquan/chanquananli/jzqfal/13276.html.

(4) 演绎作品的著作权人

演绎作品是指改编、翻译、注释、整理已有作品而产生的作品。演绎作品要求演绎人对作品的产生付出了创造性劳动,如果没有演绎人的智力创作不能算作演绎作品。

演绎作品有以下两种情况:第一,在原有受著作权保护的作品的基础上进行演绎;第二,对没有著作权的作品或其他事实材料进行演绎,完成的演绎作品可以产生著作权。

根据《著作权法》第 12 条规定:"改编、翻译、注释、整理已有作品而产生的作品,其著作权由改编、翻译、注释、整理人享有,但行使著作权时不得侵犯原作品的著作权。"

(5) 汇编作品的著作权人

汇编作品是指对若干作品、作品的片断或者不构成作品的数据或其他材料,在内容的选择或者编排上体现独创性的作品,如选集、期刊、报纸、百科全书等。

汇编作品不同于合作作品。合作作品要求合作人之间有共同创作的意思表示,合作作品分为可以分割使用和不可分割使用的两种。而汇编作品的各部分作者之间不要求有共同创作的合意,汇编作品中各部分可以分割使用。

汇编作品表现了汇编人独特的选材和编排材料的方法,并赋予这些材料以新的组织结构和表现形式,所以汇编人是其汇编作品的作者。要求作者必须对作品的产生付出创造性劳动,如果没有汇编人的智力创作,而只是将人人皆知的作品简单拼凑在一起,一般不能视为汇编作品。

汇编作品存在两种情况:第一,汇编有著作权的作品。汇编人对汇编后的作品的整体享有著作权,但不得排除或取代被汇编作品的著作权。也就是说,汇编作品人和被汇编的原作者同时分别享有著作权。汇编人在汇编时应取得原作著作权人的同意,并支付报酬,在行使著作权时,不得侵犯原作品的著作权。如无权擅自将部分作品复制、许可他人改编、播放等。第二,汇编没有著作权的作品。如古代散文集、唐诗宋词、世界童话选、通讯录等。

（6）视听作品的著作权人

视听作品,是指摄制在一定物体上,由一系列有伴音或者无伴音的画面组成,并且借助适当装置放映、播放的作品,包括电影作品和以类似摄制电影的方法创作的作品,主要是指电影、电视、录像作品。

由于视听作品本身创作过程的复杂性,它将编剧、表演人、作词作曲者以及其他诸多人员创作活动和技术活动凝结在一起,成为一个复杂的集合体,大多数参与人员的创作不可分割地融进同一个表现形式中,除去音乐、剧本等外,每个参与者都无法单独行使其著作权。如何协调这种关系,同时又不至于因这种多重权利的交织和相互牵制影响整个视听作品著作权的行使,各国著作权理论和法律规定相差较远。但是它们的共同点是立足于简化著作权关系,既照顾到作者的权利,又方便著作权的行使。

我国《著作权法》第 15 条规定:"电影作品和以类似摄制电影的方法创作的作品的著作权由制片人享有,但编剧、导演、摄影、作词、作曲等作者享有署名权,并有权按照与制片人签订的合同获得报酬。电影作品和以类似摄制电影的方法创作的作品中的剧本、音乐等可以单独使用的作品的作者有权单独行使其著作权。"法律之所以这样规定,是因为考虑到影视作品在制作过程中需要耗费大量的人力、物力、财力,制片人投资多、风险大,其在投入巨资后要收回成本;而且影视作品的权利不可能单由某一作者行使,必须通过制片人来统一行使。

但另一种看法认为视听作品的创作者是导演、编剧,创作者可以同制片人事先约定视听作品的著作财产权归属,只有在没有事先约定视听作品著作权的情况下,才可以由制片人享有著作权。这种看法被《著作权法 2012 年第三次修订稿草案》所吸纳。

（7）讲话型作品的著作权人

最高人民法院《关于审理著作权民事纠纷案件适用法律若干问题的解释》第 13 条规定:除著作权法第十一条第三款规定的情形外,由他人执笔,本人审阅定稿并以本人名义发表的报告、讲话等作品,著作权归报告人或者讲话人享有。著作权人可以支付执笔人适当的报酬。

（8）回忆录型作品的著作权人

最高人民法院《关于审理著作权民事纠纷案件适用法律若干问题的解释》第 14 条规定:当事人合意以特定人物经历为题材完成的自传体作品,当事人对著作权权属有约定的,依其约定;没有约定的,著作权归该特定人物享有,执笔人或整理人对作品完成付出劳动的,著作权人可以向其支付适当的报酬。

本书作者认为,在没有约定的情况下,由于执笔人在实际创作中的作用是不同的,没有具体区分情况,就统一规定由特定人物享有著作权,比较欠妥。实践中,执笔人参与自传体创作主要有三种情况：第一，执笔人完全根据特定人物本人自述而记载相关内容；第二，执笔人在特定人物本人口述的基础上添加了自己的创作；第三，特定人物本人仅是简要讲述个人经历，作品的全部创作都是由执笔人单独完成。第一种情况，作品的著作权应归特定人物本人；第二种情况，作品应为双方合作作品，著作权归特定人物与执笔人；第三种情况，作品的著作权应归执笔人。

（9）作者身份不明作品的著作权人

《著作权法实施条例》第 13 条规定：作者身份不明的作品，由作品原件的所有人行使除署名权以外的著作权。作者身份确定后，由作者或者其继承人行使著作权。

（10）外国人作品的著作权人

《著作权法》第 2 条规定："外国人、无国籍人的作品根据其作者所属国或者经常居住地国同中国签订的协议或者共同参加的国际条约享有的著作权，受本法保护。外国人、无国籍人的作品首先在中国境内出版的，依照本法享有著作权。未与中国签订协议或者共同参加国际条约的国家的作者以及无国籍人的作品首次在中国参加的国际条约的成员国出版的，或者在成员国和非成员国同时出版的，受本法保护。"

5.1.2.2　著作权的客体

所谓著作权的客体是指文学、艺术和科学领域内，具有独创性并能以某种有形形式复制的智力创作成果，即作品。作品是一个动态的概念，随着科学技术的发展而发展。例如，早期的作品主要是指文字作品、美术作品等。当摄影技术、电影技术发明后，作品的范围扩大到摄影作品、电影作品等。随着计算机技术、网络技术的产生，作品的范围又扩展至计算机软件、数字化作品等。

1. 作品的含义

《伯尔尼公约》中对作品的规定为："'文学艺术作品'一词包括科学和文学艺术领域内的一切作品，不论其表现方式或形式如何，诸如书籍、小册子及其他著作；讲课、演讲、讲道及其他同类性质作品；戏剧或音乐戏剧作品；舞蹈艺术作品及哑剧作品；配词或未配词的乐曲；电影作品或以与电影摄影术类似的方法创作的作品；图画、油画、建筑、雕塑、雕刻及版画；摄影作品以及与摄影术类似的方法创作的作品；实用美术作品；插图、地图；与地理、地形、建筑或科学有关的设计图、草图及造型作品。"我国借鉴《伯尔尼公约》对作品的定义，在《中华人民共和国著作权法实施条例》（2002）中对作品的规定如下："著作权法所称作品，是指文学、艺术和科学领域内具有独创性并能以某种有形形式复制的智力成果。"从我国的上述规定中可以看出，作品是由作者创作完成的，基于作品的传播而产生的作品之外的劳动成果不属于著作权法意义上的作品。

2. 作品的特征

作品具有以下特征。

（1）作品是"思想、感情"的表达，而不是思想、感情本身

首先作品创作必须是基于人的行为，排除大自然的天成，动物以及机器所为也并非创作。其次作品是人的智力成果。非因智力活动产生的成果，不能算作作品。这里的脑力劳动是一种事实行为，而不是法律行为。例如五岁小孩随手涂鸦的画，如果具有智力创造性，即是作品。再次，著作权保护的作品不是对思想的保护，而是对思想的表达形式的保护。世界贸易组织 TRIPS 协议第 9 条第 2 款规定："著作权保护应及于表达，但不延及思想、程序、操作方法或数学概念本身。"思想是客观存在反映在人的意识中经过思维活动而产生的结果，往往具有高度的抽象性。思想存在于人的头脑中是无法被他人所感知的，只有思想者将存于自己脑海中的思想以某种表达形式表现出来才能被外部世界的其他人所感知。抽象的思想内容可能相似甚至相同，但其表现形式却可能不同。例如同样表达对和平自由的向往，却可以采取诗歌、绘画、小说、电影等诸多形式。而著作权保护的作品正是这种思想的表达形式。如果保护的是思想，势必会导致思想的垄断，进而必然限制多种形式的作品出现，阻碍精神财富的创造。我国《著作权法实施条例》第 2 条规定，作品能以"某种有形形式复制"，实际上就是强调"作品"只能是"外在表达"，因为只有"外在表达"才能以某种有形形式加以复制。[①]

（2）作品必须具有独创性或原创性

此处的独创性指的是表达形式的独创。著作权法只保护表达形式而不保护思想内容，因此，独创只是表达形式的独创，不是内容的独创。就相同主题进行不同创作，照样可以成为作品。例如，基于同样的历史题材的创作。独创性指作品是作者独立的创造性劳动的产物，而不是剽窃或者抄袭他人的创作成果。独创性并非指作品绝无仅有，虽然实际上可能是独一无二。如果两部作品的题材、构思乃至表达形式相同或类似，但只要作者是自己独立创作的，则就这两部作品各自享有著作权。对作品是否要达到一定创作高度，英美法系国家和大陆法系国家有稍许差别。以德国为代表的大陆法系国家一般要求作品除了要独立创作完成外，还必须达到一定的智力高度，即作品要有较高的文学艺术价值。而英美法系国家对作品基本没有质的要求，只要智力创造性不过于低微即可。两相对照，英美法系国家的做法更为合适，因为一部作品的价值如何，不同的人判断标准是不一样的。大众喜欢的流行作品，对某些人来讲却可能是毫无艺术价值。文学艺术价值这个主观标准本身就是仁者见仁，智者见智。所以对于作品的独创性不应给予较高的要求。

我国《著作权法实施条例》第 3 条专门对于作品的"创作"活动作了明确的规定："创作，是指直接产生文学、艺术和科学作品的智力活动。为他人创作进行组织工作，提供咨询意见、物质条件，或者进行其他辅助工作，均不视为创作。"这在一定程度上有助于人们对作品概念的理解和把握。即"作品"应当是作者智力活动的结果。我国法律没有规定

---

① 王迁.知识产权法教程[M].北京：中国人民大学出版社，2007：32.

创作的高度。

3．作品的种类

我国著作权法涵盖的作品包括以下 8 个类别。

（1）文字作品

文字作品，是指小说、诗词、散文、论文等以文字形式表现的作品。此处的文字包括盲文、数字、图形、音符等符号。文字作品比文学作品的范围要广,产品介绍、科学论文、计算机软件程序均属于文字作品。

（2）口述作品

口述作品，是指即兴的演说、授课、法庭辩论等以口头语言形式表现的作品。需要注意的是,只有即兴的才有可能成为口头作品,而对已有作品的表演、重复,例如,按照讲稿作的演说,按照教案进行的授课,不能算作口述作品。讲稿、教案属于文字作品。

（3）音乐、戏剧、曲艺、舞蹈、杂技艺术作品

音乐作品，是指歌曲、交响乐等能够演唱或者演奏的带词或者不带词的作品。带词的音乐作品中的歌词可以与音乐旋律相分离,其本身就是文字作品。而音乐旋律并不要求必须以乐谱等形式固定下来。戏剧作品,是指话剧、歌剧、地方戏等供舞台演出的作品。戏剧作品和文字作品、音乐作品往往互有交叉,例如我国传统地方戏既有音乐又有文字内容。曲艺作品,是指相声、快书、大鼓、评书等以说唱为主要形式表演的作品。舞蹈作品,是指通过连续的动作、姿势、表情等表现思想情感的作品。它是创作者对舞蹈动作的设计。这种设计可以采取文字、草图、录制的舞蹈画面等方式记录,设计者也可以将自己在脑海中设计的动作直接表演或指导他人表演。当然这里的动作并不是单一、孤立的舞蹈动作,它还必须呈连续状并表达一定的思想情感。杂技艺术作品,是指杂技、魔术、马戏等通过形体动作和技巧表现的作品。

（4）美术、建筑作品

美术作品，是指绘画、书法、雕塑等以线条、色彩或者其他方式构成的有审美意义的平面或者立体的造型艺术作品。建筑作品,是指以建筑物或者构筑物形式表现的有审美意义的作品。从定义可知,建筑作品不包括建筑设计图、建筑模型,仅仅指实物。实物的建筑作品不仅包括建筑物的外观,还可以是内饰、电梯、庭院等建筑物的一部分。建筑设计图、建筑模型在现行著作权法中是以工程设计图和模型作品给予保护,但有的国家如美国则是将建筑平面设计图纳入建筑作品中给予保护的。另外只有具有独创性的建筑物才能成为作品,日常的普通建筑物不能算作品。著作权法不保护技术方案和实用功能,对于具有实用功能兼具美感的实用艺术品如玩具、家具、饰品、服饰等能否给予保护,现行著作权法没有规定,这也引起了实务争议。从著作权法立法宗旨来看,如果实用艺术品的美感和实用功能相独立的,而美感的艺术创作满足独创性要求,那么对实用艺术品的艺术部分给予保护是适当的。

（5）摄影作品

摄影作品,是指借助器械在感光材料或者其他介质上记录客观物体形象的艺术作品。摄影指使用某种专门设备进行影像记录的过程,这里的专门设备包括机械照相机或者数码照相机。只要将客观物体记录在介质上就构成作品。

（6）视听作品

视听作品主要是电影作品和以类似摄制电影的方法创作的作品,它是指摄制在一定介质上,由一系列有伴音或者无伴音的画面组成,并且借助适当装置放映或者以其他方式传播的作品。要注意的是视听作品应当是完整的影片,或具有独立意义的片断而不是其中的阶段性成果①,也不是构成视听作品的各个要素,比如电影当中的配乐、电影剧本、演员表演等,此时只有这些要素融合在一起时才能构成视听作品。

（7）工程设计图、产品设计图、地图、示意图等图形作品和模型作品

图形作品,是指为施工、生产绘制的工程设计图、产品设计图,以及反映地理现象、说明事物原理或者结构的地图、示意图等作品。工程设计图和产品设计图带有技术实用性,实用性的保护显然不属于著作权保护功能,而应归于专利法的保护范畴。那么,地图的独创性如何体现？越是接近客观事实的地图,越是有价值的地图,因其表达形式接近唯一,其独创性越值得怀疑。因此,一般实测地图不视为作品。而对地面形象有所取舍的编绘地图,反而具有独创性而成为作品。模型作品,是指为展示、试验或者观测等用途,根据物体的形状和结构,按照一定比例制成的立体作品。比如模型汽车、建筑模型等。

（8）计算机软件

根据我国《计算机软件保护条例》,计算机软件是指计算机程序及其有关文档。计算机程序,是指以源程序或目标程序表现的用于电子计算机或其他信息处理装置运行的指令和数据的总和,一般包含源程序和目标程序。

4. 不受著作权法保护的作品

（1）不适用于著作权法保护的对象

① 法律、法规、国家机关的决议、命令和其他具有立法、行政、司法性质的文件及其官方正式译文。这些文件虽然也属于作品,但其是国家立法机关、司法机关和行政机关意志的体现,涉及社会公众和国家整体利益,不应为任何人专有而妨碍其广泛传播,故不赋予其著作权。

② 时事新闻。是通过报纸、期刊、电台、电视台等传播媒介报道的单纯事实消息,如天气预报、交通信息、讣告、证券信息等。这些信息自身要求它能迅速传递和扩散,如果赋予时事新闻以著作权法保护,就会妨碍它的传播。

---

① 刘春田.知识产权法[M].第5版.北京：中国人民大学出版社,2014：56.

（2）欠缺作品实质性要件的对象

著作权法不保护思想，这里的思想包括思路、观念、构思、创意、概念、操作方法等。我国现行著作权法明确规定历法、通用数表、通用表格和公式不受保护，就是因其形式往往具有唯一表达的特点，仅仅是计算机方法和数学原理的简单反映，属于思想领域，这些知识不应为任何人所专有利用，故不应给予著作权保护。

对于符合作品的条件，但因为其含有违禁内容或对该类作品的保护不符合国家和社会利益的作品，如鼓动民族分裂，宣扬邪教、封建迷信、伪科学、淫秽内容，污蔑、攻击政府和执政党的作品，或者泄露国家秘密，非法泄露他人商业秘密等内容的作品，理论上仍享有著作权，只是依照我国著作权法第 4 条规定不能被出版、传播。

5.1.3 著作权的内容和限制

5.1.3.1 著作权的内容

不同国家对著作权的具体内容规定不同，同一个国家在不同的历史时期对著作权具体内容的规定也存在差异。因此，著作权的内容并不是固定不变的，而是根据国家发展的需要以及保护作者的需要而不断调整的。在我国，著作权的内容也在不断地调整变化之中，总的发展趋势是保护作者的力度在加大，水平在提高，著作权的内容在不断丰富。

作品体现了作者独特的思想、意识、情感等，因而它是对作者人格的反映。同时在作品传播中，作者可以通过行使对作品的权利获得经济利益。所以通常著作权被分为著作人身权利和著作财产权利。著作权既包括积极内容也包括消极内容。前者是指著作权人行使权利，后者是指著作权人有权禁止他人实施侵犯著作权的行为。

需要注意的是，虽然我国《著作权法》中明确规定了著作权中包含有 17 项具体的权能，不过，现实中没有任何一件作品的著作权能够同时包括全部 17 项权能，而只能涉及其中的一部分权能。因此可以说，作品不同，著作权的具体内容也不同。

1. 著作人身权利

著作人身权利又称为精神权利。理解著作人身权时，需注意以下几点：第一，自然人和单位组织（包括法人和非法人单位）均可享有人身权。第二，人身权专属于作者，具有一定专属性。通常不能转让、继承、放弃。但是又有例外，如发表权可以转移。第三，著作人身权不同于普通人身权。著作人身权基于创作作品而产生，所以并非任何人都享有。普通人身权以人的生命为存在前提，人生而有之，死后丧失，而著作人身权（发表权除外）则无限期地受到保护，具有永久性。我国著作权法对著作人身权主要规定了四项内容：发表权、署名权、修改权和保护作品完整权。

（1）发表权

发表权是指作者依法决定其作品是否公之于众的权利。公之于众是使作品被披露而为公众所知的状态。作者创作作品不一定都要公之于众,有些作品如涉及个人生活秘密的来往信件、日记或者某些尚未成熟的工程设计图、小说、诗歌、论文等,作者可能极不情愿发表。因此是否发表、如何发表应当是作者的个人自由,这实际上也是作者是否将其思想、人格、才华、品性公之于众的自由,因此属于著作权中首要的、最基本的权利。作者可以选择是否公之于众,同时还可以选择公之于众的方式、时间和地点。至于公众是否知悉或关注作品并不影响公之于众的效果。

发表权专属于作者,擅自行使他人发表权,不但会对作者的发表权形成侵害,若作品涉及个人隐私的,还可能造成对他人名誉的损害。但如果对合作作品是否发表,合作作者产生争议,如何处理呢?此时应当区分可以分割和不可分割使用的合作作品。对于前者,合作作者各自决定自己创作部分的命运。而对于后者,直接适用著作权法实施条例第9条的规定,只要反对一方没有正当理由,就无权阻止他方发表作品。这是为了鼓励更多的作品发表,以增加社会精神财富。

发表权具有以下特点:

第一,发表权兼有人身权和财产权的双重性质。[①] 故我国在规定发表权的保护期和继承问题上,将其与署名权、修改权和保护作品完整权这些纯粹的人身权区别对待。

第二,发表权只能行使一次。如电影公映后,他人翻版,不侵犯发表权,只侵犯复制权、发行权等。

第三,发表权通常由作者本人行使,但如果作者已转让著作权,则可以推定作者许可发表作品。对遗著的发表权,著作权法的实施细则规定:"作者生前未发表的作品,如果未明确表示在其死后也不发表,那么其发表权可由继承人或受遗赠人行使,如果既无继承人又无受遗赠人,则由作品原件的合法持有人行使。"如果作者生前明确表示不发表作品,那么,继承人或受遗赠人能否发表作品呢?若站在尊重作者意思的立场上,则答案是否定的。不过,这样做可能会对文化的繁荣发展带来不利影响。

第四,发表权的行使可能受到第三人权利的制约,如肖像权等。

 专栏

吴奇隆诉销售生产方维权案

2014年4月22日,由吴奇隆主演的《步步惊情》在电视台首播。2014年5月,吴奇隆发现北辰购物中心销售的由尚美公司、欧莱雅公司生产销售的羽西 YUESAI 系列产品,在未经其许可的情况下,擅自在产品包装礼盒及产品宣传册中使用其肖像(电视剧《步步惊情》的剧照),并在北辰购物中心的羽西产品销售专柜店招、海报、展板

---

① 曲三强.知识产权法原理[M].北京:中国检察出版社,2004:118.

及促销设备设施等显著位置,使用其肖像进行产品展示与宣传。2015 年,吴奇隆将北辰购物中心、尚美公司、欧莱雅公司三被告诉至法院,要求北辰购物中心立即停止在商场羽西 YUESAI 专柜使用其肖像;尚美公司、欧莱雅公司立即停止在羽西产品外包装、宣传册及全国各羽西 YUESAI 专柜使用其肖像,并在各羽西 YUESAI 专柜及全国性报纸刊登《致歉声明》,赔礼道歉、消除影响,同时连带赔偿经济损失 200 万元、维权支出 113990 元。在诉讼过程中三家公司提出自己使用的系《步步惊情》剧照,系合法、有偿取得,获得了著作权人许可,而且并未使用任何法律及现实意义的原告肖像,未侵犯原告肖像权。

本案中,剧照同时承载了肖像权和著作权两项权利。如果是使用海报、剧照用作影视剧本身的推广,无可厚非,但在此案中,被告方在所有剧照上面都加了产品,显然不是对剧照本身的使用,图片明显被用于商业宣传,是以宣传产品为目的,因此就突破了著作权的范畴,"所以图片承载的就不仅是著作权,还有人物的肖像权"。在庭审过程中,三公司虽然获得了著作权人许可,但它们没有举证证明谁是著作权人以及是否获得所有著作权人的许可。

资料来源:http://finance.sina.com.cn/sf/news/2015-10-29/10418625.html.

（2）署名权

署名权,指表明作者身份,在作品上署名的权利。它是确认作者身份的重要依据。作品是作者思想、智慧、人格品性的表现,作者有权通过署名方式标明作者身份,让使用者知晓,认识作品的作者。在理解署名权时需要注意以下几点:

第一,署名权包括作者在作品上署名或不署名,署真名、假名或者笔名的权利。

第二,作者有权禁止未参加创作作品的人署名。

第三,如果在自己创作的作品上署他人的名,如将金庸、古龙的名字写在自己创作的武侠小说上,对于这种行为是否属于署名权呢?澳大利亚、新西兰等国家著作权中规定为"反冒名"。我国著作权法也将这种行为认定为侵犯著作权,对此学界存在较大争议。支持者认为这种行为系侵犯他人的署名权,反对者则认为该种行为属于侵犯他人姓名权或不正当竞争。本书作者认为署名权只能依附于自己的作品产生,没有作品就没有署名权,因此认定为侵犯他人姓名权更为合理。

第四,署名权不得转让、继承,保护期限不受限制。

（3）修改权

修改权,指修改或者授权他人修改作品的权利。修改权不是绝对的。其一,有些情况下修改权不能对抗物权。如美术作品原件易手后,享有修改权的作者在物权人不同意的情况下,无权修改作品原件。其二,并非在任何情况下未经作者同意都不能改动一字。法律上的修改,主要是针对作品的内容而言。当作者投稿,意图发表作品时,报社、杂志社有权对作品做文字性的修改删节,但未经作者同意,不能修改作品的内容。

（4）保护作品完整权

保护作品完整权，指保护作品不受歪曲、篡改的权利。一般来讲，作品是作者精神、人格的体现，对作品的篡改往往可能给作者带来精神上的痛苦。对保护作品完整权有几点要注意：第一，歪曲、篡改不同于一般的修改，往往带有对作者人格或感情的曲解甚至丑化作者人格的色彩。如将知名作家的严肃小说改成庸俗小说等。第二，保护作品完整权保护的是作者思想的表达，而不是思想本身。第三，侵犯该权利还可能导致侵犯作者的人格权，如作者的名誉权。第四，保护作品完整权的保护期不受限制。作者死后，保护作品完整权由作者的继承人或者受遗赠人行使，无人继承又无人受遗赠的，则由著作权行政管理部门保护。

实际上，很多学者认为修改权和保护作品完整权是一个问题的两个方面。从正面讲，作者有权修改自己的作品；从反面讲，作者有权禁止他人进行修改、增删或者歪曲自己的作品。因此著作权法同时规定这两项权利是不必要的。

2．著作财产权利

我国著作权法规定了 12 项具体的著作财产权利，包括：复制权、发行权、出租权、展览权、表演权、放映权、广播权、信息网络传播权、摄制权、改编、翻译权和汇编权，其中后面 4 项权利属于在已有作品基础上进行的演绎，故合称为演绎权。除了这 12 项权利，《著作权法》第 10 条第 17 项还规定了一个兜底条款，即"应当由著作权人享有的其他权利"。对于其他权利具体是什么，有学者解读为注释权与整理权。[①]

（1）复制权

复制权，即以印刷、复印、拓印、录音、录像、翻录、翻拍等方式将作品制作一份或者多份的权利。复制的本质特征是在保持作品信息不变的前提下增加作品复制件的数量。换句话来讲，以相对稳定的有形物质载体再现作品的行为就是复制。出版书籍是一种典型的复制作品的行为。复制权是财产权利中最核心的权利。复制权有两方面含义：从积极方面来讲，是著作权人有权自己复制作品，有权许可他人复制作品；从消极方面来讲，是著作权人有权阻止他人未经其许可复制其作品。

（2）发行权

发行权，即以出售或者赠予方式向公众提供作品的原件或者复制件的权利。发行的特征在于转移作品有形物质载体，就是让作品的物质载体的所有权发生转移，不论是否收取费用，或者是否营利。作品的原件和经授权合法制作的作品复制件一经发行，在首次转让后，著作权人就无权控制再次转让行为。这种情况又被称为发行权利穷竭。发行权和复制权有密切联系，但又不同。第一，发行要以复制为前提。而复制尤其是大量复制其作品的目的往往也在于发行。所以在著作权许可合同中，取得复制权的人往往也同时取得发行权，否则复制权也难以行使。第二，作品只有经过复制后，并提供给公众，才构

---

① 　刘春田.知识产权法［M］.第 5 版.北京：中国人民大学出版社，2014：82.

成发行。第三,复制权和发行权是可分的。因此,取得复制发行权,必须支付复制许可费和发行许可费两笔费用,著作权人可以将复制权、发行权分别进行许可,还可分多种形式许可,比如纸面的发行许可或光盘的发行许可。

另外,在网络上的作品传输不属于这里的发行,而是信息网络传播行为。

（3）出租权

出租权,即有偿许可他人临时使用电影作品和以类似摄制电影的方法创作的作品、计算机软件的权利。计算机软件不是出租的主要标的的除外。

我国对出租权有两个限制性条件:第一,只能是有偿许可他人临时使用,即必须是一种交易行为。第二,只是局限于电影作品和以类似摄制电影的方法创作的作品,以及计算机软件,其他类型的作品不包括在内。这与人们一般习惯性的理解有所差异。

（4）展览权

展览权,即公开陈列美术作品、摄影作品的原件或者复制件的权利。我国对展览权也有两个限制性条件:第一,要求必须是公开陈列和展示。这里的"公开"是指向不特定的人员,并不以是否收取费用为条件。展览权的对象应指以有形物质作为载体的作品。如果美术作品、摄影作品在因特网上公开展示,则属于信息网络传播。第二,只限定于美术作品和摄影作品,而不涉及其他类型的作品。这是明显的限制性条件,与人们的一般性理解也存在着差异。另外对美术作品原件的展览权由原件所有人享有。美术、摄影作品若涉及第三人的肖像,著作权人行使展览权还要受到肖像权人的权利限制。否则,可能构成对肖像权人人身权的侵犯。

（5）表演权

表演权,即公开表演作品,以及用各种手段公开播送作品的表演的权利。表演权针对的表演行为包含两层意思:第一,是现场表演,即对作品直接向观众进行公开表演。这里的"公开"仍然是指不特定的人员的意思。第二,是机械表演,即借助技术设备向公众传播已经录制好的表演,如播放磁带、唱片等。由此产生的权利是指对于某一作品来说,著作权人许可某人对作品进行表演后,表演者只能自己表演该作品,但是要把这种表演通过技术设备传播出去还要经过著作权人的单独授权。

表演权的现实意义在于加强了对文学艺术类作品的著作权人权利的保护,为其从包含有巨大利益的商业演出市场中获得自己的利益,向大量播放音乐作品的机构,例如广播电台（特别是 FM 音乐台）、播放背景音乐的公共场所（机场、车站）、营利场所（咖啡馆、酒吧、商店等）以及卡拉 OK 等收取著作权使用费提供了法律上的依据。

（6）放映权

放映权,即通过放映机、幻灯机等技术设备公开再现美术、摄影、电影和以类似摄制电影的方法创作的作品的权利。

公开再现的场所除包括电影院的放映外,还应涵盖宾馆、餐厅等公开场所以及学校、工厂、机关等半公开场所。只要在这些场合中采取放映机、幻灯机等技术设备公开再现美术、摄影、电影和以类似摄制电影的方法创作的作品,都应向电影著作权人支付放映权许可费(合理使用情形除外)。

（7）广播权

广播权,即以无线方式公开广播或者传播作品,以有线传播或者转播的方式向公众传播广播的作品,以及通过扩音器或者其他传送符号、声音、图像的类似工具向公众传播广播的作品的权利。从本质讲广播就是播放。根据该定义,我国的广播行为被分为:无线广播、有线转播和公共播放广播。① 无线广播是将作品转变成电磁波并以无线信号的方式传输和接收,并由远端接收装置将接收的无线信号再次转化成作品原样。有线转播是以有线装置来接收转变为电波信号的作品,并将这种信号转为作品供公众收看或收听。公开播放广播是通过扩音器或其他类似工具向公众传播广播的行为。广播与网上播放最大的区别在于:前者是现时播放的,即受众不能自由选择视听时间,而后者的受众可以按照自己的意愿自由选择视听时间。后者在我国著作权法上属于信息网络传播权控制的对象。然而,随着类似 PPLIVE 等网络电视软件的出现,广播与网上广播的界限已不再泾渭分明。

（8）信息网络传播权

信息网络传播权,即以有线或者无线方式向公众提供作品,使公众可以在其个人选定的时间和地点获得作品的权利。

在著作权中信息网络传播权只是其中的一项权能,但是当前互联网已经非常普及,各种作品通过互联网传播和下载已经非常普遍,法律对这些行为的约束和规范都需要借助"信息网络传播权"来实现,因此 2006 年我国颁布了《信息网络传播权保护条例》,专门对"信息网络传播权"做了进一步的拓展和规范。

我国"信息网络传播权"被扩展后包含以下内容:第一,除法律、行政法规另有规定外,任何组织或者个人将他人的作品、表演、录音录像制品通过信息网络向公众提供,应当取得权利人许可,并支付报酬。第二,为了保护信息网络传播权,权利人可以采取技术措施②。任何组织或者个人不得故意避开或者破坏技术措施,不得故意制造、进口或者向公众提供主要用于避开或者破坏技术措施的装置或者部件,不得故意为他人避开或者破坏技术措施提供技术服务。但是,法律、行政法规规定可以避开的除外。第三,未经权利人许可,任何组织或者个人不得进行下列行为:故意删除或者改变通过信息网络向公众提供的作品、表演、录音录像制品的权利管理电子信息③,但由于技术上的原因无法避免删除或者改变的除外;通过信息网络向公众提供明知或者应知未经权利人许可被删除或

---

① 王迁.知识产权法教程[M].北京:中国人民大学出版社,2007:157.

② 技术措施,是指用于防止、限制未经权利人许可浏览、欣赏作品、表演、录音录像制品的或者通过信息网络向公众提供作品、表演、录音录像制品的有效技术、装置或者部件。

③ 权利管理电子信息,是指说明作品及其作者、表演及其表演者、录音录像制品及其制作者的信息,作品、表演、录音录像制品权利人的信息和使用条件的信息,以及表示上述信息的数字或者代码。

者改变权利管理电子信息的作品、表演、录音录像制品。

广播权是与信息网络传播权相关的权利,它们之间的区别在于信息网络传播权就是利用互联网传播作品的一种权利,除此之外传播作品的方式都可以归入广播权的范畴。

(9) 摄制权

摄制权,即以摄制电影或者以类似摄制电影的方法将作品固定在载体上的权利。将他人的小说、剧本等作品拍摄成电影、电视等视听作品,应获得著作权人的许可。即使作者本人将自己的作品公示于网络上供他人免费阅读,未经该作者同意也不能将网络作品摄制成影视作品。

(10) 改编权

改编权,即改变作品,创作出具有独创性的新作品的权利。改编是对已有作品改变一种表达形式,属于再创作。著作权人可以自己改编作品,也可以授权他人改编自己的作品。如果发生后面这种情况,则改编作品的人基于自己的再创作对改编作品享有改编者权。对改编作品依然可以进行再创作,比如小说改编成音乐剧,音乐剧改编成电影。此时再创作要受到原著作权和改编者著作权的限制。

(11) 翻译权

翻译权,即将作品从一种语言文字转换成另一种语言文字的权利。翻译权的本质在于将一部作品在两种语言文字之间进行转换。这里的"两种语言文字"是一个宽泛的概念,例如,把中文作品翻译成英文作品,再把英文作品译成德文;把汉语翻译成少数民族文字等都属于翻译。

(12) 汇编权

汇编权,即著作权人就自己的作品进行收集、整理、选择、组合、汇集编排的权利。汇编作品体现了汇编人独特的选择角度和逻辑思维,因而具有原创性。著作权人对自己的作品汇编,就会享有两个权利:被汇编作品的著作权和汇编作品的著作权。所以如果他人要汇编有著作权的作品必须获得原著作权人许可。

需要注意的是,"汇编权"与"汇编者权"是两个不同的概念。汇编权是著作权人对自己作品享有的选择或者编排。汇集成新作品的权利。汇编者权是汇编者对作品或不构成作品的数据或其他材料编排、汇集形成的汇编作品所享有的权利。汇编者对自己汇编的作品享有完整的著作权。比如某人汇编了一本成都特色小吃店指南册,介绍了成都各小吃店的特色小吃、地址、电话等。对于书里选用的数据信息,作者没有著作权,但是对指南册却享有著作权。

(13) 应当由著作权人享有的其他权利

著作权人享有的其他权利包括注释权和整理权。注释是对作品进行通俗易懂的解释。在我国最常见的就是对艰深的古典著作进行注释。由于古代文字和用词造句与现代社会差异很大,一般人阅读理解有一定难度。而注释是注释人基于自己对古文的理解所进行的解释。不同人理解不同,注释内容也不同。所以注释实际是注释人的一种再创作。许多古典名著往往存有多个注释版本,每个版本的注释人对其注释作品享有著作权。当然如果是对他人享有著作权的作品进行注释,则要获得原著作权人许可。整理权是指对内容零散、层次不清的已有作品或者材料进行条理化、系统化加工后,对新的作品形式由整理人享有的权利。

5.1.3.2　著作权的限制

我国在保护著作权人财产权利的同时,为了促进知识和信息的传播,在一定条件下允许他人未经著作权人的许可而使用作品,由此构成了对著作权的限制。我国著作权法对著作权的限制包括两种方式:合理使用和法定许可。

1. 合理使用

我国《著作权法》规定,只有在某种使用方式不会影响作品的正常使用且无不合理损害著作权人合法权利的情况下才能适用合理使用制度,并在《著作权法》第 22 条规定在下列情况下使用作品,可以不经著作权人许可,不向其支付报酬,但应当指明作者姓名、作品名称,并且不得侵犯著作权人依照本法享有的其他权利:

(1) 为个人学习、研究或者欣赏,使用他人已经发表的作品。使用他人作品的目的应当是学习、研究或欣赏,如果将他人作品复制以后出售、出租等用于营利,不属于合理使用。

这个条款在《著作权法 2012 年修改草案》第三稿中范围被缩小了,去掉了"欣赏"的条件,同时对使用行为严格限制在了"复制"行为。

(2) 为介绍、评论某一作品或者说明某一问题,在作品中适当引用他人已经发表的作品。适当引用要求引用的内容不能超过一定比例,如果作品中大部分内容都是引用他人的作品显然不能视为适当。如果引用他人未发表作品,则侵犯他人的发表权,不属于合理使用。

(3) 为报道新闻,在报纸、期刊、广播电台、电视台等媒体中不可避免地再现或者引用已经发表的作品。在时事新闻报道中引用他人已发表的作品仍然要适当,并且也要注明被引用作品的出处。

(4) 报纸、期刊、广播电台、电视台等媒体刊登或者播放其他报纸、期刊、广播电台、电视台等媒体已经发表的关于政治、经济、宗教问题的时事性文章,但作者声明不许刊登、播放的除外。政治、经济、宗教都与社会利益有关,而有关这些问题的时事性文章的传播可以更有利于社会公众了解国家政策,有助于社会的稳定和发展,因此除非作者本人声明不许刊登、播放的以外,关于政治、经济和宗教问题的时事性文章都可以使用。

(5) 报纸、期刊、广播电台、电视台等媒体刊登或者播放在公众集会上发表的讲话,但作者声明不许刊登、播放的除外。

(6) 为学校课堂教学或者科学研究,翻译或者少量复制已经发表的作品,供教学或者科研人员使用,但不得出版发行。要注意此时翻译或少量复制已发表的作品,只能用于学校课堂教学或科学研究。按照我国国情,所谓学校课堂教学,专指面授教学,函授、广播和电视教学不在此列。① 复制应当是少量的,如果复制上千本书用于课堂教学就不属于合理使用范围了。

(7) 国家机关为执行公务在合理范围内使用已经发表的作品。国家机关指国家的立法机关、行政机关、司法机关、法律监督机关和军事机关。国家机关执行公务只能为了实施其政府职能,不能以营利为目的,且应当在合理范围内使用作品。

 专栏

沈阳地铁票图片引发侵权诉讼

2010 年 9 月,沈阳地铁一号线投入使用,与此同时,两种票卡(三种票样)也投入使用,其中储值卡票样为沈阳故宫,次卡票样为沈阳昭陵、沈阳福陵。2013 年 1 月,沈阳市摄影家协会主席黄 A 与朋友共同乘坐地铁时购买了票样为沈阳昭陵的地铁卡,黄 A 告诉记者,他多买了一张地铁卡拿回家比对,发现该票卡图片正是其 1998 年拍摄的一组名为《昭陵》的摄影作品中的一张。在确认沈阳地铁票卡上印制的昭陵图片确系自己作品的复制品后,黄 A 为维护自身著作权曾与沈阳地铁公司多次交涉,沈阳地铁公司使用其摄影作品时并未征得黄 A 的同意,也未署黄 A 的姓名,更没有给付报酬。他要求沈阳地铁公司停止侵权、赔礼道歉并赔偿原告经济损失,但均遭到对方拒绝。2014 年 7 月,黄 A 一纸诉状将沈阳地铁公司告上法庭,请求法院判令被告(沈阳地铁公司)立即停止侵犯原告(黄 A)著作权的行为,并刊登对其的赔礼道歉声明,同时请求法院判令被告赔偿原告经济损失 20 万元。最后经调解,双方当事人自愿达成协议,被告沈阳地铁集团有限公司于 2015 年 2 月 10 日前一次性给付原告黄 A 5 万元,被告沈阳地铁集团有限公司可以无偿使用涉案作品(不限于地铁票卡上),双方当事人自愿放弃本案其他诉讼请求。

本案认为沈阳地铁是公益性事业,在地铁票卡上使用该作品与地铁运营营利没有直接必然联系,仅仅是为了装饰,使用该作品不会增加乘客流量,更不会增加票卡销售量。且地铁运营无论是出资还是收益,都归国家所有,没有营利性质。最后,被告使用该作品没有进行过篡改、损毁等,没有损害其本身价值,没有造成任何实际损失。本案原告黄 A 是涉案图片《昭陵》摄影作品的作者,依法对该作品享有著作权,事实上对方对此并无异议。

资料来源: http://china.findlaw.cn/chanquan/chanquananli/jzqfal/1178160.html.

(8) 图书馆、档案馆、纪念馆、博物馆、美术馆等为陈列或者保存版本的需要,复制本馆收藏的作品。

① 刘春田.知识产权法[M].第 5 版.北京:中国人民大学出版社,2014:123.

（9）免费表演已经发表的作品,该表演未向公众收取费用,也未向表演者支付报酬。免费表演是指非营利性表演。如果商场搞促销宣传活动,让员工现场表演,不属于免费表演,因为这种表演吸引了消费者前来购物因而变相地获得了经济利益。同样以募捐为目的,向公众收取门票费用的义演也不属于免费表演。

（10）对设置或者陈列在室外公共场所的艺术作品进行临摹、绘画、摄影、录像。"室外公共场所的艺术作品"是指设置或者陈列在室外社会公众活动场所的雕塑、绘画、书法等艺术作品。

（11）将中国公民、法人或者其他组织已经发表的以汉语言文字创作的作品翻译成少数民族语言文字作品在国内出版发行。而将外国公民、法人或组织发表的作品与中国公民、法人和组织发表的非汉语言作品翻译成少数民族语言文字则要获得作品著作权人的授权。

（12）将已经发表的作品改成盲文出版。如果将盲文出版的作品改成可视性文字出版,则必须获得著作权人的同意。

2. 法定许可

法定许可与合理使用不同,虽然根据法律的直接规定,以某些方式使用他人已经发表的作品同样不需获得著作权人许可,但是却必须向著作权人支付报酬。我国《著作权法》主要规定了下列法定许可的情形：

（1）为实施九年制义务教育和国家教育规划而编写出版教科书,除作者事先声明不许使用的外,可以不经著作权人许可,在教科书中汇编已经发表的作品片段或者短小的文字作品、音乐作品或者单幅的美术作品、摄影作品,但应当按照规定支付报酬,指明作者姓名、作品名称,并且不得侵犯著作权人依照本法享有的其他权利。

（2）凡是著作权人向报社、杂志社投稿的,作品刊登后,除著作权人声明不得转载、摘编的外,其他报刊可以转载或者作为文摘、资料刊登,但应当按照规定向著作权人支付报酬。

（3）录音制作者使用他人已经合法录制为录音制品的音乐作品制作录音制品,可以不经著作权人许可,但应当按照规定支付报酬；著作权人声明不许使用的不得使用。这一条款在著作权法修改中引起了强烈的争议,在《著作权法修订草案》(第三稿)中已经被删除。

（4）广播电台、电视台播放他人已发表的作品、电影作品和以类似摄制电影的方法创作的作品、录像作品除外,可以不经著作权人许可,但应当支付报酬。

（5）广播电台、电视台播放已经出版的录音制品,可以不经著作权人许可,但应当支付报酬。当事人另有约定的除外。

另外,我国《信息网络传播权保护条例》规定了两种法定许可的情形。第8条规定："为通过信息网络实施九年制义务教育或者国家教育规划,可以不经著作权人许可,使用其已经发表作品的片断或者短小的文字作品、音乐作品或者单幅的美术作品、摄影作品制作课件,由制作课件或者依法取得课件的远程教育机构通过信息网络向注册学生提供,但应当向著作权人支付报酬。"第 9 条第 1 款规定:"为扶助贫困,通过信息网络向农村地区的公众免费提供中国公民、法人或者其他组织已经发表的种植养殖、防病治病、防灾减灾等与扶助贫困有关的作品和适应基本文化需求的作品,网络服务提供者应当在提供前公告拟提供的作品及其作者、拟支付报酬的标准。自公告之日起 30 日内,著作权人不同意提供的,网络服务提供者不得提供其作品;自公告之日起满 30 日,著作权人没有异议的,网络服务提供者可以提供其作品,并按照公告的标准向著作权人支付报酬。网络服务提供者提供著作权人的作品后,著作权人不同意提供的,网络服务提供者应当立即删除著作权人的作品,并按照公告的标准向著作权人支付提供作品期间的报酬。"

5.2 著作权的取得和管理

5.2.1 著作权的取得

5.2.1.1 原始取得

著作权的取得需要什么条件,各国法律要求不同。根据条件的性质可划分为实质条件和形式条件。

实质条件是法律对作品的要求,大体有两种标准。一种标准是只要特定的思想或情感被赋予一定的文学艺术形式,这种形式无论是作品的全部还是其中的局部,也不问该作品是否已经采取了一定物质形式被固定下来,都可以依法被认为是受保护的作品。我国著作权法采用这种标准。另一种标准是,除了具备作为作品的一般条件,即表现为某种文学艺术形式外,还要求这种形式通过物质载体被固定下来,才可以获得著作权法保护。根据这种标准,口述作品因没有通过物质载体被固定,无法受到著作权法保护。[①]

形式条件则是指作品完成后,是否需要履行某种手续才能取得著作权。目前各国有三种做法:第一种是作品创作完成,自动产生著作权。多数国家采用这种做法。第二种是个别国家采用的作品经登记而产生著作权。第三种做法是以加注著作权标记为取得著作权的条件,不需再经批准登记。如美国法律就要求本国作者在作品的复制件上加注著作权标记。

我国著作权法采用自动保护原则,即作品一旦完成,就产生著作权,不要求登记,也不要求加注著作权标记。由于我国著作权法保护起步较晚,全社会的著作权意识还较低,在著作权法实施过程中,很多作者提出希望将自己的作品在著作权行政管理部门进

---

① 刘春田.知识产权法[M].第 5 版.北京:中国人民大学出版社,2014:83.

行登记,对其著作权从形式上予以确认,以进一步明确著作权的归属,发生著作权纠纷时可以作为初步的证据。一些作品的使用单位也反映在使用过程中由于著作权归属不明确,容易造成著作权纠纷,如果能实行形式上的登记,将为作品的使用提供便利。因此,国家版权局决定实行作品自愿登记制度,于1994年发布《作品自愿登记试行办法》。不过该办法并未改变著作权法规定的自动保护原则,是否登记不影响作品取得著作权。

5.2.1.2 继受取得

继受取得,又称传来取得,是指通过某种法律行为从原所有人那里取得对某项财产的所有权。这种方式是以原所有人对该项财产的所有权作为取得的前提条件的。著作权的继受取得指非因创作而是以其他法律行为获得著作权的行为。从原著作权人手中取得著作权的行为包括:转让、赠予及互易、继承及其他合法原因。继受取得是从取得人的角度出发的。基于继受取得,取得人替代原著作权人成为新的著作权主体。下文重点分析著作权的转让和著作权的继承这两种继受取得类型。

1. 著作权的转让

根据我国著作权法的规定,著作权转让仅指著作财产权的转让,著作权中的精神权利不能转让。著作权13项财产权利可以分别或者一次性全部转让。

(1)签署转让合同

我国法律规定,转让著作权应当订立书面合同。转让合同应当包括下列主要内容:①作品的名称;②转让的权利种类、地域范围;③转让价金;④交付转让价金的日期和方式;⑤违约责任;⑥双方认为需要约定的其他内容。

(2)对转让合同的特别规定

对转让合同的特别规定为:①转让合同中著作权人未明确转让的权利,未经著作权人同意,另一方当事人不得行使。②著作权转让合同未采取书面形式的,人民法院将依据合同法的规定审查合同是否成立。

我国著作权法采取著作权转让合同签订著作权转让就生效的方式,这可能不能有效防止同一著作权被多卖的情形,所以为防止此种情况使受让人的利益得到保护,宜采用登记对抗主义,即只有著作权转让合同进行登记,受让人才能对抗任何第三人对该著作权主张权利的要求。

2. 著作权的继承

按照我国法律的规定,在著作权保护的有效期内,如果著作权人死亡或者单位终止,著作权将依据下列原则发生继承和转移。

(1)著作权人是公民的情况

作者死亡后,其著作权中的署名权、修改权和保护作品完整权由作者的继承人或者受遗赠人保护。著作权无人继承又无人受遗赠的,其署名权、修改权和保护作品完整权由著作权行政管理部门保护。作者死亡后,在著作权保护期限内,著作权的 13 项财产权利依照继承法的规定发生转移。

作者生前未发表的作品,如果作者未明确表示不发表,作者死亡后 50 年内,其发表权可由继承人或者受遗赠人行使;没有继承人又无人受遗赠的,由作品原件的所有人行使。

合作作者之一死亡后,其对合作作品享有的著作权中的 13 种财产性权利如果既无人继承又无人受遗赠时,由其他合作作者享有。

(2) 著作权人是单位的情况

著作权属于单位的,单位发生变更、终止后,在著作权保护期内,由承受其权利义务的单位享有;没有承受其权利义务的单位的,由国家享有。

5.2.2 著作权的登记管理

著作权的管理包括两项内容:著作权的行政管理和著作权的集体管理。著作权的行政管理是国家运用行政管理手段对著作权所实施的管理。著作权的集体管理是著作权人或邻接权人在无法行使其权利或者行使其权利过于困难时授权著作权集体管理组织管理他们的权利,即监督作品使用,与未来的使用者谈判使用条件,发放使用许可证,在适当条件下收取使用费并在权利人之间分配的制度。[①]

5.2.3 著作权的行政管理

我国《著作权法》第 7 条规定国务院著作权行政管理部门主管全国的著作权管理工作;各省、自治区、直辖市人民政府的著作权行政管理部门主管本行政区域的著作权管理工作。我国国务院行政管理部门是国家版权局,它主管全国与著作权有关的管理工作,主要职能包括:①贯彻实施著作权法律、法规;起草著作权方面的法律、法规草案;制定著作权管理的规章和重要管理措施并组织实施和监督检查。②审批著作权集体管理机构,著作权涉外机构、国(境)外著作权认证机关、外国和国际著作权组织在华设立代表机构。③指导地方著作权行政管理部门的工作;查处或组织查处有重大影响的著作权侵权案件;代表国家处理涉外著作权关系,组织参加著作权的双边或多边条约、协议的谈判、签约和国内履约活动。④负责著作权管理工作全国性宣传、教育及表彰活动。

根据我国《著作权实施条例》第 37 条规定:"有著作权法第 47 条所列侵权行为,同时损害社会公共利益的,由地方人民政府著作权行政管理部门负责查处。国务院著作权行政管理部门可以查处在全国有重大影响的侵权行为。"

---

① 李志研.著作权集体管理制度探析[J].行政与法,2003(7):55-57.

5.2.4 著作权的集体管理

我国《著作权法》第 8 条规定："著作权人和与著作权有关的权利人可以授权著作权集体管理组织行使著作权或者与著作权有关的权利。著作权集体管理组织被授权后,可以以自己的名义为著作权人和与著作权有关的权利人主张权利,并可以作为当事人进行涉及著作权或者与著作权有关的权利的诉讼、仲裁活动。著作权集体管理组织是非营利性组织,其设立方式、权利义务、著作权许可使用费的收取和分配,以及对其监督和管理等由国务院另行规定。"

2004 年 12 月 22 日,国务院颁布了《著作权集体管理条例》,该条例确定了集体管理组织的活动范围,包括:①与使用者订立著作权或者与著作权有关的权利许可使用合同;②向使用者收取使用费;③向权利人转付使用费;④进行涉及著作权或者与著作权有关的权利的诉讼、仲裁等。同时条例还对集体管理组织的设立、机构、活动和监督也予以规定。

著作权集体管理组织与著作权人之间在法律上是信托关系,依据这种关系,著作权人将自己作品的相关著作权交由该组织行使,而该组织以自己的名义行使上述著作权,并向作品使用者收取使用费,再将所收费用按照预先约定的方法分配给著作权人。截至当前,我国已经批准成立了 4 家著作权集体管理组织,分别为中国音乐著作权协会、中国音像著作权集体管理协会、中国文字著作权协会和中国摄影著作权协会。中国音乐著作权协会于 1992 年 12 月成立,其职能主要是协调会员单位之间或非会员单位授权委托的版权事宜、提供咨询和版权认证等服务、协助政府主管部门打击盗版、监控音像市场、进行行业自律等。目前,中国音乐著作权协会管理的音乐著作权包括表演权、广播权和录制、发行权。协会实行会员制,音乐著作权人及有关出版者、录制者都可以申请入会。协会还将会员编入 CAE 明录(国际作曲者、作词者、出版者名录),确定由 CAE 国际编号。并将会员的作品目录汇入 WWL(世界作品目录),确定其国际序列号,从而使协会中的中国作者和作品进入国际识别系统,以便使中国作品在海外被使用时,著作权人的利益得到保障。该组织在设立的十多年里为众多音乐作品作者收回了原本由作者或著作权人本人不可能实现的利益[①],产生了很大的影响。后三家著作权集体管理组织都成立于 2008 年,虽然针对的会员对象不同,但职能却大致相同,主要包括根据会员的授权以及相关法律法规,与作品使用者签订使用合同;收取作品使用费(文字作品的使用费还包括教科书、报刊转载作品等"法定许可"情形);将收取的著作权使用费向会员分配;就侵犯本会员作品著作权的行为,向著作权行政管理部门申请行政处罚或提起法律诉讼及仲裁等。

---

① 刘春田.知识产权法[M].第 5 版.北京:中国人民大学出版社,2014:129.

5.3 著作权的使用、许可和转让

著作权的使用可以分为著作权人自己使用和许可他人使用两种基本类型。

5.3.1 著作权的使用

著作权人直接利用自己作品的主要方式表现为：发表作品；修改或者改编作品；出版发行作品；出售作品的原件或者复制件；汇编作品；翻译作品；通过互联网等方式传播作品；展览作品、摄制作品、放映作品；复制作品；表演作品等。

5.3.2 著作权的许可和转让

许可他人使用是著作权人利用自己作品的另外一种方式，这种使用方式拓宽了作品的使用范围和类型，促进了作品的传播。

按照法律规定，许可他人使用作品时，著作权人应当与被许可人之间签署使用许可合同。许可合同应当包含以下内容：①许可使用的权利种类；②许可使用的权利是专有使用权或者非专有使用权；③许可使用的地域范围、期间；④付酬标准和办法；⑤违约责任；⑥双方认为需要约定的其他内容。

5.3.2.1 许可使用的三种不同方式

（1）独占使用许可，是指著作权人在约定的期间、地域和以约定的方式，将该作品仅许可给一个被许可人使用，在这期间，著作权人自己依照约定也不得使用该作品的一种许可方式。

（2）排他使用许可，是指著作权人在约定的期间、地域和以约定的方式，将该作品仅许可给一个被许可人使用，在这期间，著作权人依照约定自己可以使用该作品，但是不得再另行许可给任何第三人使用该作品的一种许可方式。

（3）普通使用许可，是指著作权人在约定的期间、地域和以约定的方式，许可他人使用其作品后，自己不但可以使用该作品，而且还可以再许可给第三人使用该作品的一种许可方式。

5.3.2.2 有关许可的特别法律规定

（1）许可使用合同中著作权人未明确许可的权利，未经著作权人同意，另一方当事人不得行使。

（2）使用作品的付酬标准可以由当事人约定，也可以按照国务院著作权行政管理部门会同有关部门制定的付酬标准支付报酬。当事人约定不明确的，按照国务院著作权行政管理部门会同有关部门制定的付酬标准支付报酬。

（3）著作权人许可他人将其作品摄制成电影作品和以类似摄制电影的方法创作作品的，视为已同意对其作品进行必要的改动，但是这种改动不得歪曲篡改原作品。

（4）使用他人作品的，应当指明作者姓名、作品名称；但是，当事人另有约定或者由于作品使用方式的特性无法指明的除外。

（5）使用他人作品应当同著作权人订立许可使用合同，许可使用的权利是专有使用权的，应当采取书面形式，但是报社、期刊社刊登作品除外。

（6）专有使用权的内容由合同约定，合同没有约定或者约定不明的，视为被许可人有权排除包括著作权人在内的任何人以同样的方式使用作品；除合同另有约定外，被许可人许可第三人行使同一权利，必须取得著作权人的许可。

（7）与著作权人订立专有许可使用合同，可以向著作权行政管理部门备案。

5.4　著作权的保护

5.4.1　著作权的保护概述

5.4.1.1　著作权的保护期限

依据我国《著作权法》，著作权的保护期限可以划分为以下两种基本类型。

1. 著作人身权利的保护期限

署名权、修改权和保护作品完整权这三项著作人身权利的保护期自作品创作完成之日起一直受到保护，没有时间限制。

2. 发表权与财产权利的保护期限

（1）公民作品的发表权和财产权保护期限

公民的作品，其发表权和全部 13 项财产权利的保护期是作者终生加上其死亡后的50 年，截止于作者死亡后第 50 年的 12 月 31 日；如果是合作作品，截止于最后死亡的作者死亡后第 50 年的 12 月 31 日。

（2）单位作品发表权和财产权的保护期

单位的作品，以及著作权（署名权除外）由单位享有的职务作品，其发表权和全部 13项财产权利的保护期为 50 年，截止于作品首次发表后第 50 年的 12 月 31 日，但作品自创作完成后 50 年内未发表的，不再受到法律的保护。

需要注意的是,50 年保护期的计算是从作品被首次发表的当年计算的,而不是从作品创作完成的当年起计算的。如果一部作品在被创作完成之后的第 49 年才被首次发表,那么,从这一年开始计算,它的保护期限往后延长 50 周年,到第 50 周年的 12 月 31 日到期。

(3) 视听作品、摄影作品的特殊规定

电影作品、以类似摄制电影的方法创作的作品,以及摄影作品,它们的发表权和全部 13 项财产权利的保护期为 50 年,截止于作品首次发表后第 50 年的 12 月 31 日,但作品自创作完成后 50 年内未发表的,不再受到法律保护。

在《著作权法修改草案》(第三稿)对新增的"实用艺术品"只给予了 25 年的保护期。

5.4.1.2　侵犯著作权的法律责任

按照我国现行的法律规定,侵权著作权可能承担的法律责任有三种,分别为民事责任、行政责任和刑事责任。

1. 民事责任

按照我国法律规定,当侵权行为只损害著作权人或者相关权利人的合法利益时,侵权人承担停止侵害、消除影响、赔礼道歉、赔偿损失等民事责任。

2. 行政责任

当某一侵权行为不但损害了著作权人或者相关权利人的合法利益,同时损害了公共利益时,在承担民事责任的基础上还要承担行政责任。可以由著作权行政管理部门责令停止侵权行为,没收违法所得,没收、销毁侵权复制品,并可处以罚款;情节严重的,著作权行政管理部门还可以没收主要用于制作侵权复制品的材料、工具、设备等。《著作权法行政处罚实施办法》第 31 条规定了情节严重的情况,包括:①违法所得数额(即获利数额)二千五百元以上的;②非法经营数额在一万五千元以上的;③经营侵权制品在二百五十册(张或份)以上的;④因侵犯著作权曾经被追究法律责任,又侵犯著作权的;⑤造成其他重大影响或者严重后果的。《著作权法实施条例》第 36 条、第 37 条规定:"如果侵犯著作权的行为同时损害了社会公共利益的,著作权行政管理部门可以处非法经营额 3 倍以下的罚款;非法经营额难以计算的,可以处 10 万元以下的罚款,由地方人民政府著作权行政管理部门负责查处,国务院著作权行政管理部门可以查处在全国有重大影响的侵权行为。"

3. 刑事责任

当侵犯著作权或者邻接权的危害程度非常严重时,就应当承担刑事责任。

我国《刑法》以及最高人民法院和最高人民检察院《关于办理侵犯知识产权刑事案件具体应用法律若干问题的解释》(2004)对侵犯著作权犯罪做出了明确的规定。

(1) 我国《刑法》第 217 条规定如下:以营利为目的,有下列侵犯著作权情形之一,违法所得数额较大或者有其他严重情节的,处三年以下有期徒刑或者拘役,并处或者单处罚金;违法所得数额巨大或者有其他特别严重情节的,处三年以上七年以下有期徒刑,并处罚金:①未经著作权人许可,复制发行其文字作品、音乐、电影、电视、录像作品、计算机软件及其他作品的;②出版他人享有专有出版权的图书的;③未经录音录像制作者许可,复制发行其制作的录音录像的;④制作、出售假冒他人署名的美术作品的。

最高人民法院和最高人民检察院的司法解释中对此做了进一步规定:以营利为目的,实施刑法第 217 条所列侵犯著作权行为之一,违法所得数额在三万元以上的,属于"违法所得数额较大"。具有下列情形之一的,属于"有其他严重情节",应当以侵犯著作权罪判处三年以下有期徒刑或者拘役,并处或者单处罚金:①非法经营数额在五万元以上的;②未经著作权人许可,复制发行其文字作品、音乐、电影、电视、录像作品、计算机软件及其他作品,复制品数量合计在一千张(份)以上的;③其他严重情节的情形。以营利为目的,实施刑法第 217 条所列侵犯著作权行为之一,违法所得数额在十五万元以上的,属于"违法所得数额巨大"。具有下列情形之一的,属于"有其他特别严重情节",应当以侵犯著作权罪判处三年以上七年以下有期徒刑,并处罚金:①非法经营数额在二十五万元以上的;②未经著作权人许可,复制发行其文字作品、音乐、电影、电视、录像作品、计算机软件及其他作品,复制品数量合计在五千张(份)以上的;③其他特别严重情节的情形。

(2) 我国《刑法》第 218 条规定:以营利为目的,销售明知是本法第 217 条规定的侵权复制品,违法所得数额巨大的,处三年以下有期徒刑或者拘役,并处或者单处罚金。最高人民法院和最高人民检察院的司法解释中对此做了进一步详细规定:以营利为目的,实施刑法第 218 条规定的行为,违法所得数额在十万元以上的,属于"违法所得数额巨大",应当以销售侵权复制品罪判处三年以下有期徒刑或者拘役,并处或者单处罚金。

5.4.1.3 侵犯著作权的行为类型

我国现行法律中根据侵权后应当承担的法律责任的不同把侵权方式划分为两大类别:一类是只承担民事责任的侵权行为;另一种类别是既可能承担民事责任,又可能同时承担行政或刑事责任的情况。

1. 只承担民事责任的侵权行为

只承担民事责任的侵权行为包括:①未经著作权人许可,发表其作品的。②未经合作作者许可,将与他人合作创作的作品当作自己单独创作的作品发表的。③没有参加创作,为谋取个人名利,在他人作品上署名的。④歪曲、篡改他人作品的。⑤剽窃他人作品的。⑥未经著作权人许可,以展览、摄制电影和以类似摄制电影的方法使用作品,或者以改编、翻译、注释等方式使用作品的。本法另有规定的除外。⑦使用他人作品,应当支付报酬而未支付的。⑧未经电影作品和以类似摄制电影的方法创作的作品、计算机软件、录音录像制品的著作权人或者与著作权有关的权利人许可,出租其作品或者录音录像制品的。本法另有规定的除外。⑨未经出版者许可,使用其出版的图书、期刊的版式设计的。⑩未经表演者许可,从现场直播或者公开传送其现场表演,或者录制其表演的。⑪其他侵犯著作权以及与著作权有关的权益的行为。

2. 承担民事责任的同时承担行政责任或刑事责任的行为

承担民事责任的同时承担行政责任或刑事责任的行为包括:①未经著作权人许可,复制、发行、表演、放映、广播、汇编、通过信息网络向公众传播其作品的。本法另有规定的除外。②出版他人享有专有出版权的图书的。③未经表演者许可,复制、发行录有其表演的录音录像制品,或者通过信息网络向公众传播其表演的。本法另有规定的除外。④未经录音录像制作者许可,复制、发行、通过信息网络向公众传播其制作的录音录像制品的。本法另有规定的除外。⑤未经许可,播放或者复制广播、电视的。本法另有规定的除外。⑥未经著作权人或者与著作权有关的权利人许可,故意避开或者破坏权利人为其作品、录音录像制品等采取的保护著作权或者与著作权有关的权利的技术措施的。法律、行政法规另有规定的除外。⑦未经著作权人或者与著作权有关的权利人许可,故意删除或者改变作品、录音录像制品等的权利管理电子信息的。法律、行政法规另有规定的除外。⑧制作、出售假冒他人署名的作品的。

5.4.1.4 著作权侵权诉讼的基本要点和法律规定

1. 对原告和被告的确定

在司法救济中,哪些人可以做原告,哪些人可以做被告,是首先要确定的事项,否则无法到法院提起诉讼。按照我国法律规定,下列人员可以作为侵权诉讼中的原告:①著作权人;②著作权的合法被许可人;③依法成立的著作权集体管理组织,根据著作权人的书面授权,可以用自己的名义提起诉讼。原告可以只有一人,也可以由多人组成共同原告。

按照我国法律规定,下列人员可以作为侵权诉讼中的被告:①侵权产品的生产制作者;②侵权产品的销售者。被告可以只有一人,也可以由多人成为共同被告。

2. 确定管辖法院

我国法律规定著作权民事纠纷案件,由中级以上人民法院管辖。各高级人民法院根据本辖区的实际情况,可以确定若干基层人民法院管辖第一审著作权民事纠纷案件。因侵犯著作权行为提起的民事诉讼,由侵权行为的实施地、侵权复制品储藏地或者查封扣押地、被告住所地人民法院管辖。侵权复制品储藏地,是指大量或者经常性储存、隐匿侵权复制品所在地;查封扣押地,是指海关、版权、工商等行政机关依法查封、扣押侵权复制品所在地。对涉及不同侵权行为实施地的多个被告提起的共同诉讼,原告可以选择其中一个被告的侵权行为实施地人民法院管辖;仅对其中某一被告提起的诉讼,该被告侵权行为实施地的人民法院有管辖权。

3．有关证据的规定

著作权民事侵权纠纷案件，同样适用一般民事案件的证据规则，但是在具体的证据方面做了一些特别的规定。

（1）证明作者的证据。我国法律规定，当事人提供的涉及著作权的底稿、原件、合法出版物、著作权登记证书、认证机构出具的证明、取得权利的合同等，可以作为证据。在作品或者制品上署名的自然人、法人或者其他组织视为著作权人、与著作权有关的权利人，但有相反证明的除外。

（2）侵权物品的证据。当事人自行或者委托他人以订购、现场交易等方式购买侵权复制品而取得的实物、发票等，可以作为证据。公证人员在未向涉嫌侵权的一方当事人表明身份的情况下，如实对另一方当事人按照前款规定的方式取得的证据和取证过程出具的公证书，应当作为证据使用，但有相反证据的除外。

（3）举证责任倒置的规定。对于著作权民事侵权纠纷案件，举证责任遵循一般的民事举证原则，即"谁主张，谁举证"的原则。但是，我国法律在保护著作权中对有些举证责任做了例外规定，包括以下几种情况：①复制品的出版者、制作者不能证明其出版、制作有合法授权的，复制品的发行者或者电影作品或者以类似摄制电影的方法创作的作品、计算机软件、录音录像制品的复制品的出租者不能证明其发行、出租的复制品有合法来源的，应当承担侵权的法律责任。②出版者应对自己所出版的作品是否涉及侵权尽到合理的注意义务，对于是否已经尽到了合理的注意义务，由出版者承担举证责任。③软件复制品的出版者、制作者不能证明其出版、制作有合法授权的，或者软件复制品的发行者、出租者不能证明其发行、出租的复制品有合法来源的，应当承担法律责任。

4．有关诉前禁令、证据保全和财产保全的规定

（1）诉前禁令

"诉前禁令"也被称为诉前要求停止侵权行为，是知识产权案件的独有程序，目的在于及时制止侵权人的侵权行为，避免权利人的损失扩大。我国《著作权法》第49条明确规定："著作权人或者与著作权有关的权利人有证据证明他人正在实施或者即将实施侵犯其权利的行为，如不及时制止将会使其合法权益受到难以弥补的损害的，可以在起诉前向人民法院申请采取责令停止有关行为和财产保全的措施。"

（2）证据保全

我国《著作权法》规定："为制止侵权行为，在证据可能灭失或者以后难以取得的情况下，著作权人或者与著作权有关的权利人可以在起诉前向人民法院申请保全证据。人民法院接受申请后，必须在四十八小时内做出裁定；裁定采取保全措施的，应当立即开始执行。人民法院可以责令申请人提供担保，申请人不提供担保的，驳回申请。申请人在人民法院采取保全措施后十五日内不起诉的，人民法院应当解除保全措施。"

（3）财产保全

财产保全是在民事诉讼中，人民法院为保证将来的判决能得以实现，根据当事人的申请，或者人民法院依职权决定，对当事人争议的有关财物采取临时性强制措施的制度。该制度同样适用于因著作权引起的民事纠纷。根据《民事诉讼法》第 92 条、第 93 条的规定，财产保全分为诉讼中财产保全和诉前财产保全。诉讼中财产保全，是指人民法院在受理案件之后、做出判决之前，对当事人的财产或者争执标的物采取限制当事人处分的强制措施。诉前财产保全，是指在紧急情况下，法院不立即采取财产保全措施，利害关系人的合法权利会受到难以弥补的损害，因此法律赋予利害关系人在起诉前有权申请人民法院采取财产保全措施。

5.4.1.5　损害赔偿的内容和计算方式

1. 赔偿损失的构成

依照相关规定，著作权受到侵害后，著作权人或者相关权利人请求法院支持的赔偿费用包括以下几个方面的内容：①实际受到的损失；②对侵权行为进行调查、取证、公证、鉴定等合理费用；③提起诉讼和聘请律师的合理费用。

2. 赔偿损失的计算方式

按照《著作权法》的规定，赔偿损失按照以下步骤和先后顺序进行计算：①侵权人应当按照权利人的实际损失给予赔偿。权利人的实际损失，可以根据权利人因侵权所造成复制品发行减少量或者侵权复制品销售量与权利人发行该复制品单位利润乘积计算。发行减少量难以确定的，按照侵权复制品市场销售量确定。②当无法计算出权利人的实际损失时，可以按照侵权人的违法所得给予赔偿。③当权利人的实际损失或者侵权人的违法所得都不能确定时，由人民法院根据侵权行为的情节，判决给予五十万元以下的赔偿。人民法院应当考虑的情节主要包括作品类型、合理使用费、侵权行为性质、后果等因素。④无论采用哪种计算方式，计算出的结果再加上用于维权所产生的合理费用就构成了总的赔偿数额。

3. 对双方当事人达成的调解协议的规定

我国法律规定，对于损害赔偿的数额问题，如果权利人与侵权人之间就赔偿数额问题达成了协议，只要协议内容不违背法律规定，法院应当准许。

5.4.2　邻接权

邻接权，从字面意思来说就是与著作权相邻的权利，也被称为"著作权的相关权利"，是指作品的传播者对于自己的传播行为所依法享有的权利。国际上邻接权是指表演艺术家、录音制品制作者和广播电视组织所享有的权利。我国《著作权法修改草案》（第三稿)未再使用邻接权的概念,而是用"相关权"指称这类权利,并将出版者权也归入该范围,具体包括出版者、表演者、录音录像制品制作者、广播电视组织的权利。

5.4.2.1　出版者权

出版者权是指出版者对其出版的图书和期刊的版式设计享有的权利。版式设计通常是指对印刷品的版面格式的设计,包括对版心、排式、用字、行距、标点等版面布局因素的安排。我国著作权法规定,出版者有权许可或者禁止他人使用其出版的图书、期刊的版式设计。该项权利的保护期为十年,截止于使用该版式设计的图书、期刊首次出版后第十年的 12 月 31 日。

我国著作权法还规定了出版者享有的其他权利和义务,例如:①图书出版者出版图书应当和著作权人订立出版合同,并支付报酬。②图书出版者重印、再版作品的,应当通知著作权人,并支付报酬。图书脱销后,图书出版者拒绝重印、再版的,著作权人有权终止合同。著作权人寄给图书出版者的两份订单在 6 个月内未能得到履行,视为图书脱销。③图书出版者经作者许可,可以对作品进行修改、删节。报社、期刊社可以对作品作文字性修改、删节。对内容的修改,应当经作者许可。④出版改编、翻译、注释、整理、汇编已有作品而产生的作品,应当取得改编、翻译、注释、整理、汇编作品的著作权人和原作品的著作权人许可,并支付报酬。需要注意的是,上述内容并不属于邻接权的范畴。应当将出版者权与出版物上承载的其他著作权区别开来。如出版者享有的专有出版权是依著作权人的授权而取得,是基于作品产生的权利,却常被错误地当作邻接权。

《著作权法》第 32 条还对著作权人向报社、期刊投稿作了特别规定:著作权人向报社、期刊社投稿的,自稿件发出之日起 15 日内未收到报社通知决定刊登的,或者自稿件发出之日起 30 内未收到期刊社通知决定刊登的,可以将同一作品向其他报社、期刊社投稿。双方另有约定的除外。作品刊登后,除著作权人声明不得转载、摘编的外,其他报刊可以转载或者作为文摘、资料刊登,但应当按照规定向著作权人支付报酬。

5.4.2.2　表演者权

1. 表演者权利内容

表演者是指演员、演出单位或者其他表演文学、艺术作品的人。依照《著作权法》规定,表演者对其表演享有下列权利。

(1) 表演者的人身权利

表演者的人身权利包括:

① 表明表演者身份的权利,保护期限没有限制。

② 保护表演形象不受歪曲的权利,保护期限没有限制。

表演形象和表演者形象不同,表演形象是表演者所扮演角色的形象,表演者形象是表演者日常生活中的本来形象。歪曲表演形象一般来说侵犯的是表演者的邻接权,而歪曲表演者本人形象侵害的是表演者本人的肖像权、名誉权。但在歪曲表演形象时,也有可能对表演者本人名誉造成损害,那么此时该行为既侵害了表演者的表演权,又侵害了表演者的名誉权。

(2) 表演者的财产权利

表演者的财产权利包括:

① 许可他人从现场直播和公开传送其现场表演,并获得报酬。

② 许可他人录音录像,并获得报酬。

③ 许可他人复制、发行录有其表演的录音录像制品,并获得报酬;在《著作权修改草案》(第三稿)中增加了表演者的出租权。

④ 许可他人通过信息网络向公众传播其表演,并获得报酬。这里的信息网络包括无线、有线或互联网方式。

上述财产权利的保护期为 50 年,截止于该表演发生后第 50 年的 12 月 31 日。

2. 有关表演者权利义务的法律规定

(1) 使用他人作品演出,表演者(演员、演出单位)应当取得著作权人许可,并支付报酬。演出组织者组织演出,由该组织者取得著作权人许可,并支付报酬。

(2) 使用改编、翻译、注释、整理已有作品而产生的作品进行演出,应当取得改编、翻译、注释、整理作品的著作权人和原作品的著作权人许可,并支付报酬。

需要注意的是,表演者权和表演权不同。表演者权是表演者在表演作品时产生的对自己的表演享有的权利。而表演权则是著作权人享有的公开表演自己创作的作品或者许可他人表演其创作的作品的权利。因此,如果表演者表演的是他人创作的作品,必须先要获得著作权人同意,否则未经授予表演权而擅自表演其作品就会侵犯著作权人的表演权。

5.4.2.3 录音录像制作者权

1. 录音录像制作者权的内容

我国著作权法规定,录音制品是指任何对表演的声音和其他声音的录制品;录像制品是指电影作品和以类似摄制电影的方法创作的作品以外的任何有伴音或者无伴音的连续相关形象、图像的录制品;录音制作者是指录音制品的首次制作人;录像制作者,是指录像制品的首次制作人。录音录像制作者享有以下权利:

(1) 许可他人复制录音录像制品的权利;

(2) 许可他人发行录音录像制品的权利;

(3) 许可他人出租录音录像制品的权利;

(4) 许可他人通过信息网络向公众传播录音录像制品的权利;

（5）获得报酬的权利。

上述权利的保护期为 50 年，截止于该制品首次制作完成后第 50 年的 12 月 31 日。

被许可人复制、发行、通过信息网络向公众传播录音录像制品，还应当取得著作权人、表演者许可，并支付报酬。

2. 有关录音录像制作者权利义务的法律规定

（1）录音录像制作者使用他人作品制作录音录像制品，应当取得著作权人许可，并支付报酬。

（2）录音录像制作者使用改编、翻译、注释、整理已有作品而产生的作品，应当取得改编、翻译、注释、整理作品的著作权人和原作品著作权人许可，并支付报酬。

（3）录音制作者使用他人已经合法录制为录音制品的音乐作品制作录音制品，可以不经著作权人许可，但应当按照规定支付报酬；著作权人声明不许使用的不得使用。

（4）录音录像制作者制作录音录像制品，应当同表演者订立合同，并支付报酬。

5.4.2.4　广播电台和电视台权利

1. 广播电台和电视台权利的内容

（1）有权禁止未经其许可将其播放的广播、电视转播。

（2）有权禁止未经其许可将其播放的广播、电视录制在音像载体上以及复制音像载体。

上述权利的保护期为 50 年，截止于该广播、电视首次播放后第 50 年的 12 月 31 日。

2. 有关广播电台和电视台权利义务的法律规定

（1）广播电台、电视台播放他人未发表的作品，应当取得著作权人许可，并支付报酬。广播电台、电视台播放他人已发表的作品，可以不经著作权人许可，但应当支付报酬。

（2）广播电台、电视台播放已经出版的录音制品，可以不经著作权人许可，但应当支付报酬。当事人另有约定的除外。具体办法由国务院规定。

（3）电视台播放他人的电影作品和以类似摄制电影的方法创作的作品、录像制品，应当取得制片者或者录像制作者许可，并支付报酬；播放他人的录像制品，还应当取得著作权人许可，并支付报酬。

5.5　软件著作权的管理

5.5.1　软件著作权的归属管理

5.5.1.1　计算机软件的含义

计算机软件是计算机程序及其有关文档。计算机程序，是指为了得到某种结果而可以由计算机等具有信息处理能力的装置执行的代码化指令序列,或者可以被自动转换成代码化指令序列的符号化指令序列或者符号化语句序列。同一计算机程序的源程序和目标程序为同一作品。源程序是指用高级语言或汇编语言编写的程序,目标程序是指源程序经编译或解释加工以后,可以由计算机直接执行的程序。文档,是指用来描述程序的内容、组成、设计、功能规格、开发情况、测试结果及使用方法的文字资料和图表等,如程序设计说明书、流程图、用户手册等。

计算机软件不同于一般的文字作品,它有一定的实用性。计算机软件著作权保护的是程序编码形式,而不保护其所体现的技术方案和功能。同样功能甚至使用界面相同的计算机软件,其程序代码可能是不同的,则这两种计算机软件都享有著作权。

专栏

光明图片库获国家软件著作权

由光明网自主研发的光明图片库软件系统,日前获得国家颁发的计算机软件著作权登记证书。依托于该系统的光明图片库(网址:pic.gmw.cn)自今年 1 月正式上线以来,已建立了稳定的新闻图片报道队伍,日均访问量达 500 万次,多次承接重大图片报道任务。光明图片库系统采用领先的云计算平台,可为新闻照片、书画图片提供检索、上传、展示、分享、交流互动、销售等服务,分类详尽实用,搜索简明快捷,在技术上处于领先地位。运行半年以来,已有来自海内外的上千余名摄影师加入光明图片的摄影师队伍,上传图片 15 万余张,每天实时发布超过 400 幅的各类新闻图片及创意图片等。历届中国国际新闻摄影大赛和近年中国新闻奖摄影参赛作品,均通过光明图片库系统管理、展示,为历史新闻照片的复用提供了高效的技术平台。

资料来源:http://www.ciplawyer.cn/articleview/article_view_10376.htm.

5.5.1.2　计算机软件著作权的内容

1. 计算机软件著作权的具体内容

根据我国《计算机软件保护条例》的规定,计算机软件著作权包括如下 9 项具体的权能。①发表权,即决定软件是否公之于众的权利;②署名权,即表明开发者身份,在软件上署名的权利;③修改权,即对软件进行增补、删节,或者改变指令、语句顺序的权利;④复制权,即将软件制作一份或者多份的权利;⑤发行权,即以出售或者赠与方式向公众提供软件的原件或者复制件的权利;⑥出租权,即有偿许可他人临时使用软件的权利,但是软件不是出租的主要标的的除外;⑦信息网络传播权,即以有线或者无线方式向公众提供软件,使公众可以在其个人选定的时间和地点获得软件的权利;⑧翻译权,即将原软件从一种自然语言文字转换成另一种自然语言文字的权利;⑨应当由软件著作权人享有的其他权利。

2. 计算机软件著作权的保护期限

根据我国《计算机软件保护条例》的规定,软件著作权自软件开发完成之日起产生。

(1) 自然人的软件著作权保护期

自然人的软件著作权,保护期为自然人终生及其死亡后50年,截止于自然人死亡后第50年的12月31日;软件是合作开发的,截止于最后死亡的自然人死亡后第50年的12月31日。

(2) 单位的软件著作权保护期

法人或者其他组织的软件著作权,保护期为50年,截止于软件首次发表后第50年的12月31日,但软件自开发完成之日起50年内未发表的,法律将不再提供保护。

5.5.1.3　计算机软件著作权的归属原则

1. 归属于软件开发者原则

软件著作权人,是对软件享有著作权的自然人、法人或者其他组织。《计算机软件保护条例》规定,软件著作权属于软件开发者,本条例另有规定的除外。如无相反证明,在软件上署名的自然人、法人或者其他组织为开发者。软件开发者,是指实际组织开发、直接进行开发,并对开发完成的软件承担责任的法人或者其他组织;或者依靠自己具有的条件独立完成软件开发,并对软件承担责任的自然人。

2. 合作开发软件著作权的归属

由两个以上的自然人、法人或者其他组织合作开发的软件,其著作权的归属由合作开发者签订书面合同约定。无书面合同或者合同未作明确约定,合作开发的软件可以分割使用的,开发者对各自开发的部分可以单独享有著作权;但是,行使著作权时,不得扩展到合作开发的软件整体的著作权。合作开发的软件不能分割使用的,其著作权由各合作开发者共同享有,通过协商一致行使;不能协商一致,又无正当理由的,任何一方不得阻止他方行使除转让权以外的其他权利,但是所得收益应当合理分配给所有合作开发者。

3. 委托开发软件著作权的归属

接受他人委托开发的软件,其著作权的归属由委托人与受托人签订书面合同约定;无书面合同或者合同未作明确约定的,其著作权由受托人享有。

4. 国家项目开发的软件著作权的归属

由国家机关下达任务开发的软件,著作权的归属与行使由项目任务书或者合同规定;项目任务书或者合同中未作明确规定的,软件著作权由接受任务的法人或者其他组织享有。

5. 职务开发软件著作权的归属

自然人在法人或者其他组织任职期间所开发的软件有下列情形之一的,该软件著作权由该法人或者其他组织享有,该法人或者其他组织可以对开发软件的自然人进行奖励:①针对本职工作中明确指定的开发目标所开发的软件;②开发的软件是从事本职工作活动所预见的结果或者自然的结果;③主要使用了法人或者其他组织的资金、专用设备、未公开的专门信息等物质技术条件所开发并由法人或者其他组织承担责任的软件。

6. 自然人死亡后软件著作权的归属

软件著作权属于自然人的,该自然人死亡后,在软件著作权的保护期内,软件著作权的继承人可以依照我国继承法的有关规定,继承除署名权以外的其他权利。

7. 单位终止后软件著作权的归属

软件著作权属于法人或者其他组织的,法人或者其他组织变更、终止后,其著作权在保护期内由承受其权利义务的法人或者其他组织享有;没有承受其权利义务的法人或者其他组织的,由国家享有。

5.5.2　软件著作权的权项管理

5.5.2.1　软件著作权权利

软件著作权人享有下列权利:

(1) 发表权,即决定软件是否公之于众的权利;

(2) 署名权,即表明开发者身份,在软件上署名的权利;

(3) 修改权,即对软件进行增补、删节,或者改变指令、语句顺序的权利;

(4) 复制权,即将软件制作一份或者多份的权利;

(5) 发行权,即以出售或者赠与方式向公众提供软件的原件或者复制件的权利;

(6) 出租权,即有偿许可他人临时使用软件的权利,但是软件不是出租的主要标的的除外;

(7) 信息网络传播权,即以有线或者无线方式向公众提供软件,使公众可以在其个人选定的时间和地点获得软件的权利;

(8) 翻译权,即将原软件从一种自然语言文字转换成另一种自然语言文字的权利;

(9) 应当由软件著作权人享有的其他权利。

软件著作权人可以许可他人行使其软件著作权,并有权获得报酬。

软件著作权人可以全部或者部分转让其软件著作权,并有权获得报酬。

5.5.2.2　软件著作权归属

软件著作权属于软件开发者,本条例另有规定的除外。

如无相反证明,在软件上署名的自然人、法人或者其他组织为开发者。

由两个以上的自然人、法人或者其他组织合作开发的软件,其著作权的归属由合作开发者签订书面合同约定。无书面合同或者合同未作明确约定,合作开发的软件可以分割使用的,开发者对各自开发的部分可以单独享有著作权;但是,行使著作权时,不得扩展到合作开发的软件整体的著作权。合作开发的软件不能分割使用的,其著作权由各合作开发者共同享有,通过协商一致行使;不能协商一致,又无正当理由的,任何一方不得阻止他方行使除转让权以外的其他权利,但是所得收益应当合理分配给所有合作开发者。

接受他人委托开发的软件,其著作权的归属由委托人与受托人签订书面合同约定;无书面合同或者合同未作明确约定的,其著作权由受托人享有。

由国家机关下达任务开发的软件,著作权的归属与行使由项目任务书或者合同规定;项目任务书或者合同中未作明确规定的,软件著作权由接受任务的法人或者其他组织享有。

自然人在法人或者其他组织中任职期间所开发的软件有下列情形之一的,该软件著作权由该法人或者其他组织享有,该法人或者其他组织可以对开发软件的自然人进行奖励:

(1) 针对本职工作中明确指定的开发目标所开发的软件;

(2) 开发的软件是从事本职工作活动所预见的结果或者自然的结果;

(3) 主要使用了法人或者其他组织的资金、专用设备、未公开的专门信息等物质技术条件所开发并由法人或者其他组织承担责任的软件。

5.5.2.3　软件著作权合理使用

软件的合法复制品所有人享有下列权利:

(1) 根据使用的需要把该软件装入计算机等具有信息处理能力的装置内。

(2) 为了防止复制品损坏而制作备份复制品。这些备份复制品不得通过任何方式提供给他人使用,并在所有人丧失该合法复制品的所有权时,负责将备份复制品销毁。

(3) 为了把该软件用于实际的计算机应用环境或者改进其功能、性能而进行必要的修改;但是,除合同另有约定外,未经该软件著作权人许可,不得向任何第三方提供修改后的软件。

为了学习和研究软件内含的设计思想和原理,通过安装、显示、传输或者存储软件等方式使用软件的,可以不经软件著作权人许可,不向其支付报酬。

许可他人行使软件著作权的,应当订立许可使用合同。

许可使用合同中软件著作权人未明确许可的权利,被许可人不得行使。

许可他人专有行使软件著作权的,当事人应当订立书面合同。没有订立书面合同或者合同中未明确约定为专有许可的,被许可行使的权利应当视为非专有权利。

转让软件著作权的,当事人应当订立书面合同。订立许可他人专有行使软件著作权

的许可合同,或者订立转让软件著作权合同,可以向国务院著作权行政管理部门认定的
软件登记机构登记。

5.5.3 软件著作权的登记管理

5.5.3.1 登记申请

申请登记的软件应是独立开发的,或者经原著作权人许可对原有软件修改后形成的
在功能或者性能方面有重要改进的软件。

合作开发的软件进行著作权登记的,可以由全体著作权人协商确定一名著作权人作
为代表办理。著作权人协商不一致的,任何著作权人均可在不损害其他著作权人利益的
前提下申请登记,但应当注明其他著作权人。

申请软件著作权登记的,应当向中国版权保护中心提交以下材料:

(1) 按要求填写的软件著作权登记申请表;

(2) 软件的鉴别材料;

(3) 相关的证明文件。

软件的鉴别材料包括程序和文档的鉴别材料。

程序和文档的鉴别材料应当由源程序和任何一种文档前、后各连续 30 页组成。整
个程序和文档不到 60 页的,应当提交整个源程序和文档。除特定情况外,程序每页不少
于 50 行,文档每页不少于 30 行。

申请软件著作权登记的,应当提交以下主要证明文件:

(1) 自然人、法人或者其他组织的身份证明;

(2) 有著作权归属书面合同或者项目任务书的,应当提交合同或者项目任务书;

(3) 经原软件著作权人许可,在原有软件上开发的软件,应当提交原著作权人的许可
证明;

(4) 权利继承人、受让人或者承受人,提交权利继承、受让或者承受的证明。

申请软件著作权登记的,可以选择以下方式之一对鉴别材料作例外交存:

(1) 源程序的前、后各连续的 30 页,其中的机密部分用黑色宽斜线覆盖,但覆盖部分
不得超过交存源程序的 50%;

(2) 源程序连续的前 10 页,加上源程序的任何部分的连续的 50 页;

(3) 目标程序的前、后各连续的 30 页,加上源程序的任何部分的连续的 20 页。

文档作例外交存的,参照前款规定处理。

软件著作权登记时,申请人可以申请将源程序、文档或者样品进行封存。除申请人
或者司法机关外,任何人不得启封。

软件著作权转让合同或者专有许可合同当事人可以向中国版权保护中心申请合同

登记。申请合同登记时,应当提交以下材料:

(1) 按要求填写的合同登记表;

(2) 合同复印件;

(3) 申请人身份证明。

申请人在登记申请批准之前,可以随时请求撤回申请。软件著作权登记人或者合同登记人可以对已经登记的事项作变更或者补充。申请登记变更或者补充时,申请人应当提交以下材料:

(1) 按照要求填写的变更或者补充申请表;

(2) 登记证书或者证明的复印件;

(3) 有关变更或者补充的材料。

登记申请应当使用中国版权保护中心制定的统一表格,并由申请人盖章(签名)。

申请表格应当使用中文填写。提交的各种证件和证明文件是外文的,应当附中文译本。

申请文件可以直接递交或者挂号邮寄。申请人提交有关申请文件时,应当注明申请人、软件的名称,有受理号或登记号的,应当注明受理号或登记号。

5.5.3.2 审查和批准

中国版权保护中心应当自受理日起 60 日内审查完成所受理的申请,申请符合《条例》和本办法规定的,予以登记,发给相应的登记证书,并予以公告。

有下列情况之一的,不予登记并书面通知申请人:

(1) 表格内容填写不完整、不规范,且未在指定期限内补正的;

(2) 提交的鉴别材料不是《条例》规定的软件程序和文档的;

(3) 申请文件中出现的软件名称、权利人署名不一致,且未提交证明文件的;

(4) 申请登记的软件存在权属争议的。

中国版权保护中心要求申请人补正其他登记材料的,申请人应当在 30 日内补正,逾期未补正的,视为撤回申请。

国家版权局根据下列情况之一,可以撤销登记:

(1) 最终的司法判决;

(2) 著作权行政管理部门作出的行政处罚决定。

中国版权保护中心可以根据申请人的申请,撤销登记。登记证书遗失或损坏的,可申请补发或换发。

5.5.3.3 软件登记公告

软件登记公告的内容如下:

（1）软件著作权的登记；

（2）软件著作权合同登记事项；

（3）软件登记的撤销；

（4）其他事项。

5.5.3.4　费用

申请软件登记或者办理其他事项,应当交纳下列费用：

（1）软件著作权登记费；

（2）软件著作权合同登记费；

（3）变更或补充登记费；

（4）登记证书费；

（5）封存保管费；

（6）例外交存费；

（7）查询费；

（8）撤销登记申请费；

（9）其他需交纳的费用。

申请人自动撤回申请或者登记机关不予登记的,所交费用不予退回。

5.6　互联网环境下的著作权管理

5.6.1　技术措施的管理

5.6.1.1　技术措施概述

在信息网络时代,技术保护手段对著作权保护具有重要作用,如技术措施和权利管理信息。技术措施是指诸如利用加密技术以制止未经许可或者未由法律准许而采取的解密行为等有效的技术性方法和手段,而权利管理电子信息是识别作品、作品的作者、对作品拥有任何权利的所有人的信息,或者有关作品使用条款和条件的信息,以及代表此种信息的任何数字或者代码。技术措施是权利人为了防止他人非法接触、使用其作品而采取的技术手段,显然是网络空间著作权保护的重要手段之一。我国 2006 年 5 月通过的《信息网络传播权保护条例》就规定了对技术措施的保护。

按照技术措施的基本功能,可以将其分为控制接触作品的技术措施、控制使用作品的技术措施、控制传播作品的技术措施、识别非授权作品的技术等类型。这些技术保护手段也是针对日益猖狂的网络著作权侵权现实而出现的,是回应信息网络技术的迅猛发展而纳入著作权保护体系中的。从在网络空间合理分配权利和义务的角度来说,技术措施的出现是著作权人利益与用户、网络传播者和社会公众之间利益平衡的产物。

著作权保护的技术措施实质上是在网络环境下对著作权进行权利管理的内涵之一。技术措施确保了著作权人对在线作品内容的控制,有利于改善在网络环境下著作权人对其著作权的保护所处的劣势地位,并有效地保护其作品著作权。因而,近些年来随着信息网络技术的急速发展,技术措施保护制度逐渐被各国著作权法所接受并被有关国际公约所肯定。《世界知识产权组织著作权条约》(WCT)第11条规定,缔约各方应规定适当的法律保护和有效的法律补救办法,制止规避由作者为行使本条约或《伯尔尼公约》所规定的权利而使用的、对就其作品进行未经该有关作者许可或未由法律准许的行为加以约束的有效技术措施。《世界知识产权组织表演和录音制品条约》(WPPT)第18条则规定,缔约各方应规定适当的法律保护和有效的法律补救办法,制止规避由表演者或录音制品制作者为行使本条约所规定的权利而使用的、对就其表演或录音制品进行未经该有关表演者或录音制品制作者许可或未由法律准许的行为加以约束的有效技术措施。欧盟委员会2000年6月通过的《著作权指令》第6条也规定了成员对技术措施的保护:成员应根据适当的法律保护,制止对任何有效的技术措施规避的行为,制止制造、进口、发行、出租、从事广告以销售或出租或以商业目的拥有设备、产品或者提供服务。

以技术措施保护网络空间作品著作权受到很多国家著作权立法的重视。以美国数字千年著作权法(DMCA)为例,该法鼓励著作权作品的私人性质的技术保护。DMCA第1201条规定:任何人不得规避有效控制受保护作品之访问的技术措施;任何人不得制造、进口、向公众推销提供或者运送任何技术、产品、服务、设备、零件或部件:①其设计、生产的主要目的是规避有效控制受保护作品之访问的技术措施;②或者规避有效控制受保护作品之访问的技术措施,只有有限的商业意义或用途;③由某人或在某人授意下上市并且知道可以用于受保护之作品访问的技术措施。根据这一规定,用户不得非法妨碍、破解控制接近著作权作品的技术措施,任何人均被禁止提供上述手段或者提供这一服务。也就是说,DMCA不但规定了WCT、WPPT反规避技术措施的行为,而且对实施这种行为的设备也做了禁止性规定。例如,当著作权人对其数字化作品的接近设置了密码,而用户在履行付费等手续从而获得密码后才能接近该作品时,某人破解该密码或者有意出售旨在破解该密码的软件,应承担著作权侵权责任。有学者认为,DMCA对著作权保护的扩张远远超过直接限制接近的复制权。禁止通过未获得许可的手段接近作品为著作权人创造了一种新的权利——虽然DMCA没有明确地表达,它也没有一般地解释为著作权人对其创造性作品的所有的接近享有权利。DMCA提供了这种基于复制之上的控制能够潜在地允许著作权人控制与被保护作品相关的数字技术的使用。

美国DMCA颁行后,已发生了一系列涉及通过技术措施保护著作权人的案例。例如,2000年8月17日University City Studios v. Shawn Reimerdes案即有代表性。在该案中,八大电影制片厂对网站运营商鼓励拷贝并启用一个叫DeCSS的信息程序提起诉讼,要求禁止该程序在屏幕上显示和以超文本形式链接到机器上阅读。该程序在技术上的特点是包含可以解开 CSS 密码系统的钥匙,而 CSS 密码系统可以防止拷贝 DVD 和 DVD 在不同型号的机器上阅读。法官认定 CSS 系统可以有效地通过阅读方式获得 DVD 上的作品,而 DeCSS 是一个规避 CSS 的系统,该系统主要是为此目的而设计的。法院没有接受被告合理使用的辩护,并给被告发出了诉前禁令,进而作出了有利于原告的判决。次年 11 月 29 日,上诉法院在第二轮审判中核准了该判决。上诉法院的理由是,软件代码受到言论自由(宪法第一修正案)的保护,但对这种自由作出合理限制的 DMCA 无疑是合适的。

值得注意,尽管 DMCA 对合理使用作出了规定,该案件法官却拒绝适用合理使用作为抗辩理由。该案件显示"在数字时代合理使用往往在防止侵权的名义下被实质性禁止"。

我国著作权法中也规定了技术措施保护制度。《信息网络传播权保护条例》进一步对该制度做了规定。如根据该条例第 5 条规定,未经权利人许可,任何组织或者个人不得进行下列行为:①故意删除或者改变通过信息网络向公众提供的作品、表演、录音录像制品的权利管理电子信息,但由于技术上的原因无法避免删除或者改变的除外;②通过信息网络向公众提供明知或者应知未经权利人许可被删除或者改变权利管理电子信息的作品、表演、录音录像制品。第 18 条、第 19 条规定,故意避开或者破坏技术措施故意制造、进口或者向他人提供主要用于避开、破坏技术措施的装置或者部件,或者故意为他人避开或者破坏技术措施提供技术服务的,应承担相应的法律责任。

明确了技术措施的概念,并不意味着就能够准确地对技术措施进行认定,必须同时把握技术措施的本质特征,才能更好地对技术措施进行保护。需要注意的是,技术措施除了本质特征之外还具有诸多的形式特征,如技术手段、应用的范围等,但这些形式特征,对于辨别技术措施以及本文所主要阐述的侵害技术措施的认定并不具有实质上的意义,因此此处不做过多的论述。技术措施的本质特征主要表现在双重性、依附性、有效性和正当性四个方面,当技术措施不具备这四个本质特征时,不但不能成为法律所保护的技术措施,而且有可能成为法律所禁止的违法行为,甚至成为刑法所打击的犯罪行为。因此,对于技术措施的四个本质特征必须要有较为深刻的认识,从而能够更好地对技术措施进行保护,对侵害技术措施的行为进行刑法规制。

1. 技术措施的双重性

技术措施是为了保护权利人的合法知识产权而实施的技术上的举措,是一种私立性救济,因此技术措施首先所具备的属性即是作为知识产权的保护性手段,这是技术措施的第一重属性。同时,技术措施顾名思义,必然要具有一定的技术性,因此技术措施本身就代表了权利人的一种精神财富和智慧成果。因此,技术措施本身往往也体现出了知识产权的属性,这是技术措施的第二重属性。技术措施的这种双重属性,在网络空间领域内表现得尤为明显。以计算机软件加密程序为例,其功能是对计算机软件进行一定的加密,防止未经权利人许可的随意使用和复制,从这个角度来看,其属于保护计算机软件权的技术措施,而计算机加密程序本身也属于特定的程序,有其独立的经济价值,因此其同时又具有知识产权的属性。

技术措施实质上,具备知识产权的保护手段和知识产权双重属性,但是这双重属性并不是完全对等的。首先,第一属性为技术措施的主要属性。判断技术措施主要依据其保护手段的属性,这里并不是说技术措施本身的知识产权价值不重要,而是由于技术措施的功能和定位所决定的,技术措施以实现保护相关知识产权的合法权益为目标,而且技术措施自身作为知识产权的属性,完全可以在知识产权的层面上进行认定和保护,这本身亦不是技术措施对知识产权法律保护所带来的缺失。其次,第二属性以第一属性为基础。技术措施本身作为一种知识产权时,其价值的体现无法离开保护相关知识产权权利,一旦知识产权不需要技术措施的私力救济途径时,技术措施本身也就失去了存在的价值和意义。认识到技术措施所具有的两重性特征,对于我们对技术措施进行完整的保护具有重要意义,而同时也必须认识到技术措施的本质属性在于其是相关知识产权的救济手段。而对于侵害技术措施的行为,通常很可能同时侵害了技术措施作为相关知识产权的保护手段和技术措施自身作为知识产权两个层面,这也是侵害技术措施所具有的危害性特征之一,但是侵害技术措施所保护的知识产权是我们研究和关注的重点所在,而对于侵犯技术措施自身知识产权的行为,视其行为的严重性程度,可以通过传统知识产权保护体系进行规制。

2. 技术措施的依附性

技术措施的价值体现在对相关知识产权的保护上,但是,现实社会中许多技术、设备都具有多重的功能,其不仅可以用于对相关知识产权进行保护,也可以用作其他社会用途,实现价值创造财富。此类技术、设备等措施并不是严格意义上的技术措施,此类技术型手段只有在运用在相关知识产权保护上时,才能被视为我们所讨论的技术措施。因此,技术措施具有依附性,其必须依附其所保护的知识产权,如果不存在需要保护的知识产权,相关措施客观的技术性依然存在,但是却已然不能被称为用于保护知识产权的技术措施。

技术措施依附性的另一个重要方面在于,技术措施应当在一定程度内同特定的知识产权相结合,完全独立于特定知识产权的技术、装置等不宜认定为技术措施,例如为防止他人接触特定的作品,将作品放入保险箱中,此时的保险箱就不宜认定为是保护著作权的技术措施。技术措施的存在以其保护的知识产权存在为前提,技术措施具有依附性,这是对技术措施进行认定的一个重要方面。不同特定的知识产权相结合的技术性手段,不能视作技术措施,同样对于此类技术手段的侵害也不能通过对侵害技术措施的法律规定来进行保护。

3. 技术措施的有效性

在上述关于技术措施的概念中,许多概念强调了技术措施的有效性。技术措施的有效性是技术措施的保护功能的必然要求,不具有有效性的方法和手段无法满足对特定知识产权进行保护的需要。所以技术措施必须要具有有效性。

对于有效性的认定,笔者认为不需要太过严格要求,能够在一定的时期内达到避免或阻碍社会一般公众独立对其所保护的特定的知识产权的侵害即可。强调一定时期内,这是由于技术总是在不断地进步,技术的有效性只能是一个相对性的概念。而同时技术措施也只是权利人相应的救济途径之一,技术措施本身是由人设计出来的,也就存在着被人破解的可能性,部分具有高超技术的个体将相应的技术措施破解后,将破解的方法、程序、工具等进行传播,使普通人也可以轻松地规避技术措施,因此,技术措施的有效性只能是针对社会一般公众的独立行为。

有效性是技术措施的必备特征,不具有有效性的技术举措由于在保护功能上的缺失,不能作为技术措施,而对于此类不具有有效性的技术举措的规避行为,也不构成侵权行为。

4. 技术措施的正当性

采取技术措施目的是保护合法的知识产权免受非法的侵害,这是技术措施的积极意义所在,也是法律对技术措施进行保护的原因。但是,技术是中性的,技术措施也必须受到一定的限制,技术措施的实施必须具有正当性。

所谓正当性是指,技术措施的实施应当合理、合法。具体而言,技术措施的正当性应当满足以下几个条件:第一,为保护知识产权而实施。这是从目的上限制技术措施的应用。特定知识产权的私力保护手段是技术措施的本质属性,超越了知识产权保护的目的往往会造成技术措施的滥用。例如许多软件的技术措施除了具有防止他人随意使用和复制的功能外,往往还具有收集软件用户信息的功能,从而方便软件制造商进行商业营销,这种超越了知识产权保护功能的技术措施显然违背了正当性原则。第二,技术措施的实施不得侵害他人和社会的合法利益。社会中任何权利都是与义务相辅相成,技术措施亦不例外。在法治社会中没有绝对的自由和权利,技术措施作为知识产权人保护自身权益的特殊权利,其行使必须要以尊重他人和社会的合法利益为前提。第三,即便是针对对知识产权的不法侵害,技术措施也只能是防御性质而不能具有惩罚性质。知识产权是受到国家公权力所保护的权利,对于特定的侵害知识产权的行为,应当依法给予侵权人或犯罪人否定性的评价和一定的惩罚,但是这种惩罚只能是由司法机关依照相关法律规定、遵循特定的法律程序来进行。技术措施本质上是防护性的私力救济手段,实施技术措施的权利人没有资格认定对于知识产权的妨碍是否违法,更没有权力对其所认为的不法行为进行惩罚。

正当性是技术措施的重要特征,对于侵害技术措施的行为进行刑法上的思考,更加需要关注技术措施的正当性问题。一方面,对于不具有正当性的技术措施进行一定的规避和破解,不能视为违法行为。另一方面,对于不具有正当性的技术措施的滥用行为,其本身就有可能触犯刑法的规定,构成犯罪。

5.6.1.2　侵害技术措施的行为

我国《信息条例》中规定了两种侵害技术措施的行为,一种是故意避开或者破坏技术措施的行为,此类行为属于真正的侵害技术措施的实行行为,此类行为可以称为狭义的侵害技术措施的行为。另一种是故意制造、进口或者向他人提供主要用于避开、破坏技术措施的装置或者部件,或者故意为他人避开或者破坏技术措施提供技术服务的行为,实质上是侵害技术措施行为的帮助行为。狭义的侵害技术措施的行为和侵害技术措施的帮助行为共同组成了广义的侵害技术措施的行为,虽然《信息网络传播权保护条例》中的技术措施仅指涉及网络传播权的技术措施,但由于网络空间是实施技术措施和侵害技术措施行为最主要的场域,而且实行行为和帮助行为的区分同样适用于现实空间。

1. 狭义的侵害技术措施的行为

狭义的侵害技术措施的行为是指行为人直接对相关权利人设置的技术措施进行规避或破坏。一般而言独立实施狭义的侵害技术措施的行为需要一定的技术能力,而借助于他人的帮助行为行为人则可能轻松地实施狭义的侵害技术措施的行为。对于狭义的侵害技术措施行为的认定可以分为两个层次。

(1) 侵害技术措施的行为本身

技术措施和其所保护的特定知识产权是密切相连的,技术措施依附于特定的知识产权,但特定的知识产权相对于技术措施又具有其相对的独立性,主要体现在:①技术措施的剥离不影响特定知识产权的实际价值和功能。技术措施只是针对特定知识产权的保护而存在的,技术措施不涉及其所保护的知识产权的实际价值和功能,当技术措施同其所保护的知识产权相分离时,特定的知识产权依然完整地存在。②技术措施的剥离并不必然造成特定知识产权的侵害。技术措施为特定的知识产权提供保护,一旦技术措施失去效用,特定的知识产权的合法权利将处于极端危险的状态,但是这种危险状态并不等同于特定的知识产权已然遭到了侵害。

(2) 针对特定知识产权的后续行为

虽然特定的知识产权对技术措施具有相对的独立性,但是上文所举的例子仍然只是个案。更为普遍的是,侵害技术措施是为了利用被技术措施所保护的特定的知识产权,因此针对特定知识产权的后续行为同侵害技术措施的行为具有前后相继的特征,侵害技术措施的行为是针对特定知识产权的后续行为的前提条件和必要途径。

针对特定知识产权的后续行为在现实生活中主要表现为两种情形:一是对特定知识产权进行个体利用的行为;二是传播无技术措施保护的作品或者其他知识产权客体的行为。此两种情形毫无疑问都对特定的知识产权构成了侵害,根据其行为情节的不同需要承担相应的法律责任。

2. 侵害技术措施的帮助行为

相比较于狭义的侵害技术措施的行为,侵害技术措施的帮助行为的危害性更为巨大。狭义的侵害技术措施的行为的危害性主要表现在,特定的知识产权在某个特定的个体上权利受到了侵害。整体来看,狭义的侵害技术措施的行为只是个人行为,其危害性较小,而且由于技术措施的技术性门槛,并非任何人都可以随意地实施侵害技术措施的行为。但是侵害技术措施的帮助行为使特定知识产权大面积地受到侵害成为可能。尤其是在网络高度发达的信息社会,利用网络信息传输的便捷性和网络信息的无限复制性,侵害技术措施的帮助行为会大大降低侵害技术措施的技术门槛,使得任何网络空间中的个体都有能力实施侵害技术措施的行为,将侵害技术保护措施的行为无限扩展,给特定的知识产权带来大范围的侵害,这才是侵害技术措施行为危害的真正所在。

5.6.1.3　侵权的法律责任

除《中华人民共和国著作权法》或者本条例另有规定外,有下列侵权行为的,应当根据情况,承担停止侵害、消除影响、赔礼道歉、赔偿损失等民事责任:

(1) 未经软件著作权人许可,发表或者登记其软件的;

(2) 将他人软件作为自己的软件发表或者登记的;

(3) 未经合作者许可,将与他人合作开发的软件作为自己单独完成的软件发表或者登记的;

(4) 在他人软件上署名或者更改他人软件上的署名的;

(5) 未经软件著作权人许可,修改、翻译其软件的;

(6) 其他侵犯软件著作权的行为。

除《中华人民共和国著作权法》、本条例或者其他法律、行政法规另有规定外,未经软件著作权人许可,有下列侵权行为的,应当根据情况,承担停止侵害、消除影响、赔礼道歉、赔偿损失等民事责任;同时损害社会公共利益的,由著作权行政管理部门责令停止侵权行为,没收违法所得,没收、销毁侵权复制品,可以并处罚款;情节严重的,著作权行政管理部门可以没收主要用于制作侵权复制品的材料、工具、设备等;触犯刑律的,依照刑法关于侵犯著作权罪、销售侵权复制品罪的规定,依法追究刑事责任:

(1) 复制或者部分复制著作权人的软件的;

(2) 向公众发行、出租、通过信息网络传播著作权人的软件的;

(3) 故意避开或者破坏著作权人为保护其软件著作权而采取的技术措施的;

(4) 故意删除或者改变软件权利管理电子信息的;

(5) 转让或者许可他人行使著作权人的软件著作权的。

有前款第一项或者第二项行为的,可以并处每件 100 元或者货值金额 1 倍以上 5 倍以下的罚款;有前款第三项、第四项或者第五项行为的,可以并处 20 万元以下的罚款。

侵犯软件著作权的赔偿数额,依照《中华人民共和国著作权法》第四十九条的规定确定。

软件著作权人有证据证明他人正在实施或者即将实施侵犯其权利的行为,如不及时制止,将会使其合法权益受到难以弥补的损害的,可以依照《中华人民共和国著作权法》第五十条的规定,在提起诉讼前向人民法院申请采取责令停止有关行为和财产保全的措施。

为了制止侵权行为,在证据可能灭失或者以后难以取得的情况下,软件著作权人可以依照《中华人民共和国著作权法》第五十一条的规定,在提起诉讼前向人民法院申请保全证据。

软件复制品的出版者、制作者不能证明其出版、制作有合法授权的,或者软件复制品的发行者、出租者不能证明其发行、出租的复制品有合法来源的,应当承担法律责任。

软件开发者开发的软件,由于可供选用的表达方式有限而与已经存在的软件相似的,不构成对已经存在的软件的著作权的侵犯。

软件的复制品持有人不知道也没有合理理由应当知道该软件是侵权复制品的,不承担赔偿责任;但是,应当停止使用、销毁该侵权复制品。如果停止使用并销毁该侵权复制品将给复制品使用人造成重大损失的,复制品使用人可以在向软件著作权人支付合理费用后继续使用。

软件著作权侵权纠纷可以调解。

软件著作权合同纠纷可以依据合同中的仲裁条款或者事后达成的书面仲裁协议,向仲裁机构申请仲裁。当事人没有在合同中订立仲裁条款,事后又没有书面仲裁协议的,可以直接向人民法院提起诉讼。

5.6.2 权利信息的管理

著作权权利管理信息(简称权利管理信息,copyright mangement information),指作品向公众传播时附随于作品或作品的复制品所显示的用以确认作品、作品的著作权人、作品的任何权利人或使用该作品的期间和条件及足以显现任何该等项目的数字、数码等信息。权利管理信息制度在网络技术盛行前已存在于有关国家的著作权法中,但对其完整性提供保护却首创于世界知识产权组织(以下简称 WIPO)的《版权条约》,它是当今许多国家针对网络环境专门设计的著作权法律制度。由于网络技术的影响,对比以往,权利管理信息制度不仅性质已发生根本的变化,在适用范围、责任机制方面均有所扩张和创新。我国尚无系统的权利管理信息制度和应用体系,面对网络环境,著作权保护和利用不免缺憾。

权利管理信息保护是现代版权制度中的一个重要内容。权利管理信息的主要作用在于标明权利人、声明权利以及公示作品的使用条件。在传媒技术发展日新月异的当代社会,权利管理信息在保护版权人利益方面日益彰显其重要性。一方面,版权人需要通过权利管理信息向公众声明其权利、表明权利人身份以及作品的使用条件,促进作品的合法使用;另一方面,作品使用者需要获取权利管理信息从而依法对作品进行使用。随着数字技术的进步和互联网的普及,版权人使用权利管理信息的现象愈加普遍。同时应当看到的是,以数码形式表现的权利管理信息很容易被删除或更改,其后果不但是用户得到错误的信息,同时也意味着版权人对作品各项权利的失控。《欧盟版权和相关权指令》就明确指出,删除或者更改权利管理信息的一个目的就是,"未经授权发行、为发行目的进口、广播、向公众传播或向公众提供已删除了此类信息的作品或其他受保护客体。"所以,要在数字信息时代对作品进行充分有效的保护,就必须对权利管理信息加以保护。

5.6.3　避风港原则及其程序

避风港原则是指在发生著作权侵权案件时,网络服务提供者为服务对象提供搜索或者链接服务时,在接到权利人的通知书后,根据《信息网络传播权保护条例》的规定断开与侵权的作品、表演、录音录像制品的链接,不承担赔偿责任。

避风港原则最早来自美国 1998 年的《数字千年版权法案》(有的译为《千禧年数字版权法》,即 DMCA 法案)。美国当时规定避风港原则主要是为了互联网行业的发展,考虑到有些类型的网络服务提供者没有能力事先对他人上传的作品进行审查,而且事前也不知道并且不应该知道侵权事实的存在,在著作权人通知的情况下,对侵权内容进行移除的规则,即"通知+移除"。避风港原则的适用减少了网络空间提供型、搜索链接型等类型互联网企业的经营成本,从而刺激了这些互联网企业的发展壮大。

我国的互联网企业在 20 世纪末同样处于发展壮大的关键时期,新浪、百度、搜狐等网站均创建、成长于这个时期。当时我国的著作权法也面临着大修,2001 年我国著作权法进行了修订。在这个修订过程中,网络著作权以及网络侵权的问题已经开始大量出现。如何平衡著作权人与网络服务企业之间的利益成为立法者需要考虑的问题,我国也是在这个时候引入了避风港原则。

中国对于"避风港原则"的吸收和立法,主要体现在《信息网络传播权保护条例》(以下简称《条例》)的相关条款中。《条例》分别针对提供网络自动接入或传输服务提供者、提供网络自动存储服务提供者、提供信息存储空间出租服务提供者、搜索引擎服务提供者等 ISP 在什么条件下可以免责,能够享受避风港待遇作出了规定。详细规定和条件可以参看《条例》第 20、21、22、23 条相关规定。

5.6.3.1　避风港原则的法律依据

2006 年 7 月 1 日,《信息网络传播权保护条例》(简称《条例》)正式施行,网络"高速公路"上包括信息的发布、传达、引用等一系列问题都将得到更进一步的规范,同时,《条例》也明确规定了信息网络传播权领域的"避风港"原则。

其中《条例》第 14 条/23 条,参考国际通行做法,建立了处理侵权纠纷的"通知与删除"简便程序,大大减少了搜索引擎公司承担法律责任的概率。

《条例》第 14 条规定:对提供信息存储空间或者提供搜索、链接服务的网络服务提供者,权利人认为其服务所涉及的作品、表演、录音录像制品,侵犯自己的信息网络传播权或者被删除、改变了自己的权利管理电子信息的,可以向该网络服务提供者提交书面通知,要求网络服务提供者删除该作品、表演、录音录像制品,或者断开与该作品、表演、录音录像制品的链接。通知书应当包含下列内容:(一)权利人的姓名(名称)、联系方式和地址;(二)要求删除或者断开链接的侵权作品、表演、录音录像制品的名称和网络地址;(三)构成侵权的初步证明材料。权利人应当对通知书的真实性负责。

《条例》第 23 条规定:网络服务提供者为服务对象提供搜索或者链接服务,在接到权利人的通知书后,根据本条例规定断开与侵权的作品、表演、录音录像制品的链接的,不承担赔偿责任;但是,明知或者应知所链接的作品、表演、录音录像制品侵权的,应当承担共同侵权责任。

5.6.3.2 避风港原则程序

就我国立法而言,对于"避风港"原则的实体条件部分,《条例》在第 22 条明确了五点对网络服务提供商之侵权抗辩条件:

(1) 明确标示该信息存储空间是为服务对象所提供,并公开网络服务提供者的名称、联系人、网络地址;

(2) 未改变服务对象所提供的作品、表演、录音录像制品(下称网络作品);

(3) 不知道也没有合理的理由应当知道服务对象提供的网络作品侵权;

(4) 未从服务对象提供的网络作品中直接获得经济利益;

(5) 在接到权利人的通知书后,根据法律规定删除权利人认为侵权的网络作品。

对避风港原则之程序部分规定在《条例》第 14、15、16、17 条。其中,第 14、15 条规定了"通知—删除"程序:"对提供信息存储空间的网络服务提供者,权利人认为其服务所涉及的网络作品,侵犯自己的信息网络传播权或者被删除、改变了自己的权利管理电子信息的,可以向该网络服务提供者提交书面通知,要求其删除该网络作品。网络服务提供者接到权利人的通知书后,应当立即删除涉嫌侵权的网络作品,并同时将通知书转送提供网络作品的服务对象;服务对象网址不明、无法转送的,应当将通知书的内容同时在信息网络上公告。"

第 16、17 条规定了"反通知—恢复"程序:"服务对象接到网络服务提供者转送的通知书后,认为其提供的网络作品未侵犯他人权利的,可以向网络服务提供者提交书面说明,要求恢复被删除的网络作品。网络服务提供者接到服务对象的书面说明后,应当立即恢复被删除的网络作品,同时将服务对象的书面说明转送权利人。权利人不得再通知网络服务提供者删除该网络作品,或者断开与该网络作品的链接。"

5.6.3.3　避风港原则的争议

在司法实践中,对"避风港"原则的几个主要争议焦点如下。

1. "避风港"原则是抗辩理由还是免责事由

根据"避风港"原则含义,该原则提供的是限制网络服务商承担侵权责任的条件,并没有落入法定免责事由的范围。同时,根据 DCMA 和我国《条例》规定,能够成功驶入"避风港"的网络服务商必须先从互联网中移除涉嫌侵权的资料,否则不能受到"避风港"保护。因此,无论是 DMCA 还是我国《条例》,其中规定的"避风港"原则均只是网络服务商面对著作权侵权纠纷的一种抗辩理由,至于能否对抗权利人的侵权赔偿请求,还需法院进一步审查网络服务商是否具备驶入"避风港"的法定条件。只有满足了严格的法定条件,网络服务提供商才可能受到"避风港"的保护。因此,"避风港"原则对于网络服务商来说并非当然免责。

2. 对权利人"通知"的要求应该严格还是宽松

目前在许多网络侵权案件中都普遍存在一个问题,即权利人发现网络服务商的空间上存储了未经其授权的作品后,便直接向法院起诉,而不启动"通知"程序。还有的原告声称向侵权网站发出了"通知",但无相应证明。因此很多权利人因为在"通知"程序上出现疏漏而败诉。一些观点正是基于上述案例认为"避风港"原则明显倾向于保护网络服务商,而不注重保护著作权人的利益,从而认为"避风港"原则有失公平。

事实上,"避风港"原则中的书面"通知"程序有利于规范服务商和著作权人之间的举证责任,同时还有利于防止基于恶意的不实通知。此项机制,可免于诚实经营的服务商对侵权责任的风险过于担心;可使网络用户的言论自由不受恶意通知侵害;还可以使著作权人积极准确地行使权利。因此对于"通知"程序的形式和内容严格要求是有必要的。

3. 服务商的注意义务程度如何界定

在"避风港"原则中,主观前提条件非常重要,即服务商必须不知道侵权的存在,或者没有意识到侵权活动的发生。换言之,如我国《条例》第 23 条最后一款所规定的,"(网络服务提供者)明知或者应知所链接的网络作品侵权的,应当承担共同侵权责任。"此条款被公认为是"避风港"原则的例外。在实践中,何种情况下认定网络服务商"明知或应知"侵权作品的存在,尚是一个争议颇多的问题。

拓展案例

🌿 复习思考题

1. 试述作品的特征。
2. 试述著作人身权利的含义与内容。

3. 试述对著作权的限制。

4. 试述侵犯著作权的法律责任。

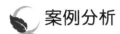 案例分析

美术作品的所有权与著作权保护

某著名画家 A 创作的一幅国画由某拍卖行拍卖给竞买人 F。A 逝世后两年,A 的合法继承人 C、D 发现,甲出版社出版的一套以国画作品为主要图案的挂历中有 A 的该幅作品,并且尽管该作品上留有 A 的印章,但署名却非 A。经了解,该幅作品由竞买人 F 提供给甲出版社用于挂历出版,F 因此还获得报酬若干。C、D 遂起诉 F 和甲出版社侵权。

作为原告的 C、D 认为:F 通过竞买仅获得了该幅作品原件的所有权和展览权,但该作品著作权中的其他权利仍归 A 所有。A 逝世后,按照我国《著作权法》的规定,其著作权中的财产权应由 C、D 继承。F 非著作权人却擅自将该作品授权给甲出版社用于出版,甲出版社未经著作权人许可擅自出版该作品,这些行为都侵犯了 C、D 的复制权和发行权。使用作品未向著作权人支付稿酬,则侵犯了 C、D 的获得报酬权。此外,在作品上原本已有 A 印章的情况下,却将该作品的作者署名为他人姓名,甲出版社的主观过错明显,侵犯了 A 的署名权。

被告之一 F 认为:自己通过合法竞买,以支付高额费用为代价取得了 A 的作品,A 的经济利益已经通过竞买得到完全体现。所以,与该作品有关的所有权利,包括所有权和著作权在内,都已归 F 所有,F 当然有权自主使用该作品,包括授权出版社进行复制、发行。此外,F 进行竞买的该作品,当时是由 A 委托拍卖行拍卖的,与 C、D 无关。因此,C、D 不是适当的诉讼主体,他们的起诉应该驳回。

被告之一甲出版社认为:该社在与 F 签订的出版合同中已经明确约定,F 应该保证拥有该幅作品的著作权,如果出现著作权方面的纠纷,均由 F 承担相应的责任。因此,真正的侵权人是 F,出版社已尽到合理注意义务,没有过错,不应该承担责任。至于挂历上的署名错误,则仅仅是编辑人员的失误所致,并无主观恶意,不是对作者署名权的侵犯。

[案例解读]

知识产权具有类似于物权的特征,但其绝对性和效力又弱于传统物权。当知识产权与物权产生冲突的时候,前者往往需要让位于后者。这一点,在美术作品原件所有权与著作权相分离时,表现尤为明显。本案即是一例典型的美术作品原件转让之后,原件所有人的所有权与原著作权人之间的纠纷。我国《著作权法》第十八条规定:美术等作品原件所有权的转移,不视为作品著作权的转移,但美术作品原件的展览权由原件所有人享有。因此,美术作品的原件所有人通过竞拍,取得的是作品的所有权以及展览权,不包括著作权人的其他权利。本案还涉及一个主体就是出版社,其作为共同侵权人,可否以其

和 F 之间的出版合同,来对抗 C 和 D 的起诉。这一问题的关键在于对合同相对性的理解。根据合同相对性原理,合同只在当事人之间有效。即出版合同仅在出版社和 F 之间有效,其效力不及于第三人。

[**案例讨论题**]

1. F 竞买得到涉案美术作品后获得了什么权利?

2. A 逝世后,涉案美术作品的著作权归谁享有?C、D 是适当的诉讼主体吗?

3. 甲出版社应否承担侵权责任?

第 **6** 章

商业秘密管理

本章要点

- 掌握商业秘密的概念及构成要件
- 了解商业秘密侵权行为的类型及侵权判定标准
- 理解企业内部和对外交流合作中的商业秘密管理
- 掌握商业秘密保护与专利保护的优势和劣势

开篇案例

力克系统(上海)有限公司与赛趋科软件(上海)有限公司侵害经营秘密纠纷案

原告力克系统(上海)有限公司诉称：原告于 1998 年 6 月 25 日成立，主要为时尚业、汽车业、家具业等领域提供 CAD、CAM、PLM(产品生命周期管理)软件以及裁剪系统，以及售后咨询、技术支持等服务。被告赛趋科软件(上海)有限公司于 2014 年 10 月 15 日成立，为时尚业等领域提供 PLM(产品生命周期管理)软件以及售后咨询、技术支持等服务。被告的侵权行为：①被告设立时(2014 年 7 月 30 日)即委托原告在职员工吕世英(2014 年 8 月 8 日离职)及刚离职的秦明尧(2014 年 7 月 14 日离职)办理公司设立事宜及租赁办公室，违规使用原告现职员工，造成原告损失。②吕世英于 2014 年 7 月 10 日提出辞职之前，曾于 2014 年 6 月两次向原告市场部员工索取原告市场营销的数据，其中一份为《超过一亿元的中国服装制造商清单》。该表格由原告根据向咨询公司花费 15 万元(人民币。以下除特别注明币种外，均为人民币)购买的相关数据以及经过自身对市场的分析、对已有客户的分析等深加工而得，用于公司进一步发展目标客户，具有巨大的商业价值，属于公司的商业秘密。原告请求：①判令被告立即停止侵犯从原告获悉的市场营销数据、客户信息等商业秘密，直至该商业秘密进入公知领域为止；②请求判决被告因不正当竞争行为赔偿原告经济损失 1137346 元(此款含歌力思公司 PLM 项目直接经济损失 687346 元、咨询公司咨询费直接损失 15 万元)；③判令被告在其官方网站对原告公开赔礼道歉；④诉讼费由被告承担。

被告赛趋科软件（上海）有限公司辩称：原告的经营范围是计算机硬件，被告经营计算机软件，PLM 是软件，本案原、被告不存在竞争。吕世英没有恶意获取市场营销的数据，是原告的员工主动发给吕世英的。原告的数据是从案外人某某处得到的，这个是市场公知信息。原告说是加工了，但是被告看了以后，认为原告只是对数据进行了挑选比对，并没有什么技术性。被告也是有类似的信息，就是被告买的亚太地区服装制造业企业信息，花了 5000 美元获得。原告说的保密措施，虽然签订保密协议，但没有对保密信息的范围做出界定。原告的安全政策里面是对保密信息有规定，规定对原告的商业秘密要特别标注，但是实际上本案原告所说的"超过一亿元的中国服装制造商清单"是没有特别标注的。

上海浦东新区人民法院判决认定：原告称其被侵犯的经营秘密系指 2014 年 6 月 12 日原告的员工王维昕向吕世英发送的主题为"细分市场"的电子邮件，内容为服装品牌、2012 年份额与销售数据的表格，以及 2014 年 7 月 1 日原告的员工王维昕向吕世英发送的主题为"超过一亿元的中国服装制造商清单"的电子邮件。关于细分市场的表格，原告称是从 EURO MONITOR INTERNATIONAL 编辑的《中国服装》中获得原始数据加工的，每个品牌的市场份额、销售额即是秘密点。关于"超过一亿元的中国服装制造商清单"，原告称是其外购没有加工，上面的信息不为公众所知即是秘密点。按照原告的说法，两组表格中每个数据都是秘密点都要求法院保护是不切实际的，不符合商业秘密定义中所要求的信息的秘密性和实用性。其次，客户名单，一般是指客户的名称、地址、联系方法以及交易的习惯、意向、内容等构成的区别于相关公知信息的特殊客户信息。"超过一亿元的中国服装制造商清单"是可以在市场上购买到的资料，不是原告的客户名单。

资料来源：上海浦东新区人民法院（2015）浦民三（知）初字第 919 号民事判决书

6.1　商业秘密概述

6.1.1　商业秘密的认定

我国《反不正当竞争法》（2019 年 4 月 23 日修订）第九条第四款对商业秘密的概念进行了界定：本法所称的商业秘密，是指不为公众所知悉、具有商业价值并经权利人采取相应保密措施的技术信息、经营信息等商业信息。据此，相关商业技术信息必须满足下列三个构成要件，才能被认定为反不正当竞争法上的商业秘密。

（1）秘密性。秘密性，即不为公众所知悉。根据 TRIPs 协议的规定，秘密性可以解释为"作为一个整体或作为组成部分的确切构造或组合，未被通常从事该类信息工作领域的人们普遍知悉或者容易获得"。《最高人民法院关于审理不正当竞争民事案件应用法律若干问题的解释》(2007 年)第九条明确了"不为公众所知悉"的含义:有关信息不为其所属领域的相关人员普遍知悉和容易获得,应当认定为反不正当竞争法第十条第三款规定的"不为公众所知悉"。具有下列情形之一的,可以认定有关信息不构成不为公众所知悉:①该信息为其所属技术或者经济领域的人的一般常识或者行业惯例;②该信息仅涉及产品的尺寸、结构、材料、部件的简单组合等内容,进入市场后相关公众通过观察产品即可直接获得;③该信息已经在公开出版物或者其他媒体上公开披露;④该信息已通过公开的报告会、展览等方式公开;⑤该信息从其他公开渠道可以获得;⑥该信息无须付出一定的代价而容易获得。

秘密性是商业秘密最重要、最核心的特征之一,它决定着商业秘密专有权的存废、持续的时间。与版权、商标、专利不同,商业秘密没有固定的保护期限。商业秘密专有权由《反不正当竞争法》规制,根据《反不正当竞争法》的相关规定,商业秘密没有特定的保护期限,只要符合《反不正当竞争法》规定条件,商业秘密可以无限期地存在。商业秘密可以维持很长时间,比如可口可乐配方这一商业秘密从诞生至今已有 100 多年。商业秘密维持的时间也可能会非常短暂,如一项商业秘密诞生后第二天就被泄露,无论什么原因,该商业秘密即不复存在。比如在以披露的方式侵害他人商业秘密的案件中,虽然被侵权人有权维护自己的正当权益,但其商业秘密已因为公众知悉而进入公共领域。

(2) 价值性。我国 1993 年《反不正当竞争法》第十条第三款规定:本法所称商业秘密,是指不为公众所知悉、能为权利人带来经济利益、具有实用性并经权利人采取保密措施的技术信息和经营信息。对比新旧法不难发现,饱受诟病的实用性要求已被新法删除,"能为权利人带来经济利益"则被"具有商业价值"涵盖。商业秘密的价值性,是指商业秘密信息可以为权利人带来现实的或预期的经济利益和竞争优势,能为权利人在生产规模、组织结构、劳动效率、品牌、产品质量、信誉、新产品开发及营销管理等方面带来经济收益或有利条件。例如,日本维尼公司的总会计师田中德川去医院看牙,不择手段的竞争对手竟然买通医生,在其假牙内安装了微型窃听器。维尼公司的财务秘密变成了对手的"撒手锏",在竞争中极其被动,最终陷入破产境地[①]。

我国商业秘密的价值性应包括经济利益和竞争优势两个方面。经济利益指与商业秘密的获取、使用、披露有关的经济利益,其既表现为权利人的各种损失,包括直接损失、间接损失,现实损失、潜在损失等,也表现为侵权人的收益,包括直接收益、间接收益,现实收益、潜在收益等。竞争优势指竞争中的优势地位,可以表现为抽象的领先时间。被告不正当获取商业秘密后,虽然未生产有形产品,但商业秘密内容本身就使被告的科研

---

① 董会龙.论商业秘密侵权及其法律保护[J]唐山师范学院学报,2010(4).

或者生产前进了若干年。①

（3）保密性。保密性是指权利人或行为人为了保护商业秘密信息不被泄露，对其采取一定合理保密措施，一方面表明权利人或行为人对该信息具有主观占有意图，另一方面也考察权利人或行为人是否采取了合理的具体保密措施。

商业秘密的秘密性是商业秘密客观状态的描述。商业秘密的保密性又称主观秘密性，是对权利人或行为人主观状态与客观行为的界定。保密性与秘密性两者并非互为因果。也就是说，即使一项商业信息具备了秘密性的特征，但如果有证据证明行为人并未针对该商业信息采取任何合理的保密措施，该商业信息则会因不具备保密性而无法成为反不正当竞争法上的商业秘密。例如在一些商业秘密侵权案件中，法院认定原告未对其诉称的商业信息采取保密措施，或虽然采取了保密措施但该保密措施对于该商业信息而言不具有合理性，法院会直接判决驳回原告的诉讼请求，而不再对商业秘密的秘密性及其他构成要件进行审查。反之，如果行为人采取了合理的保密措施，法院会继续考查该商业信息是否具有秘密性特征。著名的美国 Cadillac 诉 Verne 案中，原告起诉被告侵犯其商业秘密，被告则否定其拥有商业秘密，举证证明原告的生产工厂大门无人值守，任何人都可以随意进出，参观者可以四处参观，被告律师甚至在工厂的纸篓中发现了涉密图纸，最后法院判决原告败诉。

拓展资源

6.1.2　商业秘密的内容

一般而言，商业秘密包括技术秘密（know-how）和经营秘密（trade-secret）。技术秘密的内容是技术信息，经营秘密的内容是经营信息。

技术信息是指与技术有关的数据、知识或技术情报，包括技术工艺流程、产品配方、技术诀窍、工业设计图、试验数据、计算机程序等。技术信息是创新型企业的核心资产和生命线，企业对技术信息的重视程度往往会决定企业的生死存亡、胜败兴衰。为促进技术信息的保护和管理，我国很多省市在反不正当竞争法的基础上，纷纷制定了相关地方性法规或地方政府规章，如《深圳经济特区企业技术秘密保护条例》《广东省技术秘密保护条例》《浙江省技术秘密保护办法》《宁波市企业技术秘密保护条例》《武汉市企业技术秘密保护条例》等。

经营信息是指企业在经营活动中积累的相关非技术性的商业信息和材料，如生产销售计划、销售渠道、营销策略及技巧、谈判方案、进货渠道、投融资计划、招投标信息、产品信息、客户名称、客户联系方法、客户需求习惯、客户对商品价格的承受能力等。经营信息也可以被分为三类：商务方面的信息，如以商品采购、销售、营销网络和经营渠道等为

---

① 　张玉瑞.商业秘密法学［M］.北京：中国法制出版社 1999：164-165.

内容的信息;管理方面的信息,主要是指以帮助经营者提高劳动生产率,促进生产要素优化组合为内容的信息;其他信息。[①] 随着社会的不断进步与发展,商业秘密的内容从早期的技术信息逐步扩展至经营信息,而且经营管理信息日益变得重要和具有决定性,在商业秘密中的比重也越来越大。因此,企业务必早日抛弃重视技术秘密而轻视经营秘密的商业秘密保护和管理模式,保护技术信息与经营信息,两手都要硬。

6.2 商业秘密的内部管理

6.2.1 保密制度

企业要凭借商业秘密获得最大经济利益或维持可持续发展,最重要的是要建立健全企业相关的管理制度,而保密制度是商业秘密管理中最基础、最核心的制度建设,制定完备的保密制度,可以大幅降低企业的商业秘密管理成本,增强企业的核心竞争力。保密制度涉及企业经营管理的全过程,涉及企业的各个部门、方方面面,应分门别类地构建各项保密制度并严格执行。可以制定的保密制度包括但不限于:①员工日程保密制度;②员工入职保密培训制度;③员工离职保密制度;④研发保密制度;⑤营销保密制度;⑥企业内部交流保密制度;⑦对外交流保密制度;⑧保密工作奖惩制度。

"徒法不足以自行",这句话同样适用于企业的保密制度。即使制定了保密制度,如果没有切实有效地执行该制度,企业的商业秘密管理也必然是漏洞百出,危机四伏。例如某高新技术企业制定了全面的保密制度,根据其保密制度,技术人员出差返回时,如果随身携带公司涉密技术资料,必须存放于办公室,不能私自带回家中。然而,该企业一位中层领导人员以出差到家太晚为由违反该项规定私自把涉密技术资料放在家中,致使涉密信息被他人利用,给企业造成了无可挽回的损失。

需要强调的是,保密工作不仅重要,且具有复杂性、专业性的特点,一般的企业内部机构,比如办公室、工会、保卫处等,无法承担相应使命,企业应设立或明确保密制度的专门管理机构,或明确负责该项职能的部门。比如 2010 年 3 月国务院国有资产监督管理委员会发布的《中央企业商业秘密保护暂行规定》就明确要求央企要设立保密委员会和保密办公室,负责商业秘密管理中的保密工作。我国民营企业华为、阿里巴巴的信息安全部,就是保障企业保密制度顺利实施的机构,有些企业则由法务部、知识产权部或专门的技术部门负责保密工作。

---

① 温旭.技术秘密及其法律保护[M].北京:中国政法大学出版社,1994:15.

6.2.2　保密措施

保密措施是指企业采取的防止商业秘密向外部公开或传播的举措,主要包括技术性保密措施和非技术性保密措施。技术性保密措施主要是指诸如加强门卫保卫、安装监控、加密封存等;非技术性保密措施主要是指组织、人员、制度方面的措施,如与员工签订保密合同、与商业伙伴订立保密协议、建立企业保密制度、加强保密教育等。采取合理的保密措施,是法律规定的商业秘密的构成要件之一,同时也是企业商业秘密管理不可或缺的重要内容。保密措施的重要性毋庸讳言。

对于什么是"保密措施",以及什么样的情形可以被认定为"采取了保密措施",《最高人民法院关于审理不正当竞争民事案件应用法律若干问题的解释》(2007 年)第十一条进行了明确界定:权利人为防止信息泄漏所采取的与其商业价值等具体情况相适应的合理保护措施,应当认定为反不正当竞争法第十条第三款规定的"保密措施"。人民法院应当根据所涉信息载体的特性、权利人保密的意愿、保密措施的可识别程度、他人通过正当方式获得的难易程度等因素,认定权利人是否采取了保密措施。具有下列情形之一,在正常情况下足以防止涉密信息泄漏的,应当认定权利人采取了保密措施:①限定涉密信息的知悉范围,只对必须知悉的相关人员告知其内容;②对于涉密信息载体采取加锁等防范措施;③在涉密信息的载体上标有保密标志;④对于涉密信息采用密码或者代码等;⑤签订保密协议;⑥对于涉密的机器、厂房、车间等场所限制来访者或者提出保密要求;⑦确保信息秘密的其他合理措施。

为了更好地保护商业秘密,中华全国律师协会发布的《律师办理商业秘密法律业务操作指引》第 32 条给出了可以考虑采取的保密措施:①与知悉或者可能知悉、接触商业秘密信息的员工或者第三人签订保密协议;②建立系统、详细的规章制度,并对全体员工公示(明示);③设定警示区域、警示标记、加设门卫等方式,对员工、来访人员的活动区域加以限制;④对商业秘密信息的存放、借阅、转移等做专门档案管理,对作废的文件、资料予以专门处理;⑤在商业秘密信息资料、文件、图纸上编制密级;⑥专人使用和管理特定的计算机系统,并采取加密和与单位区域网断链方式予以保密;⑦其他采用技术手段、特定程序或者其他为公众通晓的合理措施予以保密;⑧其他根据具体情况可以采用的方式。

在当前的网络环境下,企业应充分借助计算机互联网技术对商业秘密进行加密、隔离。通常采取的保护企业商业秘密的技术措施有防火墙技术、数据加密技术、数字签名技术和数字认证技术。其中数据加密技术包括对称匙加密、非对称匙加密和混合密码系统加密等形式。在网络环境下,企业开展电子商务需要建立自己的交易平台即企业内部计算机网络系统或称为企业内部网。由于企业内部网在与互联网连接后,不但企业内部的商业秘密可能在互联网上传播时被泄密,而且互联网用户也可能通过技术手段进入企业内部网获取企业的商业秘密,企业应在内部网和互联网之间加上一个安全隔离带。这个隔离带的建设可以采取在原局域网的基础上附加特定的软件建立防火墙的方式实现。①

6.2.3 竞业限制

竞业限制,在相关法律文件中也被称为竞业禁止,区别于《公司法》第一百四十八条规定的董事、高级管理人员的法定义务竞业避止②,是指企事业单位与知悉商业秘密实质性内容的员工签订协议,约定员工在离开本单位后一定期限内不得在生产同类产品或者经营同类业务且有竞争关系或者其他利害关系的单位内任职,或者自行生产、经营与原单位有竞争关系的同类产品或者业务,企业以向员工支付一定数额的补偿金为代价,限制员工就业范围,以防止原单位商业秘密泄露的一种预防措施③。

我国《劳动合同法》第二十三条规定,用人单位与劳动者可以在劳动合同中约定保守用人单位的商业秘密和与知识产权相关的保密事项。对负有保密义务的劳动者,用人单位可以在劳动合同或者保密协议中与劳动者约定竞业限制条款,并约定在解除或者终止劳动合同后,在竞业限制期限内按月给予劳动者经济补偿。劳动者违反竞业限制约定的,应当按照约定向用人单位支付违约金。因此,竞业限制协议涉及商业秘密,又与劳动合同密切相关。企业员工离职、跳槽带走原企业的商业秘密,从事与原企业具有竞争性的生产经营行为,是现阶段商业秘密侵权或商业秘密犯罪的主要表现形式之一。为了防止这种情形发生,企业常与涉密的高级管理人员或研发人员在劳动合同或保密协议中设置竞业限制条款。企业之所以采取如此措施,主要是因为知悉商业秘密的员工在解除劳动关系后一定时间内从事与原单位相关的业务,很难禁止其不使用该相关商业秘密信息,因此只能采取事先约定的方式来防止员工离职后的不正当竞争行为。

企业在商业秘密管理中正确理解和使用竞业限制协议,需要特别注意两个问题。一是关于竞业限制的约定具有期限的,不是无限期的限制。我国《劳动合同法》第二十四条第二款规定:在解除或者终止劳动合同后,前款规定的人员到与本单位生产或者经营同类产品、从事同类业务的有竞争关系的其他用人单位,或者自己开业生产或者经营同类产品、从事同类业务的竞业限制期限,不得超过二年。二是企业与相关人员约定竞业限制应支付竞业限制补偿金。最高人民法院《关于审理劳动争议案件适用法律若干问题的解释(四)》(2013年)第八条规定,当事人在劳动合同或者保密协议中约定了竞业限制和

---

① 冯晓青.网络环境与企业商业秘密保护策略[J].重庆大学学报(社会科学版),2006(5).

② 张黎.《中华全国律师协会律师办理商业秘密法律业务操作指引》解释[M].北京:北京大学出版社,2016:117-118.

③ 中华全国律师协会《律师办理商业秘密法律业务操作指引》第6.1条。

经济补偿,劳动合同解除或者终止后,因用人单位的原因导致三个月未支付经济补偿,劳动者请求解除竞业限制约定的,人民法院应予支持。因此,员工离职后,企业应及时支付竞业限制补偿金,超过 3 个月未支付,且未能及时弥补的话,该竞业限制协议则存在被解除的风险。

6.3　商业秘密的外部管理

6.3.1　对外经济交流中的商业秘密管理

1. 技术委托研发、合作研发

我国《合同法》第三百四十一条规定,委托开发或者合作开发完成的技术秘密成果的使用权、转让权以及利益的分配办法,由当事人约定。没有约定或者约定不明确,依照本法第六十一条的规定仍不能确定的,当事人均有使用和转让的权利,但委托开发的研究开发人不得在向委托人交付研究开发成果之前,将研究开发成果转让给第三人。

开放式创新时代,企业除了自主进行技术研究开发,往往也会委托或联合其他企业、个人、大学或科研机构对特定技术进行研发。企业委托研发或合作研发时,一般都应该与被委托人、合作者签订书面的技术开发合同,对于研发过程或研发成果可能涉及的商业秘密,应事先在合同中予以明确约定。首先,对于委托研发、合作研发过程中涉及企业的商业秘密,应在合同中设置保密条款或另行签署保密协议,明确各自的保密责任及违反保密条款的法律责任。其次,对于属于委托研发、合作研发产生的商业秘密成果,应事先确定其归属,最好约定由委托人或己方享有相关权利。根据合同法的规定,如果委托研发合同、合作研发合同双方当事人没有对商业秘密成果归属进行约定,或者约定不明,双方均有使用和转让的权利。一旦出现这种情况,企业将面临巨大的不确定法律风险。最后,应要求被委托人、合作者提供担保,保证研发成果不会侵犯任何第三方的商业秘密及其他任何权利,尽量避免因此陷入被控侵权的诉讼纠纷之中。

2. 商业秘密的许可、转让

商业秘密许可是指许可人将商业秘密许可给被许可人按照约定在特定期限和特定区域内使用。商业秘密许可的特点是权利主体没有变更,即商业秘密的"所有权"没有发生转移。依据商业秘密许可中被许可人获得授权范围的不同,商业秘密许可分为独占许可、排他许可、普通许可以及再许可等。

商业秘密转让,是指商业秘密出让方将商业秘密有偿或无偿转移给受让方的法律行为。与商业秘密不同的是,商业秘密转让会导致商业秘密权利主体的变更。商业秘密的转让,须遵守现行的法律法规,否则很可能会产生不利的后果。例如,中国单位和个人向外国人转让商业秘密的,首先要考虑的问题是商业秘密的转让是否满足国家关于技术出口的规定,是否需要有关主管部门的批准。

商业秘密许可、转让合同十分关键,决定了商业秘密交易的安全性和可靠性。一份布局合理、科学完整的商业秘密许可、转让合同至少应当包含下列条款:技术及法律术语的解释条款;商业秘密的技术性能或技术指标;许可或转让的地域范围、期限;技术资料的范围、交付时间、交付方式、交付地点、接收与验收;技术培训和咨询服务、技术人员支持、技术服务验收;瑕疵担保,违约责任;许可或转让费用及支付方式;保密条款;纠纷的解决途径;合同的签订和生效。

3. 商业秘密出资

我国《公司法》第二十七条明确规定"股东可以用货币出资,也可以用实物、知识产权、土地使用权等可以用货币估价并可以依法转让的非货币财产作价出资",但同时又在第八十三条要求"以非货币财产出资的,应当依法办理其财产权的转移手续"。因此,商业秘密作为知识产权的一种,可以用于出资入股,但需要向目标企业转移商业秘密专有权,即该商业秘密转移为企业法人的公司财产。股东以商业秘密进行出资时,首先应对商业秘密进行价值评估。商业秘密的价值评估目前还是一个全球性的难题,需要专业的评估机构根据技术内容、商业领域、研发成本、市场前景等多种因素进行综合估值,以确定其财产价值。在对商业秘密进行价值评估时,既不能高估也不能低估。因为知识产权出资,还需要注意税收的问题。财政部、国家税务总局《关于个人非货币性资产投资有关个人所得税政策的通知财税([2015]41号)》明确"个人以非货币性资产投资交易过程中取得现金补价的,现金部分应优先用于缴税;现金不足以缴纳的部分,可分期缴纳。个人在分期缴税期间转让其持有的上述全部或部分股权,并取得现金收入的,该现金收入应优先用于缴纳尚未缴清的税款",并明确"对2015年4月1日之前发生的个人非货币性资产投资,尚未进行税收处理且自发生上述应税行为之日起期限未超过5年的,可在剩余的期限内分期缴纳其应纳税款"。曾有网友在知乎上提问:2014年代理机构告知公司可用知识产权出资,就评估了500万元,也没说税的事,现在公司经营不善倒闭,突然地税局说要交100万元的税,本来就是没有资金才选择用知识产权出资的,现在我拿什么还?

鉴于商业秘密的秘密性属性,出资方在签订投资协议及将商业秘密提供给评估机构进行评估之前,应与其他的投资人及商业秘密的评估机构签订保密协议,明确有关的保密义务和违约责任。[①]

4. 商业交易

技术、经营信息的传播和交换,是商业交易的基础和前提。企业在日常的商业交往交易过程中,难免会有意或无意地把自己的商业秘密透露给对方,以获得竞争优势或交

---

① 唐青林,黄民欣.商业秘密保护实务精解与百案评析[M]北京:中国法制出版社,2017.

易机会。比如交易方在采购企业的产品或服务前,需要了解相关产品、材料、生产设备、加工工艺、使用方法及售后服务技术支撑、市场占有率、产品客户群等商业秘密信息。因此,防止交易方未经许可泄露企业的商业秘密,一方面要于事先、事中及事后强调对方的保密义务,另一方面要根据不同的对象,审时度势地向对方提供必要的商业秘密信息。例如在天府可乐集团公司(重庆)诉重庆百事天府饮料有限公司、百事(中国)投资有限公司侵犯技术秘密纠纷案中,1994 年,天府可乐集团与百事可乐国际公司的子公司肯德基国际控股公司签订合资经营合同,成立了重庆百事天府饮料有限公司(简称百事天府公司)。根据合同约定,百事天府公司生产天府可乐饮料及浓缩液、百事系列产品等。但按照合同约定天府可乐集团的出资并不包括天府可乐配方及其生产工艺这部分商业秘密。在合同履行过程中,百事天府公司聘用了天府可乐集团若干技术骨干,再加上一系列的资产整合、人员调整,被告在生产过程中获得并使用天府可乐配方及其生产工艺生产天府可乐。双方解除合同后,原告才发现被告的商业秘密侵权行为。

大量的商业合作与交流,是企业获取竞争优势展现实力的重要手段,不能因担心泄露商业秘密而因噎废食。企业要在开展商务活动的同时,对商业秘密实施有效的保护,坚持“保放结合、确保重点”的原则:一是坚持开放,充分利用好全球科技、商贸资源,防止“一保就死”的倾向;二是要有重点地进行保密,把该保的商业秘密保住。严禁对外提供涉及商业秘密的资料、图纸,严禁将涉及商业秘密的科研成果和内部资料作为个人成果对外发表。[①]

6.3.2　接待来访、参观、考察、实习的商业秘密管理

据媒体报道,20 世纪 80 年代中期,一些日本企业打着“技术交流”的幌子,来到安徽泾县造纸厂要求参观考察宣纸制造过程,被造纸厂以不符合保密制度拒绝。不久后他们得知南方某县一家宣纸制造厂与泾县造纸厂有密切的合作关系,于是立即前往该造纸厂进行考察交流。该造纸厂完全没有保密意识,更无保密制度,欣然同意让日本企业参观考察了宣纸制造的全过程,任其拍照、录像,甚至连属于绝密配方的碱水浓度也和盘托出,最终使我国宣纸制造技术被泄露,相关宣纸制造企业因此在国内国际市场陷入被动。

由此可见,建立严密的访客制度,确定不同类型的访客保密级别,采取因人而异的接待方式,对于企业的商业秘密保护具有举足轻重的作用。在接待来访、参观、考察、实习的过程中,应与来访者或实习生签订保密协议,即使不具备签订保密协议的条件,也应在接待时向对方声明注意其保密义务。

---

① 檀民.商业秘密的保护与管理[J].企业管理,2008(1).

6.4 商业秘密的保护

6.4.1 商业秘密侵权的认定

1. 商业秘密侵权行为的类型

我国《反不正当竞争法》第九条第一款列举了几类侵犯商业秘密的行为：①以盗窃、贿赂、欺诈、胁迫或者其他不正当手段获取权利人的商业秘密；②披露、使用或者允许他人使用以前项手段获取的权利人的商业秘密；③违反约定或者违反权利人有关保守商业秘密的要求，披露、使用或者允许他人使用其所掌握的商业秘密。《反不正当竞争法》第九条第二款规定，第三人明知或者应知商业秘密权利人的员工、前员工或者其他单位、个人实施前款所列违法行为，仍获取、披露、使用或者允许他人使用该商业秘密的，视为侵犯商业秘密。国家工商总局《关于禁止侵犯商业秘密行为的若干规定》也有类似条款。我国商业秘密侵权行为主要包括不正当获取商业秘密的侵权行为、披露或使用非法获取的商业秘密的侵权行为、非法披露或使用合法知悉的商业秘密的侵权行为、恶意第三人侵犯商业秘密的行为等四种类型。

不正当获取商业秘密的侵权行为，是指以盗窃、贿赂、欺诈、胁迫或者其他不正当手段获取权利人的商业秘密的行为。这类侵权行为的特点是以不正当手段获取商业秘密，除了法律明确列举的盗窃、贿赂、欺诈、胁迫之外，只要获取手段被认定为不正当，即构成侵权行为。随着科学技术的迅猛发展，特别是互联网技术的普及，获取商业秘密的不正当手段越来越多，越来越隐蔽。如果企业没有采取加密措施或者加密强度不够，攻击者可能通过互联网、公共电话网、搭线、在电磁波辐射范围内安装截获装置或在数据包通过的网关和路由器上截获数据等方式，获取传输的机密信号，或通过对信息流量、流向、通信频度和长度等参数的分析，推出有用信息，如消费者的银行账号、密码等企业的商业秘密。攻击者在熟悉企业网络信息格式之后，可以通过各种技术方法和手段对网络传输中的企业商业秘密进行更改、删除或插入，使企业商业秘密的内容出现错误，从而形成危害性更大的侵害。[①]

披露或使用非法获取的商业秘密的侵权行为，是指披露、使用或者允许他人使用以

拓展案例

上述不正当手段获取的商业秘密的行为和做法。这类行为有的会导致权利人商业秘密的公开，比如披露行为、公开使用行为，有的未必会导致商业秘密的公开，如非公开的使用或允许他人非公开使用。但是，无论商业秘密是否被公开，

---

① 付音.网络时代企业保护商业秘密的特殊问题[J].甘肃省经济管理干部学院学报，2003(3).

这些行为都会导致商业秘密信息的传播和扩散,相比不正当获取商业秘密的侵权行为而言,其后果更为严重,对商业秘密的侵害更加难以弥补。

非法披露或使用合法知悉的商业秘密的侵权行为,是指侵权人违反关于保守商业秘密的约定,非法披露、使用其已经合法知悉的商业秘密的行为和做法。我国《合同法》第四十三条规定,当事人在订立合同过程中知悉的商业秘密,无论合同是否成立,不得泄露或者不正当地使用。泄露或者不正当地使用该商业秘密给对方造成损失的,应当承担损害赔偿责任。可见,这类侵权行为同时又构成了违约行为,司法实践中企业维权可以根据不同情况选择适用。

恶意第三人侵犯商业秘密的行为,是指虽然没有非法获取或合法知悉权利人的商业秘密,第三人明知或者应知商业秘密权利人的员工、前员工或者其他单位、个人实施了上述三种商业秘密侵权违法行为,仍获取、披露、使用或者允许他人使用该商业秘密的行为和做法。此类侵权行为要求行为人主观上是明知或应知存在商业秘密侵权行为的,即行为人具有恶意。在恶意第三人的商业秘密侵权案件的司法实践中,主要是涉及人才流动中的商业秘密侵权案件。雇员跳槽任职的新公司往往成为商业秘密侵权案件的共同被告,由于其主观上存在明知或应知的情况,最终被判定需要同样承担侵权民事责任。[①]

2. 商业秘密侵权的认定标准

司法实践中,如果商业秘密满足了反不正当竞争法规定的构成要件,判定一种行为是否构成商业秘密侵权,事实或法律上的推定通常采用这一公式或侵权判定原则:接触＋实质性相似−合法来源。接触,是指被控侵权人接触了权利人的商业秘密,或存在接触该商业秘密的可能性。实质性相似,是指被控侵权人披露或使用的信息与权利人的商业秘密信息相同或没有本质上的差异。合法来源,是被控使用他人商业秘密的侵权人用于抗辩的理由之一,即合法获得该商业秘密信息的途径,包括从第三方获取、反向工程获取、独立研发获取等。司法实践中,如果权利人有充分的证据表明被控侵权人已经接触过或有条件接触到其商业秘密,而被控侵权人披露、使用或许可的商业信息与权利人的商业秘密相同或实质性相似,且被控侵权人无法提供该信息的合法来源,则其行为即构成侵权,应承担侵权责任。

6.4.2　商业秘密与专利保护技术方案的优势与劣势

1. 商业秘密保护技术方案的优势和劣势

专利制度产生之前,商业秘密就已经在市场竞争中扮演着关键角色。专利制度产生后,企业对相关商业信息中的技术信息的保护有了更多选择,相关成果可以被分为专利成果与非专利成果,商业秘密就属于非专利成果中的重要一员。一项技术秘密形成后,

---

① 杨力.商业秘密侵权认定研究[M].北京:法律出版社,2016:152.

是申请专利公开技术方案,还是作为商业秘密隐而不宣,如何认识商业秘密保护与专利保护的优势和劣势,如何扬长避短,科学合理地保护智力劳动成果,成为企业知识产权管理者首先要面对的重要问题。

与申请专利相比,企业选择以商业秘密保护技术方案的优势可以体现为多个方面:一是商业秘密法律保护门槛相对较低。企业研发获得的技术秘密信息,有些未必具有专利法所要求的新颖性和创造性,而商业秘密只要具有秘密性、价值性和保密性即可获得不正当竞争法的保护。而专利则不然,不但要求技术方案要具有新颖性、创造性和实用性,而且专利申请文件要满足充分公开的要求。相对而言,专利技术法定要求是绝对未被公众所知悉;商业秘密只要求不容易为相关人知悉。二是商业秘密的范围更广泛。专利技术的法定要求是完整的技术方案;商业秘密的完整性只限于可以使用或者利用,并不要求是一项绝对完整的技术方案。而企业经营活动中获得的经营秘密信息,按照专利法的规定,往往属于不授予专利权的对象。三是商业秘密虽基于一国法律获得保护,但可以同时不需申请即可在全球范围获得各国法律保护,而且保护期没有限制。专利则不然,专利权的地域性要求企业如果要在目标国家获得专利权,必须向目标国的专利局申请专利,且专利一般只享有 10 年到 20 年的保护期。四是商业秘密取得及维护不需要缴纳申请费和年费,不需要像申请和维持专利一样缴纳申请费和专利年费。专利权是以技术公开为代价,并要经过法定的程序进行审查批准获得;商业秘密是自主产生或者合法受让即可获得。

与申请专利相比,企业选择以商业秘密保护技术方案的劣势也体现为多个方面:一是商业秘密不能像专利那样具有公示的独占性权利保护力度。商业秘密具有秘密性,未公开前他人无从知悉其内容,他人如果通过独立研发或经营获得商业秘密的信息,则可以随意地披露或使用,商业秘密权利人无权也无法控制。而如果有人通过独立研发获得了已经获得专利保护的技术方案,以经营为目的实施该技术方案,仍要获得专利权人的许可。同时,专利权具有对世权,义务人是不特定的,具有绝对的独占性;商业秘密具有相对的独占性,不能排斥他人合法取得,并加以实施或利用。二是虽然商业秘密只要不被公开,即可享有无限期保护,但一旦被公开,商业秘密即不复存在。商业秘密对保密措施的要求比较严格,保密措施的成本比较大,保护期长短不一,权利的稳定性较差。三是商业秘密的维权难度大,程序烦琐。司法实践中,被控侵权人披露、使用的信息是否与权利人的商业秘密信息实质性相似,是判定是否构成侵权的充分必要条件。判断两者构成实质性相似,往往需要专业的司法鉴定机构进行技术鉴定。司法实践中,商业秘密案件侵权裁判者对司法鉴定的依赖性较强。专利侵权判定虽然也非常复杂,但由于权利要求往往相对明确地限定了权利的保护范围,被控侵权人的侵权产品或侵权行为相对也更加容易获得,权利人维权相对更加方便,需要司法鉴定机构介入的案件也相对较少。

综上可知,选择商业秘密保护与专利保护各有优劣,需个案考虑进行选择。对此,中华全国律师协会给出了若干建议:①对简单的、易被他人自行研究成功或者较容易被他人通过反向工程解析的技术信息,商业秘密权利人应考虑采用申请专利的手段加以保护。②企事业单位保密能力强的,可以采用商业秘密的方式保护。③技术信息先进性程度高的,可以先采用商业秘密保护;技术信息可能丧失先进性或者可能被他人申请专利的,应当采用专利保护①。④具有独创性的计算机软件受著作权法的保护,其程序和文档中符合商业秘密构成要件的部分也可以同时采用商业秘密方式保护②。

2. 专利与商业秘密联合保护模式

2013 年 10 月 29 日,辉瑞公布了 2013 财年第三季度财报。报告显示,辉瑞第三季度营收为 126.4 亿美元,比去年同期的 129.5 亿美元下滑 2.4%;净利润为 25.9 亿美元,比去年同期的 32.1 亿美元下滑 19%,而下滑的主要原因是拳头产品"立普妥"专利到期后销售萎靡。据了解,类固醇药物立普妥自 2011 年 11 月在美国市场丧失专利保护后,销售一直下滑,2013 年第三季度销售额仅为 5.33 亿美元,比去年同期下滑 29%。而该药之前每年会创造 130 多亿美元的巨额销售业绩,是公认的"最赚钱的专利药",在专利到期后的销售不及之前的零头。③ 上述专利到期销量呈断崖式下滑的现象,被称为"专利断崖",也是生物医药领域比较典型的经济规律。但是,这一规律似乎被辉瑞公司的另一种药物所"突破"了。据媒体报道,治疗男性性功能勃起障碍(ED)、俗称"伟哥"的万艾可,由美国辉瑞公司研发,在华专利于 2014 年 7 月 1 日到期。此前无论专业界还是公众都普遍认为,到期后会降价,十余家中国药企也向药监部门申请仿制万艾可。但是,无论哪家的仿制药质量都不过关,也迫使消费者不得不使用原研药,以致原研药伟哥在中国市场的销量不降反增,增幅达 47%。④ 分析上述案例,我们可以大胆揣测,对于该药品,辉瑞公司除了申请了专利,是否把药物密切相关的技术方案作为商业秘密予以保护,是否采取了专利和商业秘密齐头并进联合保护的模式?一项技术在申请专利前或申请专利未公开之前应当作为商业秘密加以保护,一项技术或者若干项相关联的技术可以将部分内容申请专利,部分内容作为商业秘密加以保护。实践中,对技术信息同时采用商业秘密和专利两种方式保护可能是最"有效"的。

因此,技术方案的法律保护,选择专利保护与商业秘密保护并不是非此即彼的关系,既可以选择单一保护模式,也可以选择联合保护模式。如果一项技术方案能被分解,一些适宜公开或不得不公开的技术方案,可以及时申请专利获得专利权,当然前提是要满足专利法关于专利申请的要求,如新颖性、创造性、实用性及充分公开等。与此同时,不适宜公开便于保密的技术方案,可以对其采取合理的保密措施,使之成为商业秘密。这

---

① 中华全国律师协会《律师办理商业秘密法律业务操作指引》第 24.3 条。
② 中华全国律师协会《律师办理商业秘密法律业务操作指引》第 25.1 条。
③ 星云. 辉瑞三季度净利润 25.9 亿美元同比降 19%[EB/OL], http://finance. qq. com/a/20131029/017247. htm.
④ 张田勘. 国产仿制药不争气伟哥在华专利到期后反而涨价[BE/OL]http://money. 163. com/15/1004/08/B52PGM8O0025263O3. html.

样一来,公众通过阅读专利文献信息,可以获取相关专利技术信息,如果有人拟使用专利技术,必须获得专利权人的许可或转让,而权利人在许可或转让专利技术的同时,同样可以许可或转让与专利技术有关的商业秘密。应该说这种联合保护的模式是比较理想的

技术方案保护模式,但是,运用这种模式需要知识产权管理者熟稔相关法律制度,充分理解技术方案和市场,懂得评估两种模式的优劣及产品上市后出现的可能情况,权衡利弊,综合考虑是选择单一保护模式,还是混合保护模式。否则,可能会弄巧成拙,竹篮打水一场空。

拓展案例

 ## 复习思考题

1. 商业秘密的构成要件有哪些?
2. 商业秘密侵权判定需要注意哪些问题?
3. 企业商业秘密管理的主要风险点有哪些?
4. 如何把商业秘密管理与其他知识产权管理有机结合起来?

 ## 案例分析

侵犯商业秘密纠纷案

原告恒生电子公司、恒生网络公司诉称:原告恒生电子公司成立于 2000 年 12 月,是中国领先的金融软件和网络服务供应商。原告恒生网络公司是原告恒生电子公司的全资子公司,主要从事计算机软件的技术开发、技术服务、数据处理等。2007 年 1 月 4 日,被告王云敏应聘进入原告恒生电子公司从事研发工作,并签订《保密协议》,同时对竞业限制作了约定。2010 年 2 月 5 日,原告恒生电子公司与被告天津交易所签订《计算机信息系统集成合同》《软件委托开发合同》《网站委托开发合同》《信息系统运营外包及维护合同》《硬件采购与集成合同》,约定由被告天津交易所委托原告恒生电子公司开发"天津文化艺术品交易所文化艺术品网上交易系统软件"。其中,"交易撮合系统"是上述系统软件的核心部分。被告王云敏作为原告恒生电子公司的电子商务事业部成员担任该项目的项目管理工作,属该系统软件开发的核心人员。2010 年 6 月 1 日,原告恒生电子公司、被告王云敏、原告恒生网络公司三方签订《劳动关系转移协议》,同日,被告王云敏与原告恒生网络公司签订《劳动合同》,仍从事技术开发工作,继续研发上述系统软件。2010 年 12 月 13 日,被告天津交易所与原告恒生网络公司签订《具体业务合同》,由被告天津交易所委托原告恒生网络公司开发"交易监控系统",被告王云敏作为原告恒生网络公司的授权代理人在合同上签字。2010 年 12 月 22 日,被告天津交易所与原告恒生网络

公司签订《技术服务框架协议》。2011 年 6 月 15 日,被告王云敏离职,并签署《离职承诺书》,再次承诺在离职后对原告恒生网络公司及其关联公司的商业秘密保密,并承担竞业限制义务,原告恒生网络公司按月给予被告王云敏竞业限制补偿。2011 年 7 月 5 日,被告天骄文韵公司成立,股东为被告天津交易所与被告王云敏,股份比例为 9∶1,注册资金 600 万元,由被告王云敏任总经理。被告王云敏以被告天骄文韵公司名义分别注册 www.skyjoo.com、www.skyjoo.cn 域名,并在互联网上发布招聘信息,声称其专注于大宗商品、文化艺术品等新型电子商务的交易系统开发。本案所涉系统软件,是两原告长期经营积累的结果,耗费了大量的人力、物力、财力,经广泛运用,给两原告带来较大的经济利益,同时两原告已采取了合理的保密措施。两原告认为,被告王云敏、孙志彦、沈瑜、杨学梅、高金飞作为两原告项目核心开发、管理人员,被告天津交易所作为该系统的委托方,均知悉两原告的商业秘密,但违反约定擅自披露、使用并允许被告天骄文韵公司使用其掌握的商业秘密,而被告天骄文韵公司明知违法,仍获取、使用两原告的商业秘密,侵犯了两原告的合法权益,被告王云敏同时违反了约定的竞业限制义务。

被告王云敏辩称:被告王云敏曾先后在原告恒生电子公司、恒生网络公司任职属实,离职后与被告天津交易所共同投资设立被告天骄文韵公司并任职的行为合法。被告王云敏未使用任何涉案软件,不存在侵犯商业秘密的行为。被告孙志彦辩称:被告孙志彦曾先后在原告恒生电子公司、恒生网络公司任职属实,离职后就职于被告天骄文韵公司合法。被告孙志彦使用的涉案软件代码来源于合法途径,原在两原告公司任职期间取得的软件代码与新职务无关的也已删除,故不存在侵犯商业秘密的行为。被告沈瑜辩称:被告沈瑜曾先后在原告恒生电子公司、恒生网络公司任职属实,离职后就职于被告天骄文韵公司合法。被告沈瑜使用的涉案软件代码来源于合法途径,不存在侵犯商业秘密的行为。被告杨学梅辩称:被告杨学梅曾先后在原告恒生电子公司、恒生网络公司任职属实,离职后就职于被告天骄文韵公司合法。被告杨学梅原为两原告公司的测试工程师,不接触任何涉案软件代码,现在被告天骄文韵公司任职也未接触任何涉案软件代码,不存在侵犯商业秘密的行为。被告高金飞辩称:被告高金飞曾先后在原告恒生电子公司、恒生网络公司任职属实,离职后就职于被告天骄文韵公司合法。被告高金飞原在两原告公司任职期间不接触任何涉案软件代码,现在被告天骄文韵公司任职接触的涉案软件代码来源于被告天骄文韵公司授权的合法途径,不存在侵犯商业秘密的行为。被告天津交易所辩称:①被告天津交易所与原告恒生电子公司签订有《软件委托开发合同》等相关合同,依法取得了相关诉争软件的各项合法权利,据此掌握相关软件源代码,予以使用、修改,符合双方合同及相关法律规定,不构成侵害两原告的商业秘密。②两原告所谓的商业秘密不符合相关法律所列举的商业秘密的基本要件,根据原告恒生电子公司与被告天津交易所之间的合同,两原告对该部分软件权益严格受到合同限制,相关软件不能为两原告带来经济利益,如果两原告自行使用上述软件谋取利益则属于违约,应承担违约责任。③被告天津交易所的合法行为没有侵犯两原告的商业秘密,未给两原告造成经济损失,其主张的经济损失和合理费用,无事实和法律依据。综上,请求驳回两原告的全部诉讼请求。被告天骄文韵公司辩称:被告天骄文韵公司是被告天津交易所与被告王云敏共同设立的专门从事软件开发维护相关业务的公司。被告天津交易所持有被告天骄文韵公司 90% 的股权,因此,被告天津交易所将自行拥有可以合法使用的相关涉案软件委托被告天骄文韵公司进行管理、维护,合理合法,且符合商业惯例。被告天骄文韵公司据此取得相关涉案软件代码,来源合法,不存在侵害两原告商业秘密的行为,不应承担停止侵权、赔偿损失的法律责任。故请求法院驳回两原告的全部诉讼请求。

[案例解读]

本案各被告是否侵犯了两原告的商业秘密?根据《中华人民共和国反不正当竞争法》第十条规定,经营者不得采用下列手段侵犯商业秘密:①以盗窃、利诱、胁迫或者其他不正当手段获取权利人的商业秘密;②披露、使用或者允许他人使用以前项手段获取的权利人的商业秘密;③违反约定或者权利人有关保守商业秘密的要求,披露、使用或者允许他人使用其所掌握的商业秘密。第三人明知或者应知前款所列违法行为,获取、使用或者披露他人的商业秘密,视为侵犯商业秘密。本案被告王云敏自 2007 年 1 月起至 2011 年 6 月离职前,先后在原告恒生电子公司、恒生网络公司处从事研发工作,具有接触和获取两原告的商业秘密的机会和便利。被告王云敏在两原告处任职期间一直签订有保密协议,离职时又特别作出有关保密承诺,但事实上,在被告王云敏于 2011 年 6 月申请离职后,便与被告天津交易所在同年 7 月分别投资 10%、90% 成立了被告天骄文韵公司,并担任被告天骄文韵公司总经理职务,更是负责被告天骄文韵公司设立在杭州的办公场所(研发总部,即法院证据保全处所)的日常经营管理,经对法院证据保全取得的被告天骄文韵公司 SVN 服务器中的代码进行鉴定,结论为 SVN 服务器中含有涉案全部软件(含两原告的商业秘密)。因此,基于上述事实,可以认定被告王云敏以不正当手段获取两原告的商业秘密,并提供给被告天骄文韵公司使用,其行为已经侵犯了两原告的商业秘密。被告孙志彦、沈瑜均先后任职于原告恒生电子公司、恒生网络公司,从事研发、技术岗位工作,能够接触到两原告的商业秘密。在被告王云敏离职到被告王云敏与被告天津交易所共同投资成立被告天骄文韵公司的 2011 年 6、7 月间,被告孙志彦、沈瑜先后提出申请离职并办理了离职手续,至被告天骄文韵公司任职。被告孙志彦、沈瑜均与两原告签订有保密协议,在离职时亦对保守商业秘密作出特别承诺,但经对法院证据保全取得的被告孙志彦、沈瑜工作机中的内容进行鉴定,结论为分别含有涉案部分软件(部分两原告的商业秘密)。被告孙志彦、沈瑜关于涉案部分软件来源合法的辩称,未能提交充分有效的证据予以证实。因此,法院认定被告孙志彦、沈瑜以不正当手段获取两原告的商业秘密,并提供给被告天骄文韵公司使用,其行为侵犯了两原告的商业秘密。被告天骄文韵公司明知被告王云敏、孙志彦、沈瑜系以不正当手段获取两原告的商业秘密,而予以使用,依法视为侵犯了两原告的商业秘密。至于被告王云敏、孙志彦、沈瑜、天骄文韵公司均辩称,涉案软件来源于被告天津交易所。法院认为,依被告天津交易所在庭审中的陈述,两原告将"份额化撮合交易系统软件""撮合交易系统监控系统"的代码交付给了被告天津交易所,因此,即使被告天津交易所的上述陈述成立,也缺乏"大宗商品现货交易系统软件""MELODY 应用系统技术开发平台软件"的来源途径。因此,在被告天津交易所尚不持有"大宗商品现货交易系统软件""MELODY 应用系统技术开发平台软件"的情况下,被告王云敏、孙志彦、沈瑜、天骄文韵公司对于该 2 个软件来源于被告天津交易所的陈述,并不能成立。再者,根据《软件委托开发合同》的约定,被告天津交易所已明确承诺不会将该产品所涉及的系统结构、技术文档等技术资料转让、销售、赠送或泄露给第三方,只是为签订和履行本合同而向其员工、顾问、代理人披露的除外。由此可见,被告天津交易所尚负有合同上的保密义务。

〔**案例讨论题**〕

1. 分析被告天骄文韵公司在本案中的行为及其法律责任。
2. 结合本案,讨论软件企业应如何进行商业秘密管理。

第 7 章

知识产权资本管理

本章要点

- 掌握知识产权出资的方式和程序
- 掌握知识产权质押的含义和质权设立条件
- 理解知识产权信托的含义、财产独立性及当事人的权利和义务

开篇案例

2014年5月28日,浙江温州市首家文化企业专营金融机构——温州银行文化支行正式揭牌成立。针对文化产业"投入大、周期长、轻资产"的特点,该支行推出了知识产权质押等多种金融产品:著作权(版权)质押、专利权质押、商标质押、股权质押、景区收费权质押等。企业可凭借影视和软件著作权、商标、专利等知识产权质押,获得50万至500万元不等的授信额度。该支行在挂牌成立的两年多时间里,建立起契合文化型中小企业的服务模式,并在支行营业大厅开辟文化产品展示专区,供文化企业客户陈列艺术品,增进文化与金融的另一种合作。该支行刚一成立,一家文化公司马上就成了受益者。2014年7月,温州正栩影视有限公司通过质押电视剧版权,拿到该行发放的第一单——500万元贷款。该公司负责人孙榕表示申请很顺利,文化银行的版权抵押出现对于公司可谓是"雪中送炭",而本次获得的这笔500万元贷款也将用于公司下一部电视剧的拍摄。截至2017年4月,该支行已通过传统抵押和文化产业专项贷款相结合的方式向温州文化产业累计投放了约1.3亿元贷款。

我国国内首家文化创意金融专营机构——杭州银行文创支行成立于2013年10月。成立仅一年,该支行就为16家影视公司提供了1.5亿元贷款,为17家动漫游戏开发和制作公司提供了近亿元贷款。其中不少都是首次从银行获得融资。早前大牌导演、知名文创企业其实也不乏知识产权抵押融资贷款的先例。比如,2007年,华谊兄弟传媒制作影片《集结号》,从招商银行成功贷款5000万元;2008年,华谊兄弟、保利博纳、光线传媒三家知名娱乐企业,先后以版权质押方式,获得了北京银行1亿元的影视项目打

包贷款；2009 年，华谊兄弟公司从工商银行贷款 1.2 亿元，用于《唐山大地震》等四部电影的制作。

　　文化创意产业获得快速发展的核心是资金，版权可以抵押融资相当于为企业开辟了一条获取资金的绿色通道。知识产权融资让文化创意产业的知识产权和品牌价值等无形资产得到最大的价值化和运用。这一融资方式不仅使得企业很好地利用了自身版权这一无形资产，也使企业得到了持续发展。

　　资料来源：孔军民.企业知识产权运用实战百例[M].北京：知识产权出版社，2016；http://www. sohu.com/a/134297928_467960.

　　知识产权资本管理，主要包括知识产权出资和融资。知识产权出资是指权利人将其知识产权作价为出资或股份，以股权的形式享有资产收益、参与重大决策和选择管理者等权利的商业行为。知识产权出资是将知识产权可能实现的价值和使用价值折算成一定出资或股份，与其他资本一起参与公司经营和收益分配的一种投资方式（余丹，2015）。[①] 知识产权融资则是指以融资为目的，包括知识产权质押、知识产权信托、知识产权证券化等。以知识产权为载体的知识产权质押、信托和证券化活动，是新型的企业资产运营形态。由于知识产权技术价值的不确定性、商业价值的后效性和法律价值的不稳定性，使得知识产权资本活动比较复杂，而且存在较大风险。如何遵从法律规定和商业规则以降低知识产权资本管理的风险，谋求知识产权的最大化商业价值，是企业特别是创新型企业管理者的当务之急（肖延高、范晓波、万小丽和翁治林，2016）。[②]

7.1　知识产权出资管理

7.1.1　知识产权出资的适格性

　　我国对于知识产权出资的适格性规定，经历了一个认识逐渐清晰、范围不断扩大的过程。改革开放之初，出于引进外国先进技术的需要，我国《中外合资经营企业法》（1979 年 7 月 8 日）第五条规定，合营企业各方可以用"工业产权"投资。《中外合资经营企业法实施条例》（1983 年 9 月 20 日）扩展为"工业产权、专有技术"。虽然我国《外资企业法》（1986 年 4 月 12 日）对外商的出资方式规定阙如，但在随后的《外资企业法实施细则》（1990 年 12 月 12 日）中也将知识产权投资界定为"工业产权、专有技术"。囿于立法目的限制，我国适用于内资企业的《全民所有制工业企业法》（1988 年 4 月 13 日）、《乡村集体所有制企业条例》（1990 年 6 月 3 日）、《城镇集体所有制企业条例》（1991 年 9 月 9 日）、

————————————

　① 余丹.知识产权投资：风险、战略与法律保护[M].杭州：浙江工商大学出版社，2015.

　② 肖延高，范晓波，万小丽，翁治林.知识产权管理：理论与实践[M].北京：科学出版社，2016.

《乡镇企业法》(1996 年 10 月 29 日)、《个人独资企业法》(1999 年 8 月 30 日)等并无企业投资人的出资方式规定。随着社会主义市场经济的提出和发展,同样适用于内资企业的我国《有限责任公司规范意见》(1992 年 5 月 15 日)和《股份有限公司规范意见》(1992 年 5 月 15 日)出现了有关知识产权投资的规定,并将知识产权投资界定为"工业产权、非专利技术"。这一规定被随后发布的《公司法》(1993 年 12 月 29 日)所吸收和沿用,即有限责任公司股东或股份有限公司发起人可以用"工业产权、非专利技术"出资。同时规定有限责任公司股东或股份有限公司发起人以工业产权、非专利技术作价出资的,必须评估作价,出资金额不得超过公司注册资本的 20%(设立有限责任公司的,国家对采用高新技术成果有特别规定的除外),并依法办理验资和财产权转移手续。

1997 年 2 月 23 日颁布的《合伙企业法》,首次将"知识产权"作为一个完整的类别纳入企业的可投资范围。2005 年 10 月 27 日颁布的《公司法》修正案关于知识产权投资的规定,在我国公司法发展进程中具有里程碑意义。一是与《合伙企业法》一致,此次修正案将有限责任公司股东和股份有限公司发起人的知识产权投资从"工业产权、非专利技术"扩展为"知识产权";二是规定有限责任公司"全体股东的货币出资金额不得低于有限责任公司注册资本的百分之三十",同时取消了发起设立的股份有限公司"知识产权"出资的比例限制;三是启动了有限责任公司和发起设立的股份有限公司分期缴付出资。特别值得一提的是,2013 年 12 月 28 日发布的《公司法》第三次修正案不仅取消了股东的"知识产权"出资比例限制,而且全面采用法定资本制度下的"认缴登记制"。虽然有学者指出我国现行公司制度还存在出资催缴和实收资本公示等制度缺陷(刘燕,2014)[①],但上述规定客观上放松了政府管制,有利于促进科技创新和创业。

7.1.2　知识产权出资的方式及程序

1.知识产权出资方式

关于知识产权的范围,《成立世界知识产权组织公约》(*Convention Establish the World Intellectual Property Organization*,1967)的界定是:①关于文字、艺术和科学作品的权利;②关于表演艺术家的演出、录音和广播的权利;③关于人们努力在一切领域的发明的权利;④关于科学发现的权利;⑤关于工业品式样的权利;⑥关于商品商标、服务商标、厂商名称和标记的权利;⑦关于制止不正当竞争的权利;⑧以及在工业、科学、文学或艺术领域里一切其他来自智力活动的权利。此后,世界贸易组织(WTO)的《与贸易有关的知识产权协定》(Agreement on Trade-related Aspects of Intellectual Property Rights,TRIPs)进一步拓展了知识产权的范围。该协定从国际贸易的角度,将知识产权的范围界定为,著作权和相关权利、商标、地理标识、工业设计、专利、集成电路布图设计、

---

① 刘燕.公司法资本制度改革的逻辑与路径——基于商业实践视角的观察[J].法学研究,2014(5):32-56.

未披露信息、许可协议中限制竞争行为的控制等。

我国《民法总则》(2017 年 3 月 15 日)第一百二十三条规定,民事主体依法享有知识产权。知识产权是权利人依法就下列客体享有的专有的权利:(1)作品;(2)发明、实用新型、外观设计;(3)商标;(4)地理标志;(5)商业秘密;(6)集成电路布图设计;(7)植物新品种;(8)法律规定的其他客体。我国《公司法》第二十七条第一款规定,股东可以用货币出资,也可以用实物、知识产权、土地使用权等可以用货币估价并可以依法转让的非货币财产作价出资;但是,法律、行政法规规定不得作为出资的财产除外。此外,我国《公司登记管理条例》(2014 年 2 月 19 日)第十四条规定,股东的出资方式应当符合《公司法》第二十七条的规定,但是,股东不得以劳务、信用、自然人姓名、商誉、特许经营权或者设定担保的财产等作价出资。《公司注册资本登记管理规定》(2014 年 2 月 20 日)第五条也规定,股东或者发起人可以用货币出资,也可以用实物、知识产权、土地使用权等可以用货币估价并可以依法转让的非货币财产作价出资。股东或者发起人不得以劳务、信用、自然人姓名、商誉、特许经营权或者设定担保的财产等作价出资。由此可见,①按照《公司法》的规定,用作投资的知识产权的范围是有限制的。只有那些在法律和事实上可以定价并且能够转让的知识产权才能作为企业出资人的出资方式,包括各种类型的知识产权,如专利权、商标权、著作权、商业秘密、集成电路布图设计专有权、植物新品种权、域名权等。但是,原产地证明在法律上不允许转让,其所有权不属于任何某一个具体的企业,只能由符合规定条件的商事主体无偿使用,所以不能被任何人当作出资方式向公司投资入股。此外,知识产权中不能依法转让的人身权利不能用以作价出资。②与知识产权有一定关联的信用、商誉、特许经营权和设定了质押的知识产权不能作价出资。

为了进一步明晰可投资的知识产权范围,以下就专利申请权,专利权、商标权、著作权和商业秘密等的许可使用权的投资问题予以分析。

(1)专利申请权不能用于投资入股。按照我国《专利法》的规定,专利申请权可以依法转让。但是,专利权与专利申请权的根本不同在于,专利权是经过国务院专利行政部门审查后,对符合法定条件的发明创造授予的排他性财产权利,而专利申请权只是专利申请人向国务院专利行政部门就其发明创造申请授予专利权的主观愿望和资格,属于期待权。专利申请权不具备知识产权的属性,既不是专利权的一部分,也不是独立的知识产权类型。更何况专利申请权的价值处于不确定状态且无从评价,不符合现物投资的基本条件,包括确定性、现存价值性、评价可能性。因此,专利申请权不能用以投资入股。

(2)专利权、商标权、著作权、商业秘密等使用权投资入股的可行性。关于知识产权的使用权能否投资入股问题,学术界有过较长时间的讨论(朱大旗和朱永扬,1996①;衣

---

①　朱大旗,朱永扬.专利权作价入股新探[J].中国人民大学学报,1996(5):49-54,125.

庆云,2000①;赵旭东,2003②;袁晓东和李晓桃,2007③;孙春伟,2012④)。从实际操作层面来看,1998 年 9 月 14 日深圳市人民政府发布的《深圳经济特区技术成果入股管理办法》第四条规定,技术出资方可以用下列专利权、计算机软件著作权、非专利技术成果的使用权等技术成果财产权作价入股,同时又规定"不包括有关权利的使用许可"。随着讨论的深入,比较一致的结论是,被许可人享有的专利权、商标权、著作权、商业秘密等知识产权的使用权,是许可人采取特定方式,对其知识产权部分权能在一定时间和一定地域范围内让渡给被许可人。虽然许可人和被许可人之间因知识产权许可而存在债权关系,但是被许可人享有的知识产权使用权本身属于知识产权的一部分。除非存在相反的证据或者权利人放弃等情形,权利人的知识产权因受到法律保护而具有确定性和现存价值性。此外,虽然知识产权的价值评估是一个世界性商业难题,但不可否认其评价可能性。相应地,知识产权使用权在考虑使用方式、期限、范围等因素的情况下,其价值具有可评价性。因此,专利权、商标权、著作权、商业秘密等的使用权可以投资入股。

与此认识相一致,我国司法审判实践也出现多起认定知识产权使用权投资有效性的判例,如美国环球科技开发股份有限公司诉北京橡果经贸有限公司等确认协议无效纠纷案(北京市第一中级人民法院民事判决书[2003]一中民初字第 9658 号)、中国科学院山西煤炭化学研究所与陕西秦晋煤气化工程设备有限公司专利权投资纠纷案(最高人民法院民事调解书[2007]民三提字第 1 号)、邓某诉冯某股东出资纠纷案(上海市黄浦区人民法院民事判决书[2011]黄民二[商]初字第 97 号)、李伏林与宁波康麦隆医疗器械有限公司股权确认纠纷上诉案(浙江省宁波市中级人民法院民事判决书[2011]浙甬商终字第 62 号)、嘉兴市佳惠畜禽食品有限公司诉嘉兴市华经科工贸有限公司股东出资纠纷案(浙江省嘉兴市中级人民法院民事判决书[2010]浙嘉商终字第 245 号),等等。

从工商登记注册的实践来看,积极探索知识产权使用权投资入股渐成趋势。比如,2012 年 2 月 16 日,国家工商总局和上海市人民政府联合发布《国家工商总局关于支持上海"十二五"时期创新驱动、转型发展的意见》明确提出"支持上海开展专利使用权等知识产权出资研究工作"。2014 年 12 月 9 日,湖南省科技厅、湖南省工商行政管理局、湖南省知识产权局联合出台的《关于支持以专利使用权出资登记注册公司的若干规定(试行)》规定,"专利使用权是专利权人使用该项专利应用于生产并获得收益的权利,属于知识产权范畴。专利使用权出资是将其作为资本进行投资,与资金投资方提供的资金共同投资入股"。因此,"在登记注册公司时允许专利权人用专利使用权作价出资,入股比例不受限制"。但是,专利许可方式为在中国境内独占许可。

---

① 衣庆云.专利申请权和专利使用权入股问题探讨[J].当代法学,2000(1):77-78.

② 赵旭东.从资本信用到资产信用[J].法学研究,2003(5):109-123.

③ 袁晓东,李晓桃.论我国知识产权用益权出资[J].科学学与科学技术管理,2007(8):5-8.

④ 孙春伟.以知识产权向企业投资的问题与对策[J].科技管理研究,2012(20):190-193.

2．知识产权出资程序

如前所述,我国现行公司法将公司的注册资本制度从法定资本制度下的实缴登记制修改为认缴登记制。其中,有限责任公司的注册资本为在公司登记机关依法登记的全体股东认缴的出资额;股份有限公司采取发起设立方式设立的,注册资本为在公司登记机关依法登记的全体发起人认购的股本总额;股份有限公司采取募集设立方式设立的,注册资本为在公司登记机关依法登记的实收股本总额;法律、行政法规以及国务院决定规定公司注册资本实行实缴的,注册资本为股东或者发起人实缴的出资额或者实收股本总额。但是,对采用知识产权等非货币财产出资的,应当遵循法定出资程序,否则将会承担相应的法律责任。

(1) 评估作价。我国《公司法》第二十七条第二款规定,对作为出资的非货币财产应当评估作价,核实财产,不得高估或者低估作价。法律、行政法规对评估作价有规定的,从其规定。我国《最高人民法院关于适用〈中华人民共和国公司法〉若干问题的规定(三)》(2010 年 12 月 6 日)第九条规定,出资人以非货币财产出资,未依法评估作价,公司、其他股东或者公司债权人请求认定出资人未履行出资义务的,人民法院应当委托具有合法资格的评估机构对该财产评估作价。评估确定的价额显著低于公司章程所定价额的,人民法院应当认定出资人未依法全面履行出资义务。

(2) 办理财产权转移手续。我国《公司法》第二十八条规定,股东应当按期足额缴纳公司章程中规定的各自所认缴的出资额。股东以非货币财产出资的,应当依法办理其财产权的转移手续。股东不按照规定缴纳出资的,除应当向公司足额缴纳外,还应当向已按期足额缴纳出资的股东承担违约责任。我国《最高人民法院关于适用〈中华人民共和国公司法〉若干问题的规定(三)》(2010 年 12 月 6 日)第十条规定,出资人以房屋、土地使用权或者需要办理权属登记的知识产权等财产出资,已经交付公司使用但未办理权属变更手续,公司、其他股东或者公司债权人主张认定出资人未履行出资义务的,人民法院应当责令当事人在指定的合理期间内办理权属变更手续;在前述期间内办理了权属变更手续的,人民法院应当认定其已经履行了出资义务;出资人主张自其实际交付财产给公司使用时享有相应股东权利的,人民法院应予支持。出资人以前款规定的财产出资,已经办理权属变更手续但未交付给公司使用,公司或者其他股东主张其向公司交付、并在实际交付之前不享有相应股东权利的,人民法院应予支持。

(3) 验资。关于企业出资人出资的验资问题,目前法律规定不再统一要求。但是,我国《公司法》《公司登记管理条例》和《公司注册资本登记管理规定》规定,工商行政管理机关在接受股份有限公司设立登记申请时,以募集方式设立股份有限公司的,还需要申请人提交创立大会的会议记录以及依法设立的验资机构出具的验资证明。也就是说,采取募集设立方式设立股份有限公司的,必须经过验资程序。此外,我国《中外合资经营企业法实施条例》《中外合作经营企业法实施细则》也规定,合营或合作各方缴付出资额或提供合作条件后,应当由中国注册会计师验证并出具验资报告,由合营企业或合作企业据以发给各方出资证明书。

(4) 特别审查或审批。这主要是针对外商投资企业的外国投资者采用知识产权等出资设定的特别程序。比如，我国《中外合资经营企业法实施条例》第二十六条和第二十七条就规定，外国合营者以工业产权或者专有技术作为出资，应当提交该工业产权或者专有技术的有关资料，包括专利证书或者商标注册证书的复制件、有效状况及其技术特性、实用价值、作价的计算根据、与中国合营者签订的作价协议等有关文件，作为合营合同的附件。外国合营者作为出资的机器设备或者其他物料、工业产权或者专有技术，应当报审批机构批准。我国《外资企业法实施细则》第二十七条也规定，外国投资者以工业产权、专有技术作价出资的，该工业产权、专有技术应当为外国投资者所有。对作价出资的工业产权、专有技术，应当备有详细资料，包括所有权证书的复制件、有效状况及其技术性能、实用价值，作价的计算依据和标准等，作为设立外资企业申请书的附件一并报送审批机关。该法第二十九条还规定，作价出资的工业产权、专有技术实施后，审批机关有权进行检查。该工业产权、专有技术与外国投资者原提供的资料不符的，审批机关有权要求外国投资者限期改正。

 专栏

朗科：创始人的专利出资程序之惑

深圳市朗科科技有限公司是闪存盘的世界首创者、发明专利持有者，其推出的以"优盘"为商标的闪存盘是世界上首创基于 USB 接口，采用闪存（Flash Memory）介质的新一代存储产品。"优盘"迅速走向全国乃至世界，开创了整个闪存盘行业，成为全球闪存储产品领域的领导品牌。

公开资料显示，1999 年 5 月，邓国顺、成晓华、沈文媛共同出资成立朗科电脑公司，法定代表人为邓国顺，注册资本 30 万元，其中邓国顺、成晓华分别现金出资 14.85 万元，各占股权比例 49.50％，沈文媛出资 0.30 万元，占股权比例 1％。2000 年 6 月，沈文媛将其所持 1％股权分别转让给邓国顺及成晓华各 0.5％。本次股权转让完成后，邓国顺和成晓华分别持有朗科电脑 50％股权。2000 年 8 月，公司更名为深圳市朗科科技有限公司，同时引进外国投资者。邓国顺、成晓华分别将其所持朗科有限公司 8.5％、11.5％的股权转让给 Trek 2000 International Ltd. 。同时，公司注册资本由 30 万元增加到 508 万元，邓国顺增资 198.37 万元，其中以专利权作价 97 万元，现金增资 101.37 万元；成晓华增资 184.03 万元，其中以专利权作价 81 万元。邓国顺、成晓华用于出资的专利权分别是申请号为第 99240761.3 号的中国实用新型专利"用于数据处理系统的快闪电子式外存储装置"及第 ZL99335617.6 号中国外观设计专利"快闪电子存储盘"。

　　记者通过国家知识产权局法律状态检索系统发现,第 99240761.3 号专利的授权日为 2000 年 11 月 8 日,这意味着,在对朗科有限增资时,邓国顺尚未拿到该专利的授权。2002 年 8 月 21 日,该专利权被邓国顺主动放弃。成晓华用于增资的第 ZL99335617.6 号专利权授权日期为 2000 年 4 月 12 日,该专利权同样在 2002 年 11 月 20 日被终止,终止原因是未缴年费。此外,在此次出资过程中,邓国顺、成晓华以专利权出资均未经评估,不符合《公司法》的相关规定。经保荐机构核查,作为本次出资的专利权一直未转移至朗科有限名下。公司称,因第 99240761.3 号专利被随后的第 ZL99117225.6 号专利所覆盖,而第 ZL99335617.6 号专利不再具有市场竞争力,邓国顺、成晓华分别于 2002 年 1 月 22 日和 2002 年 9 月 30 日放弃上述两项用作出资的专利,因而导致上述两项专利不能进行所有权转移登记。

　　资料来源:朗科盈利模式存巨大隐患:上市 3 个月业绩大变脸[EB/OL]. http://tech. sina. com. cn/it/2010-10-19/07384761273. shtml.

7.1.3　知识产权出资人的资本充实(填补)责任

　　与货币和其他实物财产不同,知识产权的价值评估方法甚至评估机构的差异,有可能出现评估后的知识产权实际价额显著低于投资协议和公司章程约定价额的情形。就此,我国《公司法》第三十条规定,有限责任公司成立后,发现作为设立公司出资的非货币财产的实际价额显著低于公司章程所定价额的,应当由交付该出资的股东补足其差额;公司设立时的其他股东承担连带责任。同时,该法第九十三条第二款规定,股份有限公司成立后,发现作为设立公司出资的非货币财产的实际价额显著低于公司章程所定价额的,应当由交付该出资的发起人补足其差额;其他发起人承担连带责任。依据上述规定,有限责任公司或股份有限公司成立后,知识产权投资人应当承担资本充实(填补)责任,其他股东或发起人承担连带责任。这一规定既体现了对商人意思自治的尊重,又体现了公司资本维持原则,为解决知识产权投资的实际价值和约定价值差异问题提供了法律依据。

　　知识产权是法律赋予发明创造人或作者就其智力成果享有的专有权利。如果出现不符合实体条件(如不符合专利法要求的新颖性、创造性和实用性,不符合著作权法的独创性要求,不符合商标法的显著性要求等)或未满足程序要求(如未按规定缴纳年费等)的情形,权利人将丧失相应的知识产权。如果在公司成立后才发生(拟)投资的知识产权权利丧失情形,资本充实(填补)责任是否适用,则需要视情形而定。①在公司成立以后,如果知识产权权利人在发生知识产权丧失之前已经办理了知识产权财产权转移手续或使用许可合同登记手续的,应当依照我国《专利法》第四十七条和《商标法》第四十七条的规定处理,即宣告专利权或注册商标无效的决定,对在宣告专利权或注册商标无效前已经履行的专利实施许可合同和专利权转让合同、商标使用许可合同商标转让合同,不具有追溯力。但是因专利权人的恶意给他人造成的损失,应当给予赔偿。依照规定不返还专利或注册商标使用费或转让费,明显违反公平原则的,应当全部或者部分返还。也就是说,在这种情形下,如果作为投资人的(原)知识产权人存在恶意的,应当对因知识产权权利丧失给公司造成的损失承担赔偿责任。如果(原)知识产权人不存在恶意,则无须承担赔偿责任;如果明显违反公平原则,企业和其他投资人可以要求(原)知识产权人采取其他补救措施。②如果在知识产权投资人办理财产权转移手续或知识产权许可使用合同登记手续之前就发生知识产权权利丧失情形,《专利法》第四十七条和《商标法》第四十七条的规定则不适用,企业和其他投资人可以按照公司法规定要求知识产权投资人承担资本充实(填补)责任。

7.2 知识产权质押管理

7.2.1 知识产权质押概述

1. 知识产权质押的概念和作用

质押是指为担保债务的履行,债务人或者第三人将其动产或者权利出质给债权人占有的,债务人不履行到期债务或者发生当事人约定的实现质权的情形,债权人有权就该动产优先受偿。包括动产质押和权利质押两类。知识产权质押,顾名思义,是指以合法有效的知识产权出质设定担保,属于权利质押类型。在知识产权质押法律关系中,以依法享有的知识产权权利为自己或第三人的债务设定质押担保的人,为出质人;对出质的知识产权享有担保权利的债权人,为质权人;质押的客体或标的,是出质人依法享有处分权的知识产权中的财产权,包括专利权、商标权、软件著作权等知识产权中的财产权利(丘志乔,2015)。①

知识产权质押作为担保物权的一种重要形式,在现代社会中发挥着越来越重要的作用,它不仅是知识产权自身价值的体现,而且还具有担保融资价值(余丹,2015)。② 1995年6月30日颁布的我国《担保法》第七十五条规定,“下列权利可以质押:……(三)依法可以转让的商标专用权,专利权、著作权中的财产权”。然而,由于知识产权技术价值的不确定性、商业价值的后效性、法律价值的不稳定性,以及评估方法和评估结果的合理性等原因,知识产权质押规模始终未能有大的起色。2007年3月16日颁布的《物权法》第二百二十三条对可以质押的知识产权范围作了更严密的规定和扩展,即“债务人或者第三人有权处分的下列权利可以出质:……(五)可以转让的注册商标专用权、专利权、著作权等知识产权中的财产权”。此后,国务院印发的《国家知识产权战略纲要》(2008年5月

---

① 丘志乔.知识产权质押制度之重塑:基于法律价值的视角[M].北京:知识产权出版社,2015.

② 余丹.知识产权投资:风险、战略与法律保护[M].杭州:浙江工商大学出版社,2015:56-58.

8 日)明确提出,"促进自主创新成果的知识产权化、商品化、产业化,引导企业采取知识产权转让、许可、质押等方式实现知识产权的市场价值"。在各级政府的大力推动和金融机构的积极参与下,我国知识产权质押逐渐成为新兴的企业融资方式,并呈现出常态化、规模化发展态势。如电影《金陵十三钗》根据严歌苓的同名小说改编,总投资 6 亿元人民币,是中国电影史上同类影片中投资最高的一部影片。在民生银行的支持下,获得 1.5 亿元人民币的著作权质押贷款,创下了国内单本影片著作权质押贷款的最高纪录。2015 年我国新增专利权质押融资金额 560 亿元,惠及 2000 余家企业。[①]

2．知识产权质押融资的模式

由于知识产权质押的风险相对较难预测,如何设计出知识产权质押融资的风险控制模式,尤其是最大程度控制银行的贷款风险,是推动知识产权质押融资发展的关键。图 7-1 是我国引入专业担保机构和管理咨询公司的创业企业知识产权质押融资模式(陈晓静,2014)。[②] 其中,知识产权质押贷款过程共涉及五个主体:创业企业、专业担保机构、管理咨询公司、银行和政府。在该模式的框架下,贷款风险由政府、银行、专业担保机构三者承担。专业担保机构对创业企业的知识产权质押融资贷款进行再担保,并与管理咨询公司合作,规定管理咨询公司负责对创业企业提供高质量、高水平的专业化服务,对创业企业成长的全过程进行监控和扶持,以分散风险。该模式界定了管理咨询公司作为中介服务机构所应发挥的功能,为推动众多其他中介机构介入著作权质押贷款融资业务提供了借鉴(苑泽明,2010)。[③]

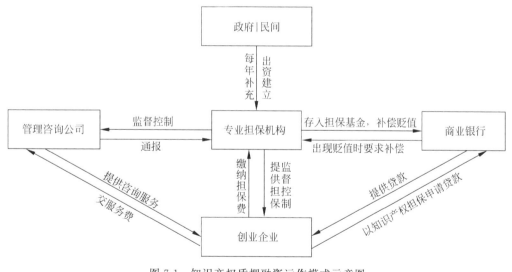

图 7-1　知识产权质押融资运作模式示意图

---

① http://www.sipo.gov.cn/zscqgz/2016/201601/t20160128_1234421.html.

② 陈晓静.知识产权担保融资方式的运作新模式浅析[J].湖南财经高等专科学校学报,2014(6):50.

③ 苑泽明.知识产权融资的风险、估价与对策:拓宽创新型企业资金瓶颈[M].大连:东北财经大学出版社,2010:102.

专栏

珠海三川工业专利质押获得 500 万元贷款案例

珠海三川工业自动化设备有限公司位于珠海高新区,专注于数控机床、数控刀具的研发制造,产品在国内外市场颇具知名度。

2016 年 12 月,中都国脉受横琴国际知识产权交易中心的委托,对珠海三川工业的十三项专利技术进行价值评估,并成功在珠海农商银行获得了 500 万元贷款。此次三川工业的 500 万元知识产权质押贷款,采用了"基金＋保险＋银行"按照 4∶4∶2 比例分担风险的质押模式。基金管理人珠海科创投公司、提供保证保险的太平洋保险珠海中心支公司各承担贷款总额 40% 的风险,银行承担贷款额 20% 的风险。此次贷款标志着珠海市知识产权质押融资风险补偿基金支撑的贷款模式正式运作,也意味着由横琴知识产权交易中心参与组织推动的知识产权质押贷款模式成功落地。

资料来源:中都国脉(北京)资产评估有限公司广东分公司.珠海三川工业专利质押获得 500 万贷款 [EB/OL].广东科技报,2017-04-28,http://epaper.gdkjb.com/html/2017-04/28/content_16_4.htm.

7.2.2 知识产权质押合同的生效和质权设定

我国《担保法》第七十九条规定,以依法可以转让的商标专用权,专利权、著作权中的财产权出质的,出质人与质权人应当订立书面合同,并向其管理部门办理出质登记。质押合同自登记之日起生效。与此相适应,《专利权质押合同登记管理暂行办法》(1996 年 9 月 19 日)和《著作权质押合同登记办法》(1996 年 9 月 23 日)相继出台。从以上规定可以看出,当时中国专利局和国家版权局登记的是质押合同,而且登记是质押合同生效的条件。

此后,《物权法》第二百二十七条就知识产权质押的登记事项规定,以注册商标专用权,专利权、著作权等知识产权中的财产权出质的,当事人应当订立书面合同。质权自有关主管部门办理出质登记时设立。也就是说,与《担保法》不同,《物权法》将登记事项从质押合同修改为质权设定登记,即将质权设定与质押合同的生效加以区分,明确了登记仅仅是质押生效条件或者说质权设定条件而非质押合同的生效要件。《物权法》的上述规定既尊重了当事人约定知识产权质押的意思自治,又对因知识产权质押行为而设定质权这一担保物权的程序进行了严格规定。正因为如此,国家知识产权局于 2010 年 8 月 26 日将《专利权质押合同登记管理暂行办法》修订为《专利权质押登记办法》,国家版权局于 2010 年 11 月 25 日将《著作权质押合同登记办法》修订为《著作权质权登记办法》,国家工商行政管理总局也相应制定了《注册商标专用权质权登记程序规定》(2009 年 9 月 10 日)。

7.2.3　知识产权质押合同的内容

根据《专利权质押登记办法》《注册商标专用权质权登记程序规定》和《著作权质权登记办法》的规定,知识产权质押合同是登记机关重点审查的事项,因质押合同的内容缺失,可能导致登记机关不予登记的不利法律后果。所以企业在订立知识产权质押合同时,要特别注意知识产权质押合同的条款的完备性和内容的合法性。

1. 专利权质押合同的内容

按照《专利权质押登记办法》第九条和第十条的规定,专利权质押合同的条款分为两类,即缺失会导致登记机关不予登记或撤销登记的"应该"包含条款和出于维护当事人合法权益的"可以"(建议)包含条款。前者包括当事人的姓名或者名称、地址,被担保债权的种类和数额,债务人履行债务的期限,专利权项数以及每项专利权的名称、专利号、申请日、授权公告日,质押担保的范围;后者包括质押期间专利权年费的缴纳,质押期间专利权的转让、实施许可,质押期间专利权被宣告无效或者专利权归属发生变更时的处理,实现质权时相关技术资料的交付。

2. 注册商标专用权质权合同的内容

按照《注册商标专用权质权登记程序规定》第八条和第九条的规定,由于注册商标专用权质权合同的签订违反法律法规强制性规定的,国家工商行政管理总局商标局将不予登记或撤销登记。注册商标专用权质权合同一般包含下列条款:出质人、质权人的姓名(名称)及住址,被担保的债权种类、数额,债务人履行债务的期限,出质注册商标的清单(列明注册商标的注册号、类别及专用期),担保的范围,当事人约定的其他事项。

3. 著作权质权合同的内容

按照《著作权质权登记办法》第十二条和第十五条的规定,由于著作权质权合同的签订违反法律法规强制性规定的,国家版权局将不予登记或撤销登记。著作权质权合同一般包含下列条款:出质人和质权人的基本信息、被担保债权的种类和数额、债务人履行债务的期限、出质著作权的内容和保护期、质权担保的范围和期限、当事人约定的其他事项。

7.2.4　知识产权质押登记

由于知识产权质押登记关系到质权的设定,因此登记机关设置了比较严格的实体条件和程序要求。

（1）专利权质押登记。首先，企业在申请专利权质押登记时，需要了解和避免国家知识产权局不予登记情形，包括：出质人与专利登记簿记载的专利权人不一致的；专利权已终止或者已被宣告无效的；专利申请尚未被授予专利权的；专利权处于年费缴纳滞纳期的；专利权已被启动无效宣告程序的；因专利权的归属发生纠纷或者人民法院裁定对专利权采取保全措施，专利权的质押手续被暂停办理的；债务人履行债务的期限超过专利权有效期的；质押合同约定在债务履行期届满质权人未受清偿时专利权归质权人所有的；质押合同不符合本办法第九条规定的，以共有专利权出质但未取得全体共有人同意的；专利权已被申请质押登记且处于质押期间的；其他应当不予登记的情形。专利权质押期间，国家知识产权局发现质押登记存在上述所列情形并且尚未消除的，或者发现其他应当撤销专利权质押登记的情形的，应当撤销专利权质押登记，并向当事人发出《专利权质押登记撤销通知书》。专利权质押登记被撤销的，质押登记的效力自始无效。其次，发生下列情形之一的，企业应当向国家知识产权局办理专利权质押注销登记：债务人按期履行债务或者出质人提前清偿所担保的债务的，质权已经实现的，质权人放弃质权的，因主合同无效、被撤销致使质押合同无效、被撤销的，法律规定质权消灭的其他情形。

（2）注册商标专用权质押登记。首先，企业在申请注册商标专用权质权登记时，需要了解和避免商标局不予登记的情形，具体包括：出质人名称与商标局档案所记载的名称不一致且不能提供相关证明证实其为注册商标权利人的，合同的签订违反法律法规强制性规定的，商标专用权已经被撤销、被注销或者有效期满未续展的，商标专用权已被人民法院查封、冻结的，其他不符合出质条件的。其次，有下列情形之一的，商标局应当依职权予以撤销登记：发现有属于不予登记情形之一的；质权合同无效或者被撤销，出质的注册商标因法定程序丧失专用权的；提交虚假证明文件或者以其他欺骗手段取得商标专用权质权登记的。最后，与专利权质押登记不同，《注册商标专用权质权登记程序规定》规定了注册商标专用权质权延期登记程序，即因被担保的主合同履行期限延长、主债权未能按期实现等原因需要延长质权登记期限的，质权人和出质人双方应当在质权登记期限到期前申请办理延期登记。

（3）著作权质押登记。我国国家版权局负责著作权质权登记工作。同时，国家版权局指定中国版权保护中心进行著作权质权登记。首先，企业在申请著作权质押登记时，有必要了解和避免登记机关依法不予登记的情形：出质人不是著作权人的，合同违反法律法规强制性规定的，出质著作权的保护期届满的，债务人履行债务的期限超过著作权保护期的，出质著作权存在权属争议的，其他不符合出质条件的。其次，有下列情形之一的，国家版权局将依职权撤销质权登记：登记后发现有不予登记情形的，根据司法机关、仲裁机关或行政管理机关作出的影响质权效力的生效裁决或行政处罚决定书应当撤销的情形，著作权质权合同无效或者被撤销的，申请人提供虚假文件或者以其他手段骗取著作权质权登记的，其他应当撤销的情形。最后，有下列情形之一的，申请人应当申请注销质权登记：出质人和质权人协商一致同意注销的，主合同履行完毕的，质权实现的，质权人放弃质权的，其他导致质权消灭的情形。

7.2.5　知识产权质权的实现

按照我国《物权法》的规定，知识产权质押形成的质权属于担保物权范围。作为一种特殊的物权，知识产权质权的实现方式和程序遵从特定的规则。

1. 转让或许可使用质押知识产权的效力

按照我国《物权法》第二百二十七条第二款的规定，知识产权中的财产权出质后，出质人不得转让或者许可他人使用，但经出质人与质权人协商同意的除外。出质人转让或者许可他人使用出质的知识产权中的财产权所得的价款，应当向质权人提前清偿债务或者提存。我国《担保法》第八十条也做类似规定。此外，《最高人民法院关于适用〈中华人民共和国担保法〉若干问题的解释》（2000 年 9 月 29 日）第一百零五条规定，以依法可以转让的商标专用权、专利权、著作权中的财产权出质的，出质人未经质权人同意而转让或者许可他人使用已出质权利的，应当认定为无效。因此给质权人或者第三人造成损失的，由出质人承担民事责任。

2. 知识产权质权的实现方式和程序

有关知识产权质权的实现方式，有四个方面的规则值得注意：①质权人不得与出质人在出质合同中约定，当债务人不能履行债务时，出质知识产权归质权人所有。我国《物权法》第二百一十一条规定，质权人在债务履行期届满前，不得与出质人约定债务人不履行到期债务时质押财产归债权人所有。虽然此条款是有关动产质押的规定，但是根据该法第二百二十九条规定，"权利质权除适用本节规定外，适用本章第一节动产质权的规定"。由此可见，《物权法》第二百一十一条的规定适用于权利质押。②质押财产的处置。债务人履行债务或者出质人提前清偿所担保的债权的，质权人应当返还质押财产。债务人不履行到期债务或者发生当事人约定的实现质权的情形，质权人可以与出质人协议以质押财产折价，也可以就拍卖、变卖质押财产所得的价款优先受偿。质押财产折价或者变卖的，应当参照市场价格。质押财产折价或者拍卖、变卖后，其价款超过债权数额的部分归出质人所有，不足部分由债务人清偿。出质人可以请求质权人在债务履行期届满后及时行使质权；质权人不行使的，出质人可以请求人民法院拍卖、变卖质押财产。出质人请求质权人及时行使质权，因质权人怠于行使权利造成损害的，由质权人承担赔偿责任。③当债务人不履行或不能履行债务时，质权人（也是主合同的债权人）起诉时的诉讼主体选择。根据《最高人民法院关于适用〈中华人民共和国担保法〉若干问题的解释》第一百零六条的规定，质权人向出质人、出质债权的债务人行使质权时，出质人、出质债权的债务人拒绝的，质权人可以起诉出质人和出质债权的债务人，也可以单独起诉出质债权的债务人。也就是说,当质权人单独起诉出质债权的债务人时,债务人不得以质权人未起诉出质人为由提出抗辩。④质权与其他担保权同时存在的处理。根据《物权法》的规定,被担保的债权既有物的担保又有人的担保的,债务人不履行到期债务或者发生当事人约定的实现担保物权的情形,债权人应当按照约定实现债权;没有约定或者约定不明确,债务人自己提供物的担保的,债权人应当先就该物的担保实现债权;第三人提供物的担保的,债权人可以就物的担保实现债权,也可以要求保证人承担保证责任。提供担保的第三人承担担保责任后,有权向债务人追偿。此外,根据《最高人民法院关于适用〈中华人民共和国担保法〉若干问题的解释》第七十九条的规定,同一财产法定登记的抵押权与质权并存时,抵押权人优先于质权人受偿。

7.3 知识产权信托管理

7.3.1 知识产权信托的定义

根据我国《信托法》(2001 年 4 月 28 日)的规定,信托是指委托人基于对受托人的信任,将其财产权委托给受托人,由受托人按委托人的意愿以自己的名义,为受益人的利益或者特定目的,进行管理或者处分的行为。作为一种理财方式,信托是一种特殊的财产管理制度和法律行为,同时又是一种金融制度,与银行、保险、证券一起构成了现代金融体系四大支柱。

我国《信托法》第七条规定,设立信托,必须有确定的信托财产,并且该信托财产必须是委托人合法所有的财产,包括合法的财产权利。这就为知识产权信托提供了法律依据。因为知识产权作为一种无形资产,具有财产属性,且可以由权利人进行独立委托支配并进行转让。因此,知识产权具备信托财产的要件,知识产权信托作为一种知识产权金融模式得以在法理上确立。

基于此,杜蓓蕾和安中业(2006)[①]给出了一种知识产权信托的定义,指知识产权信托是以知识产权为标的的信托,通过权利主体与利益主体的分离,将知识产权转移给具有专业理财能力的信托机构经营管理,由知识产权权利人取得知识产权的收益,信托机构取得相应报酬的一种有效的财产管理方式。李芩(2008)[②]也指出知识产权信托是指知识产权权利人(亦即信托关系中的委托人),为了使自己所属的知识产权产业化、商品化以实现其增值的目的,将其拥有的知识产权转移给受托人(多为信托投资公司),由信托投资公司代为经营管理、运用或处分该知识产权的一种法律关系。知识产权信托能够充分

① 杜蓓蕾,安中业.知识产权信托初探[J].法学杂志,2006,27(5):143-145.
② 李芩.从激励机制探讨知识产权信托交易模式[J].河北法学,2008,26(10):155-157.

发挥专业信托机构在市场和财产管理上的优势,又能降低知识产权权利人直接运营知识产权的风险,有效推动知识产权的转化,实现知识产权的保值增值(杨延超,2008)[①]。结合信托的一般特点和知识产权的特有属性,知识产权信托具有如下特征(朱雪忠,2010)[②]。

(1)知识产权信托是一种特定的理财制度。这种理财制度是以信任为基础的委托,委托的内容是管理或处分知识产权,理财的目的是受益人的利益。

(2)受托人以自己名义管理或处分知识产权。知识产权信托不同于代理。一方面,主体结构不同。代理关系的主体包括委托人和代理人;而信托关系中,存在受益人这一独立主体。另一方面,法律关系存续期间财产的独立性不同。在代理关系中,代理人代为管理或处分的知识产权与委托人的其他财产在权利归属上并无二致;而在信托关系中,信托知识产权不仅独立于委托人的其他财产,而且独立于受托人的固有财产。

(3)信托财产是委托人所委托的知识产权中的财产权。包括对知识产权的许可使用权、获取知识产权权益的收益权、实施对知识产权管理的权利,以及对知识产权的处分权。上述权利可以分别行使或组合行使。委托人有权根据法定规则,在信托合同中自主决定其知识产权信托的具体内容和方式。

需要说明的是,由于知识产权对象的无形性、技术价值的不确定性、商业价值的后效性和法律价值的不稳定性,使得知识产权管理相对于有形财产、有价证券、股权等的管理来说,更为复杂化和专业化。在我国信托管理的业务模式到业务范围尚处于不断调整的时期,知识产权信托还处于理论和制度探索阶段。

专栏

我国信托行业发展的六次整顿

自 1979 年信托业务重启后,我国各地争相发展信托公司,最初的信托公司经常变相从事银行信贷业务,与银行构成恶性竞争,同时一度加剧经济过热,引发金融风险,引起监管部门的高度重视。从 1992 年起,监管部门先后进行了六次整顿(见表7-1),正常营业的信托公司数量从 20 世纪 80 年代多达 1000 多家减至目前的 68 家。自 2007 年起,《信托公司管理办法》和《信托公司集合资金信托计划管理办法》颁布实施,我国信托行业走上了规范化发展道路。

---

①　杨延超.知识产权资本化[M].北京:法律出版社,2008:183-184.
②　朱雪忠.知识产权管理[M].北京:高等教育出版社,2010:106-107.

表 7-1　我国信托行业发展的六次整顿

时　间	政策文件/相关措施	影　响
1982 年 4 月	《关于整顿国内信托投资业务和加强更新改造资金管理的通知》	信托公司变相信贷业务被叫停
1985 年初	《关于进一步加强银行贷款检查工作的通知》	整治不规范经营的信托业务,要求银行停止新增信托业务,已办理业务需要加以清理
1988 年 8 月	人民银行采取措施撤并信托机构	信托在与银行的竞争中失去利率优势,数量从 1988 年初的上千家减至 1990 年的 339 家
1994 年 1 月	《金融信托机构资产负债比例管理办法》《信贷资金管理办法》	以法律形式确立了银行与信托分业经营的原则,同时限制信托机构的贷款规模,信托公司减至 244 家
1999 年 3 月	《国务院办公厅人民银行整顿信托投资公司方案》	撤销规模小、资不抵债的信托公司;叫停信托公司存款结算业务;剥离券商经纪与承销业务。整顿后获重新登记的公司只剩 60 家左右
2007 年 3 月	《信托公司管理办法》《信托公司集合资金信托计划管理办法》	明确规定了信托的业务范围,对信托公司实施分类监管,信托公司清理更换金融牌照

资料来源:智研咨询集团.2017—2022 中国信托市场供需预测及投资战略研究报告[R].2017 年 3 月,http://www.chyxx.com/research/201703/499413.html.

7.3.2　知识产权信托的类型

知识产权信托可以根据知识产权类型分为专利权信托、商标权信托、著作权信托、集成电路布图设计专有权信托、植物新品种权信托等;也可根据通常的信托目的分为民事信托、商事信托和公益信托。

(1) 民事信托,即受托人从事事务管理类信托业务,以完成一般的民事法律行为为内容,其业务模式是"受托人＋保管人"。比如著作权集体管理就属于知识产权民事信托。根据我国《著作权集体管理条例》(2004 年 12 月 22 日)第二条规定,著作权集体管理是指著作权集体管理组织经权利人授权,集中行使权利人的有关权利并以自己的名义进行的下列活动:与使用者订立著作权或者与著作权有关的权利许可使用合同;向使用者收取使用费;向权利人转付使用费;进行涉及著作权或者与著作权有关的权利的诉讼、仲裁等。如果著作权集体管理组织从事营利性经营活动的,由工商行政管理部门依法予以取缔,没收违法所得;构成犯罪的,依法追究刑事责任。

(2) 商事信托,即受托人以营利为目的,接受委托人委托实施有关知识产权的商事行为,其业务模式是"受托人＋投资管理人＋保管人"。根据我国《信托公司管理办法》第二条的规定,信托公司从事的信托业务是以营业和收取报酬为目的,以受托人身份承诺信托和处理信托事务的经营行为。信托公司管理运用或处分信托财产时,可以依照信托文件的约定,采取投资、出售、存放同业、买入返售、租赁、贷款等方式进行。可见,信托公司的信托行为具有营利性,属于典型的商事信托。

(3) 公益信托,即以公益事业为目的的有关知识产权的信托。根据我国《信托法》第六十条的规定,为了下列公共利益目的之一而设立的信托,属于公益信托:救济贫困;救助灾民;扶助残疾人;发展教育、科技、文化、艺术、体育事业;发展医疗卫生事业;发展环境保护事业,维护生态环境;发展其他社会公益事业。也就是说,虽然知识产权是私权,但是只要这种财产权信托是为了社会公众谋求上述领域的公共利益,而非谋求特定个人的私利,仍然属于公益信托。

7.3.3　知识产权信托财产的范围和独立性

1. 知识产权信托财产的范围

根据我国《信托法》第十四条的规定,受托人因承诺信托而取得的财产是信托财产。受托人因信托财产的管理运用、处分或者其他情形而取得的财产,也归入信托财产。法律、行政法规禁止流通的财产,不得作为信托财产。法律、行政法规限制流通的财产,依法经有关主管部门批准后,可以作为信托财产。同时,我国《信托公司管理办法》第十六条也规定,信托公司可以申请经营下列部分或者全部本外币业务:①资金信托;②动产信托;③不动产信托;④有价证券信托;⑤其他财产或财产权信托;⑥作为投资基金或者基金管理公司的发起人从事投资基金业务;⑦经营企业资产的重组、购并及项目融资、公司理财、财务顾问等业务;⑧受托经营国务院有关部门批准的证券承销业务;⑨办理居间、咨询、资信调查等业务;⑩代保管及保管箱业务;⑪法律法规规定或中国银行业监督管理委员会批准的其他业务。由此可见,信托财产必须是可以流通的财产。

因此,从理论上讲,并不是所有的知识产权类型都可以作为信托财产,只有可以自由流通的知识产权才可以成为信托财产,即可以转让的专利权、商标权、著作权、集成电路布图设计专有权、植物新品种权等知识产权中的财产权可以作为信托财产。

2. 知识产权信托财产的独立性

就信托财产的权利归属问题,目前存在四种观点,即"委托人所有说""受托人所有说""受益人所有说"以及"独立主体说"(李立新和柴丽杰,2013)[①]。从我国《信托法》关于信托的定义、信托财产与信托公司固有财产的关系以及信托财产的处置情形和结果来看,我国采取了财产权转移或信托登记至受托人但独立于受托人固有财产模式。就知识产权信托而言,当信托关系因登记而设立,该知识产权就与委托人的其他财产、受托人的固有财产和受益人的其他自有财产相分离,具有独立性,仅仅服从和服务于信托

---

①　李立新,柴丽杰.我国信托财产所有权归属问题研究——从法经济学角度的分析[J].金融与经济,2013(5):76-79.

目的。

（1）知识产权信托关系设立后，该知识产权独立于委托人的其他财产。这种独立性具体体现在作为委托人的知识产权主体不得直接运用该知识产权。比如，我国《信托法》第十五条规定，信托财产与委托人未设立信托的其他财产相区别。设立信托后，委托人死亡或者依法解散、被依法撤销、被宣告破产时，委托人是唯一受益人的，信托终止，信托财产作为其遗产或者清算财产；委托人不是唯一受益人的，信托存续，信托财产不作为其遗产或者清算财产；但作为共同受益人的委托人死亡或者依法解散、被依法撤销、被宣告破产时，其信托受益权作为其遗产或者清算财产。我国《著作权集体管理条例》第二十条也规定，权利人与著作权集体管理组织订立著作权集体管理合同后，不得在合同约定期限内自己行使或者许可他人行使合同约定的由著作权集体管理组织行使的权利。

（2）信托知识产权独立于受托人的固有财产。具体体现在以下三个方面：一是信托知识产权与属于受托人所有的财产相区别，不得归入受托人的固有财产或者成为固有财产的一部分。受托人死亡或者依法解散、被依法撤销、被宣告破产而终止，信托知识产权不属于其遗产或者清算财产。二是受托人管理运用、处分信托知识产权所产生的债权，不得与其固有财产产生的债务相抵销。三是受托人管理运用、处分不同委托人的信托知识产权所产生的债权债务，不得相互抵销。

（3）委托人、受托人和受益人的一般债务的效力不能及于信托知识产权，信托知识产权不得被强制执行，但是下列法定情形除外：设立信托前债权人已对该信托财产享有优先受偿的权利，并依法行使该权利的；受托人处理信托事务所产生债务，债权人要求清偿该债务的；信托财产本身应担负的税款；法律规定的其他情形。

7.3.4 知识产权信托当事人及其权利和义务

1. 知识产权信托的委托人

委托人是以其拥有的知识产权设立信托，为了一定目的委托他人进行知识产权管理或处分的当事人。结合我国《信托法》和相关知识产权法的规定，知识产权委托人应当具备两项基本条件：一是拥有可以信托的知识产权；二是具有完全民事行为能力，包括自然人、法人或者依法成立的其他组织。

委托人为了其合法权益和受益人的利益，主要享有如下权利：①有权了解其信托知识产权的管理运用、处分及收支情况，并有权要求受托人作出说明。委托人有权查阅、抄录或者复制与其信托知识产权有关的信托账目以及处理信托事务的其他文件。②因设立信托时未能预见的特别事由，致使信托知识产权的管理方法不利于实现信托目的或者不符合受益人的利益时，委托人有权要求受托人调整该信托知识产权的管理方法。③受托人违反信托目的处分信托知识产权或者因违背管理职责、处理信托事务不当致使信托知识产权受到损失的，委托人有权申请人民法院撤销该处分行为，并有权要求受托人恢复信托知识产权的原状或者予以赔偿。上述申请权自委托人知道或者应当知道撤销原因之日起一年内不行使的,归于消灭。④受托人违反信托目的处分信托知识产权或者管理运用、处分信托知识产权有重大过失的,委托人有权依照信托文件的规定解任受托人,或者申请人民法院解任受托人。

2. 知识产权信托的受托人

受托人是接受委托,按照信托文件对信托知识产权进行管理、利用、处分的人,包括具有完全民事行为能力的自然人、法人。我国《信托公司管理办法》对从事营业信托的信托公司的资格进行了严格的规定。不仅规定设立信托公司应当经中国银行业监督管理委员会批准,并领取金融许可证。而且明确规定了信托公司的设立条件:①有符合《中华人民共和国公司法》和中国银行业监督管理委员会规定的公司章程;②有具备中国银行业监督管理委员会规定的入股资格的股东;③具有最低限额为实缴 3 亿元人民币或等值的可自由兑换货币的注册资本;④有具备中国银行业监督管理委员会规定任职资格的董事、高级管理人员和与其业务相适应的信托从业人员;⑤具有健全的组织机构、信托业务操作规程和风险控制制度;⑥有符合要求的营业场所、安全防范措施和与业务有关的其他设施;⑦中国银行业监督管理委员会规定的其他条件。

为了保证信托知识产权的安全和信托行为的合法性,我国《信托法》还明确规定了受托人的义务:①受托人应当遵守信托文件的规定,为受益人的最大利益处理信托事务。受托人管理信托知识产权,必须恪尽职守,履行诚实、信用、谨慎、有效管理的义务。②受托人除依法取得报酬外,不得利用信托知识产权为自己谋取利益。受托人违反规定,利用信托知识产权为自己谋取利益的,所得利益归入信托财产。③受托人不得将信托知识产权转为其固有财产。受托人将信托知识产权转为其固有财产的,必须恢复该信托财产的原状;造成信托财产损失的,应当承担赔偿责任。受托人必须将信托知识产权与其固有财产分别管理、分别记账,并将不同委托人的信托财产分别管理、分别记账。④受托人不得将其固有财产与信托知识产权进行交易或者将不同委托人的信托财产进行相互交易,但信托文件另有规定或者经委托人或者受益人同意,并以公平的市场价格进行交易的除外。受托人违反规定造成信托知识产权损失的,应当承担赔偿责任。

3. 知识产权信托的受益人

受益人是指在信托中享有信托收益的人。根据我国《信托法》的规定,受益人享有如下权利:①受益人自信托生效之日起享有信托受益权,即享有信托收益的权利。信托文件另有规定的,从其规定。②受益人可以放弃信托受益权。全体受益人放弃信托受益权的,信托终止。③受益人不能清偿到期债务的,其信托受益权可以用于清偿债务,但法律、行政法规以及信托文件有限制性规定的除外。④受益人的信托受益权可以依法转让和继承,但信托文件有限制性规定的除外。

7.3.5 知识产权信托的设立和终止

1. 知识产权信托的设立

设立知识产权信托应符合以下条件。

（1）必须有合法的信托目的。我国《信托法》规定，设立信托，必须有合法的信托目的。信托目的违反法律、行政法规或者损害社会公共利益，或者专以诉讼或者讨债为目的设立的信托无效。

（2）应当采取书面形式。知识产权对象的无形性特征，需要在设立知识产权信托关系时，采取书面形式确立信托当事人的权利和义务，以增强信托确定性，减少信托纠纷。例如，我国《著作权集体管理条例》第十九条就规定，权利人可以与著作权集体管理组织以书面形式订立著作权集体管理合同，授权该组织对其依法享有的著作权或者与著作权有关的权利进行管理。权利人符合章程规定加入条件的，著作权集体管理组织应当与其订立著作权集体管理合同，不得拒绝。

（3）应当依法办理信托登记。按照《信托法》第十条的规定，设立信托，对于信托财产，有关法律、行政法规规定应当办理登记手续的，应当依法办理信托登记。未依照前款规定办理信托登记的，应当补办登记手续；不补办的，该信托不产生效力。结合《专利法》《商标法》《著作权法》《计算机软件保护条例》《集成电路布图设计保护条例》以及《物权法》的规定，知识产权信托关系的设立以登记为条件，而非权利证书的移交或技术交底等行为成就为条件。不过，我国目前尚未出台知识产权信托登记的具体操作规程。

2. 知识产权信托的终止

我国《信托法》第五十三条规定，有下列情形之一的，信托终止：①信托文件规定的终止事由发生；②信托的存续违反信托目的；③信托目的已经实现或者不能实现；④信托当事人协商同意；⑤信托被撤销；⑥信托被解除。信托终止的，信托财产归属于信托文件规定的人；信托文件未规定的，按下列顺序确定归属：①受益人或者其继承人；②委托人或者其继承人。

拓展案例

🍃 复习思考题

1. 简述知识产权资本化的含义和类型。
2. 简述知识产权出资的条件和程序。
3. 论述知识产权质押融资的困境和出路。
4. 简述知识产权质押登记的注意事项。
5. 简述信托知识产权的独立性。

6. 给出我国知识产权信托发展的制度建议。

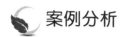
案例分析

案　例　一

专利权人为何 XX，持有 TiCN 基金属陶瓷数控刀具的制造专利。何先生在日本研修和工作期间，研发和申请了该项发明。在 2013 年 5 月回到国内后，与其他数位出资人准备共同成立苏州 YY 硬质合金有限公司。其中何先生的专利及技术作为无形资产出资，其余出资人以资金和厂房设备等固定资产出资。在成立公司前，何先生委托某专利代理机构对该专利技术的价值进行评估。之后何先生持上述评估报告，在征得其他出资人的一致同意下，以该专利技术作为 300 万元无形资产出资，于 2013 年 12 月成立的公司总资金为 1500 万元，无形资产所占比例为 20%。何先生及其他出资人共同向苏州市工商局注册成立公司，何先生也将其拥有的专利转让给新成立的苏州 YY 硬质合金有限公司。

[案例解读]

该案例是典型的专利出资和受资的企业运营，将专利作为无形资产，成为出资的重要组成部分。何先生作为专利/技术的持有人，以无形资产作为出资，在新成立的苏州 YY 硬质合金有限公司中占有股份，成为最大的股东和新公司的总经理，通过持有股份，确保了技术秘密在保密状态下的有偿转让，降低了风险，也为何先生带来长期的收益。同时，所有出资人的一致认可和公证处公证以及请专业服务机构出具专利价值评估报告也是该案例活动顺利推进的因素。

[案例讨论题]

1. 知识产权出资的方式有哪些？
2. 知识产权出资的程序是什么？

案　例　二

西南大学与雅迪科技集团有限公司 2015 年 3 月 20 日，举行了专利转让签约仪式。西南大学以技术使用入门费 1200 万元加后续产品销售提成的条件，将名为"电动锥盘离合凸轮自适应自动变速轮毂"的专利技术转让给雅迪公司。该专利由薛荣生教授团队研发完成，并于 2012 年获"中国专利优秀奖"。据西南大学科技处介绍，"电动锥盘离合凸轮自适应自动变速轮毂"技术达到了世界先进水平，用该技术制造出的电动车，能在 15°坡路上载重正常行驶，且节能近 30%。西南大学已就该技术提交了 PCT（专利合作条约）国际专利申请，2014 年获美国发明专利权。该专利发明摘要中指出："本发明能使电机输出功率与车辆行驶状况始终处于最佳匹配状态，实现车辆驱动力矩与综合行驶阻力的平衡控制；在不切断驱动力的情况下自适应随行驶阻力变化自动进行换挡变速,利于车辆和机械动力设备高效节能,同其他自动变速器相比,本发明体积小、重量轻、结构简单、结构紧凑、制造成本低,适合于轮毂处安装,适合电动自行车体积小轻便的特点。"双方已就加强合作、搞好产品设计、加快产品开发、尽快将产品推向市场达成共识。

资料来源：国内专利权出资现状及面临问题分析.http://www.sohu.com/a/194747862_660408.

[案例解读]

1. 本案例涉及西南大学与雅迪科技集团有限公司之间的"电动锥盘离合凸轮自适应自动变速轮毂"的专利转让,转让费采取"入门费＋提成"方式支付。无论是包括专利在内的知识产权投资入股还是转让,均需要依法办理权属转移手续。就专利转让程序而言,按照我国《专利法》第十条第三款的规定,转让专利权的,当事人应当订立书面合同,并向国务院专利行政部门登记,由国务院专利行政部门予以公告。专利权的转让自登记之日起生效。需要注意的是,知识产权投资入股还包括知识产权使用权投资。知识产权使用权投资本质上是知识产权使用权的让渡,也就是实施许可。按照我国《专利法实施细则》第十四条的规定,专利权人与他人订立的专利实施许可合同,应当自合同生效之日起 3 个月内向国务院专利行政部门备案。但是,行政备案并不影响专利实施许可合同的效力。

2. 由于知识产权具有客体非物质性、专有性、地域性和时间性等特有属性,加上知识产权投资入股的多样性,所以采取知识产权投资入股方式,首先需要开展知识产权法律状态和使用情况尽职调查,即调查该投资入股的知识产权类型、法律状态、许可他人实施情况、权利人自行实施情况等。其次,由于我国现行《公司法》已经全面实行法定资本制度下的"认缴登记制",为了保证知识产权的稳定性,接受投资的公司应当及时办理权属转移登记。最后,对于采取知识产权使用权投资的,要特别注意以下五个方面的风险防控策略:(1)独占许可使用权投资优于排他许可使用权投资,避免普通许可使用权投资;(2)知识产权权利人作为投资人优于再许可人或分许可人作为投资人;(3)长期使用权投资优于短期使用权投资;(4)知识产权有效法域使用权投资优于区域性使用权投资;(5)"一次缴足"优于"延后缴付"。

[案例讨论题]

1. 知识产权投资入股和知识产权转让在程序上有何共同点和差异？

2. 知识产权投资入股的注意事项是什么？

第 8 章

知识产权价值评估

 本章要点

- 掌握知识产权价值评估的内涵
- 掌握知识产权价值评估的特征
- 理解知识产权价值评估的目的
- 理解知识产权价值评估的功能
- 理解知识产权价值评估的基本方法

开篇案例

产权市场正成为新兴产业的重要融资渠道

我国大力发展战略性新兴产业的路线已经明确,知识产权制度在培育发展战略性新兴产业中的作用也日益突出。在各个知识产权交易平台上,挂牌交易的新兴产业知识产权项目正呈现出井喷的现象,节能环保、新技术、新材料等相关行业的企业知识产权成了交易的热点。

2010 年以来,在上海联合产权交易所的知识产权交易平台上已有多个属于新兴产业的知识产权挂牌转让,尤其是 12 月挂牌的项目中,有近半数都涉及新兴产业。挂牌的项目包括物联网关键技术及产品、3G 移动网基站互联等多个方面。

近期,上海联交所挂牌了某新型锂离子电池负极材料钛酸锂产业化制造项目。据介绍,锂离子电池发展的主要方向是在电动汽车、储能以及空间技术等方面的应用。该项目已经完成了产品试制工作,并通过了国家轻工业电池质量监督检验中心测定。

11 月,金马甲交易平台挂牌了多项涉及风力发电叶片用胶及相关领域的技术转让或合作公告。有关人士介绍,我国已经把风力发电作为优先扶持发展的项目,从政策到资金给予了大力支持,相关技术作为新能源利用的一部分,拥有广阔的市场前景。

10 月以来,中国技术产权交易所共有 57 项产权挂牌交易,其中有 16 项涉及节能环保行业,包括污水处理、新能源汽车动力系统、空调节能控制系统等项目。此外,还有多个项目涉及新材料行业。

业内人士表示,对于战略性新兴产业内的企业来说,其主要资产是各项专利等知识产权。除了传统的信贷融资、股权融资外,产权市场正成为新兴产业的重要融资渠道。

资料来源:于萍.知识产权交易如火如荼[N].中国证券报,2010-12-13.

8.1 知识产权价值评估概述

在知识经济时代,以知识产权为主要标的的无形资产交易市场日益活跃,知识产权转让、许可、投资、参股、融资等活动成为企业知识产权管理工作的重要内容,与此同时,知识产权侵权风险也与日俱增。不论是交易中确定知识产权的对价,还是侵权后核定知识产权损害赔偿额,都要面临一个至关重要的问题,即如何衡量和确定相关知识产权的价值。因此,知识产权价值评估是企业知识产权管理和运营过程中重要的、不可或缺的一环。

8.1.1 知识产权价值评估的内涵和特征

知识产权价值评估指确定知识产权现在的价值和通过未来的使用所得到的价值,由评估机构考虑相关因素并依据一定的计算方法对知识产权价值所作的评价、估计或预测[①]。知识产权价值评估的特点包括时效性、针对性、估价性和参考咨询性。

首先,知识产权价值评估的时效性。在知识产权保护期届满时或因其他原因权力失效时,其价值可以从"有价"降到"无价"。知识产权是有期限的权利,期限届满,作品、技术进入公有领域,成为全社会的共同财产,任何人均可任意获取和利用,此时的作品与技术尽管仍然可以发挥其作用,但它们已经不再具有经济学意义上的价值。在知识产权保护期限之内,随着时间的推移,保护期限的临近,由于可产生收益的期限缩短,获得收益的机会减少,知识产权的价值也相应减少。以专利为例,专利具有时间性且其保护期不可续展,因此专利保护期比商标保护期对其价值的影响要重要得多。对于同一专利而言,其价值与其距离法定有效期届满日的期限成正比,即此期限越长则其价值越大。如果专利保护期只剩下两年,价值决不能高于、等于或接近受让方往后两年预计利润的总和。总之,知识产权的价值是动态的,随着时间的推移,根据未来收益的增减而不断变化。

其次,知识产权价值评估的针对性。知识产权价值评估和一般资产评估一样,具有针对性或者目的性,即某一知识产权评估是适合于某一特定目的进行的。一般地说,它是为市场的产权变动,如企业联营、股份制改造、合资兼并、公司上市收购、技术贸易、知识产权转让等,提供中介服务而对所需评估的知识产权作出一个合理的市价,促成企业资产经营活动目的的实现,与产权交易条件如投资条件、转让条件、许可条件密切相关。

---

① 范晓波.论知识产权价值评估[J].理论探索,2006(5):74-77.

再次,知识产权价值评估的估价性。知识产权评估是在特定的产权交易条件下,基于知识产权在企业营运中的状况,由评估者运用一定的科学方法和逻辑分析,根据知识产权的特性并结合评估目的,对企业某项知识产权在特定时间的价值所作出的合理结论,因而具有估价性。知识产权的价值由市场决定,知识产权价值评估不是凭空进行的,而是以特定市场为依据,在综合考虑被评估知识产权本身的性质和特点、其创作者的声名和影响力、市场的认可和接受程度、可被利用的期限、有关的交易惯例等多种相关因素的基础上进行预测。

最后,知识产权价值评估的参考咨询性。知识产权价值评估结论只是为知识产权交易各方提供参考意见,最后的成交价值仍应由交易各方协商确定。知识产权价值的估价并不一定等于价值。现实中有很多这样的实例,如某项知识产权估价为 50 万元,却有可能被人以 100 万元的价格买走,并通过利用产生高于 100 万元的收益。"估价"与"评价"本身说明了它们本身不是真正的价值(交换价值),是用"估"或"评"的办法以求得与真正的客观价值相符合或相近似的主观价值。

知识产权价值评估较之有形资产评估而言相对复杂,因为知识资产种类繁多、千差万别,可比性差,并且受客观环境影响较大,其效用发挥的期限、无形损耗及风险方面不确定因素较多。知识产权价值评估毕竟只是评估机构考虑相关因素并依据一定的计算方法对知识产权价值所作的预测,由于不可能充分、准确地考虑一切未来将出现并起作用的实际因素,知识产权价值评估或定价只能是一种预测性的评价,评估者的结论必须是建立在相关市场情况的分析和预测基础上,是对市场价值的估计和判断,而最终由市场决定和反映出的价值才应当是真正的知识产权的价值,也是对评估值的一个检验。

8.1.2 知识产权价值评估的目的和功能

知识产权价值评估在国内外都是刚刚起步,相对来讲我国知识产权价值评估已经形成一套复杂的规范性文件。例如,国务院、财政部等主管部门已经颁发了《国有资产评估管理办法》《国有资产评估管理若干问题的规定》《国有资产评估违法行为处罚办法》《关于加强和规范评估行业管理的意见》《资产评估机构审批管理办法》《资产评估准则——基本准则》《资产评估职业道德准则——基本准则》《资产评估准则——无形资产》等规范性法律文件。半官方的中国资产评估协会也发布了《企业价值评估指导意见(试行)》《注册资产评估师关注评估对象法律权属指导意见》等执业准则。随着法规的逐步完善,我国无形资产评估行业取得了较大的发展。目前,我国已有专业的无形资产评估事务所十多家。此外,近 3800 多家综合性的评估事务所也在从事无形资产的评估工作,从业人员达 6 万多人,其中注册评估师 2 万多人。从业务实践看,主要是企业为获取行政登记、资质、许可、证明等单方申请的小型评估,一般不涉及技术分析,层次较浅,难度和用途都不大,纯商业性的知识产权评估尚极为鲜见。①

---

① 魏衍亮.知识产权价值评估问题研究[J].电子知识产权,2006(12):19-21.

企业通常在以下情况需要开展知识产权价值评估：

第一，企业在开展知识产权贸易时，需要进行知识产权价值评估。例如 2006 年 1 月，瑞典爱立信正式收购英国电信公司马可尼，交易价格约 21 亿美元，约为马可尼公司市值的两倍。该笔收购支出中，约 90％用于购买马可尼公司的无形资产，主要是知识产权。

第二，在以知识产权资产参股时，企业需要进行知识产权评估。例如，上海天娜药物研究所开发的科技成果——"圣洁医生"消毒洗洁液，曾被评估作价 2550 万元。该知识产权资产入股后占新公司注册资本的 51％。

第三，用知识产权进行质押贷款时，企业需要进行知识产权评估。例如，"星"的文字商标曾被评估值 1.08 亿元。在被认定为中国驰名商标后，该文字商标的价值又被重新评估为 3 亿多元。凭借相关评估报告和商标权质押合同，星牌公司曾从银行获得 500 万元的贷款。

第四，用知识产权增加注册资本数额时，企业也需要进行知识产权评估。例如，北京亿维德电气技术有限公司原来的注册资本为 400 万元，知识产权出资所占的比例很低。后来，出资人陈明洋原先投入该公司的一项专利技术"基于互联网工业电气产品的供应链技术服务网络"被重新评估为 2611 万元，并被完全注入总股本。这样，公司的注册资本猛增到了近 3000 万元，知识产权出资所占的比例超过了 80％。

第五，确定法律诉讼赔偿金数额时也需要知识产权价值评估。例如，2005 年，美国医疗公司 Medtronic 在侵权诉讼中屈服，同意向原告支付 13.5 亿美元的知识产权使用费。不仅如此，企业在选择知识产权标的时，在协商 OEM（原始设备制造商）或者 ODM（原始设计制造商）合作契约的知识产权条款时，在遭遇侵权诉讼后分析诉讼策略时，在吸引风险投资，进行股份制改造、资产重组、民营化改革、企业合并、破产清算、遗产分割、奖励职务发明人时，在分享委托项目的知识产权成果、专利申请权和其他利益时，甚至在确立研发设计选题、规划知识产权检索和部署策略、开展市场布局、进行广告宣传时，也需要进行知识产权评估。

 专栏

对专利资产进行评估管理可以降低维护成本

　　对专利资产进行妥善管理还可以降低公司专利组合的维护费和税费，从而大大节约成本。通过专利管理来降低成本的例子中，最著名的恐怕要数陶氏化学公司了。1994 年，作为公司成本削减行动的一部分，陶氏化学公司对其知识产权资产进行了长达一年的审核工作——这次审核在某种程度上已成为知识产权管理领域的传奇（现在借助新的自动化技术工具，则可以在几天内完成这项工作）。陶氏化学公司对当时公司拥有的 2.9 万项专利逐一进行了价值评估，并将其分配给 15 个主要业务单元进行管理。此后，由专利使用而产生的经营活动一律由各业务单元负责。各部门的"知识资产经理"定期开会审议整个公司的专利工作，为各项或各类专利寻找授权使用、商业化或合资合作的机会。

通过这次审核,陶氏化学公司从专利组合中剔除了公司不需要的专利,并将其无偿捐赠给大学和非营利性机构,此举使公司在税费和专利维护费上直接节省了 5000 万美元。(1999 年杜邦公司效法陶氏化学公司,将 23 项专利捐给大学,因此减免了 6400 万美元的税费)得益于此次审核,陶氏化学公司的专利许可费收入也从 2500 万美元提高到 1.25 亿美元以上。据该公司知识资产管理小组前任负责人戈登·彼得拉什(Gordon Petrash)所述,如果考虑到公司技术资产与业务目标更有效地结合后带来的诸多商业利益,此次审核为公司创造的收入大概能以"数十亿美元计"。

资料来源:凯文·瑞维特,戴维·克莱恩.发现知识产权新价值[J].哈佛商业评论,2006(7).

8.2 知识产权价值评估需考虑的因素与流程

鉴于知识产权价值评估的高度专业性,企业在开展知识产权评估工作时,需要选择专业的机构和人员,根据特定的评估目的,遵循适用的原则,选择适当的价值类型,按照法定的程序,考虑影响知识产权价值的各种因素,运用科学评估的方法,对知识产权的价值进行评定和估算。

8.2.1 知识产权价值评估需要考虑的因素

由于知识产权具有多样性,不同类型的知识产权特点存在较大差异,因此,在评估时,评估人员应充分考虑知识产权的特点,找出影响知识产权价值评估的相关因素,对其进行全面、系统的评定,以确定其价值。总的来说,影响知识产权价值的因素主要有产权因素、成本因素、技术因素和获利能力因素四个方面。下面结合知识产权的主要类型,即专利、版权、商标的特点对于不同类型知识产权价值评估需要考虑的因素逐一分析。

1. 评估专利技术价值需要考虑的因素

(1) 产权因素

产权因素主要考虑专利技术受法律保护的情况,主要从以下几个方面进行考虑:①权属的完整性,即该专利人或委托人所拥有的专利权权属的完备程度。②权利的保护程度,即专利权所处的状态以及权利要求的完整性。例如,专利所处的状态是处于初审阶段还是实质性审查阶段或是获得专利证书阶段,越是在后面的阶段其价值越大。专利的类型不同,保护程度也不一样,发明专利由于通过实质性审查,因此剽窃他人专利或者在获得专利证书后被宣告撤销的可能性较小。相对于其他两类专利而言,其技术含量较高,申请的周期较长,权利人承担的风险也较大,因此价值相对较高。权利要求的完整性是指专利申请权利要求书所提出的需要保护的专利的范围,也体现了权利要求书的质量问题,有的权利要求完整,能较好地保护专利权人的权利。有的权利要求不完整,仅仅保护专利权人的一部分的权利。③权利的地域范围。

当专利技术拥有一个专利家族时,表明该专利在多个国家/地区获得保护,该权利的地域范围相对较广,相应地价值也更高。④权利的时间范围。也就是专利权的剩余使用年限,一般要采取专利技术的经济寿命与法定使用年限孰短的办法来确定剩余使用年限,使用年限越长其价值越大。

（2）技术因素

技术因素主要包括专利的创新程度,也即是技术的先进程度、技术的发展阶段、技术竞争优势等。技术越先进、可工业化实施的程度越高、技术越具有竞争优势,该技术产品越难以替代,其垄断程度也越高,该专利技术的价值也会相应较高。

（3）产业因素

产业因素主要包括:①产业化程度,即该技术可进行产业化的难易程度,实施的条件要求是否苛刻。进行产业化越容易,实施专利技术越容易进行,专利技术的价值就越高。②国家政策适应性,也即是该技术实施所在的产业与国家产业政策一致性。只有专利与国家产业政策一致起来,才会得到国家及地方的支持,该项专利才会迅速形成产业,越是国家鼓励发展的行业,技术实施的价值越能够较快地发挥出来。③产业应用范围,主要是指专利技术的现在和未来可能应用领域的大小。应用的范围越广,其价值发挥的程度越大。④技术产品被市场所接受的程度。市场越需要的产品,其中的技术所体现的价值就越大。

2. 评估版权价值需要考虑的因素

（1）产权因素

著作权的产权因素主要包括:①所评估的对象所包含的财产权利种类、形式以及权利限制,包含时间、地域方面的限制以及存在的质押、诉讼等权利限制。②与著作权有关的权利和相关的专利权、专有技术和商标权。③著作权的保护范围。④著作权剩余法定保护期限以及剩余经济寿命。

（2）成本因素

著作权的成本因素主要包括:①著作权所保护作品的创作成本。需要分析著作权作品的类别、创作形式、题材类型,根据著作权作品的不同类型及其创作的成本加以核算。②所实施的著作权保护措施以及维权所需要的成本。

3. 评估商标价值需要考虑的因素

商标评估主要考虑其获利能力,即商标产品历史收益状况以及商标产品未来收益能力。通过分析商标的影响力、所处市场的状况、竞争状况、过去的表现、未来计划及风险程度等进行评估。具体讲,有以下七个影响因素:①影响力,即影响行业市场的能力。如某一商标为其所处市场的龙头产品的商标,其价值就比其他普通商标价值要高。②生存力,即商标的稳定性。那些历史悠久、消费者信任度高的商标的价值要高。③市场力,指商标的市场经济状况。④辐射力,指商标超过地理文化边界的能力,符合国际惯例和口味的商标比某一区域和地区性商标的价值要大。⑤趋势力,指商标对行业发展方向的导向及影响力。商标的长期发展趋势能够很好地反映其与消费者的联系和同步性。⑥支持力,指能够获得投资及重点支持的商标其价值要大一些。⑦保护力,指商标拥有者的合法权利,即注册商标的保护能力。商标受法律保护的深度及广度在评估商标时很重要。

8.2.2 知识产权价值评估的流程

知识产权价值评估的流程主要包括以下步骤。

(1) 明确评估的目的。

实务中,知识产权评估活动主要发生在知识产权交易活动中。具体而言,企业需要进行知识产权价值评估的目的主要有知识资产的转让、投资、清算、诉讼、纳税及其他目的。明确知识产权评估目的,有利于确定知识产权评估范围,有利于评估方案和评估方法的确定。

(2) 签订委托协议书。

由于知识产权评估需要较高的专业知识,通常企业会委托具有资质的评估机构进行评估,因此,双方需就委托业务内容,包括评估对象、评估目的、评估基准日、评估范围、评估收费、交付评估报告的时间等进行约定,正式签署协议,共同监督执行。

(3) 确定评估方法,编制评估计划。

应根据所评估知识产权的具体类型、特点、评估的目的以及外部的经济环境等具体情况,适时地选用成本法、市场法和收益法等评估方法,编制评估计划。评估计划应包括评估的具体步骤、时间进度、人员安排、技术方案等内容。

(4) 开展评估活动。

① 根据所评估知识产权的不同类别,针对 8.2.1 所述的评估活动中需要考虑的因素,进行现场调查,并有针对性地收集相关资料。深入企业进行实地考察,考察了解企业的发展变化、经济效益、市场前景、技术生命周期、设备工艺、经济状况,查验各种法律文书会计报表,听取中层以上领导干部汇报介绍。此外,还可采用现代化手段在不同地区、不同经济收入的消费群体中进行调查。有的评估工作还要进行国际市场调查,取得评估的第一手资料。

② 结合现场调查和搜集的相关资料,运用前期所选择的评估方法,对评估对象进行评估。采用国际上通行的理论和方法,根据被评估企业实际情况设计数学模型,科学确定各种参数的取值,并用计算机进行多次测算。

③ 编制和提交评估报告。报告应说明拥有知识产权的公司或权利人的名称、评估目的和评估基准日,说明评估价值的含义和适用条件,列出评估方法、重要参数以及评定过程。

8.3 知识产权价值评估的基本方法

知识产权资本化,旨在将知识产权作价量化为资本,实现其投资价值。因此,知识产权价值评估作价的高低,直接关系到企业资本的虚实、营运能力的大小、对外信誉的高低,也事关各股东股权大小、收益分配、亏损分担等重要问题。因此,对知识产权依法合理进行价值评估作价是知识产权资本化的核心。目前,在知识产权价值评估领域,最传统而且理论发展最为成熟的知识产权的评估方法主要有三种,即成本法、收益法和市场法。此外,中国资产评估协会于2015 年 12 月 31 日发布的《知识产权资产评估指南》中也明确规定,资产评估师在执行知识产权资产评估业务中,应恰当选择成本法、收益法及市场法中的一种或多种资产评估法。除此之外,实务中用得比较多的还有一些综合的价值评估方法,如根据行业标准进行估价、评级/排名法、经验法、现金流量贴现法、蒙特卡罗和实物期权估价法等。

8.3.1　成本法

成本法(market approach)即通过统计研发成本来确定知识产权的价值。这种方法又称为重置成本法,是以现行市价为基础,评估重新开发或购买类似专利技术所需的投入成本,从而确定被评估的专利技术价值的一种评估方法。当专利技术具有现实或潜在的获利能力,但不易量化的情况下,可采用成本法确定其价值。这种方法多适用于谈判之前确定目标价值,以及计算税基或成交价。[①]

成本法的基本思路是重置原则,以重新开发或者购买专利技术所需的投入作为重置成本,然后扣除其贬值因素来确定知识产权的价值。用成本法评估的资产价值为被评估资产的重置成本减去功能性贬值以及经济性贬值。其计算公式为:

被评估资产价值=被评估资产的重置成本-功能性贬值-经济性贬值

其中,被评估资产的重置成本是现时的条件和价格标准下,按照过去开发该资产或相同用途资产所消耗的人力、物力资金量、检验要求及活动宣传等进行计算。功能性贬值是指选用一个与被评估资产相适应的参照物,将被评估资产与应用参照物相比较,按成本、销售及利润总和分析,计算被评估资产与参照物之间的成本增加值或利润减少值,该值即被视为被评估资产的功能性贬值。经济性贬值是由国家宏观经济政策及市场环境因素变化所造成的被评估资产价值的增加或减少。

成本法通常被用于专利和商标的价值评估。在专利技术评估中,成本法是以摊销为目的的专利技术评估方法,这种方法多用在收益额无法预测和市场无法比较情况下的技术转让,它的准确性较高。但是这种方法的起始点是对一种专利技术商品重置成本的估计,其方法是考察历史成本及趋势,并折成现值表示出来的,它没有考虑市场需求,不考虑与专利技术相关的产品的市场及经济效益的信息,因此缺乏对影响专利技术商品价值的市场因素及效益因素的考察。此外,企业开发专利的目的是获取垄断利润,不会只以研发申请成本作为交易价格,所以用成本法获得的评估结果往往会低于专利技术的真实价值。

此外,在商标权评估中重置成本法也是一个常用的方法,即在现用的技术和市场条件下,

[①]　Dary Martin, David C Drws. Intellectual Property Valuation Techniques[J]. The Licensing Journal, 2016(10): 16.

用重新开发一个同样价值的商标所需的投入来评估商标权价格。这需要把商标权主体的有关广告宣传费用、售前售后服务附加值、有关的公益救济性捐赠等累加起来作为商标权的评估值。重置成本法以发生的商标权的内在投入为评估基础,有关因素的数值较易确定。但商标权属于无形财产,不可能像有形财产那样可以完全重置,否则就不成其为专有权了。可见,重置成本法中重置出来的成本只具有相对意义。

8.3.2　市场法

市场法(market approach)是指通过选取与被评估资产相类似的多个资产作为参照物,以参照物的近期市场成交价格为基础,再根据参照物与被评估资产的各项价值影响因素差异,对市场成交价格进行修正从而确定被评估资产的价格的方法。

市场法也称现行市价法、市场价格比较法。供需关系决定价值是市场法的理论基础。市场法是根据替代原则,采用比较和类比的思路及其方法判断资产价值的评估技术规程。其计算公式为:

被评估资产的价值＝参照物的市场成交价格±各项价值因素差异的修正值

运用市场法进行评估时,所选取的参照物与被评估知识产权资产应满足形式相似、功能相似、载体相似以及交易条件相似等条件。[①] 形式相似指参照物类型需与被评估知识产权类型一致,即同属专利、商标或者其他知识产权形式。功能相似指参照物与被评估知识产权基本具有一致的功能,例如都是能够分析材料具体成分的仪器。载体相似指参照物以及被评估知识产权所附着的产品或服务属于同一种类型,所附属的企业的行业和规模也基本一致。交易条件相似指参照物与被评估知识产权的成交条件在外部经济环境等宏观层面、交易对象类型等微观层面都比较接近。

由于各个知识产权资产之间个体差异较大,很难找到符合市场法条件的对应参照物,因此运用市场法来评估知识产权价值具有一定的局限性。

例如在运用市场法对商标权的评估中,通过市场调查,通常会选择一个或几个与被评估商标相同或相似的商标作为比较对象,分析比较对象的成交价格和交易条件,进行比较调查,估算出商标价值。现行市价法以完善而又活跃的商标市场为前提。就目前我国商标权市场情况来看,此方法操作起来更为复杂,尤其"与被评估商标相同或相似的商标"的选定可能令出资各方发生争议。

8.3.3　收益法

收益法(income approach)是指通过估测资产未来预期收益并折算成现值,借以确定被评

---

① 刘华俊.知识产权价值评估研究——基于司法判决赔偿额的确定[M].北京:法律出版社,2017:47.

估资产价值的各种评估方法的总称。收益现值法着眼于采用该专利技术的未来效益,是将专利在有效期内预期创造的总收益,折算成专利评估时的价值,然后按一定比例提取作为专利的评估值。收益法的计算公式为

$$被评估资产的价值 = \sum_{i=1}^{n} 预期收益/(1+折现率)^i$$

该公式主要涉及三个基本要素:一是被评估资产的预期收益;二是折现率或资本化率;三是被评估资产取得预期收益的持续时间。因此,能否清晰地把握这三个要素就成为能否运用收益法进行评估的基本前提。从这个意义来看,运用收益法必须具备的前提条件是,被评估资产的未来预期收益可以预测并可以用货币的形式来衡量,资产拥有者获得预期收益所承担的风险也可以预测并可以用货币来衡量,被评估资产预期获利年限可以预测。

通过收益法评估知识产权的价值可以客观、准确地反映技术的实际价值,符合投资者的目的和价值观,在实务中对于收益已知或收益易于准确预测的情况下,能够通过收益法准确地预测知识产权的价值。例如,使用收益现值法评估商标,即以特定商标在有效期内的预期收益作为商标权的评估值,是现在使用较为广泛且被认为是较为合理的方法。因为商标权的资本化旨在发挥商标权的投资价值,看中的便是它所获得的收益。但在评估测算中商标的使用期、商标在使用过程中的贴现率、商标权在特定期间的收益额均是较难确定的因素。

8.3.4   综合的知识产权价值评估方法

除了上述三种传统的知识产权价值评估方法,在实践中,还有更为综合的四种知识产权评估方法[①]经常采用。

(1)采用行业标准进行估价。这里所说的行业标准是指存在着记录大量种类繁多的历史交易的数据库,买卖双方可以通过参考这些历史数据来决定合适的交易价格。但在大多数情况下,行业标准只是指出某些交易的定价范围以作为某些交易的基准,很多领域都存在这样的标准,如二手车市场、公司债券、办公室建筑面积、投资者和收藏家收藏的棒球卡等。在考虑将这些标准用于知识产权交易估价时的有效性和局限性之前,我们有必要先搞清楚标准能被有效使用的具体环境。一般说来,当出售或出租的物品在两个基本要素——种类和品质上颇具特色,而且当大量的公开的可获得的类似交易充足,形成市场历史数据,用于交易价格借鉴时,行业标准能起到很好的指导作用。

(2)采用评级/排名法估价。当需要对难以量化的问题进行评估时,评级/排名法就是经常采用的一种方法。采用评级/排名法一般来说需要由个人或专家组根据一些指定的数字化评分尺度进行准备,然后把这样的信息提供给独立的或委员会制的专家组,专

---

①   理查德•瑞兹盖提斯.企业知识产权估价与定价[M].金珺,傅年烽,陈劲,译.北京:知识产权出版社,2008.

家组会对每一标准进行打分,最后由负责调查的相关人员把分数制成表格并排名。构成评级/排名法的五个要素主要包括评分标准、评分体系、评分尺度、权重分配和决策表格。该方法不仅适合技术估价,也适合投资组合选择。

(3) 采取经验法估价。对于以大量经验为基础的决策制定来说,"经验法"是一个有效的指导方针。最著名的启发法或是经验法在许可估价中被称为 25% 法则,也可称之为 25%～33% 法则。25% 法则的分摊比例是将总盈利的 25% 分给卖方,75% 分给买方。25% 法则在许可领域已经被广泛接受了,该规则几乎出现在所有与估价有关的文章中。

(4) 采用现金流量贴现法估价。用现金流量贴现法来估价主要通过计算出所有未来现金流的现值,通常称之为净现值(net present value,NPV)。由投资项目所导出的期望现金流的"权重"决定了为获得这样一个许可权所愿意支付的最高价值,即通过对期望产生的盈利进行估计而对相应的投资机会进行估价。

 专栏

专利许可中价值的评估方法

2010 年 10 月 21 日与 10 月 29 日,摩托罗拉分别书面告知微软,要求微软支付摩托罗拉所拥有的 802.11 与 H.264 标准必要专利的许可费,许可费率为微软最终产品价格(电脑、智能手机等)的 2.25%,相当于每年支付逾 40 亿美元。2010 年 11 月 9 日,微软以摩托罗拉的许可要约违反 FRAND 协议为由提起诉讼。2013 年 4 月 25 日,华盛顿西区联邦地区法院判决摩托罗拉的 H.264 标准必要专利组合的 FRAND 许可费率范围为每单项产品 0.555 到 16.389 美分,其中 Xbox 的许可费率为 16.389 美分/项,其他产品的许可费率为 0.555 美分/项。摩托罗拉的 802.11 标准必要专利组合的 FRAND 许可费率范围为每单项产品 3.471 到 19.5 美分,其中 Xbox 的许可费率为 19.5 美分/项,其他产品的费率为 0.8 美分/项,相当于每年支付 180 万美元。本案涉及两个焦点问题:FRAND(公平、合理和无歧视)费率的计算方法和 FRAND 许可费的考虑因素。微软提出的方法是"具体价值法",摩托罗拉的计算方法是假设性双边协商法。而在专利许可费计算时,法院通常采用 Georgia-Pacific 因素来分析,但此方法并不适合 FRAND 协议下的许可费计算,故法院最后采纳了摩托罗拉的假设性双边协商法,同时适当修改了 Georgia-Pacific 因素。法院明确了 FRAND 协议下许可费的计算方法和考虑因素,即假设性双边协商法和 Georgia-Pacific 3 个参考因素,此两点可作为企业许可费谈判的重要参考依据。在新的计算方法和考虑因素的计算下,摩托罗拉的 40 亿美元的专利费诉求最后被判决为 180 万美元。

资料来源:徐朝锋,秦乐,忻展红.从微软与摩托罗拉案例看 FRAND 许可费率计算方法[J].电子知识产权,2014(4).

8.4 知识产权价值评估中的特殊问题

知识产权的价值评估包括专利权、商标权、商业秘密、著作权、植物新品种等的评估。每一种知识产权权利由于其所具有的特性,导致不同知识产权权利的价值评估各有特点。由于植物新品种等其他知识产权的价值评估的复杂性和难掌控情况,这里重点介绍专利权、商标权、商业秘密和著作权的价值评估。

8.4.1 专利权价值评估中的特殊问题

企业在开展专利技术转让、专利技术许可以及专利技术的相关贸易活动中,都需要对专利权进行评估,以保证专利价值的有效转移。通过对专利权的价值评估,可以有效地促进专利技术资本化,促进专利技术流通与交换。对专利权进行评估,需要依据专利本身的特殊属性。一方面由于专利具有很强的探索性、非重复性和一定的风险性,构成专利技术价值的因素很多,因此用一般的社会必要劳动时间来衡量比较困难;另一方面专利从信息状态转变成商品,要经过研究开发、产品销售、市场开发的过程,而一旦被社会所接受,就会产生巨大的效益,因此专利使用价值表现出非直接性、区别性的特点。依据专利价值和使用价值的特殊属性,对专利价值进行评估时需要根据市场供求、价格均衡规律中的若干具体问题展开分析,寻求专利发明创造内涵的价值,并由此建立一种可以量化的计算方法。也就是说,评估时应寻求专利在市场中的货币价值量,而不是测算该项专利所内含的劳动量。一般地说,专利评估主要应解决两方面的问题:一是考虑哪些因素对评估存在影响,其影响的程度有多大;二是采用何种可以量化计算的方法。[①]

8.4.2 商标权价值评估中的特殊问题

美国可口可乐公司前任董事长罗伯特·士普·伍德鲁夫曾说:只要"可口可乐"这个品牌在,即使有一天,公司在大火中化为灰烬,那么第二天早上,企业界新闻媒体的头条消息就是各大银行争着向"可口可乐"公司提供优惠贷款。商标作为品牌的标识,是企业的宝贵财富,如果善于经营,它的价值会超乎你的想象。

商标权价值评估也是知识产权价值评估的重要内容。商标是企业无形资产的重要代表,对商标进行评估是企业经营发展到一定阶段后的必然要求。通过评估商标权使企业更好地评估企业的商标价值,为企业争创名牌和实施品牌战略打下良好的基础。商标

---

① 马敬.国际知识产权贸易中的价值评估问题[D].沈阳:沈阳工业大学,2007.

权评估指在某一时点上,在以交易为前提或假设前提下,对某一商标的现时公允值进行估测。尽管商标可以作为一个独立的资产,但在实践中并不存在一个有形的商标交易市场。商标权评估与专利权评估一样,也需要考虑较多的复杂因素,结合被评估对象自身的特点采取合适的方式进行。商标价值包括商标的成本价值、信誉价值、权利价值、艺术价值等。评估商标权时,除考虑评估的目的、该商标的使用商品范围、该商标的特点等外,还应考虑该商标所处法律状况、市场状况、竞争状况、未来计划、风险程度等问题。商标权价值是通过使用逐渐形成的。商标在企业商品中的不同使用状况,如该商标最早使用及连续使用的时间,该商标商品在国内的销售量及销售区域,该商标商品近几年销售量、销售利润、市场占有率等,都对商标价值的评估具有影响,其中商标商品的规模、市场覆盖率对商标价值构成的影响较大。

 专栏

万宝路的商标值"跳水"

种种迹象表明,无形资产的价值有时会有间接的暗示。以 Philip Morris 公司降低其主打产品的售价为例。为阻止普通或是无商标折扣香烟市场份额的不断扩张,Philip Morris 公司于 1993 年 4 月 2 日宣布,其主要产品降价 20%。折扣卷烟出现大幅增长,因为糟糕的经济引起了众多消费者质疑产品的"价格—价值"关系,这些产品只有品牌形象而没有商品的类似特点。1993 年 4 月 2 日之前,普通香烟商店价格为 1 美元,而品牌香烟为 2.4 美元,之间实际相差实际是 1.4 美元。Philip Morris 公司认为缩小这个价格差可以缓解普通香烟进一步侵占市场份额。华尔街分析师估计,价格的降低会使 Philip Morris 公司的税前烟草收入比上一财政年度的 52 亿美元少 20 亿美元。迎接这一消息的是大量股票买卖,迫使 Philip Morris 公司股价一日内降低 23%,一日内损失 130 亿美元,而所有这一切可以看作万宝路商标价值的大"跳水",也可以推算出万宝路品牌的价值市值。如果这 130 亿美元理解为降价前该品牌价值的 20%,那么该品牌在 4 月 2 日之前的价值是 650 亿美元,之后则是 520 亿美元。

资料来源:戈登·史密斯,罗素·帕尔.知识产权价值评估、开发与侵权赔偿[M].北京:电子工业出版社,2012.

8.4.3 商业秘密价值评估中的特殊问题

商业秘密作为一种无形财产,可以进行转让和交易。在国际技术贸易中,技术秘密已成为主要的贸易对象,相关统计资料显示单纯的技术秘密转让约占总贸易额的 30%,附有技术秘密的专利许可约占 60%。经营、管理秘密也越来越被商界所重视,并已成为贸易和投资的重要对象①。由于商业秘密具有不为公众所知悉,具有经济利益、实用性,采取保密措施等特点,因此商业秘密的价值评估强调以市场为依据。商业价值评估可以通过开展针对商业秘密的深度检索、分析、评估来实现。这个工作主要涉及三个方面的内容:第一,找全、找准相关文献;第二,分析商业秘密的权利要求保护范围和稳定性;第三,分析商业秘密独占权在目标市场所覆盖的技术、产品、产业领域,分析维护该独占权的成本,以及上述覆盖的时间期限和可能取得的收益。

8.4.4 著作权价值评估中的特殊问题

著作权价值评估指对由著作权人享有著作权的作品,如计算机软件、产品设计和工程设计图纸,进行商业性使用或控制的价值作出的评估。科学地评估著作权价值,既有利于增强社会著作权意识,也有利于著作权人有效地行使权利,更好地实现著作权的价值。著作权价值评估要考虑其社会价值和经济价值。著作权的客体是文学、艺术和科学作品,它与专利权、商标权客体在性质上有所不同,它可以作用于人们的精神生活领域,满足人们精神生活的需要。作品通过传播,能产生较大的社会价值,优秀作品能起到启发人、教育人、鼓励人的作用,它所产生的社会价值是不可估量的。正是在这一意义上,作品著作权具有人格权和财产权的双重属性。现实中,作品利用形式越多,可以利用的权能越多,使用范围越广,著作权的行使带来的经济收益会更多。因此,评估著作权时应充分考虑作品形成后的获利能力,著作权的经济价值一般体现于此。

 专栏

"文强案"中的名画价值

对于传统有形资产,所有权主体的身份和地位并不会影响其价值。而在无形资产领域,尤其在著作权领域,作者的身份对于作品价值以及价格具有决定性的影响。在重庆市司法局原局长文强受贿案中,受贿物品金额一直饱受争议。重庆市第五中级人民法院对文强进行审理时,庭审的焦点在于:赵利明行贿文强的张大千"青山绿水图"是否为赝品。最后,国家文物局专家来鉴定,认定确系赝品。法院从而认定,文强和妻子受贿的金额从1625万元降到了1200余万元。由此可见,尽管作品质量内容相差无几,但作者的身份和作品的价值评估关系巨大,名家的技艺以及声望往往对市场有强大的号召力以及影响力,而市场号召力意味着票房、收益及其他经济性利益,客观体现出该著作权的价值。同时,名家的作品不仅是经济价值的体现,更包含了大量欣赏和收藏的非经济性价值。而赝品由于属于抄袭的范畴,在没有授权的情况

---

① 李永明.商业秘密及其法律保护[J].法学研究,2004(3):46-54

下,法律不予以保护,作品本身除成本外没有任何额外价值。当然,美术作品只是著作权法所述的保护对象的冰山一角,其他建筑作品、摄影作品、音乐文字作品等都能鲜明地体现这一特征。

资料来源:王翊民.知识产权价值评估研究——基于其法律属性的分析[O].苏州:苏州大学硕士论文,2010.

 ## 复习思考题

拓展案例

1. 简述知识产权价值评估的内涵和特征。
2. 简述知识产权价值评估所需要考虑的因素。
3. 简述知识产权价值评估的基本方法,分析各类方法的适用情形和选择策略。

 ## 案例分析

标准必要专利合理许可费的司法确定

原告无线星球公司拥有多项有关 2G/3G/4G 通信标准的全球性标准必要专利组合,其中大部分是从爱立信公司收购而来。2014 年 3 月,无线星球公司向英国高等法院起诉华为、三星和谷歌侵犯其专利组合中的六项英国专利,其中五项为标准必要专利。在审理过程中,谷歌、三星先后与无线星球达成和解,退出诉讼;而华为则质疑涉诉专利的有效性和标准必要性,认为无线星球要求其接受非英国标准必要专利、作为获得使用无线星球英国标准必要专利的条件、属于非法捆绑,并反诉无线星球公司的报价不符合FRAND 原则,请求法院判决无线星球申请禁令的行为违反反垄断法。经法院审理,法院最终确定华为侵犯了无线星球两项标准必要专利,无线星球向华为所要求的全球性许可符合公平、合理和非歧视原则。

[案例解读]

在诉讼过程中,当事人双方又分别多次提出了要约和反要约,其分歧点不仅在于具体费率报价的差异,更集中于无线星球公司倾向于给予全球标准必要专利组合许可,而华为公司则坚持仅接受英国范围内的标准必要专利组合许可。法官支持了全球标准必要专利组合许可的主张,并依据双方提供的证据,具体计算了无线星球公司全球标准必要专利组合的合理许可费率,指出计算全球标准必要专利组合的合理许可费主要有两种方法。①专利权人专利价值评估法:计算有关标准全部的标准专利许可费负担 T,再计算某一权利人标准必要专利组合在全部标准必要专利中的占比 S,则该权利人就其标准必要专利组合应获得的许可费为 $T \times S$。②参考可比较许可协议法:可以参考的协议包括经自由谈判达成的许可协议、有关费率的在先判决以及有关仲裁协议。其中最直接的

可比较许可协议为专利权人就涉诉专利组合已签订的许可协议,在欠缺该类可比较许可协议证据时,可以寻找与涉诉专利组合相关的第三方许可协议。例如在该案中,涉案的无线星球标准必要专利组合均受让自爱立信,因此可以参考爱立信签订的许可协议。如果爱立信签订的、包含无线星球专利组合的许可协议许可费为 E,而受让前无线星球的专利组合在爱立信专利组合中的占比为 R,则无线星球应获得的许可费为 $E \times R$。在该案中,法官以参考可比较许可协议法为基本的计算方法,同时将专利价值评估法作为验证方法。

无线星球诉华为案中较为完整地展现了法官选取可比较许可协议的考察标准以及通过参考可比较许可协议计算专利组合许可费率的过程。特别是本案创设了在欠缺当事人许可协议的情况下如何根据许可标的的关联性挑选可比较的、第三方的许可协议。其最大贡献在于,将受让人的专利组合许可与原权利人的专利组合许可相关联,计算拆包专利的占比估算其专利组合价值。这不仅扩展了可比较许可协议的范围,也澄清了拆包专利组合应有的价值。这一方法对于法院处理涉及 NPE 的标准必要专利合理许可费纠纷具有借鉴意义。

资料来源:赵启杉.标准必要专利合理许可费的司法确定问题研究[J].知识产权,2017(7).

[**案例讨论题**]

1. 结合本案说明专利评估可以使用哪些评估方法。

2. 结合案例谈谈知识产权评估中有哪些需要考虑的因素。

第 9 章

知识产权管理体系

本章要点

- 掌握知识产权管理体系的内涵
- 了解知识产权管理机构的设立和职能
- 理解知识产权管理人员的素质要求
- 了解知识产权管理体系贯标的原则、要求和步骤

开篇案例

在微软的发展过程中,有一个重要的转折点:1981 年,盖茨为 IBM 个人电脑开发了 DOS 操作系统,他坚持保留对 DOS 的著作权,才使得微软在曾经有数以百万的 IBM 克隆机涌向市场的个人电脑软件领域成为统治力量,并最终成为世界上最大的软件公司。微软知识产权并购与投资部门的总经理肯·勒斯蒂格给予比尔·盖茨这样的评价:"每当公司面临紧要关头,知识产权、金融和经营战略相互影响的时候,比尔都显示出令人难以置信的先见之明。不论是在 1981 年与 IBM 的交易中保留 MS-DOS 的著作权,还是向施乐公司(Xerox)的帕洛·阿尔托研究中心(Palo Alto Research Center,以下简称 PARC)申请 Windows 界面所需技术的授权,还是向拥有公司所需知识产权的公司进行投资,当涉及知识产权时,比尔总会是该领域中最为聪明的一员。当你发现,比尔正在监管世界上最为复杂、最具竞争力的企业时,你会觉得这真是难以置信。如此高水平的知识产权智慧在大多数的高管中是不多见的。"

知识产权具有巨大的价值,许多公司的 CEO 却仍没有树立这一方面的意识,这与微软形成了强烈的反差。能否抓住发展的时机推出自己的产品,在一定程度上决定了企业的生死存亡。微软首席知识产权官(简称 CIPO)西奥·古铁雷斯曾说过:"我们的任务是建立、保护和使用世界上最有价值的知识产权系列产品来创造商业价值。"知识产权的领导工作是一项极为复杂的工作,因为它需要管理者具有较强的灵活性,能够处理各种知识产权问题。在微软签署的很多战略性知识产权合作协议当中,很多高层管理者都积

极参与其中,甚至亲自领导公司的知识产权谈判工作。在微软发展的今天,微软不仅有充满知识产权智慧的最高领导者比尔·盖茨,事实上知识产权智慧已经贯穿了整个微软!

资料来源:法门科技的博客.关于微软公司知识产权战略的分析——企业知识产权管理案例(二).http://blog.sina.com.cn/s/blog_1509e40840102wr51.html.

9.1　知识产权管理机构

9.1.1　知识产权管理机构概述

知识产权管理机构是知识产权管理活动的组织保障。知识产权管理机构设置是否科学合理,决定了知识产权管理工作的质量与效率。一个有效的知识产权管理机构的建立,可以保障知识产权管理工作的高效运行,保障知识产权管理活动始终处于有效的组织保障和控制之下。如何设置知识产权管理机构,没有固定的模式,应当根据自身的组织形式、组织规模或者从事的产业特点、生产经营特点,知识产权管理活动的范围、层级与工作量等条件,合理选择和设置知识产权管理组织机构。比如企业知识产权管理机构设置应当与企业的生产经营活动相协调,与知识产权管理需求相适应,满足企业知识产权管理工作的要求。

1. 企业知识产权管理机构的设立

企业知识产权管理机构的设置可以是分散型或集中型。企业可以根据知识产权管理的战略目标、工作运行模式和管理流程设置知识产权管理机构。机构可以直属决策层,或隶属于研发部门、法务部门等。一般大型企业应当设立独立管理机构,有独立分公司的,各分公司应设立独立或隶属相关部门的知识产权管理机构,并配备知识产权工作人员。中小型企业可根据知识产权管理工作量的大小,选择适合自身特点的知识产权管理机构。如在研究部门、技术开发部门、情报部门、总经办、法务部等设置知识产权归口管理部门。当然,也可以设置独立的知识产权管理部门。企业在知识产权管理部门配备的工作人员,应具有本单位从事行业的专业知识、熟悉知识产权法律法规和相关业务知识,并具备一定的管理能力。所设机构的大小和人员配备的多少,各企业可视自身具体情况而定。但企业的知识产权管理机构设置、人员配备应当与企业的知识产权管理活动相适应。

目前企业知识产权机构和组织通常有四种架构模式。一是隶属研发部门。其优点是与研发技术连接紧密,易了解专业技术知识及其动向;缺点是难以针对企业整体做管理,有关资讯不易直接传给决策层。二是隶属行政体系(如法务部或行政部)。优点是利于实施订立契约,排除侵权、诉讼程序及有关之业务交涉;缺点是不易掌握研发动向,受行政管理思想影响较大,难以针对企业整体进行管理。三是直属决策层(如董事会)。优点是较易掌握企业的决策、较易推动相关的制度;缺点是研发技术资讯难掌握,跨多部门开展工作协调及实施困难。四是采取矩阵式架构。由直属于企业决策层的知识产权总部和各个事业部或子公司下属的知识产权部门构成,以形成企业内部的集中与分散相结合的知识产权管理网络结构模式,直属于决策层的知识产权部门下设专利科、商标科、情报科、涉外科、事务科、计划科等子部门,专利科包括与其他事业部门共管的各个专利小组。

 专栏

知识产权管理机构设置模式

(1) IBM 公司的集中管理模式。IBM 公司在集团设有知识产权管理总部,由副总裁任知识产权部部长,负责处理全球 4 个地区所有与 IBM 公司业务有关的知识产权事务,其中亚太地区设有 5 个分支机构,日本国内设有 3 个,欧洲、非洲和中东地区设有 8 个,美洲地区除美国外设有 2 个。公司在美国本土的两个基础研究所和 28 个开发研究所中,28 个设有知识产权管理部门,其职责是,负责包括专利、商标、著作权、半导体芯片布图设计保护、商业秘密等知识产权事务等。

(2) 东芝公司的分散管理模式。与 IBM 公司一样,东芝公司也十分重视企业的知识产权战略和管理工作,只是管理机构的体制模式有所不同。东芝公司没有设立知识产权管理总部,而是设立知识产权本部、4 个研究所、11 个事业本部。在本部内设 7 个部门,分别是:策划部,负责推动全公司的中长期知识产权策略,管理知识产权行政事宜;技术法务部,负责处理知识产权诉讼事宜;软件保护部,负责软件著作权的登记、运用、补偿事宜;专利第一、二部,负责统筹管理技术契约工作;专利申请部,集中管理国内外专利申请事宜;设计商标部,负责设计和商标的申请、登记;专利信息中心,负责管理专利信息,建立电子申请系统。在各研究所和事业部分别设置专利部、科、组。同时,各研究所和各事业部均配置知识产权部,直接隶属于负责技术工作的副所长或总工程师,主要担负该研究所、事业本部的知识产权行政事务,并负责从产品研究开发初期的专利发掘、专利调查、制作专利关系图到国内外专利的申请等所有业务。

(3) 佳能公司的行列式管理模式。佳能公司采取的是行政管理体制模式,即公司设立知识产权法务部,至少有 300 名工作人员,主要业务是专利管理,直属于公司总经理。该公司知识产权管理是依据产品类别和技术类别来进行的,知识产权法务部相应地按产品和技术类别分项设置。比如,在产品类别上,设置了知识产权法务策划部、知识产权法务管理部、专利业务部、专利信息部。除了按照产品类别管理的这 4 个部门以外,知识产权法务本部另设有 7 个专利部。

资料来源:朱宇,黄志臻,唐恒.《企业知识产权管理规范》培训教程[M].北京:知识产权出版社,2011.

2. 高等院校知识产权管理机构的设立

高等院校是我国科技创新的重要源泉,建立管理机构、明确管理职责是高等院校开展知识产权管理活动的基础和保障,也是支撑高等院校创新驱动发展的重要抓手。高等院校涉及知识产权管理职责的机构和人员主要包括校长、管理委员会、知识产权管理机构、知识产权服务支撑机构、学院(系)、项目组、知识产权顾问等。高等院校管理机构的设置可以根据各自实际情况自由设置,只要相应职责落实到相应部门即可。

校长(或院长)作为高等院校知识产权工作第一责任人,负责从战略层面关注知识产权工作,包括相关知识产权目标和政策的批复、知识产权保障性条件和资源的配备等。

管理委员会是由最高管理层、学科专家、管理和运营机构代表等组成,其主要负责知识产权管理的重要事项。

知识产权管理机构是高等院校落实知识产权管理和运营工作的重要部门。可以是单独的部门,也可以是科技管理部门下属部门。不论何种形式,应明确知识产权管理职责。

知识产权服务支撑机构是高等院校建立、实施与运行知识产权管理体系的服务支撑性机构,一般可以是高等院校图书馆。

学院(系)是高等院校知识产权管理机构的二级单位,应配备知识产权管理人员,对本单位的知识产权进行计划和管理。

项目组,应由项目组长和知识产权专员具体落实知识产权管理工作。清华大学于

拓展阅读

2003 年开始率先在重点科研机构和重大科研项目中设立和培养专利联络员,并对联络员进行专利知识培训,成效突出。

知识产权顾问是协助高等院校开展重大知识产权事务的人力资源。

9.1.2 知识产权管理机构的职能

1. 企业知识产权管理机构的职能

企业知识产权管理机构涉及很多部门,而各部门的知识产权职能分配是密切相关的,知识产权只有同研发、市场、运营、采购、生产和管理等各部门紧密结合,才能真正渗透到公司运作的各个层面,各部门知识产权职能也才能真正发挥作用,从而帮助公司提升市场领导地位,增强竞争力。因此,企业知识产权管理机构的职能设计过程中,各部门之间的关系梳理至关重要。知识产权、研发、市场、运营等部门应该是相互配合、彼此协助的关系,只有这样,才能真正实现公司的知识产权战略。如果不明确知识产权管理部门与其他部门的关系,则会适得其反,既无法保证知识产权管理部门的有效构建,更会阻碍企业整体管理工作。

（1）知识产权部与研发部门的关系

研发部门是企业知识产权特别是专利的大脑，是知识产权部的重要合作伙伴。在不同的企业管理模式下，知识产权部与研发部门的关系也不同。知识产权部可能位于研发部门之下，也可能位于研发部门之上，或与研发部门同级。不同的位置会造成两个部门在协调彼此关系时既要注意领导与被领导的关系，更要注意的是彼此的协调和协助关系。

首先，无论是位于何种位置，知识产权部都必须给予研发部门战略上的指导。知识产权部必须整合其他部门的信息，及时制定出适合市场发展和企业发展的知识产权发展目标，以指导研发部门进行技术开发及专利申请。同时研发部可以提供给知识产权部重要信息。研发部门的人员由于专注于技术，对技术上的发展趋势有一定的敏感度，也可能最先发现可能具有战略意义的技术发展方向，这时也需要与知识产权部适时沟通，以便知识产权部及时将新的信息传递到企业高层及其他部门，使得企业能及时占领市场，取得有利竞争地位。

其次，知识产权部还需要集中企业的一切资源，对研发部门的技术开发过程进行协助。一方面是联合法务部对技术中可能的侵权进行规避，提供专利回避建议；另一方面是联合人力资源部对研发人员进行知识产权教育和培训，提高相关人员的知识产权意识。

（2）知识产权部与法务部的关系

法务部是企业知识产权保护的重要部门，既要保护本企业的知识产权，对其他企业的侵权提起诉讼；另一方面又要应对其他企业针对本企业提出的侵权诉讼，保护企业的合法利益。同样，无论知识产权部与法务部之间领导与被领导关系如何，知识产权部首先都是沟通研发部与法务部的桥梁。

① 协助研发部，联系法务部，对技术开发过程中可能存在的侵权进行事先规避。

② 协助法务部，联系研发部，对产品预先植入反侵权技术信息，在遭遇其他企业侵权时，分析查找其他企业侵权的证据。因为有些技术上的侵权方式，法务部的律师们可能无法查证，但研发部门的研发人员却可以通过特殊的方式得出其他企业侵权的证据，以帮助法务部赢得诉讼，保护企业的利益。

③ 协助法务部进行知识产权使用许可谈判，使潜在的侵权者或已存在的侵权者受制于本企业，既避免本企业利益遭到损失，又可以增加企业的收入。

其次，法务部在处理企业诉讼中，也可能发现本企业的一些潜在有价值的技术还未申请法律保护，或者在研究其他企业的侵权案卷时发现一些知识产权信息，如其他企业可能在设法绕过本企业专利时，发现了一些技术上的进步，但没有申请专利。这样法务部就可以及时通过知识产权部联合研发部，完善和发展企业的知识产权保护工作。

最后，知识产权部还必须指导法务部的知识产权保护工作。

① 企业作为商业秘密保护的技术保护上，知识产权部要在保护方式和保护特殊注意

方面指导法务部门的工作。因为法务部的人员一般不会知道商业秘密的具体内容,而在如何避免商业秘密被其他企业窃取,在法律上保护企业的商业秘密时,知识产权部就需要结合商业秘密的类型和需特别注意的地方,制定法务部的反侵权工作。

② 对于企业的商标权、著作权中的计算机软件著作权,法务部门的人员也需要在知识产权部整合其他部门的协助下,才可以更好地完善企业的法律保护水平。

(3) 知识产权部与人力资源部的关系

人力资源部是企业任何人员进入本企业首先接触的部门,人力资源部甄选企业需要的人才,对人才进行培训、绩效考核、离职解聘等。人力资源部既是知识产权管理的重要协助部门,也是知识产权管理的执行部门。

首先,知识产权部要与人力资源部联合,制定企业的高级人才引进战略。企业的知识产权战略侧重哪个领域,需要引进哪个领域的高级人才,知识产权部要及时综合企业高层与研发部门的信息,反馈到人力资源部,与人力资源部协商,制定企业的高级人才引进战略。如果知识产权部的地位较低,而人力资源部由于可以方便地接近高层,那么知识产权部就更需要与人力资源部合作,以了解高层的意向和向高层传达企业知识产权管理动态。

其次,知识产权部要指导人力资源部的人才管理工作。

① 人才引进时,要在人才专业方向和人才发展潜力各方面协助人力资源部选择最适合企业知识产权管理需要的高级人才。

② 人才培训时,知识产权部要配合人力资源部,针对研发人员、管理人员、法务人员等不同特点,结合企业的文化特色,做好培训课题、培训方式的准备和实施工作。

③ 人才管理制度方面,知识产权部也要和人力资源部沟通协作,制定出适合企业知识产权管理的制度。

最后,知识产权部还要联合法务部对人力资源部的人才管理法律文件进行指导。人才引进及离职时,都必须签订企业的知识产权确权协议书、禁止竞业协议书等针对企业知识产权管理的法律文书。从而以合同的方式确定企业知识产权归属、知识产权保护等方面的权利不会受到企业员工的侵犯。另一方面也是明确了员工的权利范围,有利于员工的创造发挥。

(4) 知识产权部与采购部门、销售部门的关系

采购和销售部门是联系企业与市场的纽带。采购部门负责从市场购入企业所需原材料,销售部门负责把企业产品推销到市场。知识产权部必须利用自身熟知企业知识产权优势的特点,指导、配合采购部门和销售部门的工作。

首先,知识产权部可以协助采购部门处理以下事宜:

① 对零部件进行知识产权调查审核,防止企业采购部门所购买的零部件侵犯他人知识产权;

② 建立零部件知识产权资料库,提供最新零部件知识产权信息,供采购部门参考。

其次,知识产权部可以协助销售部门处理以下事宜:

① 协助销售部门利用企业的技术优势增加客户订单,提高市场占有率;

② 销售部门提供公司已取得知识产权信息,可使其业务人员充分了解公司发展趋势,供其在业务发展时参考使用。

最后,采购部门和销售部门也可以向知识产权部反馈以下信息:

① 采购部门由于对市场中的零部件非常了解,可以发现一些有发展潜力的零部件材料,反馈到知识产权部后,知识产权部可以联合研发部开发出更具竞争力、更方便实用的产品;

② 销售部门由于对市场中的同类产品了解较多,可以及时发现市场中的侵权产品,反馈到知识产权部后,知识产权部可以联合法务部对侵权企业提起诉讼,及时避免企业损失。

(5) 知识产权部与企划部门的关系

企划部门是将企业推向市场,扩大企业市场影响力的重要部门。

首先,知识产权部可以协助企划部门正确定位,制定实施商标品牌策略。由于知识产权部制定企业的商标战略,企划部负责企业商标的运作工作,因此知识产权部可以帮助企划部门在战略上明确企业在市场上的定位,并协助企划部门制定适合企业发展的企划宣传方式,加强企业的对外宣传,提高品牌价值。

其次,知识产权部可以联合法务部对企划部的对外宣传使用的相关文件进行著作权审查,防止企业侵害他人著作权。

最后,知识产权部可以联合销售部向企划人员提供市场信息,以便企划部抓住企业优势,策划出成功的企划案。

(6) 知识产权部与财务部门的关系

财务部门是结算统筹企业资金、材料,规划管理企业有形、无形财产的重要部门。知识产权开发必然要投入大量的人力物力,所以知识产权部必须得到财务部门的支持。同时知识产权部门又可以给财务部提供专业的知识产权信息,协助财务部的工作。

① 知识产权部可以向财务管理人员提供与知识产权有关的税费征免规定,减少公司知识产权费用支出。

② 知识产权部可以联合研发部、市场部,提供企业知识产权的相关资料,协助财务部门对企业知识产权的价值进行评估,增加企业无形资产。

拓展阅读

2. 高等院校知识产权管理机构的职能

(1) 校长(或院长)职责

校长(或院长)的主要职责是批准和发布高等学校知识产权目标,实现无形资产保值增值;批准和发布知识产权政策;组织最高决策机构决定知识产权重大事务;明确知识产权管理职责和权限,确保有效沟通;确保知识产权管理的保障条件和资源配备。

（2）管理委员会职责

管理委员会的主要职责是拟定与高等学校人才培养、科学研究、社会服务相适应的知识产权长期、中期和短期目标;审核知识产权政策;审核知识产权工作规划并监督执行;协调知识产权管理各相关部门的关系;形成知识产权重大事务决策方案;审核知识产权重大资产处置方案。

（3）知识产权顾问职责

根据知识产权管理和运营工作需要,聘请学校法律顾问和外部知识产权专家,协助开展重大知识产权事务。知识产权专家和顾问一般为校内外专业人员,是来自知识产权行政管理机构、知识产权代理机构、咨询服务机构或者律师事务所的具有丰富知识产权工作经验的人员。

（4）知识产权管理部门职责

知识产权管理部门配备专职工作人员,承担的职责主要有:拟订知识产权工作规划并组织实施;知识产权相关政策文件的拟订和组织实施;建立并组织实施知识产权绩效评价体系;建立专利导航工作机制;建立知识产权资产清单及评价和系统分析体系;提出重大知识产权资产处置方案;参与重大项目的专利布局;组织开展知识产权培训;培养、指导和评价知识产权专员;知识产权服务机构的遴选、协调、监督、评价;知识产权日常管理。

（5）服务支撑机构职责

高等院校应充分利用图书馆资源,为建立、实施与运行知识产权管理体系提供服务支撑,承担知识产权管理体系有效性的检查、监督工作并提出改进措施的建议;为知识产权重大事务、重大决策提供服务支撑;为重大科研项目提供专利导航服务;负责建设、维护知识产权信息管理平台;日常专利检索、专利分析。

（6）学院（系）职责

学院（系）应配备知识产权管理人员,拟定本部门的知识产权计划和组织实施,以及日常知识产权管理。

（7）校（院）办、（档案馆）职责

校（院）办、（档案馆）的职责一般为:①负责校名、校标、校徽、域名及服务标记的使用管理。②学校文件发文管理和学校信息公开管理。③知识产权文件管理,包括明确保管方式和保管期限;外来文件保存完整;建立、保持和维护知识产权记录文件;按文件类别、秘密级别进行管理,使之易于识别、取用和阅读;因特定目的需要保留的失效文件,应予以标记。

（8）人事管理部门职责

高等院校人事管理部门对知识产权管理的主要职责是通过聘用合同、劳动合同、劳务合同等方式对教职员工进行管理,约定知识产权权属、保密条款;明确发明创造人员享有的权利和负有的义务,明确教职员工造成知识产权损失的责任;对新入职教职员工进行适当的知识产权背景调查;对于与知识产权关系密切的岗位,应要求新入职教职员工签署知识产权声明文件;对离职、退休的教职员工进行知识产权事项提醒;涉及核心知识产权的教职员工离职、退休时,应签署知识产权协议,进一步明确约定知识产权归属和保密责任。建立知识产权激励机制,对知识产权创造和运用中做出突出贡献的人员给予奖励;将知识产权创造与运用情况作为职称评定、岗位管理、考核评价的重要依据。制定学校知识产权教育培训计划,组织对教职员工的知识产权培训等。

(9) 财务管理部门职责

高等院校财务管理部门的职责包括:为知识产权管理工作提供财务支持,设立知识产权经常性预算费用,用于知识产权申请、注册、登记、维持;知识产权检索、分析、评估、运营、诉讼;知识产权管理和运营机构运行;知识产权激励;知识产权教育和培训等其他知识产权工作。

(10) 设备、国有资产管理部门职责

高等院校设备、国有资产管理部门等应将知识产权纳入国有资产管理范畴。根据需要配备软硬件设备,配备办公场所、实验室、研究室相关资源,保障知识产权工作的运行;采购实验设备、用品、耗材、软件或对外租借仪器设备时明确知识产权条款,处理实验用物品时进行相应的知识产权检查,避免侵犯知识产权。

(11) 教务管理部门职责

高等院校承担人才培养的重要职能,对于知识产权人才的培养也是责无旁贷,教务管理部门应根据需要配备教室,保障知识产权培训工作的运行;可面向学生开设知识产权课程;知识产权本科人才培养。

(12) 学生(研究生)管理部门、共青团委员会职责

高等院校的主体是学生,学生工作部门应加强知识产权研究生人才培养和大学生科研创新活动管理;研究生导师遴选增加知识产权指标要求;研究生学位论文发表管理。

(13) 保密办/信息化中心职责

高等院校保密办/信息化中心负责高等院校信息保密管理,其主要职责有明确涉密信息,规定保密等级和期限以及涉密信息传递、保存及销毁的要求,必要时可与项目组人员签订知识产权协议,明确保密条款等。

(14) 项目组职责

高等院校知识产权是科研项目成果的重要表现,高等院校知识产权的管理应贯穿科研项目的选题、立项、实施、结题的全过程,加强知识产权检索与分析,促进知识产权转化运用。在强调项目组长负责所承担项目的知识产权管理工作的同时,各项目组设立知识产权专员是高等院校加强知识产权管理的重要举措,知识产权专员可承担的职责主要有知识产权目标分解与中期检查、知识产权培训、知识产权日常管理。

专栏

东南大学科研成果与知识产权管理办公室职能

工作职责：加强与对口管理部门的联系,做好信息的获取与上传下达、策划组织与指导跟踪工作以及成果、知识产权等方面的管理工作。

工作内容：

(1) 负责成果的培育,各级各类奖励的组织、协调、申报与争取工作。

(2) 负责各类项目验收成果的收集,负责各类项目的组织鉴定。

(3) 负责院(系)、科研人员科研成果的评估、考核。

(4) 负责论文的统计与奖励、标准的管理等,负责数字化校园数据库中科研论文的维护工作。

(5) 负责专利事务所的招标、监督、考核与评价,负责与专利事务所的任务和经费的协调工作。负责与专利事务所就具体代理项目的联系和管理。

(6) 负责学校内部及学校与外单位知识产权保护纠纷的处理,负责知识产权保护知识的普及与政策宣讲。

(7) 负责各类专利展览以及各级专利奖的组织和申报。负责各类专利推广,负责专利的转让与评估登记、资料保管;配合工研院实施专利的转让工作。

(8) 负责日常的专利申请,软件著作权、集成电路芯片保护申请的咨询工作。

(9) 负责在专利的审查过程中和授权后的各种事务性通知。

(10) 协调各类各级学术会议的组织与安排。

资料来源:东南大学科技信息服务在线,东南大学科研院官网,http://kjc.seu.edu.cn/9980/list.htm.

9.2　知识产权管理制度

知识产权管理制度是开发、利用和保护知识资源的基本制度。它通过合理确定人们对于知识及其他信息的权利,调整人们在创造、运用知识和信息过程中产生的利益关系,激励创新、规范竞争、支撑发展和推动进步。知识产权管理制度是企业开展知识产权管理活动的制度保障,是确保企业知识产权管理活动有章可循、有据可依、协调运转的前提和基础。企业知识产权管理制度缺失,将导致知识产权管理的无序和混乱,也难以形成高效的知识产权管理,甚至造成企业的知识产权权利丧失、无形资产流失或给企业带来难以弥补的损失。企业内部应当建立哪些知识产权管理制度,应当根据自身特点以及涉及的知识产权管理事项进行规制。不同的企业,知识产权管理事项是不相同的,相应地知识产权管理制度也会各不相同。企业知识产权管理制度的建设应当确保企业内部各相关的知识产权管理事项处于相应的规章制度的规制与控制之下。只有建立有效的知识产权管理制度,理顺企业生产经营各个环节的知识产权管理事项,才能对企业的知识产权工作实施有效的管理。

9.2.1　知识产权管理专项制度

企业的知识产权管理专项制度应当根据企业涉及的知识产权管理事项加以规范。原则上,凡是涉及的知识产权管理事项都应当有相应的管理制度规范。企业的性质不同、类型不同,可能涉及的知识产权管理事项也不相同,企业应当根据自身特点来设计知识产权管理制度。一般而言,企业的知识产权管理制度至少包括知识产权纲领性文件(管理工作的总体要求,例如知识产权管理办法(规则、规定、制度)等);也要包括对特定知识产权事项的权利管理制度(如专利申请审批管理办法、商标注册审批管理办法、著作权管理办法、知识产权风险控制与纠纷应对处理办法等);针对知识产权取得、运用的管理流程的具体制度(如专利申请、商标注册审批流程,专利权商标权转让、许可、投资、质押等审批流程);对企业生产经营活动各个相关环节的知识产权事项管理制度(如技术研究与开发活动知识产权管理办法,采购活动知识产权管理办法,生产活动知识产权管理办法,市场营销知识产权管理办法,技术、产品进出口知识产权管理办法,参展活动知识产权管理办法等);以及对员工的知识产权激励制度、流程(如职工合理化建议奖励办法,专利管理制度、商标管理制度、职务技术成果发明制度和奖励制度办法等)。这些制度的建立,应当确保企业在生产经营活动中涉及的知识产权事项处于有效的制度规范之下。

拓展阅读

9.2.2　知识产权奖励制度

企业应当建立知识产权激励机制,对员工的发明创造给予奖励,以调动企业员工的发明创造积极性,形成尊重知识、尊重人才,崇尚科学、崇尚创新,尊重知识产权、保护知识产权的良好企业文化。

公司应建立激励机制,实施制度化、规范化管理,切忌厚此薄彼,有失公允。企业知识产权奖励制度的制定,应当严格执行国家有关法律法规的规定,奖项设置、奖金给付不得违反国家法律法规的规定。尤其是对受奖人的奖酬金给付不得低于《中华人民共和国专利法》等有关法律法规规定的最低标准。企业知识产权奖励制度可以设立技术类奖项、管理类奖项和综合奖项等各种奖项。鼓励员工的创造积极性,激励员工的发明创造,对员工创造的知识产权给予相应的物质奖励和精神奖励。设立奖励基金或资金支付渠道,设置如创新成果奖、技术改进奖、技术革新奖、技术发明奖、技术论文奖、合理化建议奖、专利申请及实施奖、专利成果推广奖、知识产权信息利用奖,以及知识产权优秀管理奖、知识产权先进工作者等奖项。

　　企业对员工的知识产权奖励措施可以是物质奖励、精神奖励或者物质奖励和精神奖励相结合。对员工给予物质奖励,可以直接发放现金,也可以给予动产或不动产奖励,或者给予股份、股权、期权等奖励,或采取其他奖励措施。但这些奖励措施的使用不能违反国家有关法律法规的规定。如奖金发放,受奖人应当依法纳税,企业有代扣代缴义务;给予受奖人以不动产奖励,应当依法办理不动产变更登记和过户手续;给予受奖人以股份,应当依法办理股东变更手续。发明人、知识产权创造者,可依据国家相关法律和规定(《专利法》《专利法实施细则》《促进科技成果转化法》《合同法》《国家科学技术奖励条例》《中共中央、国务院关于加强技术创新,发展高科技,实现产业化的决定》《企业专利管理办法》等,《新专利法》和《细则》不限于国有企事业单位)。建议企业按照法律的规定,结合企业实际,通过内部管理办法或合同约定等方式,确定对职工发明创造的奖励和报酬的支付方式和数额。同时,企业对员工的奖励,应当有表彰决定、奖励决定等文件加以规范,以应形成奖励记录,归档备查案。

 专栏

朗科的知识产权奖励制度

　　朗科科技有限公司建立了高效的知识产权激励机制,鼓励、挖掘和激发每个员工的创新潜能,这些激励措施主要包括发明创新奖励、专利申请奖励、专利撰写奖励、专利实施奖励、知识产权工作累计积分奖励等。

　　员工只要在知识产权保护的过程中,不管是哪一方面、哪一领域、哪个部门、哪个岗位,只要能对维护公司的知识产权权益作出实质性贡献,都可以得到公司的表彰、奖励和酬劳。知识产权审核制度贯穿于公司的一切经营活动,不论是市场开拓、技术开发、产品生产,还是客户服务、日常管理工作,知识产权管理都是企业管理活动的重要一环,企业每个环节的管理决策活动缺少对知识产权事项的审核和评价,一律对其重新进行评估,责其改进,再做决策。公司市场策划的活动、市场宣传活动、技术开发立项、新产品评估、工程设计评估等,如果没有通过知识产权部的审核,一律不予实施。在知识产权审核方面公司有明确的奖罚制度,每项重大项目审核,均由知识产权部出具意见。对经知识产权审核实施后,取得显著经济效益的,对相关项目负责人进行奖励,否则进行处罚,从而使企业的知识产权管理制度贯彻执行深入人心。

　　资料来源:朱宇,黄志臻,唐恒.《企业知识产权管理规范》培训教程[M].北京:知识产权出版社,2011.

　　高等院校通过加大知识产权的奖励力度,可以提高科研人员的积极性,也可以避免高等院校知识产权流失。高等院校要制定符合本校实际的知识产权激励政策,从根本上改变传统的重论文和报奖而轻专利的思想,并且探索将知识产权指标纳入科研人员绩效考核和职称评定制度。高等院校对知识产权完成人的激励应采取精神奖励和物质奖励相结合的双重激励机制,同时知识产权激励应结合学校的特点,突出导向:在以知识产权创造为导向的阶段加大专利申请与授权的资助;在具备一定专利存量基础的情况下,加大对专利转化的奖励力度,有效引导专利数量向专利质量的转变。最后,激励需要落到实处才能调动全体教职员工的创造热情,创造更多具有核心竞争力的自主知识产权。

拓展阅读

9.3　知识产权管理人员素质要求

知识产权管理活动,需要由专人负责,应配备从事知识产权管理的专门人员。知识产权管理人员要能够支撑知识产权管理方针、目标的制定和实施,知识产权管理制度体系的建立和执行,知识产权的产出、维护和日常管理,生产经营或科研项目各环节的知识产权管理,知识产权运用和市场化运作,知识产权保护等活动。知识产权管理人员是知识产权管理活动最重要的核心资源,只有科学合理地配置人力资源,才能有效保障知识产权管理活动正常开展。

9.3.1　知识产权管理人员的专业素质要求

企业知识产权管理部门必须明确专/兼职的管理人员,才能做到工作有人来抓,具体工作有人来做。

知识产权管理人员应是熟悉知识产权的相关知识,有较高的业务水平,能够指导和引领单位知识产权工作的专家型人才。尤其是随着单位知识产权工作深度和广度的增加,知识产权部门的人员已不仅限于进行日常管理工作,更主要的是要成长为知识产权方面的技术和法律专门人才。

因此,在一开始选定知识产权管理部门的人员时,单位应立足长远目标,精心挑选具备良好综合素质的人员有针对性地进行培养。从事知识产权管理的人员应该具备理工科专业技术背景,最好有一定的技术开发、科学研究工作经历,较强的写作能力和沟通能力,具备一定的法律知识水平,工作耐心细致,责任心强,有全局观。

人员的挑选可以有多种渠道,一是从单位现有技术研发人员或懂技术的管理人员中挑选,进行相关的知识产权培训,使之具备一定的专业知识后从事知识产权管理工作。这类人员有一定的技术工作经验,熟悉单位的产品和研发管理模式,能够较快胜任工作。二是直接从高等院校毕业生中挑选。

目前,一些高等院校设置了知识产权相关学院或专业,可以培养知识产权专门人才或者具备理工科与知识产权双重背景的人才。直接选用这类人才,其知识产权的理论知识水平较高,进入单位锻炼后,可以快速成长。

目前,一些单位选择知识产权管理人员不考虑专业背景和业务水平,只作为一般的事务性管理人员来选择,很难打开单位知识产权工作的局面并保持长远的发展。

应开展知识产权教育和培训,确保从业人员认识到知识产权工作的重要性,确保研发、营销等相关人员具备知识产权业务知识,确保知识产权工作人员的知识、技能和经验达到标准的要求。

企业知识产权专、兼职工作人员应当具备但不限于以下知识和能力:①掌握企业经营管理的基本知识;②具有管理企业知识产权事务的能力;③熟悉国家知识产权法律、法规;④掌握与知识产权相关的科技、产业、财税等政策;⑤了解国际知识产权协议、规则和惯例;⑥了解企业生产、经营等各环节的专业技术,并能与知识产权工作相结合;⑦有较强的知识产权信息搜集、分析和综合判断能力;⑧有较好的沟通、交流和协调能力;⑨有较强的知识产权事务应急处理能力;⑩具有知识产权相关业务某个方面的专长。

9.3.2　知识产权管理人员的岗位职责

职责指职业岗位所承担的责任。知识产权有关职责就是所在岗位的知识产权职责。不同岗位有不同的知识产权职责。明确的岗位管理职责是企业开展知识产权管理活动的保障,企业涉及知识产权管理职责的主要包括最高管理者、管理者代表和知识产权管理部门。而且,无论是企业最高管理者、管理者代表还是企业知识产权主管、企业的知识产权管理职能部门,其工作职责规定应当开展的工作,都应当形成书面记录或文件,以便于对其职责履行情况进行检查和评价,不断改进工作。

企业的最高管理者是企业知识产权管理工作能否有效开展的关键人物,只有企业的一把手重视,才能将企业的知识产权管理工作真正有效开展起来。其岗位职责主要包括:组织研究和制定知识产权方针、知识产权发展战略目标、知识产权管理体系,并通过召开会议、印发文件等方式,向企业的全体员工宣贯;确保人力资源、财务资源、信息资源、基础设施合理和优化配置;任命知识产权管理者代表,设置知识产权管理部门,组织管理评审。

管理者代表由最高管理者指定专人担当,其岗位职责主要包括:确保知识产权管理体系的建立、实施和保持;落实知识产权管理体系运行和改进需要的各项资源;负责领导、审查、批准和监督知识产权管理机构的各项工作;协调企业内外知识产权工作;向最高管理者提供有关知识产权的信息。

知识产权管理部门需要配备专业的专职或兼职工作人员,明确其岗位职责和权限。根据企业的实际情况,也可委托专业的服务机构代为管理。其岗位职责主要包括:编制知识产权规划、计划、规章制度及知识产权战略；知识产权管理体系全过程的运行、控制及重大事项的管理；组织企业知识产权及知识产权管理标准的培训和内审；管理和处置企业知识产权日常事务；建立知识产权管理绩效评价体系等。

拓展阅读

9.3.3 知识产权管理人员的业务培训

知识产权管理工作集高度的技术、经济和法律性于一身。知识产权与市场竞争密切相关，从事知识产权管理的人员必须密切关注和了解国际国内经济形势、法律法规、产业政策、研发创新和市场环境的变化，不断学习和研究相关的技术和法律知识，以不断提高自己的综合素质，适应企业发展的需求。因此，必须对知识产权管理人员进行持续的业务培训。企业开展知识产权管理活动，首先应当开展知识产权知识的宣传普及工作，以提高员工的知识产权意识。同时，应当加强对员工进行知识产权培训教育，确保其具有开展知识产权管理工作所需的知识、技能和经验。针对中、高层管理人员、研发人员等与知识产权关系密切的岗位人员的培训，可根据自身特点和知识产权管理工作的实际需要，灵活实施。

拓展资源

知识产权培训的内容主要包括：①知识产权基本概念及相关法律法规；②企业知识产权相关的规章制度；③岗位工作必需的知识产权实务知识与技巧。

 专栏

日立、三菱和中石化的知识产权业务培训

日立公司非常重视知识产权人员的培训，经常在公司内部不定期开课，方便知识产权人员进修。进修的内容包括专利情报、专利战略、商标、有关软件的专利保护、著作权、案例分析、文献撰写等。对于有想考专利代理人的工作人员，公司还特意提供半年到一年的时间让备考员工认真备考，但要求取得专利代理人资格之后仍然服务于该公司。

三菱公司的新聘人员要接受集中培训，其中包括为期半天到一天的知识产权和法律相关的课程教育。进入到具体的部门后，还要接受相关的法律训练。在该部门内工作两至三年之后，就要接受专利方面的培训，特别是专利文献的撰写方面的训练。

中国石化为提高职工知识产权意识,使职工了解企业知识产权的主要内容、企业知识产权与企业利益的关系,掌握知识产权相关法律基础知识和中国石化知识产权相关管理办法与规定,掌握科技文献检索基本方法,重点掌握专利文献的检索方法,了解知识产权在企业技术创新、知识产权保护、运用和管理环节中的应用和技巧,开展了形式多样的培训和宣传工作:一是每年举办两期知识产权培训班,培训知识产权相关业务、法律基础等知识以及中国石化在知识产权管理方面的规章制度、管理程序等;二是与国家知识产权局培训中心合作,建立了中国石化远程教育平台,对内部专业技术人员进行专项培训,考试合格后发给知识产权工程师资格证书;三是指导、帮助所属企业开展有针对性的知识产权培训工作,鼓励企业针对自身业务人员特点和专业技术特点,开展培训工作;四是大力宣传、普及专利法、知识产权法等法律法规,并结合国内外典型的知识产权纠纷案例,从制度层面强化研发人员和管理人员的知识产权意识,使其知晓对于技术成果来说,知识产权确认形式主要包括专利和技术秘密,以克服科研单位长期以来习惯的成果鉴定、发表论文等"确认"技术成果的方式。

资料来源:朱宇,黄志臻,唐恒.《企业知识产权管理规范》培训教程[M].北京:知识产权出版社,2011.

9.4   知识产权管理规范贯标

9.4.1   企业知识产权管理规范贯标

1.《企业知识产权管理规范》实施原则

《企业知识产权管理规范》提出了战略导向、领导重视和全员参与的指导原则,从战略、领导和操作三个层面对标准的实施提出了要求,强调知识产权管理体系不是独立的体系,需要企业总体策划,最高管理者承诺和全体员工参与,才能确保其系统运行和持续改进,形成良性的循环发展。

(1)战略导向

企业应统一部署经营发展、科技创新和知识产权战略,使三者互相支撑、互相促进,提出了知识产权战略的管理方针,规定在各业务领域和各业务环节中全员参与的管理理念,统筹考虑知识产权管理的影响因素,使管理体系既适应外部环境的变化,又适应企业业务发展的需要。

(2)领导重视

最高管理者的支持和参与是知识产权管理的关键,最高管理层应全面负责知识产权管理。企业应明确最高管理者是企业知识产权第一责任人,其通过制定知识产权方针目标、配备管理资源、任命管理者代表对企业知识产权事务进行管理。最高管理者应统一管理层对知识产权管理的认识,促进知识产权管理体系的持续改进和不断完善。

（3）全员参与

知识产权涉及企业各业务领域和各业务环节,应充分发挥全体员工的创造性和积极性。因此,在基础管理中围绕知识产权获取、维护、运用、保护的知识产权生命周期管理,提出知识产权管理需求,这是知识产权管理岗位的职责要求,同时又围绕立项、研究开发、采购、生产、销售和售后的生产

拓展资源

经营过程对企业其他部门的知识产权管理提出要求,通过每个岗位的员工提升知识产权意识,构建企业知识产权文化。

2.《企业知识产权管理规范》实施要求

《企业知识产权管理规范》要求企业建立知识产权管理体系,形成文件,运行并持续改进,保持其有效性。企业可根据自身特点,结合企业战略目标,对在生产经营活动中所涉及的知识产权管理内容、管理环节,进行规范化管理,形成知识产权管理体系,如制订工作计划、活动记录要求以及生产经营各个环节的知识产权管理流程、控制程序等,使企业的各类知识产权得到有效管理。企业内部各个部门的知识产权管理活动应相互衔接、协调运转,确保知识产权管理的有效开展。

企业管理是一个动态过程,知识产权管理是整个管理过程中的重要组成部分,因此知识产权管理活动受内部和外部因素的影响。为构建具有长效机制的管理体系,需要对影响因素进行分析评估,对知识产权管理体系进行审核,并适时进行调整,以适应形势发展的需要,促进知识产权管理体系的持续完善,保障知识产权管理体系的有效运行。

知识产权管理体系文件是描述知识产权管理体系的一整套文件,是企业建立并保持开展知识产权管理的重要基础,是知识产权管理体系审核和认证的主要依据。建立并完善知识产权管理体系文件是为了进一步理顺关系,明确职责与权限,协调各部门之间的关系,使各项知识产权活动能够顺利、有效地实施,确保知识产权管理活动有效运行,从而满足相关方对知识产权的需求,防范知识产权风险,提升企业竞争力。

知识产权管理体系文件是企业知识产权管理的基本要求和规定,企业通过文件化的管理程序规范企业的管理流程和要求。文件的基本要求是既要符合企业知识产权管理规范的要求,又要关注企业的管理重点和特点,满足企业的知识产权管理需要。文件在内容上应注重合规性和可操作性,即文件的内容既满足各类法律法规的要求,又能与企业管理实际流程相结合,对企业的管理过程进行知识产权管控。文件是企业知识产权管理的基础,文件的可操作性关系到知识产权管理体系的执行程度,因此在文件编制前应充分学习标准的要求,深入调研企业的知识产权管理环节和流程,广泛征求相关管理岗位人员的意见,严控管理文件的质量。知识产权管理体系文件包括形成文件的知识产权方针、知识产权目标、知识产权手册、知识产权管理程序以及最终形成的知识产权活动记录。对体系文件的管理应符合标准中的文件要求。体系文件的层次结构如图 9-1 所示。

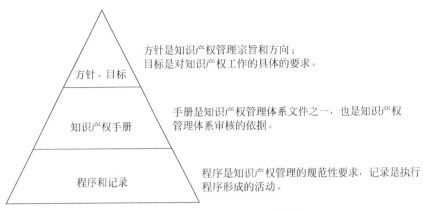

图 9-1   知识产权管理体系文件结构图

文件要求主要是针对企业知识产权方针、目标,知识产权手册,程序和记录这三个层次的内容,其内容应符合以下要求:一是文件内容符合标准要求;二是文件要求符合企业实际情况;三是知识产权体系文件在发布或更新发布前应得到审核和批准;四是划分保密等级,进行档案管理;五是对其执行情况进行跟踪、评价。

知识产权方针是企业知识产权管理的宗旨和方向。知识产权方针应与企业的经营发展方针相适应,符合企业的行业特点、发展阶段和战略规划。

知识产权目标是知识产权具体的计划要求。知识产权目标应具体、明确,包括长期目标、中期目标和年度目标等,其目标应具有层次性和可考核性。

知识产权手册是知识产权管理体系的基本规定,明确涉及的程序及其关系。知识产权手册内容包括知识产权机构的设置、职责和权限,程序或程序的引用,各管理过程之间的关系。

知识产权管理程序是知识产权管理的具体要求,涉及具体的管理流程规定,包括知识产权申请、维护、管理、奖励以及保密等各方面的要求。

记录是管理活动的客观反映。记录包括内部记录和外来文件,外来文件包括行政决定、司法判决、律师函等,对外来文件应确保能识别来源出处以及取得的时间;内部记录是企业知识产权管理活动的记录,应做到详细、准确、清晰、客观,保证活动过程的可追溯性。企业应对记录进行归档整理,确保其完整性和易于取阅。

3.《企业知识产权管理规范》实施步骤

《企业知识产权管理规范》是国家推荐标准,其目的是规范企业知识产权管理活动,提升企业知识产权管理能力,为更好地运用知识产权,降低企业风险奠定基础,实现企业创新力和竞争力的提升。标准的实施过程是通过设定知识产权方针目标,建立知识产权管理部门,制定知识产权管理职责,配备知识产权管理资源,建立知识产权文件,实施知识产权管理体系,持续完善实现的,其过程符合管理的 PDCA(计划—执行—检查—行动)循环。贯彻实施标准可以参照如下步骤进行。

（1）知识产权管理诊断。组织学习《企业知识产权管理规范》，明确标准条款的要求；对企业知识产权管理过程、问题、岗位等进行梳理分析，对比企业经营目标，找出知识产权管理的不足，明确贯彻标准的方法、步骤和重点要求，设计贯彻实施标准的方案。

（2）构建知识产权管理体系框架。知识产权管理体系是由知识产权方针、目标，知识产权管理组织机构和人员职责，生产经营活动各个环节的知识产权管理事项所构成的有机整体。企业知识产权管理体系的适宜性和有效性是知识产权管理标准化成功的关键，因此企业应对照《企业知识产权管理规范》要求，依据企业的规模、行业特点和发展重点策划知识产权方针，并在方针的指导下通过最高管理者承诺，设立知识产权管理部门，任命知识产权管理者代表，明确管理职责，配备人力资源、财务资源、信息资源和基础设施，建立企业知识产权管理体系框架，为进一步推动贯标工作和实施知识产权日常管理奠定基础。

（3）编写知识产权管理体系文件。知识产权管理体系文件主要包括知识产权手册、管理程序和记录表单。知识产权手册是企业知识产权管理体系文件的总框架，是企业管理文件的总纲；管理程序是知识产权管理制度和控制程序的总称，明确规定知识产权生命周期和生产经营过程中的要求，其固化了企业中各个知识产权管理流程，是进行知识产权日常管理的依据；记录表单是知识产权活动的记录，是有效追溯知识产权管理过程的工具。知识产权体系文件应充分体现知识产权管理的需求，涵盖企业知识产权管理流程，有效管理知识产权事项。

（4）开展宣贯培训。知识产权教育培训是企业员工推行知识产权管理体系的基础，是全体员工参与知识产权管理的要求。企业应通过各种渠道向全体员工进行知识产权管理标准化的宣传培训，包括知识产权方针的内涵、知识产权目标的要求、各个岗位的知识产权管理职责、知识产权管理制度要求、知识产权管理流程要求等。对于企业的管理层应该从宏观层面进行培训，使之明确知识产权与企业经营发展的关系；对知识产权管理人员应加强对标准理解方面的培训，使其对知识产权管理体系有总体认识和具体了解；对研究开发等重点岗位的人员应进行相关技能培训，使之能提升创新能力。在知识产权贯标培训中还必须培训专业的知识产权管理内审人员，使之了解内容的基本要求，为知识产权管理体系的内审和管理评审做好人才储备。

（5）知识产权管理体系运行实施。管理的关键是执行力，知识产权管理的执行力是贯标工作成功的关键，因此应重点推动各岗位和环节的执行力，使各项知识产权活动按照流程规范的要求推进，使各种知识产权事务按照制度要求的方式管理，在管理过程中加强对记录的检查，采用规范化的记录表单记录活动情况，并依据文件规定进行归档保存。

（6）持续改进知识产权管理体系。知识产权管理是动态的过程，企业对自身知识产权管理的理解也随着企业内外部环境的变化而变化。为持续保持管理体系的有效性，应对管理过程进行定期的检查分析和评审工作。持续改进既是 PDCA 循环的精髓，也是企业知识产权管理体系不断完善的需要,企业应按照建立的内部审查程序和管理评审程序对企业知识产权管理的执行情况和管理体系的适宜性、有效性进行审查,从而满足标准的要求,实现企业知识产权管理的良性循环,提升企业的创新力和竞争力。

9.4.2 高等院校知识产权管理规范贯标

1.《高等学校知识产权管理规范》实施原则

(1)战略导向

知识产权是高等院校的重要科技成果之一,知识产权管理是高等院校管理体系中的重要组成部分。因此,高等院校应将知识产权战略纳入本校的整体发展战略,服务于高等院校的科技创新和产学研结合。每个高等院校都要结合自身情况,统筹规划本校的知识产权事务,适时出台本校知识产权战略,明确知识产权战略面临的形势、发展目标、具体内容、专项任务和保障措施。标准化的高等院校知识产权管理,旨在引导高等院校知识产权工作的开展,结合高等院校的战略发展目标,进行全盘的、长远的规划和设计,而非各项零散工作的简单累加。

(2)突出重点

《高等学校知识产权管理规范》以知识产权全过程管理为主线,突出了自然科学研究项目、人文社会科学研究项目的知识产权管理,强调了在知识产权全过程管理的各个阶段信息的收集、分析和利用,体现了在大数据环境下如何利用专利信息提升科技创新能力;同时,强调知识产权运用,鼓励高等院校通过分级管理、策划推广促进知识产权的转化运用,以创新成果产权化和市场化促进其价值实现为导向。

(3)可操作性

基于我国高等院校基本情况存在较大差异的现状,实施指南在起草时,从高等院校行政管理实际出发,以高等院校现有管理体系为基础,多番调研论证,并结合《高等学校知识产权管理规范》在不同地区不同类型高等院校的试点情况,以期对高等院校的知识产权管理要求力求简单易行、表达力求简洁明了,操作性强,各高等院校可自行对照标准规定,自行选择实施。

2.《高等学校知识产权管理规范》实施要求

《高等学校知识产权管理规范》的实施,是高等院校知识产权管理体系建立、运行和完善的过程。要求高等院校通过设定知识产权目标,设立知识产权管理机构,明确知识产权管理职责,配备知识产权管理资源,建立并执行知识产权管理文件,并不断改进提高。高等院校应根据自身特点,结合高等院校发展战略目标,对科学研究过程中所涉及的知识产权管理内容、管理环节进行规范化管理,使高等院校的各类知识产权得到有效管理,从而支撑学校发展。

（1）以领导重视知识产权工作为前提

最高领导的支持和参与是高等院校知识产权管理的关键，应由高等院校最高管理层全面负责知识产权的管理工作。高等院校的校长（或院长）是高等院校知识产权工作的第一责任人，其通过制定知识产权目标、配备知识产权资源对知识产权事务进行管理。校长（或院长）等最高管理层对知识产权管理的认识和重视程度，是促进高等院校知识产权管理体系持续改进和完善的关键，决定了高等院校知识产权管理工作的高度和影响力。

（2）以服务于高等院校整体发展为导向

知识产权管理是高等院校整个管理过程中的重要组成部分。从大学管理角度来讲，规范化管理就是把规范的理念渗透和落实到高等院校办学的各个环节中。每个高等院校的实际情况不一样，其关注重点也各异，《高等学校知识产权管理规范》所提倡的知识产权管理规范化就是，通过对高等院校知识产权管理活动的个性提炼和共性分析，梳理出高等院校知识产权管理过程中的主要工作内容和管理要点，供有需要的高等院校参考。高等院校知识产权管理工作应在学校整体发展规划下，结合知识产权工作已有基础，有计划、有步骤、分阶段开展贯标工作。同时，高等院校管理是一个动态过程，受内部和外部因素的影响，高等院校需要对影响因素进行分析评估，对知识产权管理体系进行审核，并适时调整，以适应自身发展的需要。

（3）以知识产权管理体系文件化为依据

知识产权管理文件是描述高等院校知识产权管理体系的一整套文件，是高等院校建立并保持开展知识产权管理的重要基础，是评价知识产权管理体系的主要依据。建立并完善知识产权管理体系文件是为了进一步理顺关系、明确职责与权限、协调各部门之间的关系，使各项活动能够顺利、有效地实施，确保知识产权管理活动有效运行，从而提高科技创新能力，推动创新成果价值实现。

3.《高等学校知识产权管理规范》实施步骤

《高等学校知识产权管理规范》是国家推荐标准，其目的是规范高等院校知识产权管理活动，促进科技创新，促进创新成果价值实现。为了更好地创造和运用知识产权，贯彻实施标准，可以参照以下步骤进行。

（1）成立贯标工作领导小组

高等院校贯标工作启动后，应成立最高管理者负责、各相关部门负责人参加的贯标工作领导小组，明确小组成员职责，确定贯标工作时间进程，加强对贯标工作的组织领导。在领导小组之外，高等院校知识产权管理部门组织各相关部门具体工作人员成立贯标项目组，落实贯标工作的各项任务。

（2）知识产权管理现状诊断

贯标工作小组应组织学习《高等学校知识产权管理规范》，明确标准要求，对高等院校知识产权管理过程、问题、岗位职能等进行梳理分析，对比高等院校发展目标，找出知识产权管理的不足,找出知识产权工作能助力高等院校目标的发展重点,明确贯标的方法、步骤和重点要求,设计贯标实施方案。

（3）构建知识产权管理体系框架

高等院校知识产权管理体系是由知识产权目标、知识产权管理组织机构和人员职责、高等院校教学科研活动各个环节的知识产权管理事项所构成的有机整体。高等院校应该依据自身的层次、学科特点、整体发展目标和重点进行知识产权规划,并在发展规划的指导下通过学校最高管理者承诺,配备人力、财务、信息资源和基础设施,建立高等院校知识产权管理体系框架,为进一步推动贯标工作和实施知识产权日常管理奠定基础。

（4）编写知识产权管理体系文件

高等院校知识产权管理体系文件主要包括知识产权目标、知识产权管理制度文件和记录表单。知识产权目标明确了高等院校知识产权管理的整体方向,是高等院校知识产权文件的总纲;知识产权管理制度文件是固化了高等院校知识产权管理的管理制度和流程,是进行知识产权日常管理的依据;记录表单是知识产权活动的日常记录,是有效追溯知识产权管理过程的证明和工具。高等院校知识产权管理体系文件应充分体现高等院校知识产权管理的需求,涵盖高等院校知识产权管理流程,有效管理知识产权事项。

（5）开展知识产权教育培训

知识产权教育培训是高等院校推行知识产权管理体系的基础,是全体师生员工参与知识产权管理的要求。高等院校应该通过各种渠道向全体师生员工进行知识产权意识和知识产权管理标准化的宣传培训。面向学生,开展各类知识产权课程,通过创新大赛等进行知识产权意识教育;面向教职员工,在意识培训之外,应对高等院校知识产权目标的要求、学校知识产权管理制度要求、知识产权管理流程等进行宣传和培训,根据贯标要求对不同层面的管理人员,进行相应的技能培训。

（6）知识产权管理体系运行实施

管理的重点在于执行力,高等院校知识产权管理的执行力是知识产权管理工作成功的关键,因此,高等院校应该重点推动各岗位和环节的执行力,使各项知识产权活动按照流程规范的要求执行,使各种知识产权事务按照制度要求的方式管理,在管理过程中加强对记录文件的检查,采用规范化的记录表单记载活动情况,并依据文件规定进行归档保存。

（7）实施评价

知识产权管理是动态的过程,高等院校对自身知识产权管理的理解也会随高等院校

拓展案例

内外部环境的变化而变化,为持续保持管理体系的有效性,应该对管理过程进行定期的总结和绩效评价。高等院校通过对自身知识产权管理的执行情况和管理体系的适宜性、有效性进行审查,从而不断发现问题,总结提高,实现高等院校知识产权管理的良性循环,不断提升高等院校的创新能力。

复习思考题

1. 企业知识产权管理的内容有哪些？
2. 知识产权管理机构的设置有哪些模式？
3. 知识产权管理人员的岗位职责设计涵盖哪些方面内容？
4. 论述知识产权管理制度设计的内容及原则。
5. 贯标工作体系的构架包括哪些内容？

案例分析

华为的专利战略

一、整体概况

华为于 1987 年成立于中国深圳。在 20 多年的时间里,华为全体员工付出艰苦卓绝的努力,以开放的姿态参与全球化的经济竞合,逐步发展成一家业务遍及全球 170 多个国家和地区的全球化公司。2002 年以来,华为的专利申请量一直处于中国企业第一位,连续四年年申请增长量超过 500 件,2005 年国内专利申请量就突破了 2000 件,与业界跨国公司的年均申请量持平。2013 年华为销售收入 2390.25 亿元,营业利润 291.28 亿元,营业利润率 12.2%,净利润 210.03 亿元。可见华为是成功的,而成功的原因之一就是华为专利战略的制定和实施。

二、管理成效

深圳华为在 20 多年的时间内,运用专利战略成功地积聚了本领域大量的专利资源,构筑了专利网络,并将专利权和技术标准有机结合,在更高层次上实现对行业的垄断,保持了良好的发展势头,一举成为知识产权事业的领头羊,雄踞国内企业申请专利之首。

1. 建立专业的知识产权管理机构

早在 1995 年,中国知识产权保护还处在萌芽阶段,华为公司就已经成立了知识产权部,目前,在德国、瑞典、美国、北京、深圳、南京、上海等地设立知识产权分部,对知识产权进行全球化管理。"华为设立了专门的知识产权部,在企业的科研、生产和经营活动中,由知识产权部门负责企业的专利申请、开发、转让、诉讼、保护和商标等专项工作,取得了突出的成效。"知识产权部主要负责华为公司有关知识产权的全球布局、维护、运营和维权;参与华为公司重大项目、合同、知识产权许可的论证和谈判;处理华为公司的知识产权法律纠纷及诉讼、跨国贸易争端;识别应对公司从采购到销售各经营环节中的知识产权法律风险。

2. 强化知识产权专业人才的选拔和培养

华为公司注重知识产权专业人才的选拔和培养,从高层领导者、各级经营管理者、科技工作者到普通员工,对知识产权都有着较高的认识。在知识产权专业人才的选拔上,华为公司注重应聘人员的兴趣爱好方向、学历背景、专业背景、英语水平(特别是口语水平)、性格等综合能力和素养。在兴趣爱好上,公司要求新录用人员能爱好知识产权并将知识产权作为长期专业方向;在学历背景上,公司要求硕士以上学历;在专业背景上,注重复合专业背景,一般以本科为通信电子专业,硕士为法律或知识产权相关专业;在英语水平上,要求至少 CET-6,非专利职位,以英语本科优先,口语流利,且通过专业八级;在性格方面,要求新聘人员性格开朗,有很强的沟通和表达能力,能吃苦耐劳,适应在全球各地工作。华为公司在每年的招聘启事中,有校园招聘和社会招聘,不仅注重从高校招收优秀的应届毕业生,同样注重对社会有经验人士的招纳:从其他公司、各个科研院所、海归人员中招聘大量五湖四海的优秀人才为己所有,可以说,华为公司对知识产权的保护做到了全员参与。

在知识产权人才的培养上,不限于知识产权专业人才,每一名员工进入华为公司时,都必须接受知识产权方面的培训,包括知识产权法律制度、公司内部的文件管理规则、保密措施、专利、商标申请程序、应用途径、维权手段等,经培训教育后,员工大多能形成自觉保护企业知识产权,遵守国家法律法规和公司规章制度的基本意识。为普及专利知识,华为公司组织了形式多样的专利知识讲座,编发了《专利管理办法》《国内专利申请流程》《国外专利申请流程》等文件,专业知识的普及保证了华为公司的每一项业务都在实体和程序的规范下有序发展。华为公司除注重知识产权基础知识的灌输外,还注重知识产权专门问题的研讨和知识产权发展前沿问题的关注,积极参加知识产权学术会议。

3. 建立切实可行的知识产权管理制度

华为公司对各项知识产权的保护,都有着细致具体的措施。针对知识产权保护,华为公司建立了多项制度,如知识产权例会、知识产权成果审查登记、知识产权信息利用、技术合同会签、知识产权鉴定评估保密和竞业限制等相关制度。公司内部知识产权保护和管理制度的不断完善,信息的充分利用,利益分配与奖励机制的创设与完善,为知识产权战略的顺利实施创造了良好的基本环境。华为公司对知识产权的保护不仅仅停留在专利的层次上,对企业标识、企业商业秘密等新型知识产权也进行有效的管理和保护。如对商业秘密,华为公司有着非常严格的保密管理制度,公司很早就将商业秘密条款写入与员工签订的劳动合同,很早就对电脑操作实行分级别管理,不同职位和职责范围的员工有着不同的权限范围;在技术开发领域,由很多人分步完成一项技术的研究开发,高度分工使得技术人员只能接触到自己负责的部分。

4. 加大投入快速产出核心技术

深圳华为公司为在核心技术上实现突破,做到了持之以恒研发投入。长期以来,华为保持了将每年销售额的 10% 投入研发的惯例。2013 年,华为研发费用支出为人民币

306.72亿元,占收入的12.8%,保证了有持续研发能力和核心技术的产出。进行产品与解决方案的研究开发人员约70000名,占公司总人数的45%。截至2013年12月31日,华为累计申请中国专利44168件,外国专利申请累计18791件,国际PCT专利申请累计14555件,累计共获得专利授权36511件。华为是国内申请发明专利最多的企业,他们近十年先后投入1510多亿元进行研发,在行业内取得了显著成效,积聚了一大批核心专利技术,为企业的跨越发展奠定了坚实基础。

5. 促进专利权与技术标准有机结合

在面对全球市场的大背景下,标准的掌握成为华为走向国际市场的重要战略。为此,华为公司组织专门的团队积极参与国内外标准组织活动,华为将主流国际标准与产业紧密结合,与全球主流运营商密切合作,为做大ICT产业作出贡献。华为推动WRC-15为IMT新增至少500MHz全球频段,发布5G技术Vision白皮书;在SAE/PCC领域推动网络能力开放、Service Chaining等重要议题;领跑NFV标准,推动ICT融合标准生态环境;促进Carrier SDN产业孵化;推动更易互联互通、适当增强的IP/Internet领域安全原则;引领Flex-OTN标准,是100GE/400GE以太网标准的主要贡献者;在IEEE 802.11启动和引领下一代WiFi标准的研究。截至2013年年底,华为加入全球170多个行业标准组织和开源组织,包括TMF、WFA、CCSA、GSMA、OMA、ONF、INCITS、OpenStack和Open Daylight等,在任185个职位,其中在ETSI、CCSA、OMA、OASIS和WFA等组织担任董事会成员。2013年,华为向各标准组织提交提案累计超过5000件。

6. 积极应对国际市场挑战,不断开拓发展空间

2003年发生了"思科华为案",这起诉讼被称为中国跨国知识产权第一案,最后以华为公司的巧胜而画上了圆满的句号。华为取胜的关键正是其长期以来的坚持自主研发和技术创新,拥有了自主知识产权。华为本着"产品未动,专利先行"的原则,在俄罗斯、德国、美国、日本、加拿大、印度、瑞典、土耳其、中国等地设立了16个研究所。其中的4个研究所已经达到KPMG认证的CMM五级软件管理标准。形成了"市场在哪里,研究机构就建在哪里;自主创新人才跟到哪里,专利就部署在哪里"的循环发展格局。

资料来源:李广军.华为的专利战略及其对我国中小企业的启示与借鉴[J].中小企业管理与科技(上旬刊),2015(2):41-42.何荣华.华为知识产权战略及保护举措[J].安庆师范学院学报(社会科学版),2013,32(3):31-35.

[案例解读]

公司高水平的知识产权管理和专业人员是保证其知识产权保护的广度和深度的重要基础。专门的知识产权管理机构和知识产权专业人才能够确保公司对科技、经济、市场和法律等诸多理论和实践有着准确的理解和正确的把握,为公司内部形成高效的内部沟通渠道奠定了良好的基础,从而保证了企业知识产权保护工作的有序开展和良好效果。如公司新的发明创造成果及时申请专利,公司知识产权的利用率、知识产权的商品

化率和产业化程度都处于较高的水平。同时,专业人员的配备和交叉学科背景人才的大量聘用和培养,保证了公司能充分运用法律武器来保护自己的创新成果,并制定出以交叉许可保护战略为重点、以绕过障碍专利战略为辅的专利战略。可以说,华为公司专利战略是当前保证其销售额快速增长和公司不断壮大的最主要措施。

知识产权积累的根源是长期坚持自主研发和技术创新,是大规模研发人员的投入和资金的投入;激励机制是专利产出的有效牵引,明确的奖励政策保证发明人关注专利申请工作;对重要专利予以重奖,持续提高专利质量和牵引高质量专利的产出;广泛的知识产权宣传和培训,增强员工的知识产权意识和知识;重视知识产权团队建设和知识产权团队能力提升,为知识产权成果保驾护航。

通过知识产权的运营,企业不仅可以有效保护自己的技术资产,防止或减少侵权损失,而且可以开辟新的财源,谋取丰厚利润,从而促进各项资产的良性循环。所以,企业技术研发不仅仅着眼于知识产权的保护,而是应当学会并且加强将知识产权与企业的生产经营、企业未来发展趋势、企业全球化发展紧密联系起来,使知识产权运营成为企业的运作核心。

［案例讨论题］

1. 结合案例分析华为公司的知识产权管理体系设计的特点及作用。

2. 讨论我国不同创新主体知识产权管理体系构建面临的关键问题。

第 10 章

企业知识产权战略管理

本章要点

- 了解企业知识产权战略管理体系的构建
- 了解企业知识产权战略的实施步骤
- 了解企业知识产权战略组合模式
- 理解企业知识产权战略与技术创新战略的协调发展
- 理解企业知识产权战略与市场创新战略的协调发展
- 理解企业知识产权战略与标准战略的协调发展

开篇案例

阿里巴巴集团的知识产权战略管理实践

阿里巴巴集团的知识产权战略管理案例真实地反映了企业在不同发展阶段采用不同的知识产权战略,见证了随着时间维度推进而逐步演进的过程。阿里巴巴集团的知识产权战略管理主要体现在内外两个层面。

一方面,阿里巴巴对其专利、商标、著作权等实施全方位战略管理,并凸显其"产品未动,知识产权先行"的管理宗旨。在商标保护方面,阿里巴巴采用了"严防死守"的商标申请策略。在全产品类别申请注册的同时,还对重要类别加以特殊保护,如防御商标申请,力图最大限度地保护自己的商标。在专利方面,阿里巴巴前瞻性部署新兴技术领域成绩显著,区块链技术专利近年一直名列全球排行榜单前三名。

另一方面,作为电商平台,阿里巴巴通过平台的知识产权治理来凸显自身平台价值。从一开始因收到权利人投诉而开始被动地受理投诉;到成立知识产权保护专业团队,初步建立知识产权保护系统1.0;再到建立会员等级治理机制,升级为知识产权保护系统2.0;以及之后尝试共建机制,上线全新权利人投诉平台;直至2015年成立了平台治理部,推进电子商务知识产权保护的综合治理,到2018年成立阿里知识产权研究院。其中,阿里巴巴与地方知识产权快速维权中心、版权保护中心等相关职能部门联手,合作共建完善知识产权线上维权和纠纷化解机制,联手开展网上知识产权侵权行为的治理。

10.1　企业知识产权战略管理体系的构建

　　企业知识产权战略是知识产权战略体系的基础和核心,是整个知识产权战略体系的基本保障和基础。企业知识产权战略可定义为企业为获取与保持市场竞争优势,运用知识产权保护手段谋取最佳经济效益而进行的整体性筹划和采取的一系列的策略与手段。[①]

　　为促进企业知识产权的战略性运用,需要提高经营者的知识产权意识,将知识产权作为企业竞争力的源泉,置于经营战略的核心,实行全球化知识产权战略。这说明,企业知识产权战略虽然只是企业经营管理范畴的重要组成部分之一,但在企业经营战略中具有特别重要的地位。

10.1.1　企业知识产权战略管理体系的构建概述

　　为促进企业充分发掘知识产权价值,并加以利用,为企业创造出更多的价值,建立知识产权战略管理系统已经成为当务之急。有效的知识产权战略管理,应包括以下几个步骤:首先,企业要深刻地了解知识产权的价值层次,确定企业目前知识产权所处的管理水平;其次,明确知识产权战略目标,并将知识产权战略和企业技术创新战略和市场创新战略相结合;再次,找出企业需要改进的知识产权管理的步骤;最后,制定相应的知识产权

拓展资源

战略管理系统,如图10-1所示。根据以上这些步骤进一步设计的企业的知识产权战略管理体系,如图10-2所示。图中的①表示"防御",②表示"成本控制",③表示"利润中心",④表示"整合",⑤表示"远见"。具体到每个企业的实际情况不同,所制定的知识产权战略管理体系也会有一定的差异。

10.1.2　企业知识产权战略管理的实施模式

　　在构建企业知识产权管理体系的基础上,企业可以开展知识产权的综合性管理。知识产权的综合性管理,是指把企业所有的知识产权相关项目都纳入管理范围,贯穿知识产权的创造培育、归类整理、开发经营、控制保护等各个环节,涉及知识产权的创造者、所有者和具体管理人员。它从实用性和综合性角度出发,充分激活企业的知识产权的创新机制,全面提高企业的综合竞争力。其模式如图10-3所示。

---

　　① 冯晓青.企业知识产权战略[M].北京:知识产权出版社,2005.

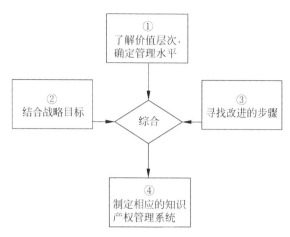

图 10-1　企业知识产权战略管理过程

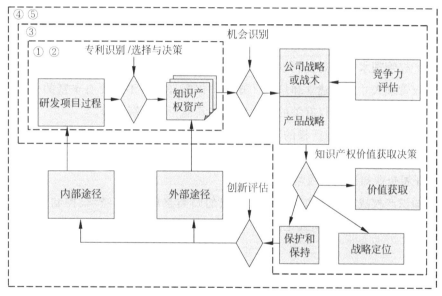

图 10-2　企业知识产权战略管理体系

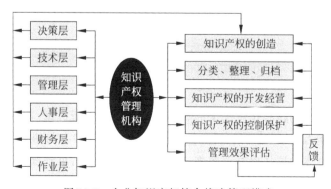

图 10-3　企业知识产权综合战略管理模式

企业知识产权战略具体实施步骤如下。

（1）阐明和转化企业知识产权战略

企业知识产权战略是公司经营发展战略的一部分，目的都是实现公司的愿景。企业知识产权战略的目标和作用包括价值创造和价值获取。公司通过知识产权战略的实施，除了增加公司的价值，甚至能够预测公司及行业的未来，"创造"公司的前景。由此可以得知，企业知识产权战略是和公司的愿景、战略紧紧地联系在一起的。因此企业首先要明确企业的知识产权战略，并将企业知识产权战略落实到企业经营战略的具体行动中。

（2）构建企业知识产权战略管理平台

企业首先需要构建知识产权管理平台，通过机构、制度、人员的逐步完善为知识产权战略管理的有效实施打下良好的基础。企业要想在世界经济日益全球化之时生存下来，应当从长远目标出发，配备专门的知识产权管理人员和设置相应的机构，制定完善的管理制度，把知识产权管理与企业总体发展战略结合起来，充分发挥知识产权的经济效用，提高企业自身的竞争力。

知识产权管理水平的高低，关键在于其管理人员的知识和素质。因此，企业还要加强知识产权管理人才库的建立和培养。知识产权管理人员不但要有丰富的管理知识，而且要了解国内外与知识产权有关的法律法规和其他相关的制度等。

另外，企业职工对知识产权的正确认识和知识产权管理保护意识的高低，对企业知识产权管理有着重要影响。企业应加强对职工知识产权相关方面的培训。

（3）开展企业知识产权战略的运作

企业知识产权战略的运作包括知识产权的归类整理、开发经营、控制保护以及管理效果的评价等，其具体运作模式见图10-4。

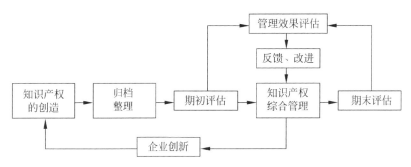

图 10-4　知识产权战略的运作

企业的知识产权的核心作用在于形成和培育企业的创新机制，特别是技术创新。要培育企业的创新能力，关键在于激活全体职工的创新热情和参与协作精神，把职工个人发展计划与企业总体发展战略结合起来，从决策层到管理层，再到操作层，都纳入企业的创新机制中，不断地创造知识产权。

（4）评估和反馈企业知识产权战略

有效实施知识产权战略，更重要的是建立一套管理效果的评价体系。企业知识产权战略管理效果的评价体系，实质在于把管理从一般的定性指标转向定量指标，便于评估和科学化管理。建立评价体系的重要性在于，一方面它可以改变企业以往对知识产权管理只注重形式而不注重效果的做法，另一方面又可使企业领导层看到企业知识产权管理带来的经济效用，反过来又促进企业领导加强对企业知识产权的管理。评价体系指标设置如表 10-1 所示。通过对企业知识产权战略管理期初、期末（这里指考核期，或半年，或一年，视企业自己的具体情况而定）评价效果的对比，从而加强和改善管理效果，并激发对知识产权的创造。

表 10-1　企业知识产权战略管理指标体系

知识产权项目	价值的粗略评估	重要性	保护状况	开发经营情况	注册情况	管理的经济效用
专利 1						
专利 2						
商标 1						
……						

专栏

日本大企业知识产权战略管理的实施措施

日本大企业为配合知识产权战略的有效实施，对组织机构的设置进行了相应调整，主要表现在知识产权部门层级的提升、业务内容的扩大、细分以及增加了一些创新的组织形式。

在管理层级上，许多大企业都提升了知识产权部门的地位，如设有高级别的知识产权委员会，负责向公司经营会议提交经常性报告，并就重大专利许可事项提交董事会讨论；知识产权部门与各事业部门平级，由公司最高经营层直接管理；在每个事业部内都设有专利推进部门，知识产权部门对各事业部内的专利推进部门统一指导，从专利方面向各事业部呈报意见并提出对策。

随着知识产权部门业务内容范围的扩大，部门的划分也越来越细致。一方面随着对外业务的扩展，设立并加强了对外部门，其职能主要是推进知识产权的活用，以及专利许可、签合同、交涉等外部事务。积极构建海外知识产权管理平台，展开了在全球范围内的知识产权管理网络布局。

另一方面，随着日本大企业围绕核心技术领域进行相关多元化，按照不同技术领域设置细分专利服务部门的趋向逐渐显现。如富士通公司依据通信、软件、电子元器件、计算机信息处理等不同领域设置了五个细分的专利部门，以根据不同技术特点、市场情况分门别类地推进知识产权战略。

此外,随着内部业务职能细分扩大,按照业务内容纵向划分的部门设置也越来越细致。如武田公司就围绕业务职能设置了五个不同部门,包括专利权战略部门、信息战略部门、争讼部门、技术合作部门和计划推进部门。

不少企业在实施知识产权战略过程中还创造了许多新的组织模式。如日本松下公司在产品计划、设计、试制等各阶段都有技术总结会,其宗旨在于通过小团队的技术集成活动取得有效专利。

资料来源:http://www.21gwy.com/wz/2188/a/3503/503503.html.

10.2　企业知识产权的制定

10.2.1　企业面临的国际竞争环境分析

1. 知识产权政策与法律环境分析

随着近些年经济全球化步伐的加快、技术进步的快速发展,发达国家不断推进国家知识产权战略的实施,并不断调整知识产权法律保护的范围和内容。发达国家知识产权法律的一个共同特点是:在国际知识产权保护法律框架的基础上,强化对本国企业知识产权的保护,阻碍他国企业的知识产权进攻。

(1) 经济发达国家的知识产权战略的实施特点

美国实施知识产权战略主要沿着三种轨迹不断延伸:一是根据国家利益和美国企业的竞争需要,对传统知识产权立法不断地修改与完善,扩大保护范围,加强保护力度;二是加强调整知识产权利益关系、在鼓励转化创新方面强化立法;三是在国际贸易中,一方面通过其贸易法案的"特殊301条款"对竞争对手予以打压,另一方面又积极推动WTO的知识产权协议(TRIPs)的达成,从而形成了一套有利于美国的新的国际贸易规则。[①]

日本政府于2002年起草的《知识产权基本法》包括激励知识产权的创造、知识产权战略本部设置和知识产权战略制定三部分,对推动其知识产权战略起到了重要作用。

英国、德国等发达国家则针对近年来高科技产业的迅猛发展,对其知识产权制度不断进行调整和修改,扩大知识产权保护范围。

(2) 对我国企业发展有重大影响的TRIPs协议

TRIPs协议要求成员根据TRIPs的规则修改国内法,不但大大提高了知识产权国际保护的标准,而且把适用于国际贸易的原则延伸到了知识产权领域,从而为在知识产权

---

① 卢宏博.美国信息产业知识产权战略及给我们的启示[J].标准与知识产权,2005(5):42.

领域适应国际贸易争端解决机制提供了法律依据。我国企业要在正确理解我国的现实国情的情况下,善于运用 TRIPs 协议来维护我们的利益,同时履行 TRIPs 协议规定的义务。

（3）不能忽视的"特别 301 条款"和"337 条款"

对我国企业知识产权保护影响比较大的还有美国的"特别 301 条款"和"337 条款"。"特别 301 条款"专门针对那些美国认为对知识产权没有提供充分有效保护的国家和地区。"337 条款"主要针对的是企业层面的技术和知识产权领域的竞争,是美国重要的贸易保护手段之一。程序简便、周期较短,加上缺席判决和"普遍排除令"等特征使得"337条款"成为美国国内企业打击国外竞争对手的"常规武器"。

综上所述,企业在国际化发展进程中融入国际知识产权保护的法律法规的政策体系是大势所趋。企业必须尽快熟悉知识产权的国际竞争规则,全面理解知识产权的各种制度体系,善于利用知识产权的法律法规来保护自身权益,积极应对知识产权国际诉讼,为企业的国际化发展打下坚实的基础。

2. 技术创新环境分析

美国、日本和欧洲发达国家企业经历了长时间的发展和积累,在行业内往往处于技术领先地位。科技进步在推动国民经济增长的诸多因素中占比不断攀升。

近年,USPTO（美国专利商标局）专利申请和许可数据显示着东亚后发国家的创新能力的成长和发展。但是,由于创新战略的差异,东亚后发国家和经济合作与发展组织（OECD）中的经济发达国家在创新能力培育和发展模式上存在一定差异。东亚后发国家与发达国家创新能力的差异主要体现在研发投入和公共研发支出、产业专业化、累积知识能力（专利储备）、创新基础设施四个方面。

经济发达国家和地区的创新通常更加关注对产品、工序或抽象知识（如人类基因组）方面的技术领先；后发国家更注重加快技术进步和加强创新管理[①]。我国作为东亚后发国家的典型代表,我国的创新能力与发达 OECD 国家创新能力特点的差异主要集中在以下四个方面：研发投入和公共研发支出、产业专业化、累积知识能力（专利储备）和创新基础设施[②]。

面对日趋激烈的国际竞争,我国政府提出了到 2020 年把我国建设成创新型国家。上述东亚后发国家与发达 OECD 国家的创新能力比较,对于完善我国国家创新系统的建设和提升国家创新能力有如下几点政策启示：①积极调整政府的角色；②确保对公共研发的支持,加强产学研合作；③提高企业吸收能力,培育资本市场；④加强知识产权的保护,有效利用技术标准；⑤完善创新基础平台的建设。

---

① Mathews, J A. 2001. National systems of economic learning: the case of technology diffusion Management in East Asia[J]. International Journal of Technology Management,2001,22 (5/6): 455-479.

② 王黎萤,胡黎玮. 东亚后发国家创新能力比较及对中国的启示[J]. 科技管理 2009(7): 73-75.

3. 经济贸易环境分析

（1）发达国家善于利用知识产权贸易获取高额的收益

发达国家在世界经济中处于主导地位，也是世界贸易的主要市场。然而日本、英国等发达国家近年来经济增长缓慢，促使发达国家积极制定相关的经济贸易政策推动经济的发展。如日本由于新经济泡沫的破灭，其经济增长近年来甚至出现负增长现象，日本政府一方面通过财政和货币政策拉动内需，另一方面鼓励跨国企业积极对外直接投资，向发展中国家实施技术转移，推动企业国际化。

在国际贸易方面，提高进口贸易壁垒，阻碍他国企业的进入，扩大知识产权贸易比重。有关统计显示，20世纪50年代，发达国家出口产品对知识产权的依赖度仅为10%，到20世纪90年代这一数字迅速上升到50%，现在已经达到65%。发达国家知识产权的运用不仅是进行技术保护，更重要的是利用知识产权贸易实现经济价值的增加。我国企业必将会受到来自发达国家知识产权贸易的强烈冲击，来自知识产权方面的国际威胁是企业必须面对的严峻挑战。

（2）发达国家善于利用知识产权布局和贸易措施阻碍竞争对手

发达国家的跨国企业，一方面从知识产权信息中获取创新资源，另一方面又利用知识产权保护手段来提高自身的垄断地位和竞争力。面对中国的巨大市场，跨国企业纷纷在中国设立知识产权部，对其在华知识产权活动进行系统管理。

跨国企业对国际市场的垄断，就是通过对品牌输出和技术发展等垄断手段加以实施的。它们凭借在高新技术领域的知识产权优势，以知识产权壁垒严密地保护自己的利益。近些年来，在高新技术领域，外国跨国企业密集的专利布局体现了发达国家施行以专利预先分割我国市场的战略，这也就是在经济全球化时代企业竞争的一个所谓"赢者通吃"的竞争规则。

运用知识产权战略控制经济和科技竞争的制高点已经是经济贸易活动的大势所趋。我国企业必须深刻认识跨国企业在知识产权运营方面的策略和手段，做到"知己知彼"，通过强化我国企业的知识产权战略的实施力度来积极应对国际竞争的机遇和威胁。

10.2.2 企业面临的国内竞争环境分析

1. 知识产权政策与法律环境分析

2008年，国务院发布《国家知识产权战略纲要》，明确到2020年把我国建设成为知识产权创造、运用、保护和管理水平较高的国家。该战略是企业推进知识产权战略的基础和依据，也为企业知识产权的推进创建了政策基础和平台。

企业创新政策的制定涵盖了激励知识产权创造、保护和成果转化的相关政策内容，对促进企业的推进知识产权战略制定实施具有积极的意义。但是,由于我国知识产权发展起步较晚,相关法律制度尚不完善,针对企业知识产权保护的政策效果还不是很理想,政府相关政策还需不断完善。

2. 技术创新环境分析

当前,我国企业大都面临着结构调整和转型升级的挑战。企业自主创新能力薄弱,缺乏具有自主知识产权的技术和产品依然是制约企业发展的瓶颈。同发达国家相比,中国企业存在以下特征:①规模较小,国际化程度低;②自主创新能力较弱,严重的市场同质化现象加剧了恶性竞争;③新产品、新技术的转化能力差,缺少具有自主知识产权的产品中试、放大技术平台等环节工作。

由此,加强自主创新,促进自主知识产权的产品扩散,已经成为我国企业未来发展的重中之重。企业需要不断提升自己的资源和要素禀赋。企业转型升级的重点是在研究开发、技术输入、技术合作、技术购买、专利授权、人才培训、建立国际品牌形象等"技术密集"和"知识密集"方面。

近年来,我国以企业集聚为特征的产业集群发展迅速。企业产业集群的创新发展必须依赖于相关产业的知识产权积累和集成区域内外知识产权资源,这样才能促进产业创新的良性发展,进而提升企业的竞争力。

3. 经济贸易环境分析

经济全球化对国际范围内的专利保护产生了重大而深刻的影响,专利保护在国际经济贸易中占有重要的地位。一方面,我国企业知识产权运营意识淡薄,能力薄弱,知识产权保护和运用水平较低。另一方面,我国企业面临的市场竞争环境日益严峻,出现了国内市场竞争的国际化和国际市场竞争的全球化局面。企业竞争的焦点也从贸易壁垒转移到技术壁垒上,以知识产权及其派生内容为手段,已突破产品层面而成为国际竞争的利器。知识产权日益成为跨国企业争夺我国国内外市场份额、遏制我国竞争对手的重要战略和策略。

上述事实说明企业不仅要认清国际竞争格局,也要把握国内市场的发展趋势,只有通过加强知识产权战略的建设和发展,将知识产权战略与企业的技术创新战略、市场创新战略、技术标准战略相互结合,协同发展,才能培育具有自主知识产权的技术和产品,使企业在知识经济迅猛发展的浪潮中求得生存和发展。

10.2.3 企业技术创新能力分析

1. 企业创新意识逐步增强,但创新投入仍然不足

企业经营者是企业自主创新的决策者和组织者,企业自主创新能否成功,企业决策者的自主创新意识起着关键作用。

针对浙江企业的实证调查显示,一方面,企业申请和运用专利,通过知识产权激励企业自主创新的意识不断增强,另一方面,企业的创新类型大多数属于集成创新,知识产权质量需要提升,技术创新优势还不明显。企业迫切需要成为技术创新主体、加大研发投入、提升专利质量,利用知识产权战略提高企业研发效率,适应市场竞争。

2. 企业还不善于充分配置创新资源,创新效率仍需提升

企业缺乏明确的创新战略规划,在知识产权运用上也缺乏战略指导和布局。企业不善于利用知识产权手段对技术创新的未来走势进行预见和判断,导致创新不足或失败。也有一些企业虽意识到自主创新的重要性,但大都表现为急功近利,知识产权的申请和使用都是短期行为,缺乏长远利用知识产权布局的战略规划。此外,企业在创新人才和创新技术储备上都比较缺乏,创新激励制度的建设还有待完善,综合利用各种资源提升自主创新效率的能力还有待提升。

10.2.4 企业知识产权管理状况分析

1. 知识产权战略意识已经增强,但战略管理建设滞后

研究显示企业对知识产权战略意识已经增强,制定知识产权战略规划的企业占多数,知识产权战略重点大都停留在专利和技术秘密的创造和保护上,对知识产权的投资交易和控制预防流失方面的战略规划有待加强。知识产权管理在企业有一定的工作基础,但还停留在制度建设层面,管理水平相对较低,对知识产权的战略管理和规划仍需加强。

企业在知识产权运用方面的实施策略和管理手段还需要加强。尚需将知识产权与企业经营管理方面的重要问题相结合,系统地开展知识产权战略及管理,进一步完善在产学研合作方面的知识产权制度的建设,培养"运营"知识产权的意识,提高在生产和经营活动中综合运用各种手段来保护和利用知识产权的能力。

2. 企业知识产权综合运营能力有待加强,需要建立战略协同发展的观念

首先,企业应根据对知识产权价值和自身竞争能力的客观评估有侧重地选择适合企业的知识产权战略,优化知识产权战略的类型。企业只有提高综合运用知识产权战略的能力,在技术创新过程中,吸收、培育出自己的研发能力,开展基础研究,才能使企业和实际应用不会产生脱节,并带动企业可持续地发展。

其次,企业没有在技术创新过程中将知识产权制度较好地嵌入,并通过指导知识产权创新、管理和运用达到保护知识产权的目的,还不能很好地实施以市场为导向的知识产权战略。在促进知识产权成果的成功商业化方面还需要改进和提高。企业作为技术创新的主体,在提高自身竞争力的进程中,必须关注标准战略、市场创新战略、技术创新战略与知识产权战略的协同发展。

此外,作为功能性子战略之一的知识产权战略不能离开其他战略的配合而独立实施。当然,其他战略如果没有知识产权战略这一有力武器,在实施的过程中也必然遇到困难,从而影响战略实施的效果。因此,知识产权战略的推进与企业技术创新战略、市场创新战略和标准战略要紧密结合,协同发展。

10.2.5　企业知识产权战略的 SWOT 分析

知识产权战略作为企业竞争战略的职能子战略,是在企业战略的框架下制定和实施的。因此,在技术跟随和市场驱动的企业战略下进一步利用 SWOT 分析法分析知识产权战略。SWOT 分析法,是一种综合考虑企业内部条件和外部环境的各种因素,进行系统评价,从而制定战略的主要方法。其中,S 是指企业内部的优势,W 是指企业内部的劣势,O 是指企业外部环境的机会,T 是指企业外部环境的威胁。根据前面对我国企业内外部竞争环境的分析,运用 SWOT 分析法分析我国企业实施知识产权战略的优势、劣势、机会和威胁。

1. 企业实施知识产权战略的优势

企业的专利申请量保持快速增长态势,有利于企业通过这些专利技术抢占国内和国际市场。企业的技术创新能力逐步提升,在技术产品的实用新型、外观设计等方面积累了一定的经验,具有一定的吸收和学习能力,具有一定的知识产权战略的攻守结合的能力。企业的专利实施率在逐步提高,说明企业的市场运用能力在不断增强。我国专利的职务申请中,企业占了 80% 以上。企业是市场的主体,企业拥有大量的职务发明专利就有利于知识产权战略的开展。

2. 企业实施知识产权战略的劣势

企业拥有发明专利的质量有待提高、研发实力较弱,缺乏长效的产学研合作。跨国专利数量不多,不利于企业的国际市场竞争。企业研发投入还不能满足技术发展的需要,对知识产权综合运用的能力还有待提高,知识产权的运营意识仍需加强。企业知识产权战略管理体系有待完善,仍需要从组织、人员、企业制度、信息平台等方面构筑综合战略管理体系,确保战略的实施。

3. 企业实施知识产权战略的机会

企业可以利用专利技术进入、控制他国市场。发达国家关税壁垒削弱有利于国内企业的对外贸易。同时,国内知识产权制度不断完善,有利于知识产权战略的实施;知识产权制度对国内企业的强保护性,有利于阻止国外企业知识产权进攻。

4. 企业实施知识产权战略的威胁

其他国家知识产权制度对本国企业的强保护,给我国企业进入国际市场带来了负面影响。出于对本国企业的保护,其他发达国家可能通过知识产权制度来限制或延迟我国企业的专利、商标等的申请。其他发达国家企业的强竞争力,对我国企业进入该市场形成强对抗性。美国、日本等企业具备很强的竞争力,尤其是在国际市场,面临我国企业的进攻,必定会采取相应的战略阻击。

5. 企业实施知识产权战略的综合 SWOT 分析

通过对我国企业在国内和国际的知识产权战略环境分析,列出知识产权战略的 SWOT 战略匹配矩阵如表 10-2 所示。

表 10-2　企业实施知识产权战略的综合 SWOT 分析矩阵

企业 SWOT 战略匹配矩阵		企业内部环境分析	
		优势(S) (1) 企业具有较强的学习和吸收能力 (2) 企业的基础研究不断加强 (3) 专利申请量保持快速增长态势 (4) 专利技术实施率逐步提高 (5) 企业拥有大量的职务发明专利	**(劣势)W** (1) 专利质量有待提高 (2) 专利、商标等国外申请、注册量不高 (3) 企业的研发投入不足 (4) 生产技术和管理水平有待提高 (5) 企业知识产权管理体系不完善 (6) 知识产权综合运用能力不高
企业外部环境分析	**机会(O)** (1) 我国促进企业的创新政策不断完善 (2) 企业具有产业集聚的技术创新优势 (3) 国际贸易关税壁垒逐渐削弱	**SO 战略** (1) 专利技术预见,加大基础研究(S2,O1,O2) (2) 利用企业较强的学习和吸收能力,开发差异化产品满足市场需求(S1,O1,O2) (3) 加强对企业知识产权管理制度的建设(S4,S5,O1)	**WO 战略** (1) 共同研发获取知识产权(W1,W3,W6,O2,O3) (2) 利用追随战略,改进和提高技术创新能力(W1,W2,O1,O4) (3) 购买先进专利技术(W1,W2,O1,O4) (4) 开展产学研合作(W1,W3,O1,O3)
	威胁(T) (1) 知识产权制度尚未完善 (2) 发达国家企业的不断进入,提高市场的竞争度 (3) 国际知识产权贸易措施对企业发展的不利影响 (4) 企业产业集聚带来的知识产权保护的不利	**ST 战略** (1) 加强对核心技术、商标等的知识产权保护和控制(S4,S5,T1) (2) 与技术先进国家的企业进行技术合作(S1,S2,T2) (3) 以高性价比产品获得市场竞争力(S2,S3,T3) (4) 构建技术创新、市场创新、技术标准与知识产权战略的协同发展	**WT 战略** (1) 加强知识产权战略管理(W4,W5,T1) (2) 利用知识产权交叉许可获取市场竞争力(W1,W2,W3,T3) (3) 与竞争对手合作,绕开知识产权壁垒(W6,W7,T2) (4) 寻求中介援助,积极应对知识产权贸易壁垒或贸易措施调查

通过对企业实施知识产权战略的 SWOT 分析,可以看出:企业技术竞争力虽然不断提升,但比发达国家(诸如美国)的水平要落后;企业拥有专利的数量还不够多,质量参差

不齐;知识产权制度不够完善,不同产业领域的技术水平差异较大。因此,企业应结合自身知识产权价值选择知识产权战略,突出差异性。

10.2.6　企业知识产权战略的选择策略

1. 技术比较优势不明显的企业实施以防御为主的知识产权战略

对于技术比较优势不明显的企业,由于与其他同类企业在技术领域的差异逐渐缩小,企业竞争力相当,知识产权战略的地位可能还尚未处于主导地位,因此,这一类企业在实施知识产权战略时,通常选择防御型知识产权战略,通过市场跟随战略和实用工程战略获得市场发展。企业在市场形成以生产率为重点的战略目标体系,着眼于延长技术的使用价值,改善产品的品种结构,实行集约化生产,达到规模经济,以高效率、低成本获得市场竞争优势。

企业防御型知识产权战略和进攻型专利战略是相对而言的,是指企业在市场竞争中受到其他企业或单位的知识产权战略进攻或者竞争对手的知识产权对企业经营活动构成妨碍时,采取的打破市场垄断格局、改善竞争被动地位的策略。企业防御型知识产权战略是为保护自身的利益或将损失减少到最低限度的一种战略,是利用知识产权捍卫自己的知识产权阵地,防止受他人知识产权的制约,或对他人知识产权实施战略性防卫的手段。其基本功能在于以有效的方式阻止竞争对手的知识产权进攻,摆脱自己所处的不利境况和地位,为自己的发展扫清障碍,因而可以说是为应对竞争对手的挑战而采取的战略。

(1) 外围专利策略

企业可以采用外围专利策略进行防御。外围专利策略也称作"专利网策略",它是指企业围绕专利技术,开发与之配套的外围技术,并及时就开发的外围技术申请专利、获得专利权的一种策略。外围专利策略是指在自己的基本专利策略周围设置许多原理相同的小专利组成专利网,防御他人对该基本专利的进攻;或者是在他人的基本专利周围设置自己的专利网,增强对抗能力,以减少他人对该基本专利的控制。该策略主要有两种类型。第一种类型是拥有基本专利的一方,在自己的专利周围设置许多原理相同的小专利组成专利网,抵御他人对基本专利的进攻。第二种类型则是在他人基本专利周围设置自己的专利网,以遏制竞争对手对基本专利的控制。以防御为主的知识产权战略的主要特征是企业善于运用法律提供的便利条件申请大量的外围专利,构建专利网。由于基本发明完成后如果忽视以后的开发,基本专利的权利就会变成孤立状态,会受到改进发明或应用发明的侵入,正是基于这一点,技术比较优势不明显的企业在技术创新能力尚未能与同行业先进技术水平的企业抗衡时,企业通过申请改进专利、应用专利等外围专利形成专利网,在市场竞争中钳制其他技术型企业的基本专利。

（2）交叉许可策略

企业还可与技术领先企业进行战略合作，提高市场竞争力。企业间战略合作的一个显著特征是实施专利交叉许可策略。企业实施专利交叉许可策略是一种防御型战略，主要动因在于与领先技术型企业进行合作，通过共同开发专利技术和技术交流，促进企业竞争力的增强，可以使许可双方获得双赢。专利交叉许可是指两个专利权人互相许可对方实施自己的专利。交叉许可协议具有以下特征：通常在两家企业之间；通常涉及某一领域的多项专利技术，有一定的使用期限；交叉许可的技术可能是企业的现有专利技术或在协议有效期内开发出来的新技术；通常不需要支付版权费。如果交叉许可的专利价值大体相等，那么一般免交使用费；如果二者的技术效果或者经济效益差距较大，也可以约定由合同一方当事人给予另一方当事人以适当的补偿。随着市场化运作方式和技术本身的发展，交叉许可的方式也更加成熟和丰富：交叉许可合同的各方可以通过协议允许对方自由开发，免费使用各自的技术创新成果；也可以决定如果一方将另一方的创新成果有偿提供给第三方，则另一方有权按照商定的形式和数量分享所获利润；在许可合同中通常还有进一步要求技术创新的一方申请专利的规定，如果这一方不选择这样做的话，另一方可自费以任意一方的名义提出申请。① 企业运用交叉许可策略可使企业避免昂贵的知识产权侵权诉讼、将不同企业的互补性技术组合起来、减少交易成本，同时增加专利的使用价值，促进技术的传播。

（3）追随专利策略

一些企业实施了技术追随型专利策略。他们观察技术先驱的创新活动，研究开拓者的技术动向，选择成功的创新技术进行改进，从而节约时间和研究开发经费，降低风险，这样可以以较高的水平为起点，为下一步的技术创新创造条件。企业还可以把大品牌不是特别重视的技术甚至是空白技术作为自己的主要战场，避免与大品牌在主要市场的正面交锋。运用以小胜大的专利战略产生的优势，创造出一些小的专利，突破大公司的技术壁垒。

（4）利用失效专利策略

失效专利是专利权已过保护期或因故提前终止的专利技术。利用失效专利策略就是从失效专利中有针对性地选择相关技术进行研究开发、生产的一种策略。失效专利只是法律上的失效，并不等于在经济技术价值方面的失效。企业利用失效专利进行二次开发和创新，不仅可以节省大量的资金，还可以缩短研究开发时间，尽快将专利技术转化为生产力。企业在选择失效专利时，需要从技术因素、市场因素和产业因素综合进行市场潜力的评价、投资评价和成本价格的评估，作出科学有效的使用策略。

（5）商标申请和许可策略

商标，作为产品质量、信誉和知名度的载体，是产品的主要标志，是企业极具竞争力

---

① 方厚政.双赢的选择：企业技术交叉许可行为分析[J].科技与经济 2008(2)：48-50.

的一项无形资产。在竞争日益激烈的市场上,商标左右着消费者的消费导向,商标战略是关系企业生存发展的一个战略问题。企业更多为市场主导型,因此,必须具有强烈的商标保护意识,及时在国内注册,必要时进行国际注册,防止他人抢注。商标的注册重点是做到及时注册与防御注册。

(6)积极应对知识产权诉讼的策略

在知识产权侵权诉讼中,相当一部分是不能被认定知识产权侵权的。当企业受到他人的专利侵权指控时,应当以积极的态度参与诉讼程序。企业需要在律师和专业技术人员的帮助下剖析专利技术特征,采取相应对策,也可以请求宣告对方专利权无效,以及使用合法抗辩等方式。在针对国外企业专利的滥用行为、垄断行为时,我国企业更需要用法律手段来积极捍卫自己的权益。企业在国外跨国企业知识产权"包围战"中,突破重围的根本途径是强化技术创新战略、市场创新战略和知识产权战略的协同运用。

(7)商业秘密策略

商业秘密是指不为公众知悉、能为权利人带来经济利益、具有实用性并经权利人采取保密措施的技术信息和经营信息。企业可以综合采用商业秘密策略来保护知识产权成果,防御竞争对手的侵权。

2. 技术领先的企业实施以进攻为主的知识产权战略

技术领先企业通常采用进攻型知识产权战略,以知识产权战略为企业进攻市场的主导战略,通过铺设专利网、设立专利陷阱、专利技术许可、专利产品贸易等方式占领市场;对于知识产权保护弱的国家或市场,企业进入该市场的知识产权壁垒较低,有利于企业实施知识产权战略占领市场。企业可以通过众多的专利技术进攻市场,提高市场份额。进攻型知识产权战略包括以下几种类型。

(1)基本专利策略

基本专利策略是企业基于对未来发展方向的预测,为保持自己新技术、新产品竞争优势,将其核心技术或基础研究作为基本专利来保护,并控制该技术领域发展的策略。基本专利策略是以开发高新技术为基础,通过预测未来技术发展方向,将技术核心基础研究作为基本专利保护,从而控制整个技术市场,尽可能"封杀"竞争对手进入市场的通道,并向对方已有市场进行进攻,实现垄断市场的目的。基本专利策略中的基本专利,往往是企业那些划时代的、先导性的核心技术或主体技术,其具有广泛应用的可能性和获取巨大经济利益的前景。

企业通过申请基本专利享有强而有力的专利权,这种法律赋予的垄断权是企业排除竞争对手和最大限度地占有市场份额的法宝。该策略方案特点有:具有独创性、变革性的发明;有广泛应用的可能性和获得潜在的巨大经济效益;威力很大,可以限制竞争对手的发展空间;开发周期比较长,费用较大。如果基本专利能和技术标准相结合,使基本专利被接受为产业标准,那么在该技术领域的统治地位将进一步加强。

（2）专利有偿转让策略

专利有偿转让策略是指将专利权作为商品积极推销，即企业将自行开发的专利技术所有权转让、出售来获得经济效益的策略。该策略包括专利权有偿转让策略和专利有偿许可使用策略两种类型。无论是企业实施专利权转让策略还是实施许可策略，都不应仅仅把它们当成一种获取局部利益的手段，而应把它们纳入企业生产经营总的战略之中并作为市场竞争的一种有力武器。企业研究开发出来的专利技术、产品除了自己实施、生产外，还可以通过有偿转让专利的所有权或使用权的方式，获取更大的利益。

（3）专利购买策略

专利购买策略是指企业从发明人或企业那里购买专利权达到独占市场的战略。企业实施专利购买策略并不都是为了自己实施，而主要是以专利权人的身份与其他企业签订专利实施许可合同，收取高额专利使用费。同时，可以作为一种独立的策略使用，即以专利权为武器，控告侵犯其专利权的其他企业，然后获得高额赔偿费。在特殊情况下，专利购买策略还可以作为企业对抗竞争对手，摆脱被动地位的重要手段。

专利购买策略的运用也须具备一定的条件，如被"购买"的专利应当是具有较大的市场开发潜力且具有较强竞争力的技术。企业通常通过与当地的高校、科研院所合作，获取所需的知识产权。

（4）专利投资与产品输出策略

专利投资与产品输出策略即企业向准备投资或输出产品的国家申请专利，是保护投资和获得未来专利产品输出垄断权的策略。是企业将专利控制作为产品销售的"开路先锋"，避免投资和产品受他人控制，积极主动地利用专利的独占性获得市场竞争主动权的重要手段。这一策略已成为积极参与全球竞争的主要手段而越来越受到各大跨国企业的重视和运用。

（5）专利诉讼策略

专利诉讼策略指的是利用法律赋予的专利保护权限，收集竞争对手专利侵权的可靠证据，及时向竞争对手提出侵权警告或向司法机关提起诉讼，迫使竞争对手停止侵权、支付侵权赔偿费，以达到及时维护自身合法权益，有力打击竞争对手，确保自己的市场竞争优势的目的。企业积极运用专利诉讼战略，不仅可以有效地遏制与制约竞争对手，维护自身形象，而且还可以从专利侵权赔偿中获取一笔可观的经济补偿。

（6）标准与专利池策略

由于技术标准所包含的技术日益复杂，且技术的研发需要巨额投入，研发能否成功以及能否被接纳为标准都存有风险，因此由少数企业独自研发形成技术标准的情形会越来越少，企业更愿意结成技术联盟共推技术标准。当前技术标准的形成，无论是法定标准还是事实标准，大都先由部分企业结成技术联盟，共同研发推出候选的技术标准，然后由政府或标准化组织采纳为法定标准或者由行业联盟接纳为事实标准。这种技术联盟可以说是专利池的雏形，一旦技术联盟共同研发的技术成为技术标准，专利池即以此为基础而形成。

（7）专利和商标结合策略

企业可以将商标战略和专利战略紧密结合起来，通过开发专利技术来增加商标的市场价值。在商标保护的基础上再施加专利保护，可以利用专利的信誉及市场垄断性，获取更大的市场利益。此外，利用商标承接专利垄断权策略也是非常有效的进攻策略。企业利用专利权在保护期内的专有性形成了产品优势市场，再利用商标权在专利保护期届满前及届满后延续对专利产品市场的持续控制。

此外，企业还可以通过专利和商标的结合策略，即企业允许其他企业实施自己的专利，但作为交换条件把本企业的产品连同产品上的商标允许给对方使用。使用这种策略，除了可以提高本企业产品的销售量外，还可以进一步培植本企业的商标，提高本企业的知名度、扩大本企业的影响。企业还可以实施专利与商标交换策略，以使专利产品投放市场后能有效引导消费者，促进产品销售、实施。

（8）专利组合策略

专利组合的主要目的是根据企业所拥有专利的使用率与潜在价值，配合专利分析来寻找核心技术，并以核心技术为中心，建构特定核心技术领域的专利组合，使竞争对手无法利用专利回避进入市场[①]。专利组合作为一种专利集合体，既可以作为一种无形资产，也可以作为一种策略性行为。虽然，专利组合是由一个企业或不同企业的专利组成的，在其价值的表现方面，具有一些不同于专利组合体中的单个专利价值的价值。这些价值不仅表现在企业 R&D 研发直至产品市场等全过程中的利益获取方面，而且还可以作为一种策略性行为手段，对构建行业进入壁垒和处理成本高昂的专利诉讼等具有重要的策略性价值[②]。专利组合可以分别有公司层面专利组合分析、技术领域层面专利组合分析、专利发明人的组合分析和专利、市场一体化组合分析四种分析方法，其最终目的是能够据此进行专利战略决策[③]。

3. 有一定技术基础或市场基础的企业实施攻防兼备的知识产权战略

攻防结合的知识产权战略模式是将上述两种战略模式中的几种类型结合使用，这是我国大部分企业的主要知识产权战略模式。我国企业一定的技术和品牌（商标）基础都是我国企业参与高新技术领域市场竞争的基础，而这些基础都很薄弱，不能与大型企业全面抗衡。因此，攻防结合、防守为主的战略就成为我国中小型知识产权战略的主要模式。

我国企业如何根据自身发展需求和适应市场竞争环境，选择适用的知识产权策略就显得非常重要。针对企业所处的内外部环境影响因素的特点，结合企业所处的产业类型、技术创新层次和企业知识产权管理水平的差异来选择和构建企业知识产权组合战略，是推进知识产权战略实施的重要策略和方法。

---

① Poul-Erik N. Evaluating patent portfolios-a Danish initiative [J]. World Patent Information，2004，26(2)：143-148.

② 刘婷婷，朱东华. 基于专利投资组合理论的专利战略研究[J]. 情报杂志，2006,(1)：8-9.

③ 王玲，杨武. 基于中国创新实践的专利组合理论体系研究[J]. 科学学研究，2007(6)：547-550.

10.3 企业知识产权战略的实施与调整

10.3.1 构建企业知识产权战略组合模式的意义

企业构建知识产权战略组合模式的主要目的是根据企业所拥有知识产权的使用率与潜在价值，以企业核心知识产权为中心，建构特定的核心知识产权领域的知识产权策略组合，从而最大限度发挥企业的技术优势、市场优势和知识产权优势。

知识产权组合模式的构建和应用不仅能最大效应发挥知识产权的作用，并且能为企业决策提供一套科学合理的可视化工具，使企业在决定专利 R&D 的投资战略、技术转移和商业化时能够依据科学指标进行动态监测。知识产权组合模式不仅凸显了企业开展知识产权战略管理研究的必要性和重要性，也可为知识产权竞争的差异化战略设计提供巨大空间和丰富的理论源泉。

10.3.2 影响企业知识产权战略组合的四大因素

企业应该根据所处的产业特征、技术创新能力、知识产权价值和知识产权管理水平四个维度，选择适合企业的知识产权战略。

1. 产业特征维度对企业构筑知识产权战略组合模式的影响

随着国际技术转移和技术扩散向国内加速渗透，国内技术创新及其市场变革呈现出国际化的趋势。知识产权竞争正成为国家之间产业竞争的重要形式。只有将知识产权战略嵌入产业创新的整个过程，实现知识产权战略和产业技术的融合，才能促进产业创新的良性发展。

由此可见，我国的企业的知识产权战略的实施有赖于产业知识产权积累和集成区域内外知识产权资源的能力，因此不同产业类型对知识产权战略的影响也不相同。企业构筑其知识产权战略组合模式的前提是要分析企业所处的产业特征和产业环境，根据产业发展特点选择适合的知识产权战略。

2. 技术创新能力维度对企业构筑知识产权战略组合模式的影响

企业依据技术创新能力来选择企业的知识产权战略，是企业有效组合知识产权战略，提升企业竞争力的基础。从不同的研究角度和出发点，可以得出不同的企业自主技术创新能力的构成要素。OECD 在进行技术创新能力调查时，将反映企业技术创新能力的指标确定为六个重点方面：一是企业发展战略；二是创新成果的扩散；三是企业创新的信息源和创新障碍；四是企业创新投入；五是政府在创新中的作用；六是企业创新的产出。国家统计局在《中国企业自主创新能力分析报告》中从技术创新能力的角度构建了一个企业自主创新能力的评价指标体系,共包括四个一级指标:潜在技术创新资源指标、技术创新活动评价指标、技术创新产出能力指标、技术创新环境指标。借鉴 OECD 等评价指标体系的基础,采用国家统计局的评价指标体系,将一级指标划分为四个部分。

(1) 企业创新设计能力指标,包括:①人员投入强度。可以从从事专职人员数或者人员数占企业职工总数的比例来衡量。②企业开发投入强度。企业愿意投入资金高薪聘请专业技术人才,选择的指标是中高级职称技术人员占技术人员总数的比例和现今技术专家及博士人数。

(2) 企业研究开发能力指标,分为:①研究开发总费用占产品销售总收入的比率。②研究开发成功率。主要反映机构的研究能力,用绝对指标"以各种方式取得的研究开发项目数"来计算。③专利和专有技术拥有数。通过对企业专利的技术构成和申请、转让、购买的统计分析,得到有关技术知识的改造、应用、转让情况。

(3) 企业制造能力指标,分为:①设备水平先进程度。设备水平可按国际先进、国际一般、国内先进、国内一般及其他水平等档次,分别计算各档次水平的生产设备占总设备的比例,采用加权平均法来计算。②现代制造技术采用率。采用现代制造技术生产的产品数占企业生产的产品总数的比例。③新产品销售份额。

(4) 企业创新产出能力指标,分为:①新产品销售收入总占有率。通过对新产品销售收入占企业产品销售收入的比重来进行判断。②新产品销售利润率。该指标属于收益性指标,表明产品创新中每百元新产品销售收入中多提供的利润。该指标数值越大,说明企业从新产品中获利越高,也反映出成功地进行了技术创新的企业有更高的利润回报。③主导市场占有率。产品市场占有率指标反映企业创新产品的商业化程度,可计算其市场占有份额。

对企业技术创新能力的初步评价可以依据表 10-3 的指标,在比较同行业或同产业内的相关企业技术创新能力的差异基础上,可以选择适合企业的知识产权组合策略。

表 10-3 企业技术创新能力指标集

	一级指标	二级指标
企业技术创新能力指标	设计能力	人员投入强度
		技术开发投入
	研究开发能力	研究开发总费用/产品销售总收入
		研究开发成功率
		专利和专有技术拥有数
	制造能力	设备先进程度
		现代制造技术采用率
		新产品销售份额
	创新产出能力	新产品销售收入总占有率
		新产品销售利润率
		产品市场占有率

3．知识产权价值维度对企业构筑知识产权战略组合模式的影响

企业知识产权价值主要包括专利价值和商标价值。

（1）专利价值：涉及专利的技术领域活跃程度、专利获权是否容易、专利权是否明确、专利竞争和发展态势、专利实施的风险和成本等诸多因素。对于专利综合评价指标体系中各类指标的设计，应该从专利活动运动过程的特征来进行研究，专利活动运动过程包括专利的投入、专利的产出、专利的运营、专利的保护和专利的效益。其中将其分为专利的数量指标、质量指标和价值类指标。企业可根据自身特点通过对以下几个方面的分析，评价企业专利价值。专利数量指标通常以专利申请量来衡量。专利的质量指标包括专利的授权量、授权率和专利的成活率。数量多说明企业的创新能力强。专利存活周期越长，专利所产生的价值就越高。专利的价值类指标包括运营类指标和效益类指标。运营类指标包括专利的实施率和转移率。效益类指标就是专利的实施给企业带来的经济效益，包括专利产品产值和增加值。

（2）商标价值：商标权是知识产权重要的组成部分，商标的价值实现已成为企业发展乃至经济发展的重要标志。专利和作品的价值是显性价值，因其可单独使用。而商标由于其自身的依附本性，不能单独使用，需要和商品一起，才能实现其价值。因此，商标的价值是隐性的，是被商品价值覆盖了的。但是商标的价值可以从商品自身的属性、消费者的效用感知和社会评价三个方面来评价。

4．知识产权管理水平维度对企业构筑知识产权战略组合模式的影响

知识产权战略组合模式的构建还受到企业知识产权综合管理水平的制约。企业为了适应知识产权的竞争，需要建立一个完善的知识产权管理体系来保护他们的创新成果，提升竞争优势。企业知识产权管理是对知识产权所进行的一种综合性管理和系统化的谋划活动，它通过对知识产权实施动态管理、法制管理、市场管理和国际化管理，能够提高企业运营知识产权的水平，强化企业对知识产权的保护，提高市场竞争力。企业知识产权管理水平决定着知识产权战略运用的程度，知识产权管理贯穿企业生产经营管理的各个方面。

企业知识产权综合管理水平的差异体现在企业自身知识产权战略意识、知识产权制度建设、知识产权人才储备、知识产权平台建设等方面。

10.3.3　构建企业知识产权战略的组合模式

我国企业在技术进步和知识产权保护方面虽然有了很大的发展，但不同产业技术水平差异较大，知识产权质量参差不齐，知识产权制度不够完善，知识产权战略管理能力有待提升，是摆在面前的现实性问题。对上述问题的应对和解决直接落在自主创新和知识产权战略两大发展要素上。自主创新是知识产权战略的出发点和根本目的，知识产权战

略则为自主创新提供扎实的运行基础和动力,只有通过完善的知识产权战略管理体系,自主创新才能具有更好的投入激励机制,才能更好地将科技研究成果转化为市场经济的发展力量。因此,企业在依据技术创新能力强弱和知识产权价值高低选择知识产权战略的同时,还必须从提高企业知识产权综合管理水平出发,逐步优化知识产权战略类型,构建动态的知识产权战略组合模式(见图 10-5)。

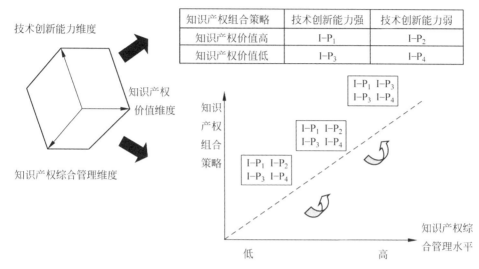

图 10-5 企业知识产权战略的动态组合模式

知识产权战略的动态组合模式的内涵是强调知识产权战略与技术创新战略、市场创新战略和标准战略的协同发展。其中企业技术进步是核心,知识产权价值增值是关键,知识产权综合管理水平提升是基础。只有增强企业的知识产权战略管理的意识、构建知识产权实施的管理平台,不断提升企业知识产权综合管理实力,才能优化企业的知识产权组合策略(见表 10-4),使技术创新能力得到保证和激励,进而通过知识产权价值增值来提升企业竞争力。企业知识产权组合策略的合理运用反过来也促进企业知识产权综合管理水平的提升,形成良性循环,最终促进企业的可持续发展。

表 10-4 企业技术创新能力与知识产权价值相匹配的组合策略

知识产权组合策略	技术创新能力强	技术创新能力弱
知识产权价值高	I-P1 基本专利与专利网、专利收买、知识产权诉讼、知识产权转让、知识产权许可与品牌结合、专利池与标准结合等	I-P2 专利网、知识产权转让、知识产权许可、知识产权交叉许可、专利保护、商业秘密等
知识产权价值低	I-P3 技术秘密、技术公开、纠纷预防、在后申请、在先申请、专利保护等	I-P4 技术公开、利用失效专利、放弃知识产权等

1. 企业依据知识产权管理差异选择知识产权战略组合

当企业知识产权综合管理水平不高,技术比较优势不明显时,知识产权的价值可能参差不齐。在实施知识产权战略时,通常选择防守型知识产权战略,通过市场跟随战略和实用工程战略获得市场。对高价值的知识产权,企业可选择 I-P2 组合策略,通过专利网、专利转让、交叉许可等策略充分发挥知识产权效用,或者获得同类企业专利技术使用权以提升本企业竞争能力。对低价值的知识产权,企业可选择 I-P4 组合策略,通过技术公开、充分利用失效专利或放弃知识产权等防御型策略来抵御其他企业的知识产权进攻。当企业知识产权综合管理水平不高,但具有一定技术优势时,则需提高知识产权综合管理水平,促进知识产权战略与技术创新战略和市场创新战略的协同发展,才能保持竞争优势。

当企业知识产权综合管理水平较高,且具有明显的技术优势,但作为策略性的知识产权价值仍可能良莠不齐时,知识产权战略应上升为主导战略,通常选择进攻型或攻守兼备型知识产权战略。对高价值的知识产权,企业可选择 I-P1 组合策略,通过基本专利与专利网、专利收买、专利转让与许可相结合等多种策略来维持其竞争优势。例如欧美领先的企业将知识产权战略的重点从传统的排他垄断战略转变为更积极的许可与合作战略,知识产权管理部门也从企业的成本机构转型为利润中心。对低价值的知识产权,企业可选择 I-P3 组合策略,选择绕过障碍专利、申请取消对手专利、将技术公开等策略避开不利因素,阻止对手进攻。当企业知识产权综合管理水平较高时,企业可以在产学研合作和技术联盟中积累更多的知识产权成果,促进企业自主创新能力的提升。

2. 企业依据产业类型差异选择知识产权战略组合

供应商主导型产业主要以进行过程创新的小规模运作的企业为代表。企业通常具有较强的生产能力和工程化能力,通过工艺创新和过程创新,逐步提升企业产品创新能力。对技术创新能力较强,但知识产权价值不高的企业可选择 I-P3 组合策略,选择绕过障碍专利、申请取消对手专利、将技术公开等策略避开不利因素,同时促进知识产权战略与技术创新战略和市场创新战略的协同发展,才能逐步提升企业知识产权价值。对技术创新能力较强,但知识产权价值也高的企业可选择 I-P1 组合策略,采用专利与技术标准结合战略、基本专利与专利网战略、专利收买战略、主动提起专利诉讼战略、战略转让和许可战略及专利与品牌结合战略来增强企业的综合竞争力。但这类企业的知识产权管理水平是制约企业知识产权战略选择的关键因素,只有构建完善的知识产权管理体系,才能有效组合知识产权战略。

科学推动型产业主要以新材料研发、生物与新医药研发的企业为代表。企业研发成果通常具有较高的知识产权价值,但产品的成熟度比较小,应用度有限。企业通常需要提升技术创新能力来推动创新成果的市场化。对技术创新能力较弱的企业,可选择 I-P2 组合策略,通过知识产权保护、专利网战略、与产品结合战略等为以后产品的规模化应用提供保证。还可以通过转让与许可战略、交叉许可战略获得资金和市场优势。企业通过知识产权战略的实施要真正推动技术创新能力的提高,当企业技术创新能力逐步增强时,可选择 I-P1 组合策略,采用专利与技术标准结合战略、基本专利与专利网战略、专利收买战略、主动提起专利诉讼战略、战略转让和许可战略及专利与品牌结合战略来增强企业的综合竞争力。

专业供应商型产业主要以电子信息技术、资源与环境技术、新能源及节能技术开发为主的企业为代表。产品创新是这类企业的创新焦点,实用新型和外观设计专利是企业知识产权的主要类型,导致企业知识产权价值不高,知识产权容易被模仿。对低价值知识产权和较弱创新能力的企业,可选择 I-P4 组合策略,通过技术公开、充分利用失效专利或放弃知识产权等防御型策略来抵御其他企业的知识产权进攻。当企业技术创新能力较强时,则应该提高企业的知识产权综合管理水平,运用 I-P3 组合策略,选择绕过障碍专利、申请取消对手专利、将技术公开等策略避开不利因素,同时促进知识产权战略与技术创新战略和市场创新战略的协同发展,才能逐步提升企业知识产权价值。

信息密集型产业主要以高技术服务型的企业为代表。企业偏重于产品的利用和改进,技术创新的综合实力不强。当知识产权价值较高时,企业可选择 I-P2 组合策略,通过知识产权保护、专利网战略、与产品结合战略等为以后产品的规模化应用提供保证。还可以通过转让与许可战略、交叉许可战略获得资金和市场优势。当知识产权价值较低时,企业可选择 I-P4 组合策略,通过技术公开、充分利用失效专利或放弃知识产权等防御型策略来抵御其他企业的知识产权进攻。

对服务业等非制造业企业的主要任务是通过商标战略、商业秘密战略等的运用来保护企业的知识产权。由于企业的产品更多以知识和信息存在,因此企业加强知识产权的战略管理是非常重要的。对比较高的知识产权价值,可以采用 I-P2 组合策略,通过知识产权保护、与产品结合战略等为产品的市场应用提供保证。

规模密集型产业主要以改造传统技术的企业为代表。企业通常具有一定的技术优势,但作为策略性的知识产权价值仍可能良莠不齐,企业参与市场程度大,对市场变动的敏感度也大,一般需要制定全方位的知识产权战略。对高价值的知识产权,企业可选择 I-P1 组合策略,通过基本专利与专利网、专利收买、专利转让与许可相结合等多种策略来维持其竞争优势。技术领先企业还可以将知识产权战略的重点从传统的排他垄断战略转变为更积极的许可与合作战略,知识产权管理部门也从企业的成本机构转型为利润中心。对低价值的知识产权,企业可选择 I-P3 组合策略,选择绕过障碍专利、申请取消对手专利、将技术公开等策略避开不利因素,阻止对手进攻。当企业知识产权综合管理水平较高时,企业可以在产学研合作和技术联盟中积累更多的知识产权成果,促进企业自主创新能力的提升。

以上产业差异的分析只是基于最一般的企业类型和特点进行分析,不排除特殊企业类型的例外应用。因此,知识产权战略的选择要因企业制宜,客观评价企业的技术创新能力和知识产权价值,结合企业的内外部发展的战略环境,选择适合企业的知识产权战略的具体类型。

专栏

德国企业知识产权战略管理的重点

德国企业知识产权战略管理重点围绕企业经营发展的总体战略,在知识产权的管理职能、评价体系、产学研合作、成果应用和产业化、员工培训和奖励等方面均形成了比较完善、富有成效的制度规范。德国企业知识产权战略管理的重点具体表现在:

第一,围绕自身发展战略,制定了明确的知识产权战略和指导方针。德国企业把知识产权战略作为企业整体战略的一部分加以综合系统的考虑,根据行业特点确定其知识产权战略的重点。如德国汉高公司将知识产权战略的重点放在商标的注册和保护上。为了保证知识产权战略的有效实施,德国企业还普遍制定了明确的知识产权战略管理指导方针。如拜耳公司制定的知识产权战略管理指导方针:一是积极加强知识产权的战略管理,以增加价值;二是构建全球化的知识产权战略管理结构;三是以全球商业战略为导向;四是企业知识产权要作为战略上重要的无形资产来管理;五是各部门间的沟通与合作是有效的知识产权管理的基础;六是要注重高素质的知识产权专业人员的发展。

第二,注重落实知识产权管理职责,形成高效的内部沟通渠道。在明确职责的基础上,企业内部高效的沟通渠道突出表现在:一是企业总部设有知识产权文献数据库,实现内部数据沟通和信息共享,避免重复研究;二是知识产权管理、研发、生产、销售和法律部门之间经常沟通交流;三是企业子公司知识产权管理部门面向总部的业务定期或专题报告制度。

第三,积极开展产、学、研的合作,促进知识产权成果的应用及产业化。德国企业根据自身技术创新和发展需要,在高校、科研机构设立研究中心、实验室,提供科研项目和经费,进行关键领域或者核心技术的专题研发。跟踪评估科研机构已有的专利技术,及时购买专利技术或专利许可,并尽快将专利成果转化为现实生产力,在企业内外部形成研发和产业化的良性循环机制。

第四,科学的知识产权申请评估体系。德国企业对研究成果进行价值评估,以最合理的成本,选择最有效的知识产权保护策略。在获得专利授权后,企业则会适时评估每项专利的价值,决定是否维持或放弃。

第五,重视员工教育和知识产权人才队伍的培养。员工经过教育培训,逐步形成自觉遵守法律制度和保护企业知识产权的强烈意识。不少德国企业还注意培养专业化的知识产权人才队伍,对技术、法律人员定期进行跨学科轮训,或派员去专利事务所、律师事务所、高校学习,积极创造条件,鼓励员工参加专利律师资格考试,以此培养企业自己的具有理工科背景、技术与法律相结合的复合型人才。

资料来源:http://www.hncq.cn/new/News/Show.asp? id= =297&page=5.

10.3.4　推进企业知识产权战略实施的具体策略

企业必须依据企业发展阶段选择有效的策略推进知识产权组合战略的动态实施,以促进自主创新成果的产出、保护和扩散,最终实现企业的跨越式发展。

1. 加强企业家的知识产权战略意识,将组织聚焦于知识产权战略

知识产权战略的成功运用,首先离不开企业家明确的知识产权战略意识。企业家的职责在于使知识产权战略融入企业经营战略,通过执行团队来推动知识产权战略与其他战略的有效融合,使知识产权战略成为组织推进创新的一个持续的过程。企业可以通过知识产权战略规划、知识产权制度建设、知识产权专业人才吸纳和培养、知识产权管理体系的完善等方式,将组织逐步聚焦于知识产权战略,在生产和经营活动中提升综合保护和运用知识产权的能力。

2. 逐步提升企业知识产权综合管理水平,动态推进知识产权战略

提升企业知识产权综合管理水平,一是要加强知识产权战略的制定和推进,有效依据企业创新能力强弱和专利价值高低,组合运用各种知识产权策略;二是提升运用知识产权制度的能力,掌握国内外同类产品的技术发展水平和专利权状况,避免低水平重复研究和侵犯他人的专利权;三是建立完善知识产权管理制度,对创新成果采取有效的知识产权保护方式,并在机构、人员、经费等方面予以保障;四是落实技术要素参与收益分配的政策,深化内部分配制度改革,重奖专利技术的发明人和设计人;五是及时评估和反馈知识产权战略的实施效果,根据技术进步水平和企业发展阶段动态调整知识产权战略的实施。

3. 建立多元化知识产权创造和开发体系,培养"运营"知识产权的能力

企业实施知识产权战略的目的就是促进自主创新成果的产出和保护,协调自主创新成果的扩散。

知识产权创造和开发体系不断提升知识产权价值,通过与技术标准结合、与品牌结合等策略,形成基于"R&D 投资"取得"知识产权",知识产权获得"许可收入",许可收入再用作研发投资的动态过程,培养运营知识产权的能力,使知识产权在技术转移和投资的过程中获得最大效益。

4. 加大政府支持力度,营造良好的外部环境

加大政府支持力度,营造良好的外部环境,使知识产权战略同地方和国家的知识产权战略相融合。一要完善生物技术的相关立法,积极学习、借鉴国际上生物技术立法的先进经验,制定和完善关于专利转让与许可、中介机构建设、风险投资、中小型科技企业借贷担保等方面的法律法规,有利于促进生物技术的研发。二要优化知识产权保护环境,切实有效地维护市场秩序,将知识产权保护纳入社会诚信体系建设,严格整治和规范市场秩序。三要推动多元化的知识产权平台建设,为企业提供知识产权内容的综合服务。通过建立健全区域知识产权援助体系,开放知识产权服务市场,建设一批知识产权援助的骨干中介机构,集成知识产权信息资源,整合专利数据库、标准数据库、知识产权政策等专业信息,依托知识产权服务体系和信息平台,提供高附加值的知识产权服务。

10.4　企业知识产权战略管理的协同发展

10.4.1　构建知识产权战略的协同发展模式

在开放式创新背景下,面对企业集聚化发展和国际化趋势,知识产权战略必须与企业技术创新战略、企业市场创新战略和企业标准战略紧密结合、协同发展,通过构建知识产权战略管理的协同发展模式(见图 10-6),逐步适应新形势的发展要求,将知识产权优势真正转化为创新主体的竞争优势。

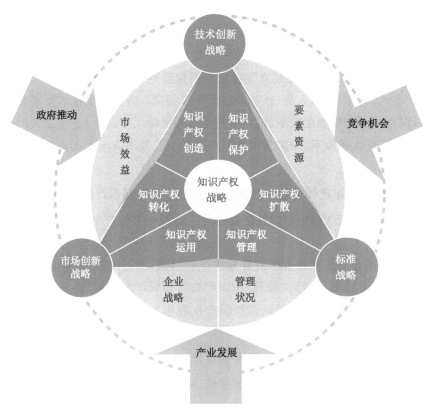

图 10-6　知识产权战略构建的协同发展模式

知识产权战略的协同发展模式是以知识产权战略为中心,强调与企业技术创新战略、市场创新战略和技术标准战略的相互融合和协同发展。从图 10-6 中可以看到,知识产权战略的实施还必须关注企业内外资源的整合和协同。知识产权战略作为企业战略的重要组成部分,其构建的基础是在国家、地方知识产权战略的指导下,在政府政策支持和推动下,探寻企业发展的竞争机会,通过产业集聚获取外部竞争资源;同时通过企业内部竞争战略的运用和管理手段的丰富,对企业生产要素资源进行合理的优化配置,逐步通过技术、专利、标准、商标和品牌的外在效应实现企业竞争力的提升。而四大战略协同的载体则是通过知识产权战略的六大功能,即知识产权创造、知识产权保护、知识产权转化、知识产权管理、知识产权运用和知识产权扩散的应用和整合来逐步实现和推进。

知识产权战略的协同发展模式是一个系统的模式。该模式以知识产权战略为核心,以企业内部竞争资源(企业竞争战略、管理、要素和效益)和外部竞争资源(政府、产业和机会)的整合为基础,通过与三大功能战略(技术创新战略、市场创新战略和标准战略)的协同发展,促进企业知识产权六大功能(知识产权创造、知识产权保护、知识产权转化、知识产权管理、知识产权运用和知识产权扩散)的有序作用和持续发展。

10.4.2　知识产权战略与技术创新战略的协同发展

技术创新推动了知识产权的出现,并产生了许多新的权利载体和财富源泉,使知识产权的保护范围逐渐超出原有的界限向新的领域扩展,由单一性向综合性方向演变。知识产权制度是保证技术创新成果权利化、资本化、商品化和市场化的基本前提之一。知识产权作用与技术创新的逻辑模式见图 10-7。由此可见,知识产权为技术创新活动提供了制度保障,使得创新主体既可以生产有形商品获得高额利润,又可以通过无形商品进入市场,并采取知识产权转让方式获得高额投资回报率,从而增强了再创新的积极性,形成了技术创新的良性循环机制。

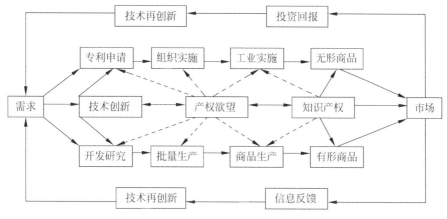

图 10-7　知识产权与技术创新协同发展关系①

———————————

① 易显飞.知识产权与技术创新相互作用机制研究[D].长沙:中南大学,2002.

知识产权战略与技术创新战略是相互融合,协同发展的。知识产权战略与技术创新战略需要紧密相结合可以体现在与研究开发战略和技术联盟战略的结合过程中。[①]

1. 研究开发过程中知识产权战略的运用

以研究开发为核心的技术创新战略在实施的整个过程中涉及知识产权战略的运用是多方面的,如利用专利情报、评价研发成果、申请专利以及对竞争对手采取的策略等,其中研究开发战略与专利战略的结合是非常关键的。在研究开发的各个阶段,如研究开发模糊前端、施行研究开发计划阶段、成果收获阶段、研究开发成果进入新产品生产经营阶段等都需要利用专利的各种作用,在相应的阶段赋予明确的专利目标,这就涉及企业专利战略的运用。

企业技术研发计划的制订,需要将技术创新战略与知识产权战略紧密地结合起来。企业可以通过专利情报、专利文献检索、专利技术跟踪、技术预测和专利申请策略的实施来实现以下功能:①确定主要技术领域内的主要竞争对手、专利技术特点、专利市场占有情况及其对该领域未来发展的影响;②立足于信息源和参照源,寻找具备公司专利标准和要求的技术或产品资源,为公司出口和在海外发展业务提供决策依据;③在坚持自主研发的基础上,追踪借鉴国际最先进技术,寻找有效占领市场的技术方案,以获得竞争优势;④通过专利等知识产权保护,寻找企业跨行业发展契机,使产品市场细分化得到有效支持。

2. 技术产业化过程中的知识产权战略的运用

在技术完成研发,准备投入生产和开展产业化过程时,知识产权战略的重心是对取得的成果及时进行相应的知识产权评价,对符合专利性的技术创新成果及时申请获得专利保护。对于企业创造性很强且很难被模仿的技术创新成果,则不一定要很快申请专利,以免因为技术公开过早而被多个竞争对手开发形成专利网的反包围。但这也应掌握好时机,否则可能会酿成严重的后果。

在技术产业化过程中,还要关注研发平台中的知识产权战略的运用。研发平台技术特征取决于技术组合中核心技术的特征,而研发平台就是一个企业的核心技术,是"基本专利",一个企业如果能够通过研究开发形成自己的核心技术,同时通过知识产权制度保护研发平台,它就能够通过不断创新和改进研发平台的各种技术要素(衍生专利),使公司长期处于竞争优势。

研发的平台产品保持连续性的关键方法就是知识产权保护,拥有平台产品的知识产权,又不断地创新,形成外围技术,保护衍生专利,就会最大限度地延长平台产品的生命力,不断为公司创造利润。

3. 技术商业化过程中的知识产权战略的运用

在技术成果推向市场的过程中,企业的知识产权战略运用的重点是知识产权的保护

---

① 许庆瑞,吕飞. 服务创新初探[J]. 经济管理(新管理),2003(2):23-26.

和运营。企业可以通过实施专利技术、转让专利技术等方式实现专利技术的市场化和商业化。其中知识产权战略与技术转让战略相结合是非常重要的。

对于在专利技术上有优势的企业,知识产权管理必须和技术转移战略相结合才有效率。企业一般可以通过四种途径对外输出技术,即:输出产品、出售专利、与政府合作和在外国投资。技术转移是企业全球经营战略的需要,知识产权战略服从服务于这一战略,知识产权只有在技术转移的过程中才能获得最大效益。

在技术创新过程中,知识产权战略与技术联盟战略相结合也是非常重要的。企业进行研究开发的方式主要有:自主研究开发、引进技术加以改进和形成联盟共同开发。由于技术联盟一方面降低了获取知识产权的成本,另一方面也增加了获得新的知识产权的可能性,进而使参加联盟的企业都获得了优势的竞争地位。因此,企业的研究开发战略将越来越倾向于技术联盟。

专栏

柯达公司疏忽专利信息带来的研发风险

专利中所蕴藏的信息是竞争情报的重要来源,它能为公司的研发和并购项目指引方向,以免不慎陷入专利侵权诉讼和尽职调查的泥坑。在未能有效利用专利信息来降低风险的例子中,最著名的例子就是宝丽来公司(Polaroid)与伊士曼柯达公司(Eastman Kodak)之间在一次性成像业务上爆发的那场专利大战。宝丽来公司的规模要比柯达小得多,但它仍然孜孜不倦地为其高速增长的一次性成像相机业务竖起了一道“专利警告牌”,而柯达公司对此却熟视无睹。1975 年,柯达公司推出了一系列一次性成像相机和胶卷产品,许多人——包括宝丽来公司的主要高管——都认为该产品与宝丽来公司的技术有太多相似之处。由此引发的专利诉讼案最终在 1990 年结案,法院判定柯达公司确实侵犯了宝丽来公司的专利权。柯达公司为这一错误的专利战略总共付出了多大代价呢?根据判决,柯达公司必须向宝丽来公司支付高达 9.25 亿美元的赔偿金。同时柯达公司还被迫关闭价值 15 亿美元的工厂,裁员 700 人,并花费近 5 亿美元召回公司在 1976 年到 1985 年间向消费者出售的 1600 万部一次性成像相机。此外,为了支撑长达 14 年的诉讼大战,柯达公司还支付了 1 亿美元的法律费用,而且 10 年的研发投入最终也只能作为损失列入账目。由此可见,公司若在研发工作中未能尽最大努力防范侵权问题,那么这种在知识产权管理上的疏忽就好比是在地震断层之上建造工厂。

资料来源:凯文·瑞维特,戴维·克莱恩.发现知识产权新价值[J].哈佛商业评论,2006.(7).

10.4.3　知识产权战略与市场创新战略的协同发展

企业实施知识产权战略的目的不仅是促进自主创新成果的产出,同时也是利用知识产权制度最大限度地保护、占有本企业产品的市场,增强企业的市场竞争优势。企业的知识产权战略同样需要与市场创新战略协同发展(见图 10-8)。知识产权战略通过与市场创新战略的强协同,可以更好地保护和运营知识产权的商业化价值,促进技术的成功产业化。

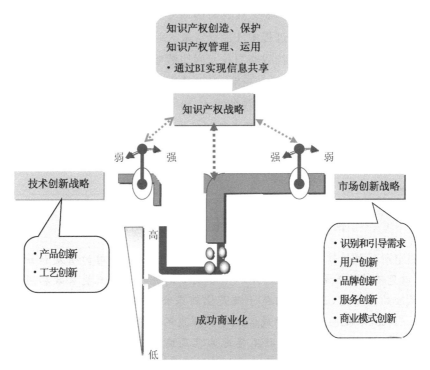

图 10-8 知识产权战略与企业市场创新战略、技术创新战略的协同关系

知识产权战略与市场创新战略的紧密结合已经成为企业可持续发展的战略选择,成为企业开展市场竞争的战略重点,也是企业进行对外贸易的战略选择。知识产权战略与市场创新战略的紧密结合,主要体现在与技术转让战略、进入市场战略、企业投资战略和企业品牌战略之间的相互融合。

1. 知识产权申请战略与市场战略相结合

知识产权申请战略与市场战略的结合,一方面是指企业在知识产权创造过程中积极与市场要素协同,例如通过用户参与创新、产学研合作,以及其他方式的合作创新来获取更多的市场资源和正确的市场导向,此时知识产权战略的作用更多在于协调参与创新的利益各方的权益分配。另一方面,知识产权战略与市场创新战略的协同还包括企业如何利用知识产权战略开展专利池建设、专利联盟、商标系列的申请等,利用专利布局、商标布局,巩固和扩大企业市场竞争优势,阻碍其他竞争对手进入。

近年来国外跨国企业在我国大量申请专利的战略表明,跨国企业在开拓和占有市场方面奉行的是专利先行战略。这些在华跨国企业纷纷成立知识产权部,对其在华的知识产权活动进行科学管理。例如,摩托罗拉在北京成立了大中华知识产权部,主管其在中国内地、中国台湾和中国香港的专利事务。

2．知识产权战略与技术许可战略相结合

在技术成果推向市场的过程中,企业还可以通过实施许可专利技术等方式实现专利技术的市场化和商业化。企业实施技术许可战略的根本目的是获得更多的市场收益,也就是企业不仅卖产品,还卖技术和知识。企业可以根据知识产权成果的市场价值和应用目的采用不同的技术许可战略来实现产业化,这就需要企业善于组合各种知识产权运用策略,将知识产权战略与市场创新战略紧密结合。

3．知识产权战略与企业投资战略相结合

知识产权战略与企业投资战略的目的都在于加快企业的技术进步,提高企业素质,促进企业发展。在对投资项目作决策之前,对产品的市场供需状况、市场竞争能力、项目建设条件,技术可靠性、先进性、独占性等应当进行评估,而评估的作出必然离不开知识产权战略的运用。科技含量越高的行业,企业用于研究开发的投资比例越高,以推动技术创新;而投资战略的制定就是要使企业在投资中确保恰当的分配份额。一般而言,与 R&D 战略密切相关的投资,一是用于 R&D 相关工作的投资;二是用于知识产权相关工作的投资比例,例如专利商标申请费、维持费、侵权诉讼费等。

4．知识产权战略与企业品牌战略相结合

品牌是在商标基础上,累加了产品的技术、质量和服务而形成的综合的产品认知。驰名商标的出现既是企业辛勤劳动的结晶,也是企业坚持实施商标战略的结果。创立驰名商标成为市场经济发展的必然要求,成为企业实现经济增长方式由粗放型向集约型转变的必由之路。

在新的知识经济时代,知识产权资源在企业中的创造、优化配置、有效利用,离不开这个企业实施富有成效的知识产权战略。企业拥有高信誉商标等知识产权资产的数量和质量,在很大程度上决定了企业竞争力的高低,而高信誉商标等知识产权资产的开发与有效利用,则离不开知识产权战略的有效实施。

企业市场竞争归结为品牌的竞争,品牌竞争则是以质量和技术为基础的。因此,知识产权战略与品牌战略的结合,也就是技术创新战略、商标战略与品牌战略协同发展的过程。

10.4.4 知识产权战略与标准战略的协同发展

1．标准战略内涵

(1) 技术标准与技术标准战略

技术标准是对技术活动中需要统一协调的事物制定的标准,是企业进行生产技术活动的基本依据①。技术标准作为人类社会的一种特定活动,已经从过去主要解决产品零部件的通用和互换问题,转变为倡导新的技术理念,并成为技术壁垒的重要组成部分。技术标准发展具有两大趋势:一方面,技术标准逐渐成为产业竞争的制高点。另一方面,技术标准与专利技术越来越密不可分,对于高新技术产业来说,经济效益更多地取决于技术创新和知识产权,技术标准逐渐成为专利技术追求的最高体现形式。例如,美国高通公司的竞争优势就在于公司在 CDMA 领域拥有 1400 多项专利,并使相关的标准成为移动通信的国际标准,从而获得迅速的发展。专利影响的只是企业,而标准影响的却是一个产业,甚至是一个国家的竞争力。所以,从战略高度上重视和加强技术标准的研究势在必行。

技术标准战略是组织从自身的发展出发,利用技术标准的建立和推广,在技术竞争和市场竞争中谋求利益最大化的策略。实施技术标准战略,必须理解技术标准、知识产权和技术创新三者之间的关系,这是技术标准战略实施的基础。

(2) 服务标准与服务标准战略

服务是一种过程、行动和表现,具有无形性、异质性特征。一套清晰、简洁、可观测和现实可行的服务标准,可以减少质量信息的不对称,使顾客可以根据国家、行业和企业标准对服务质量有一个合理的预期,保证服务质量的稳定性。服务标准是对服务活动中需要统一协调的事务制定的标准,是企业进行服务活动的基本依据。服务标准主要涉及服务流程、提供的具体服务两方面内容。服务标准也是企业服务创新的重要的内容。企业实施服务标准,有利于规范服务流程,提高服务质量,获得顾客满意,增强服务企业核心竞争力。

服务标准战略是指着眼于企业服务的整体性,采用系统的方法,建立标准化服务流程,根据行业特征和提供服务的特性从不同方面进行细节问题的标准化。企业服务标准战略的实施是通过规范化的管理制度、统一的技术标准和服务岗位上的工作项目、程序与预定目标的设计和培训,向顾客提供统一的、可追溯的和可检验的重复服务。

 专栏

荷兰飞利浦公司的标准战略

20 世纪 70 年代末,飞利浦率先开发出了激光唱片并立即做出了一个大胆的决定,同日本分享这项技术,交换条件是要求日本人采纳飞利浦的技术标准。这两家"巨头"为技术标准问题讨价还价达数月之久,最后达成一项协议。索尼公司接受了飞利浦的标准,其他亚洲和欧洲的生产商亦步其后尘,这些厂商都为飞利浦的技术支付了专利使用费。据此,飞利浦占领了世界上 20% 的激光唱片市场。通过转让自己的专利技术并推广相应的技术标准,飞利浦成了激光唱片世界市场的龙头老大。这都是靠专利推广标准和技术产品的范例。

资料来源:http://www.bjlc.com.cn/web_zhengyang/systemasp/News/displyguwen_biaozhun.asp? fid=36.

---

① 孙公绪,孙静.质量工程师手册[M].北京:企业管理出版社,2002.

2. 知识产权对标准运用的影响

(1) 知识产权对技术标准的影响

在传统意义上,技术标准与知识产权是互相排斥的。技术标准追求公开性和普遍适用性。知识产权作为合法的垄断权,旨在鼓励创新、促进知识生产。现代技术标准,就是成功地利用专利技术和标准化工作的特点,通过"专利联营"等手段将技术专利写入标准,巧妙地将全球技术许可战略构建在技术标准战略中,形成一条"技术专利化—专利标准化—标准许可化"的价值链,从而实现在技术和产品上的竞争优势。由于知识产权具有地域性和排他性,一旦以专利技术为核心建立的标准得到普及,就会形成一定程度的技术和市场垄断,并可以保护本国技术,发挥技术壁垒的积极作用。例如,在将国际标准转化为国家标准时加入我国的专利技术,可以抑制国外技术长驱直入,并在实施该标准时通过交叉许可,以合理的、非歧视性条件从对手那里获得专利许可,为减少所付专利使用费创造条件。

技术标准和知识产权制度是整合技术创新系统,优化资源配置,实现产业可持续发展的两个关键性因素,二者对技术创新的作用不是各自分裂、对立矛盾的,而是相互融合,协同发展的。因此,我们一方面加强技术领域的自主知识产权成果的研制开发,积极参与国内外技术标准的制定,拓宽自己的生存与发展空间;另一方面,要有效地运用有关知识产权的法律法规,努力提高原始性创新能力,更多地掌握具有自主知识产权的核心技术和关键技术,从而增强我国企业的国际竞争力。

(2) 知识产权对服务标准的影响

由于无形性是服务产品自身的本质属性,即服务不存在所有权交换问题,不能够注册专利,没有存量,服务的产生与消费是同时进行的,当服务产品被生产出来的时候,其销售、消费同时也在进行[①]。服务产品的无形性特征导致了服务产品很难实现统一的服务产出和服务质量的精确测量,而且,服务一般都是不标准的和非常可变的。但是,服务产品的生产和传递过程中必然涉及技术因素和劳动力密集程度因素。因此,与制造业的有形物质产品一样,服务产品也可以进行一定程度的标准化,而且可以进行标准化的大规模化服务,同时也可以实现定制化服务。

根据产品的无形性程度和标准化程度的差异,知识产权的其他保护形式在服务标准的推进中也发挥着重要的作用。例如,服务界面主要以现代 IT 技术为支撑平台的服务产品(如运输、通信),其产品的无形性程度较低,而知识产权的相关保护手段,如软件登记权、著作权、商标等可以对核心技术进行保护,同时有利于相关服务标准的扩散。对无形性程度较高的服务产品(如商业服务、教育等),其客户界面对于服务供给者和顾客的依赖程度较高,服务质量、服务内容、服务过程等都直接取决于服务供给和消费过程中参与者的特征。知识产权的作用则更多体现在企业的品牌价值,通过品牌价值的经营和扩

---

① 杨名.服务创新及其标准化和定制化模式研究[D].大连:大连理工大学,2007.

散,有利于实现客户界面和服务传输系统的创新。由此可见,知识产权对服务标准的影响还是建立在服务产品本身的技术特性和产品特性的基础上,本质上还是与服务的技术、服务的品牌等要素之间的协同和发展。

3. 知识产权战略与标准战略的协同发展

(1) 技术标准战略和知识产权战略的融合对技术创新的推动作用

技术标准战略贯穿于新产品的研究、设计、开发、应用和产业化的全过程,对技术创新具有促进作用。只有让企业的技术战略和知识产权战略有效融合,才能真正推动技术创新的发展,形成企业的竞争优势。例如,制造微处理器的英特尔公司通过从 IBM 公司获取许可证后,制造了能被几乎所有 IBM 兼容机采用的微处理器,进而综合知识产权战略,确立了业界"标准"迫使除苹果以外的每家公司都采用英特尔芯片,所有新机型的技术规范设计都围绕英特尔的标准进行,最终掌握了该领域技术标准竞争的主动权。

技术标准化和知识产权制度是整合技术创新系统,优化资源配置,实现产业可持续发展的两个关键性因素,二者对技术创新的作用是相互融合,协同发展的。因此,企业应一方面加强技术领域的自主知识产权成果的研制开发,积极参与国内外技术标准的制定,拓宽自己的生存与发展空间;另一方面,要有效地运用有关知识产权的法律法规,努力提高原始性创新能力,更多地掌握具有自主知识产权的核心技术和关键技术,从而增强我国企业的国际竞争力。

 专栏

松下公司标准战略与知识产权战略的结合

20 世纪 70 年代,日本索尼公司推出"贝他麦克斯"牌录像机,这比其他牌号的录像机足足早了一年,这使索尼拥有了技术、市场方面的优势。但另一家电器大公司松下又推出了它的 VHS 家用录像系统。索尼忽视了放映时间长些会对消费者吸引力更大的问题,而 VHS 恰恰在这点上胜过了"贝他麦克斯"。更要命的是索尼在法律上的失误:在经销方面,索尼不愿出售"贝他麦克斯"的生产专利,而松下一上市就出售它的专利,认为这样会使它的产品成为标准产品。事实果然如此,决策上的失误使索尼失去了独占魁首的地位。松下成了录像机的霸王。松下以出售 VHS 专利许可证的办法,既推广了自己的新产品,还建立了以其录像机为样品的工业标准,起到了领导潮流的作用。

资料来源:http://www.bjlc.com.cn/web_zhengyang/systemasp/News/displyguwen_biaozhun.asp? fid=36.

(2) 滥用技术标准战略和知识产权战略对技术创新的阻碍作用

从创新的角度讲,对知识产权保护不足和保护过度都会阻碍技术创新。保护不足,则其创新热情将会随其创造收入而减少；保护过度，市场上涉及知识产权的产品的价格会上扬，产品的散布会受到阻碍，创新的成本会增加。

技术标准在许可中涉及知识产权的许可，而标准化组织或标准持有人有可能利用标准的优势从事垄断市场或滥用标准、滥用知识产权的行为。例如思科诉华为案中，思科占据了全球绝大份额，利用其优势地位设置了相当数量的"私有协议"，而且是不开放的，拒绝第三方使用。这与作为通信产品应该互联互通的基本要求是相冲突的，这实际上是对技术标准的滥用，阻碍技术创新的发展。技术标准虽然在一定程度能够为一些权利人带来利益，但技术标准的目的是为大众利益服务的，因此并非所有的技术标准都需要纳入知识产权的保护范畴或知识产权的许可范畴。

（3）知识产权战略与服务标准战略协同发展

知识产权战略与服务标准战略的协同是以完善的法律制度为基础。其一，通过知识产权战略的实施，能够及时将服务标准中可以产权化的内容进行完善，从而保证服务标准化和定制化的推行按预期目标推进。其二，知识产权战略的垄断性也通过服务标准战略的推行得以显现，有利于企业通过服务标准化和定制化在市场上培养自身的核心竞争力。其三，知识产权战略与企业服务标准战略的紧密结合，也会促使企业重视运用知识产权资源发展企业现有资源，促进企业服务创新和技术创新的可持续发展。

技术创新是促进企业发展的根本，技术标准是技术创新过程中的重要内容；市场创新是拉动企业发展的核心，服务标准是市场创新过程中的重要内容。作为激励技术创新和市场创新的重要工具——知识产权战略，只有与标准战略相互融合，协同发展，形成一条"资产知识产权化—产权标准化—标准市场化"的链条，才能促进企业技术创新和市场创新协同作用，从而实现标准和技术创新、市场创新的互促发展、良性循环，共同提高技术创新主体的核心竞争力，真正做到"标准制胜"。

在标准战略、知识产权战略与创新战略协同发展过程中，企业还必须掌握两个关键点：首先，以市场为导向是三者协同发展的基础。标准对创新的作用更多地通过市场竞争表现出来。那些被市场采纳的技术标准，有很多未必就是技术性能最优的方案，如QWERTY 键盘设计、PC 的系统结构等。因此，对技术落后的企业来说，可以通过构建技术标准战略，获得市场的广泛认同，以事实标准来对抗对手的技术优势。其次，标准先行是三者协同发展的关键。知识经济时代是标准先行的时代，所以从创新的初始就要有知识产权战略与标准战略的介入。

拓展案例

🍃 复习思考题

1. 简述防御为主的知识产权战略的主要内容。
2. 试论述哪些因素影响了企业知识产权战略的组合。

3. 简述如何构建企业知识产权战略管理体系。

4. 简述企业知识产权战略的实施步骤。

5. 试论述推进企业知识产权战略实施的具体策略。

6. 举例说明如何促进知识产权战略与标准战略的协同发展。

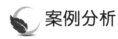 案例分析

海尔集团的知识产权战略管理的协同发展

海尔集团创立于1984年,是在原青岛电冰箱总厂的基础上发展起来的国家特大型企业,在首席执行官张瑞敏"名牌战略"思想的引领下,海尔经过21年的卓越创新和艰苦奋斗,由一个濒临倒闭的集体小厂,发展成为在全世界享有较高声誉的跨国企业。海尔以其惊人的发展速度成为我国家电企业的排头兵,促使其成功的因素有很多,在这诸多的因素中,海尔实施的知识产权战略与技术、市场和标准战略的协同发展是一个重要因素,也是海尔不断地进行技术创新、提升核心竞争力的有力保障。

1. 海尔的知识产权战略与企业发展战略相互融合

海尔在1987年就成立了国内第一家由企业自办的知识产权部门。知识产权办公室的成立,为企业的商标战略、专利战略实施提供了保障,使海尔的知识产权战略逐步走上规范化的发展道路。在海尔,知识产权工作在其整个管理体系中占有极其重要的地位,知识产权经营的意识已深入到每个员工,从总裁到普通员工都是如此,并自觉地把这种意识应用到日常工作的各个方面。这使得在企业运营的每个环节都有人从知识产权的角度加以审视,提前发现在知识产权战略方面存在的漏洞,从而及时采取补救措施,把不利因素消除在萌芽状态。

海尔是中国第一批驰名商标中的唯一一家电品牌,但是,海尔并不满足于成为中国的名牌企业,它的目标是要成为国际化知名企业。作为创国际名牌战略先导的商标申请,始终走在产品出口工作的前列。海尔已在180多个国家和地区申请了2000多个商标,即使在尚未开展商务活动的地方,也坚持商标申请先行策略。以品牌优势延续专利技术创造的垄断竞争优势,加快核心竞争力的培育进程,使企业创造持续的竞争优势。

2. 海尔的知识产权战略与技术创新战略协同发展

海尔通过使用公开的专利文献,掌握别人的先进技术,真正消化、吸收后再进行自己的创新,起到了事半功倍的效果,并且在这个过程中还就自己的创新成果申请新的专利,极大地提高了自己的技术水平。海尔"小小神童即时洗"洗衣机的开发就是一个典型的案例。在研发此类微型洗衣机初期,技术人员急需了解市场当时的技术状况以及相关的产品类型。通过对专利文献的检索分析,发现国内已经有人申请了部分专利,但是,这些专利技术方案并不完善,尚不足以形成有效的保护范围,而且其中有的专利权已被权利

人放弃。这些公开技术给海尔的研发人员提供了思路,帮助他们直观地了解了所要解决的技术难题,使他们在研发过程中少走了许多弯路。在这些不完整或失效的专利技术的基础上,海尔人经过自己的努力,形成了更高层次的技术保护方案,织成了更为完整的"技术保护网"。

在国际竞争中,海尔也是将知识产权战略与技术创新战略紧密结合。海尔能在竞争最为激烈的美国市场建厂生产,是因为海尔具有符合美国法律的知识产权作为保障。除了在家电的相关类别中申请了各类海尔商标外,对于美国整体冰箱技术专利文献的研究与论证,成为产品技术可行性的法律依据。在选择何种类型产品作为投产品种时,为避免盲目投资而产生侵权风险,海尔知识产权工作人员调取多年来冰箱技术在美国的专利文献库,对相似技术专利进行排查。同时委托专利代理律师,对排查出的多项相关技术内容逐一进行侵权检索分析。通过跟踪检索,对与海尔产品技术相关的美国专利实现了全面的筛选分析,找出其中易发生侵权纠纷的技术方案,转而指导海尔现有技术的研发,做到在不构成侵权的前提下,通过对专利文献的利用,提高海尔的技术应用水平。同时利用美国专利法申请海尔自己的专利,防止被他人仿制侵权,从而确保海尔冰箱在美国完全享受到美国专利法的保护。

海尔在实施知识产权战略的过程中培育了富有活力的新市场。海尔空调"鲜风宝"以客户健康为出发点引爆国内市场,创造性地解决了不能室内外空气交换的瓶颈,其核心技术"双新风""AIP 电离净化""负离子"健康技术等申报了 6 项发明专利,申报专利总共 19 项,实现了新风含氧度、空气洁净度和清新度的国家 A 级鲜风质量。海尔双动力洗衣机则集波轮、滚筒、搅拌三种洗衣机优点于一身,实现了省水省电各一半、省时 70%,被誉为世界上第四种洗衣机,累计申请 32 项专利,其中发明专利 17 项(含 2 项 PCT)。海尔"防电墙"热水器,彻底解决了世界性的环境漏电问题,累计申请 12 项发明专利,涵盖了防电墙技术的所有领域。海尔网络家电、宇航变频冰箱、润眼电脑、流媒体电视、随身唱手机、保鲜冰箱、爱国者芯片、太阳能冷柜、医用低温产品、氢电弧纳米材料等拥有自主知识产权的新产品,均通过合理的专利规划和布局,在行业内保持领先水平,并开辟了行业发展新方向。

3. 海尔的知识产权战略与标准战略紧密结合

在海尔全球化战略的推进过程中,标准同样为海尔品牌的提升提供了强有力的支撑。例如海尔的 U-home 家电,过去家电分白色家电、黑色家电、米色家电,信息化时代改变了这种简单区分,包括一台冰箱、一台洗衣机,加上网络接口,你可以在任何地方通过手机、电脑控制它,家电可以无处不在,无所不在。而在 U-home 这一家电顶尖领域,海尔走在了前头。海尔在开发产品的同时,已经在申报国际标准,包括首个家用保鲜冰箱标准、首个家用空调"鲜风空调标准"以及首个成套家电标准等。海尔将"技术专利化、专利标准化、标准国际化"演绎得淋漓尽致,大大加快了海尔海外扩张的步伐。

目前海尔共主持或参与了 100 项新标准制定,其中有国际标准提案 3 项,国家标准

35项,同时制定行业及其他标准62项。3项新国际标准提案分别是：家庭多媒体网关要求、家庭电子系统核心协议及设备描述文件；同时,国际电工委员会(IEC)在《洗衣机的特殊要求》标准中,考虑引入海尔不用洗衣粉技术。在参与制定国家标准方面,已正式成为"新国标"的海尔"防电墙"技术,以及由海尔空调牵头制定的"家用和类似用途空调安装规范"等都是代表着自主创新能力的"国字号"标准。作为唯一一个进入IEC未来技术高级顾问委员会的发展中国家的企业代表,海尔目前已拥有6项国际标准提案,累计主持参与了115项国家标准的编制修订,制定行业及其他标准397项。

资料来源:陈劲,王黎萤.新世纪专利技术人员创新能力培养[M].北京:国家行政学院出版社,2008.

[案例解读]

海尔知识产权战略不仅让海尔名下的发明专利数量逐年增加,而且自主知识产权拉动公司产品销售价格增长高达20%以上。如今,海尔的发展已进入全面实施国际化战略阶段。海尔在国际范围内实现本土化的同时,更加重视拥有自主知识产权的重要性,并且利用知识产权战略引导国际市场的开拓。海尔集团通过使用知识产权战略与技术、市场和标准战略的协同和组合发展,强化企业现有的竞争优势,优化配置企业知识产权资产从而实现了效益最大化。由此可见,我国其他企业只要能够运用科学的知识产权战略管理的协同模式,不断提高自己的核心竞争力,就一定能在竞争激烈的国际市场上占有一席之地。

[案例讨论题]

1. 以海尔集团为例,说明企业如何运用知识产权战略来促进企业的技术创新。

2. 分析哪些因素促使海尔的"技术专利化、专利标准化、标准国际化"的战略获得了成功。

3. 试讨论在海尔全球化竞争战略中,知识产权战略管理的协同发展模式是否适用,如何改进。

参 考 文 献

1. 《中华人民共和国专利法》(2008 年 12 月 27 日第三次修正).

2. 《中华人民共和国专利法实施细则》(2010 年修订).

3. 《涉及公共健康问题的专利实施强制许可办法》(2006 年 1 月 1 日起施行).

4. 《中华人民共和国商标法》(2013 年 8 月 30 日第三次修正).

5. 《中华人民共和国商标法实施条例》(2014 年 5 月 1 日起施行).

6. 《中华人民共和国公司法》(2013 年 12 月 28 日第三次修正).

7. 《中华人民共和国担保法》(1995 年 10 月 1 日起施行).

8. 郑成思. 知识产权法教程[M]. 北京：法律出版社,1993.

9. 刘春田. 知识产权法[M]. 第 5 版. 北京：中国人民大学出版社,2014.

10. 冯晓青. 企业知识产权战略[M]. 北京：知识产权出版社,2005.

11. 罗能生. 产权的伦理维度[M]. 北京：人民出版社,2004.

12. 吴汉东. 论知识产权一体化的国家治理体系——关于立法模式、管理体制与司法体系的研究[J]. 知识产权,2017(6)：3.

13. 吴汉东. 政府公共政策与知识产权制度[J]. 光明日报,2006-10-10.

14. 吴汉东. 知识产权的制度风险与法律控制[J]. 法学研究,2012(4)：61-73.

15. 吴汉东. 知识产权国际保护制度的变革与发展[J]. 法学研究,2005(3)：126-140.

16. 朱雪忠. 知识产权管理[M]. 北京：高等教育出版社,2010.

17. Chesbrough H,Vanhaverbeke W,West J. Open Innovation：Researching a New Paradigm[M]. Oxford：Oxford University Press,2006.

18. Chesbrough H. Open innovation, the new imperative for creating and profiting from technology [M]. Boston：Harvard business school press,2003：183.

19. Tether B. Who co-operates for innovation, and why：an empirical analysis[J]. Research Policy, 2002,31(6)：947-967.

20. Freeman Chris,Lus Soete. The Economic of Industrial Innovation[M]. Third Edition. London：Pinter,1997.

21. Langrish J, Gibbons M P,Jevons F. Wealth from Knowledge[M]. London：Macmillan,1972.

22. Rothwell R. Successful Industrial Innovation：Critical Factors for the 1990s'[M].//Dodgson M, Rothwell REds. The Handbook of Industrial Innovation. Cheltenham：Elgar,1994.

23. Maskus Keith E. Evidence on Intellectual Property Rights and Economic Development：A Broder Policy Perspective for China[R]. NBR Working Paper,1998.

24. Wang Liying, Chen Jin. A Research on Coordinated Development Relationship of Technical Standard Strategy, Intellectual Property Strategy, and Technical Innovation. IEEM,2007. 9. 148-153. EI 收录.

25. 程芳,王广巍,等. "互联网＋"时代的企业知识产权管理和挑战[EB/OL]. http://www. zhonglun. com/Content/2017/10-30/1807415846. html,2017-10-30.

26. 田力普. 中国企业海外知识产权纠纷典型案例启示录[M]. 北京：知识产权出版社,2010.

27. 汤宗舜. 专利法教程[M]. 北京：法律出版社,2003：7.

28. 王迁. 知识产权法教程[M]. 第 2 版. 北京：中国人民大学出版社,2009：291.

29. 文凯希. 专利法教程[M]. 北京：知识产权出版社，2003：27.

30. 汤宗舜. 专利法教程[M]. 北京：法律出版社，2006：41-42.

31. [美] P. D. 罗森堡. 专利法基础[M]. 郑成思，译. 北京：对外贸易出版社，1982：66.

32. 王迁. 专利法教程[M]. 北京：中国人民大学出版社，2009：342-343.

33. 吕淑萍. 知识产权法学[M]. 北京：北京大学出版社，2007：216.

34. 李宇华. 浅谈项目立项中的知识产权分析评议[J]. 中国发明与专利，2016(5)：57-58.

35. 渠佩佩. 技术秘密保护 OR 专利保护？[EB/OL]. http://www. jiemian. com/article/1376733. html.

36. 刘晓芸. 进攻性专利战略：企业的专利申请战略[J]. 江苏科技信息，2004(10)：22-25.

37. 肖沪卫，顾震宇. 专利地图——方法与应用[M]. 上海：上海交通大学出版社，2011.

38. 马天旗. 专利挖掘[M]. 北京：知识产权出版社，2016：46-47.

39. 李春田，房庆，王平. 标准化概论[M]. 第 6 版. 北京：中国人民大学出版社，2014.

40. 谢伟. 政府管理和信息产业的技术标准[J]. 软科学，2000(4)：24-25.

41. 王益谊，朱翔华，等. 标准设计专利的处置规则——《国家标准涉及专利的管理规定（暂行）》和相关标准实施指南[M]. 北京：中国标准出版社，2014：6-7.

42. 张平，马骁. 标准化与知识产权战略[M]. 北京：知识产权出版社，2005：94.

43. 詹映. 专利池管理与诉讼[M]. 北京：知识产权出版社，2013.

44. (2011)深中法知民初字第 857 号；(2011)深中法知民初字第 859 号.

45. (2013)粤高法民三终字第 306 号；(2013)粤高法民三终字第 305 号.

46. 崔显芳. 我国专利行政保护制度研究[D]. 济南：山东大学硕士学位论文，2013：2.

47. 北京市第一中级人民法院. 侵犯专利权抗辩事由[M]. 北京：知识产权出版社，2011.

48. 祝建军. 专利纠纷中"非生产经营目的"免责抗辩成立的条件[N]. 人民法院报，2014-07-23.

49. 何春晖. 专利布局的策略[N]. 经济日报，2014-08-02.

50. 王加莹. 专利布局和标准运营——全球化环境下企业的创新突围之道[M]. 北京：知识产权出版社，2014：57.

51. 马天旗. 专利布局[M]. 北京：知识产权出版社，2016.

52. 现实版的专利围剿——专利价值的重新认知[EB/OL]. 优智博知识产权网，2013-10-24.

53. 马天旗. 专利挖掘[M]. 北京：知识产权出版社，2016.

54. 王兴旺，等. 国内外专利地图技术应用比较研究[J]. 情报杂志，2007：113.

55. 曹成伟，刘荆洪，贺亚茹. 技能型人才创造品格与素质培养[M]. 海口：南海出版公司，2009.

56. 跨国企业（IBM、日立、西门子）知识产权管理经验分享[EB/OL]. http://www. sohu. com/a/135775756_747770.

57. 房平木. 企业专利挖掘与专利布局[EB/OL]. http://bbs. mysipo. com/thread-83371-1-1. html.

58. 李瑞丰. 从日立公司专利管理看专利分级[EB/OL]. http://www. sohu. com/a/162472336_740044,2017-08-05.

59. 世界知识产权组织网页. http://www. wipo. int/madrid/zh/.

60. 詹爱岚. 知识产权法学[M]. 厦门：厦门大学出版社，2011.

61. 《驰名商标认定和保护规定》(2014 年 7 月 3 日国家工商行政管理总局令第 66 号公布).

62. 何敏. 企业知识产权保护与管理实务[M]. 北京：法律出版社，2002.

63. 郭修申. 企业商标战略[M]. 北京：人民出版社，2006.

64. 刘春田. 知识产权法[M]. 北京：高等教育出版社，北京大学出版社，2008.

65. 王迁. 知识产权法教程[M]. 北京：中国人民大学出版社，2007：32.

66. 曲三强. 知识产权法原理[M]. 北京：中国检查出版社，2004：118.

67. 李志研. 著作权集体管理制度探析[J]. 行政与法，2003(7)：55-57.

68. 董会龙. 论商业秘密侵权及其法律保护[J]. 唐山师范学院学报，2010(4).

69. 张玉瑞. 商业秘密法学[M]. 北京：中国法制出版社，1999：164-165.

70. 温旭. 技术秘密及其法律保护[M]. 北京：中国政法大学出版社，1994：15.

71. 冯晓青. 网络环境与企业商业秘密保护策略[J]. 重庆大学学报(社会科学版)，2006(5).

72. 中华全国律师协会《律师办理商业秘密法律业务操作指引》.

73. 张黎. 中华全国律师协会《律师办理商业秘密法律业务操作指引》解释[M]. 北京：北京大学出版社，2016：117-118.

74. 唐青林，黄民欣. 商业秘密保护实务精解与百案评析[M]. 北京：中国法制出版社，2017.

75. 檀民. 商业秘密的保护与管理[J]. 企业管理，2008(1).

76. 付音. 网络时代企业保护商业秘密的特殊问题[J]. 甘肃省经济管理干部学院学报，2003(3).

77. 杨力. 商业秘密侵权认定研究[M]. 北京：法律出版社，2016：152.

78. 星云. 辉瑞三季度净利润 25.9 亿美元 同比降 19%[EB/OL]. http://finance.qq.com/a/20131029/017247.html.

79. 张田勘. 国产仿制药不争气 伟哥在华专利到期后反而涨价[EB/OL]. http://money.163.com/15/1004/08/B52PGM8O002526O3.html.

80. 余丹. 知识产权投资：风险、战略与法律保护[M]. 杭州：浙江工商大学出版社，2015.

81. 肖延高，范晓波，万小丽，翁治林. 知识产权管理：理论与实践[M]. 北京：科学出版社，2016.

82. 刘燕. 公司法资本制度改革的逻辑与路径——基于商业实践视角的观察[J]. 法学研究，2014(5)：32-56.

83. 朱大旗，朱永扬. 专利权作价入股新探[J]. 中国人民大学学报. 1996(5)：49-54，125.

84. 衣庆云. 专利申请权和专利使用权入股问题探讨[J]. 当代法学，2000(1)：77-78.

85. 赵旭东. 从资本信用到资产信用[J]. 法学研究，2003(5)：109-123.

86. 袁晓东，李晓桃. 论我国知识产权用益权出资[J]. 科学学与科学技术管理，2007(8)：5-8.

87. 孙春伟. 以知识产权向企业投资的问题与对策[J]. 科技管理研究，2012(20)：190-193.

88. 丘志乔. 知识产权质押制度之重塑：基于法律价值的视角[M]. 北京：知识产权出版社，2015.

89. 余丹. 知识产权投资：风险、战略与法律保护[M]. 杭州：浙江工商大学出版社，2015：56-58.

90. http://www.sipo.gov.cn/zscqgz/2016/201601/t20160128_1234421.html.

91. 陈晓静. 知识产权担保融资方式的运作新模式浅析[J]. 湖南财经高等专科学校学报，2014(6)：50.

92. 苑泽明. 知识产权融资的风险、估价与对策：拓宽创新型企业资金瓶颈[M]. 大连：东北财经大学出版社，2010：102.

93. 杜蓓蕾，安中业. 知识产权信托初探[J]. 法学杂志，2006，27(5)：143-145.

94. 李琴. 从激励机制探讨知识产权信托交易模式[J]. 河北法学，2008，26(10)：155-157.

95. 杨延超. 知识产权资本化[M]. 北京：法律出版社，2008：183-184.

96. 朱雪忠. 知识产权管理[M]. 北京：高等教育出版社，2010：106-107.

97. 李立新，柴丽杰. 我国信托财产所有权归属问题研究——从法经济学角度的分析[J]. 金融与经济，2013(5)：76-79.

98. 范晓波. 论知识产权价值评估[J]. 理论探索，2006(5)：74-77.

99. 魏衍亮. 知识产权价值评估问题研究[J]. 电子知识产权，2006(12)：19-21.

100. Dary Martin，David C Drws. Intellectual Property Valuation Techniques[J]. The Licensing

Journal，2016(10)：16.

101. 刘华俊. 知识产权价值评估研究——基于司法判决赔偿额的确定[M]. 北京：法律出版社，2017：47.

102. 理查德·瑞兹盖提斯.企业知识产权估价与定价[M].金珺,傅年烽,陈劲,译.北京：知识产权出版社,2008.

103. 马敬.国际知识产权贸易中的价值评估问题[D].沈阳：沈阳工业大学,2007.

104. 李永明.商业秘密及其法律保护[J].法学研究,2004(3)：46-54.

105. 冯晓青.企业知识产权战略[M].北京：知识产权出版社,2005.

106. 卢宏博.美国信息产业知识产权战略及给我们的启示[J].标准与知识产权,2005(5)：42.

107. Mathews J A. National systems of economic learning：the case of technology diffusion Management in East Asia[J]. International Journal of Technology Management,2001,22(5/6)：455-479.

108. 王黎萤,胡黎玮.东亚后发国家创新能力比较及对中国的启示[J].科技管理,2009(7)：73-75.

109. 方厚政.双赢的选择：企业技术交叉许可行为分析[J].科技与经济,2008(2)：48-50.

110. Poul-Erik N. Evaluating patent portfolios-a Danish initiative[J]. World Patent Information,2004,26(2)：143-148.

111. 刘婷婷,朱东华. 基于专利投资组合理论的专利战略研究[J]. 情报杂志,2006(1)：8-9.

112. 王玲,杨武.基于中国创新实践的专利组合理论体系研究[J].科学学研究,2007(6)：547-550.

113. 易显飞.知识产权与技术创新相互作用机制研究[D].长沙：中南大学,2002.

114. 许庆瑞,吕飞. 服务创新初探[J].经济管理(新管理),2003(2)：23-26.

115. 孙公绪,孙静.质量工程师手册[M].北京：企业管理出版社,2002.

116. 杨名.服务创新及其标准化和定制化模式研究[D].大连：大连理工大学,2007.

教师服务

感谢您选用清华大学出版社的教材！为了更好地服务教学，我们为授课教师提供本书的教学辅助资源，以及本学科重点教材信息。请您扫码获取。

≫ 教辅获取

本书教辅资源，授课教师扫码获取

扫描二维码
进入MOOC在线课程

扫描二维码获取
复习思考题答案

任课教师扫描二维码
可获取 PPT 授课课件

≫ 样书赠送

企业管理类重点教材，教师扫码获取样书

 清华大学出版社

E-mail: tupfuwu@163.com
电话：010-83470332 / 83470142
地址：北京市海淀区双清路学研大厦 B 座 509

网址：http://www.tup.com.cn/
传真：8610-83470107
邮编：100084